KB233020

전환기의 교육행정과 학교경영

전환기의 교육행정과 학교경영

朱三煥 著

한국학술정보[주]

책머리에

우리는 지금 여러 면에서 전환기(轉換期)를 맞고 있다. 21세기 초반을 맞아 지금은 시간적으로 세기적 전환기일 뿐만 아니라 사회적 특성으로 봐서도 전환기임에 틀림없다.

우리는 이 전환기를 잘 전환해야 선진국 대열에 합류할 수 있을 것이다. 그렇지 못하면 과거 19세기에서 20세기로의 전환에 실패하였던 전철을 되풀이하여 벼랑으로 떨어지게 될지도 모른다.

새로운 세기는 양(量)으로부터 질(質)로의 전환을 의미한다. 이제는 모든 면에서 질을 추구한다. 물건도 값싼 물건만을 많이 만들어서는 더 이상 팔아먹을 수 없다. 작고 적더라도 고가의 질 좋은 물건을 만들어야 승산이 있다. 질에는 아름다움이 포함된다. 작더라도 아름답게 만들어야 한다. 그것이 우수성(excellence) 추구이다. 최고를 추구해야 한다. 모든 사람에게 기회를 주는 양적 평등성(平等性)을 뛰어넘어 모두가 각자 가지고 있는 능력을 최고도로 발휘하게 하는 우수성, 한 단계 높은 수준의 평등성을 실현해야 하는 것이다. 양질의 정보(情報)를 제공하고 학생들이 주체적으로 정보를 활용하여 학습해 나가게 하는 교육이라야 지식정보사회에서 성공할 수 있게 된다.

삶도 24시간을 살되 질 높은 삶을 살아야 한다. 이제 삶의 질을 따진다.

획일성으로부터 다양성·선택의 자유의 보장으로의 전환이 포함된다. 획일적 중앙통제로는 질을 보장할 수 없을 뿐만 아니라 다양한 욕구를 충족시켜

줄 수 없다. 다양한 문화, 다양한 가치, 다양한 욕구, 다양한 능력을 인정하고 이를 존중해야 한다. 다양한 메뉴 중에서 개인이 자유롭게 선택할 수 있어야 한다. 교육에서도 개인차가 존중되고 개별화에 초점이 맞춰져야 될 것이다. 이것이 곧 우수성과도 연결되고, 창의성 개발, 자아실현과도 직결될 것이다.

이러한 전환은 인간화·민주화(人間化·民主化)로도 연결된다. 자유·평등의 이념 아래 모두 인간답게 살 수 있는 사회로의 전환을 말한다. 휴머니티가 넘치는 민주학교, 민주교육으로 확실히 전환해야 한다.

교육행정도 단순한 관리기능(管理機能)으로부터 전문적 행정봉사기능(專門的 行政奉仕機能)으로 완벽하게 전환해야 한다. 양적인 서비스보다 질적인 행정서비스를 해서 교육의 우수성의 목표를 달성해야 한다. 교육행정가는 행정봉사에서 삶의 보람을 찾아야 할 것이다.

교육지도자는 이제 낮은 수준의 지도력, 교환적 지도력(交換的 指導力, Transactional Leadership)의 수준을 뛰어넘어 轉換的 指導力(Transformational Leadership)을 발휘해야 한다. 형태자체를 바꿔 놓는, 질(質)자체를 바꿔 놓는 전환적 지도력이 전환기에 요구되는 지도력이다. 물리적 변화가 아니라 질을 바꿔 놓는 화학적 변화를 일으키는 전환적 지도력을 의미한다. 모든 교육자를 한 덩어리로 묶는 교육지도자의 전환적 지도력이 전환기에 필요하다.

지금도 교육 여건이 최악의 상태에 있다고 하지만 교육지도자의 지도력만 제대로 발휘되면 한국 교육은 아직 희망이 있고 승산이 있다고 본다. 현재 우리가 하고 있는 노력만이라도 올바른 방향에 쏟아 부을 수 있다면 우리는 성공할 수 있다고 본다. 이러한 지도력이 교육지도자, 교육행정가의 몫이다.

이러한 생각에서 이 책의 제목을 ≪전환기의 교육행정과 학교경영≫이라고 하였다. 제목은 이렇게 붙였으나, 실제 책의 내용은 저자가 과거에, 1. 장학, 2. 학교경영, 3. 교육정책과 관련하여 썼던 글과 논문, 강의·강연 원고를 모아 놓은 것이다. 그래서 이 책은 한국학술정보(주)의 주삼환의 교육행정 및 장학 시리즈 중의 하나이다. 앞으로 이 시리즈 책을 아껴주시고 격려해 주시길 빈다.

　짧은 기간에 많은 글을 쓰다 보니 중복되는 내용과 예가 많이 들어 있음을 이해해 주시면 한다. 중복되는 부분을 뺄까도 생각했으나 그 부분을 빼면 하나의 글로써 논리가 연결되지 않아 그대로 두었음을 용서해 주시길 빈다.

　그동안 글을 쓰도록 기회를 주시고 강의에 초청해 주신 모든 분들께 감사드린다. 이 책으로 독자 여러분과 교육행정을 놓고 다시 논의할 수 있는 기회가 된 것을 기쁘게 생각한다.

2006. 3.

저자 朱三煥 識

전환기의 교육행정과 학교경영
차 례

제3부 교육정책　　301

12 교육자치제의 성패　　303

13 지방교육자치와 장학의 발전과제　　318

1
교내장학의 활성화

제1장 학교장에 의한 교내수업장학*

1. 서 론

최근에 전국의 여러 교육청들이 학교현장의 변화와 개혁의 필요성을 절감하고 최일선 교육 지도자인 학교장의 연수에 역점을 두고 있는 점에 대하여 평소에 이를 역설해 온 사람으로서 매우 기쁘게 생각한다. 평소에 필자는 교장 선생님을 우리나라 교육의 열쇠를 쥐고 있는 'key person'이라 불러 왔다. 우리나라 교육의 성패는 교장에게 달려 있다고 판단한 것이다. 우리나라 교육이 여러 가지 어려운 여건에 처해 있지만 학교장의 올바르고 강력한 지도력이 발휘될 수 있다면 교육의 효과성은 한층 커질 수 있다고 보았기 때문이다. 그리고 또 필자는 교장 선생님을 '전략적 인물(strategic person)'이라고 불렀다.

우리나라 교육을 단기간에 전략적으로 개혁시키고 향상시키려면 최일선 지도자인 교장을 먼저 움직여야 된다고 보았기 때문이다. 한 사람 한 사람의 교사가 모두 훌륭하면 좋겠지만 그러려면 시간과 에너지, 재정이 더 많이 들기 때문에 교사보다도 먼저 교장에게 변화를 주고 또 교장에게 힘을 주어야 한다

---

* 1993. 3. 30. 광주직할시 교육청 교장·전문직연수 초청 발표.

고 판단했던 것이다. 설사 교사가 모두 유능하더라도 교장 지도자는 중요하다.

그런데 교육현장은 최근 필자의 생각과는 반대의 방향으로 흘러가고 있는데 여기에 우려를 나타내지 않을 수 없다. 굴절된 민주화라는 미명 아래 방임과 방종이 판을 치고, 우려했던 교장임기제의 부작용으로 교육현장에서 지도력 부재 현상이 나타나고 있다.

필자는 교장임기제를 처음부터 반대해 왔고, 또 이 기상천외의 제도가 실시되자 우리나라 교육 역사에 있어서 '건너지 말아야 할 강을 건넜다'고 표현한 적이 있다.

이런 때에 초·중·고등학교 전 교장 선생님의 과업 중 우선순위 1위인 교내장학 활성화의 방안을 같이 모색해 보는 일은 뜻 깊은 일이라 생각한다.

여기서는 (1) 국가의 승부는 교육과 수업에서라는 이야기를 서론으로 제기하고, (2) 그러기 위해서 학교장의 수업지도력의 중요성을 말하고, (3) 수업지도력의 핵심으로서 교내 수업장학의 활성화 방안에 대하여 논의하기로 한다.

2. 승부는 교육과 수업에서

세계 여러 나라는 냉엄한 경쟁과 전쟁에 휘말려 돌아가고 있다. 군사전쟁, 경제전쟁, 무역전쟁, 과학기술과 교육전쟁의 무대에 우리나라도 주역 배우로 등장하고 있다. 우리가 후진국으로 완전히 뒤쳐져 있을 때에는 이런 냉혹한 전쟁 자체를 실감하지도 못했거나 아니면 구경꾼의 위치에서 바라만 보고 있었을 것이다. 그러나 우리가 중진국에 접어들면서 전쟁의 무대에 주역으로 등장할 수 있었던 것이다.

이러한 여러 전쟁들 중에서 초반전(제1라운드)은 군사전쟁이 되고, 중반전(제

2라운드)은 경제·무역전쟁이 되지만 후반전(제3라운드)의 결론은 교육전쟁으로 결판이 나게 된다. 군사도 경제도 결국 교육받은 인간이 끝내 주기 때문이다.

교육은 모든 것의 출발점(start)이요 종점(terminal)이다. 정치인도, 경제인도, 과학자도, 노동자도 모두 교육이 길러 내기 때문에 교육은 모든 것의 출발점이다. 교육이 어떤 사람을 길러 내느냐는 모든 것의 원점이고 출발점이며, 기초이다. 그래서 출발점인 교육이 좋아야 한다. 국가의 존망이 교육에 달려 있기 때문에 교육은 모든 것의 종점이다.

국가가 잘되어도 교육 때문이요 망하는 것도 교육 때문일 것이다. 정치인이 썩어도, 장사꾼이 거짓말을 하더라도 교육이 계속 정직한 새 사람을 길러 낼 때에는 그래도 가능성과 희망은 남아 있다. 그러나 교육이 내부에서 썩으면 그 나라 그 민족은 더 이상 희망을 걸 곳이 없게 된다. 그래서 교육은 국가를 지키는 마지막 요새, 최후의 보루이다.

그런데 최근에 교육 내부의 곳곳에서 향기롭지 못한 냄새를 풍기고 있는 것은 민족의 장래를 위해서 심히 우려되는 점이다. 피히테가 ≪독일 국민에게 고함≫에서 국가가 망한 것은 독일 국민교육을 잘못했기 때문이라고 하고, 몰트케 장군은 개선 환영식 답사에서 "우리가 전쟁에서 이긴 것은 군인들이 잘 싸워서가 아니라 초등학교 교사들이 잘 가르쳐 주었기 때문"이라고 한 말을 우리는 이 시점에서 상기시키지 않을 수 없다.

전쟁의 종반전인 교육전쟁에서 최후의 승리를 쟁취하기 위하여, 또는 지구상에 살아남기(survive) 위하여 세계 여러 나라들은 교육개혁에 열을 올리고 있다. 국가의 존망과 승패는 교육에 달려 있다고 판단되기 때문에 교육개혁에 집중하는 것이다. 미국은 1983년 ≪미국(교육)의 위기≫라는 보고서가 나온 이후 10여 년간 교육개혁에 매달린 사실에 대해서는 여러분도 잘 알 것이다.

이 당시 '개혁(reform)'이란 말은 곧 '우수성·수월성(excellence)' 추구를 의미하였다. 학생 개인과 학교조직으로 하여금 최저가 아닌 최고수준에서 능력을 발휘하게 하자는 것이 우수성 추구 교육개혁운동이다. 그래서 미국의 테네시 주 알렉산더(Alexander)라는 주지사는 1985년에 교육개혁사업에 자기 근무시간의 80%를 투자했다고 하니 얼마나 교육개혁에 집중했는가를 짐작할 수 있다.

그리고 아버지 부시 대통령은 91년 4월 18일 미국의 교육개혁전략으로 '미국의 2000년'이라는 비전을 제시하고 89년 9월에 50개 주 주지사와 함께 6개의 도달 목표를 설정하기에 이르렀다.

이렇게 미국이 교육개혁에 집중 노력했는데도 교육개혁운동 10여 년의 최종평가는 실패로 끝났다고 인정하기에 이르렀다. 그 주요 이유는 중앙집권적 통제(centralized control)였기 때문이라는 것이다. 중앙 즉 미국에서는 주 정부만 교육개혁에 바빴지 학교현장, 즉 교장·교사·학생·학부모는 바쁘지도 않았고 학교현장에는 변화가 일어나지 않았기 때문이다.

이제 더 이상 교육에서 원격조정은 성공할 수 없다는 사실을 깨달은 것이다. 공룡이 작은 머리로 큰 덩치를 추스르지 못해 이 세상에서 사라졌듯이 중앙집권은 사라지게 된다.

그래서 미국 교육개혁의 제2의 물결(second wave)은 학교개혁(school reform)에 초점이 맞춰지고 있다. 그 결과 'school reform', 'school re-structuring(학교재구조화)'이 유행어가 되다시피 하고 있다. 쏟아지는 교육전문지마다 이를 다루고, 학교개혁, 학교재구조화 전문서적들이 쏟아져 나오고 있다. 교육개혁은 이제 학교개혁과 동의어가 되었다.

영국, 호주, 캐나다 등 영국권에서도 미국과 마찬가지로 최일선 학교의 변화에 주력하고 있다. 영국은 88년 교육개혁법에 의하여 학교에 학교운영위원회를 설치하여 현장에서 자율책임경영을 하도록 하고 있다.

교장도 교사도 학교운영위원회에서 뽑고, 예산과 재정도 도급으로 배정하면 학교수준에서 결정하여 집행하고 보고서만 내게 하고 있다. 이렇게 해야 학교현장에 필요한 적절한 사람을 쓸 수 있고 돈도 효과적으로 쓸 수 있게 된다. 교육과정은 이미 지나치게 학교단위에서 결정하게 되어 있어서 88년부터 '국가교육과정(national curriculum)'을 형성하기 시작하고 있다.

미국도 이미 몇 개 주에서 학교자율책임경영제를 채택하였고, 이에 만족하지 않고 학부모에게 학교선택권을 부여하기 시작하고 있다. 학구에 상관없이 학부모가 자녀를 보내고 싶은 학교에 (입학)등록시키면 학생 수만큼 그 학교로 교육재정이 자동적으로 떨어지게 하는 제도이다. 심지어는 사립학교에 보내도 그들이 냈던 세금이 자동적으로 그 학교로 떨어지게 하고 사립학교도 국가재정을 받고 운영만 사립으로 독특하게 하는 사립학교가 되고 있다.

학교교육 프로그램이 좋아서 학생이 많이 모여들면 교육재정이 많이 생기고 그러면 그럴수록 더욱 질 높은 교육 서비스를 학생들에게 제공해 줄 수 있게 된다. 그런가 하면 학생이 줄어드는 학교는 저절로 망해서 문을 닫고 교장과 교사는 일자리를 잃게 된다. 교육에도 이른바 자유경쟁·자유시장경제체제가 도입되고 있다. 이제 학교는 비바람 치는 야생의 경쟁 속에서 살아남아야 한다.

우리나라처럼 국민들이 교육배급이나 얌전히 앉아서 받아먹고 그 배급에 감지덕지 감사해야만 하는 온실교육, 온실행정, 독과점상품교육의 시대도 사라질 날이 멀지 않았을지도 모른다. 이렇게 돼도 전교조 문제가 나오고 교육 내부 집단 간에 갈등이 야기될 수 있을 것인가? 교육의 주인이고 소비자인 국민의 목청이 높아지면 교육전문가들은 교육소비자의 눈치를 보지 않을 수 없다.

그러면 왜 세계 여러 나라들의 교육개혁에서 '학교'에 초점이 맞춰지는가? 교육이 변하고 개혁되려면 학교가 변해야 하기 때문이다. 학교의 변화는 곧 수업의 변화, 수업의 질 향상을 의미한다. 교육의 성패는 곧 수업의 질에 달려 있다. 수업은 '수업환경 속에서 교사와 학생 사이에서 교육과정을 놓고 상호작용을 하는 것'이기 때문에 수업의 질이 향상되려면, (1) 교사, (2) 교육과정, (3) 수업(학습)환경이 변해서 마침내 (4) 학생이 변해야 한다.

교사와 교육과정(내용), 수업환경과 가장 가까이서 영향을 주는 사람은 누구이고 그 교육활동은 무엇인가? 그는 바로 교장이고 교장이 해야 할 일 중에서도 바로 장학활동이다. 그래서 세계 여러 나라는 수업장학에 관심을 집중시키고 있다.

국가의 존망과 성패는 바로 교육에 달려 있고 교육의 핵심과 본질은 수업에 달려 있으므로 교육의 성패는 수업에 의하여 결정 난다. 수업은 교사가 담당하지만 교장은 수업의 질 향상을 위하여 수업지도력(instructional leader-ship)을 발휘해야 한다. 국가는 승부를 교육, 곧 수업에 걸어야 한다.

3. 학교장의 수업지도력

결국 학교가 존재하는 존재 이유는 학생교육이고, 학생교육의 핵심은 수업이다. 그래서 교장실에 교장의 의자가 놓여 있는 이유도 수업지도력에 있다. 교장이 해야 할 일이 여러 가지 있겠지만 수업장학이 제일 중요하다.

교장이 해야 할 과업영역으로 대개 (1) 수업 프로그램 개발(수업과 교육과정), (2) 교직원 인사, (3) 학생 인사, (4) 재정과 시설, (5) 학교와 지역사회의 관계를 들고 있는데 이 중에서도 첫 번째 수업과 교육과정, 수업 프로그램의 개발이 가장 근본적이면서도 궁극적인 것이다. 나머지 넷은 모두 첫 번째를 위한 것이라고 봐도 과언이 아니다.

〈표 1-1〉 미국 교장 임무의 이상적 순위와 현실적 순위

임　　　무	이　상	현실(실제)
수업장학	1	5
교육과정 장학	2	8
교직원 선발과 오리엔테이션	3	9
학교 프로그램 행정(자료와 시설)	4	1
교사평가	5	3
사기 진작	6	7
공공 관계 촉진	7	6
학생을 위한 봉사 조정(양호·상담 등)	8	4
학생기강확립	9	2
자기 평가	10	10

〈표 1-2〉 미국 교장의 주당 이상적 시간배분과 현실적 시간배분

임　　　무	이　　상	현실(실제)
1. 정규수업	4%	4%
2. 서기적 업무	4%	14%
3. 행　정	24%	30%
4. 장　학	40%	30%
5. 교육행정 개발	13%	8%
6. 지역사회 관계	7%	7%
7. 자기향상 활동	9%	6%
계	101%	99%

　미국 교장들도 교장생활을 멋있게 하고자 하는 이상과 현실 사이에 〈표 1-1〉, 〈표 1-2〉와 같이 차이를 나타내고 있다. 현실 여건 상 이상적인 우선순위와 시간배분을 못하고 있으나 이상을 지향하고 있는 것만큼은 사실이다. 여러분의 생각과 비교해 보면 좋을 것이다.

　교장의 존재 이유도 학생교육과 수업에 있는 것인데 우리나라에서는 교장·교감만 되면 심지어는 장학사·교육연구사까지도 교실을 떠나고 수업과 학생과는 결별하는 것으로 착각하는 사람들이 많은 것 같다. 또 당사자 본인들도 교사들도 그렇게 오해하는 것 같다. 수업과 교육과정은 교사들이 하는 것이고 교장·교감은 시설관리, 사무관리, 재정관리, 인사관리 등 관리(management)나 하는 것으로 알고 또 스스로 관리자라고 지칭한다.

　특히 전공교과를 가지고 있는 중·고등학교에서 더욱 그런 경향이 짙게 나타나고 있다. 행정에 있어서 (1) 관리는 가장 낮은 수준으로 보는 경우가 있다. 그래서 관리자가 되지 말고 (2) 행정가가 되라고 하며, 행정가 수준에 멈추지 말고 (3) 지도자, 그중에서도 교육지도자, 장학지도자, 수업지도자가 되라고 한다.

　학교개선과 수업향상, 학교효과성과 교수효과성을 위해서 교장은 수업지도력을 발휘해야 한다. 그런데 수업과 교육과정을 교사들에게 지나치게 떠맡기

고 교장·교감들이 손을 떼고 자신들이 해야 할 영역을 축소시킨 결과 오늘날 교장직이 도전을 받고 있으며 오도된 민주화의 물결과 교장임기제 등과 맞물려 교장의 지도력이 약화되어 먹혀들지 않고 있다. 학생과 수업과 멀어지는 것을 출세라고 잘못 생각한 결과인지도 모른다.

교사들에게 최대한의 자율을 보장해 주고, 의사결정에 최대한 참여시켜야겠지만 동시에 교장이 해야 할 일은 해야 한다. 교사의 권위를 최대한 세워 줘야 하는 것은 사실이지만 동시에 교장의 권위도 보장되어야 한다. 권위는 자신이 세우는 것이 아니라 상대방이 서로 세워 주는 것이다. 교직자들이 서로 권위를 세워 줘야 모두가 살게 된다. 그 권위는 결국 학생들이 혜택을 받게 된다. 학부모와 사회가 세워 준 교육자의 권위도 결국 학부모의 자식과 그들이 살고 있는 사회로 되돌아오게 된다.

잘못 터져 나간 물꼬는 제자리로 돌려져야 한다. 교사들이 누구의 감독도 받지 않고 장학도 안 받는 것이 자율이고 교권이 될 수는 없다. 학습지도안도 안 쓰고, 수업연구도 안 하고, 출퇴근 시간도 없는 것이 전문가일 수는 없다. 교사들도 할 것은 하고, 요구할 것은 요구하고, 주장할 것은 주장해서 찾아야 하고, 그 요구와 주장을 들어 주고 인정해 줄 것은 빨리 인정해 줘야 한다.

효과적인 학교(effective school)와 가장 밀접하게 관련되어 있는 요소들을 찾아본 한 연구에서는 (1) 강력한 지도력(strong administrative leadership)과, (2) 안정되고 질서정연한 학교풍토(climate), (3) 높은 기대(expectations), (4) 기초기능의 강조(emphasize the basic skills), (5) 정기적이고 계속적인 평가(regular and continuous assessment)가 있더라는 것이다.1) 우리가 효과적인 학교를 만들려면 이런 요소들을 갖춰야 할 것이다.

강력한 지도력을 독재나 권위주의적 지도력으로 오해해서는 안 된다. 교장은 직원들로 하여금 효과적인 학교의 열쇠가 되는 요소에 주의를 집중하도

---

1) C. M. Achilles, "A Vision of Better Schools" in William Greenfield., Instructional Leadership: Concepts, Issues, and Controversies(Boston: Allyn & Bacon, 1987).

록 격려하고 또 여러 가지 수업지도력을 행사한다. 지도자는 신봉자이고, 교육의 질 향상에 바치고 학교 향상에 헌신하는 사람이다.

경직되지 않고 억압되지 않은 안정되고 질서정연한 학교풍토는 효과적인 학교의 학습환경을 제공해 준다. 수업과 학습의 원초적 강조점이지만 기강, 규칙, 물리적 환경과 같은 수업에 영향을 주는 요소들도 이에 못지않게 중요하다. 기대되는 행동이나 행동률도 만들고 또 정기적으로 검토할 필요가 있다. 슬로건이나 마크, 교가 등 상징물도 긍정적 힘을 준다. 직원과 학생들 사이의 자존심과 자긍심, 사기(士氣)와 상호존중 풍토가 학교에 스며들어야 한다. 공동운명체 의식이 충만한 학교가 되어야 효과도 있고 또 일하는 즐거움, 살아가는 즐거움도 가질 수 있다.

효과적인 학교에서는 학생과 직원에 대하여 고도의 긍정적 기대를 갖는다. 교수·학습에서 도달해야 할 전국규준 이상을 설정한다. 각 학생이 기초목표를 도달할 수 있다는 강한 믿음이 필요하다. 직원발전(연수) 프로그램 속에 학생에 대한 기대와 그 기대의 효과에 관한 내용을 포함시키는 게 좋다.

여러분들은 피그말리온 효과와, 자성예언에 관한 내용을 잘 알 것이다. 학생은 배우기 위해 여기 와 있고, 교사는 가르치기 위해서, 행정가는 지원하고 봉사하기 위해서 여기 와 있다.

효과적인 학교에서 모든 교직원은 기초기능을 강조한다. 가르치고 정복(완성)해야 할 기초기능에 합의하고 학년별 교과별로 도달해야 할 기초기능의 목록을 작성하고 이를 중심으로 시험을 보고 이에 미달되면 유급되어야 한다. 교직원 회의도 수업에 초점이 맞춰지고 직원발전도 과업집중시간에 강조점이 주어져야 할 것이다. 학교는 학생들이 배우기 위한 장소이다.

효과적인 학교의 교사들은 개개 학생을 위한 수업전략을 정기적, 계속적으로 평가한다. 학습해야 할 기초기능의 시험을 개발하고 채택한다. 숙제와 숙제검사를 엄격히 하고, 교육과정상의 목표달성을 위한 교사의 학습계획과 교사활동을 확인한다.

<표 1-3> 변화 과정별 효과적인 학교의 5요인

변화과정의 단계	효과적인 학교의 5요인		
	1. 수업지도력	2. 기본기능 3. 학교풍토 4. 기대 5. 학생진보평가	
수준 3 제도화 와 보완	교장은 ● 수업 프로그램 조정; 성취도 강조; 개인목표와 학교 목표 설정 ● 직원, 학부모, 지역사회에 목표 제시 ● 자원의 최적 활용을 위한 계획과 스케줄 ● 학교에서의 진행사항에 대한 책임수락 ● 구체적 내용영역과 학급경영기술에 대한 직원연수 강조 ● 필요시 실행에 관한 연구 요약 ● 수업자료 선정 결정과, 프로그램과 평가 시 적극적 역할 수행, 동료적 분위기 형성 ● 수업과정 프로그램 확인 ● 교사, 학생, 교장 자신의 업무수행 표준 설정	수준 3은 효과적인 학교에서 관찰된 5요인의 각각의 주요 특성에 대하여 설명해 주는 문헌으로부터 추출된 기술내용과 함께 개혁과제 시도로 완성된다.	학생성취목표 전국규준 이상
수준 2 실행 (진행)	교장은 ● 풍토 높은 기대, 기초 기능, 평가, 학생 성취 강조 ● 계획을 잘 세우고 문제로부터 프로그램 오리엔테이션으로 이동 ● 가시적 활동(운동장, 복도, 교실, 지역사회) ● 수업장학의 스케줄 세우기; 수업 활동 스케줄 계획 ● 학교목표에 초점을 두는 한 직원에게 계속적 지원 제공 ● 학교, 학생, 학부모, 직원, 지역사회에 대하여 안다: 학부모, 학생, 직원, 기타 다른 사람에게 존경심을 갖고 대한다. ● 우수한 학교의 비전을 학생, 직원, 학부모에게 제시	수준 2는 개혁과제 실행 2차 연도에 관찰된 기술 내용과 함께 끝난다.	

변화과정의 단계	효과적인 학교의 5요인	
	1. 수업지도력	2. 기본기능 3. 학교풍토 4. 기대 5. 학생진보평가
수준 1 계획과 프로그램 설계 (출발)	교장은 ●목표를 설정하고 규범을 형성; 우수학교의 비전을 행동 안내에 활용 ●교육목표와 일치하는 활동을 개발한다. ●교장 자신의 노력을 수업의 재초점에 맞춘다. ●학습과 교사의 계획시간 등을 지원하기 위하여 스케줄을 다시 세운다. ●개방적 의사소통과 의사결정, 문제해결의 통로를 만든다. 교실 방문, 구조의 설치 ●문제해결에 직원회의의 초점을 맞춘다. ●학습 강조의 계획: 보상체제 계획	수준 1은 개혁과제 실행 1차 년도에 관찰된 기술 내용과 함께 끝난다.
변화과정의 단계	효과적인 학교의 5요인	
	1. 수업지도력	2. 기본기능 3. 학교풍토 4. 기대 5. 학생진보평가
수준 1 계획과 프로그램 설계 (출발)	●지역사회의 의식과 참여를 주도한다.	
(기초) 오리엔 테이션 과 평가	교육청의 직접적 관여: 예, 강력한 지원, 제안 계획서 작성, 기본 조직구조 형성: 특별조직과 위원회 조직, 학교와 지역사회의 준비도와 수용도, 사전평가와 유사 개혁과제 현장 방문, 평가계획과 기초자료 수집.	

〈자료〉 C. M. Achilles, "A Vision of Better Schools" in William Greenfield, Instructional Leadership: Concepts, Issues, and Controversies(Boston: Allyn & Bacon, 1987).

효과적인 학교에 관련된 변인들은 대개 이 다섯 가지로 묶어진다. 교장은 이 다섯 가지 변인에서 지도력을 발휘해야 할 것이다. 교육개혁이 곧 학교개혁이고, 효과적인 학교개혁에는 앞에서 언급한 것처럼 다섯 가지 요인이 밀접하게 관련되어 있다고 하였다. 학교개혁을 위해서는 (1) 오리엔테이션과 평가, (2) 계획과 설계, (3) 실행, (4) 제도화와 보완의 4단계 과정을 밟아야 할 것이다. 변화와 개혁의 4단계별로 효과적인 학교의 다섯 가지 요인을 제시하면 〈표 1-3〉과 같다.

교장의 직무를 규정한 초·중등교육법 75조 1항의 (1) 교무통할, (2) 소속직원 감독, (3) 학생교육은 바로 교장의 수업지도력에 비중을 두고 있다. 특히 학생교육의 총책임은 교장에게 있으므로 교장은 학생교육의 핵인 수업에서 지도력을 발휘하지 않으면 안 된다는 점을 명시적으로 제시하고 있다.

4. 교내 수업장학의 활성화

국가의 존망은 교육에 달려 있고, 교육의 성패는 수업에 달려 있으므로, 수업의 질 향상을 위한 교육개혁, 특히 학교교육에 교장이 지도력을 발휘해야 한다. 또 수업의 질 향상을 위해서는 수업장학활동이 핵심이 되어야 한다.

수업장학은 당연히 학교수준에서 활성화되고 학교개혁과도 직결되도록 하여야 할 것이다. 교내 수업장학에서는 학교장이 장학지도력, 수업지도력을 발휘해야 하고, 교육청과 교육부는 이를 활성화시키도록 지원하는 역할을 맡아야 할 것이다.

여기서는 교내 수업장학을 위한 (1) 여건 조성의 몇 가지에 대하여 언급하고, (2) 교내 수업장학의 제도화 과정에 대하여 설명하기로 한다.

1) 교내장학의 여건조성

지금 우리의 상황은 장학의 '장'자도 꺼내기 어려운 상황에 처한 학교도 있는 것 같다. 특히 중·고등학교에서 더욱 그렇게 돌아가고 있는 것 같다. 선불리 시도하다간 활성화는 고사하고 오히려 부작용과 역효과만 초래하고 실패하기 쉽다. 지금 실패하면 다음번 시도는 더욱 어려워진다. 이런 점을 고려하여 밑바닥 정지작업부터 착실히 하여야 한다.

첫째, 교장의 확고한 신념이 선행되어야 한다. 국가의 존망이 교육에 달려 있고, 교육의 성패는 수업의 질에 달려 있고, 수업의 질은 교장의 수업장학 지도력에 달려 있어(국가존망→교육→수업→수업장학 지도력) 국가의 발전이냐, 좌초냐가 내 손에 달려 있다는 굳은 신념이 우선 선행되어야 한다.

또 교장의 여러 가지 할 일 중에서도 수업장학이 최우선 임무이고 이 수업장학에 교장직을 걸겠다는 강한 믿음이 있어야 한다. 또 이렇게 전력투구하면 반드시 성공할 수 있다는 자신감과 믿음이 선행되어야 한다. 눈에 보이지도 않는, 또 그렇게 절박하지도 않은 것 같은 이 일에 교장직을 걸 만한 가치가 있느냐를 신중히 따져 보고 '예'라는 대답이 나와야 한다.

강원도의 한 고등학교 교장도 교사들에게 생소한 임상장학을 실시하여 교사들로부터 처음에는 강한 반발과 저항을 받았으나 강한 신념을 갖고 추진한 결과 교사들도 교장의 본심을 이해하고 마침내는 환영하고 자청하게 되었다고 한다. 대구의 한 초등학교에서도 교장이 교실을 방문하면 교사들이 수업을 안 하고 딴전 보고 서 있을 정도로 장학에 대해서 강한 거부감을 가지고 있었으나 치밀한 계획하에 조직적으로 파고든 결과 장학을 성공시킨 사례가 있다.

둘째, 수업장학에 사활을 걸겠다는 강한 신념을 갖게 되었다면 이제는 교장 자신이 장학에 관한 지도력을 기르고 장학방법에 대한 기술과 능력을 길러야 한다. 장학에 대하여 알아야 계획을 짜고 장학을 실천할 수 있다. 장학사와 교장·교감이 워낙 바쁘기도 하지만 장학의 본질에 관한 지식과 기술과 방법을 실지로 모르고 자신이 없기 때문에 엉뚱한 일, 주변적인 일에 바쁘게 보냄으로써 도피심리로 위안과 보상을 받고 있다는 보고도 들었다.

기술과 능력 중에서도 장학자와 피장학자 간의 인간관계 능력(interpersonal competence)이 중요하다. 관계가 형성되지 않으면 나머지는 모두 비뚤어진다. 실력이 있어야 교사 앞에 떳떳하고 당당할 수 있다.

셋째, 이제 장학을 수용하는 학교문화를 형성해야 한다. 교사는 가르치려고 하기 전에 먼저 배우고자 해야 한다. 배우는 자가 남을 가르칠 수 있고, 남을 가르치기 전에 먼저 자신을 가르쳐야 한다는 학습문화가 교사들 사이에, 학교 내에 형성되어야 한다.

학교는 학생들만 배우는 곳이 아니라 교사도 배우고 교장도 배우는 장소라는 인식이 필요하다. 교사들도 장학을 통하여 배울 수 있다는 생각이 문화로 다져져야 한다. 장학은 장학사와 교장·교감을 위한 것이 아니라 우리를 위한, 교사를 위한 활동이라는 생각으로 바뀌어야 한다.

넷째, 무엇보다도 신뢰가 형성되어야 한다. 교장을 믿고, 존경해야 장학도 먹혀든다. 교장의 장학능력을 믿고, 교장의 장학으로부터 배울 것이 있다는 믿음이 있어야 한다.

지도자의 전문적 권위(expert power)와 참조적 권위(referent power)가 강제적, 보상적, 합법적 권위보다도 교사들에게 무리 없이 먹혀들 수 있다. 지도자의 도덕성, 윤리성에 의심이 간다면 장학력이 먹혀들 수 있겠는가? 젊은 서무에게 약점 잡힌 노교장은 교사들도 존경해 주지 않는다. 교장의 도덕적 이미지(moral imagenation)가 중요하다.

다섯째, 장학에서도 학습에서처럼 교사의 내적 동기와 자발성, 자율성, 능력 동기에 발동을 걸어 줘야 한다. 배움에 허기증과 갈증을 느끼게 하는 일이 밥상을 차려 주거나 물을 떠다 바치는 일보다 더 중요하다. 지금 교사들은 하고자 하는 의욕 자체를 잃고 있다. 학교 갈 맛, 가르칠 맛, 살맛나게 하는 일부터 착수해야 할 것이다. 열심히 해도 그만, 안 해도 그만이라면 누가 열심히 하겠는가?

교사들로 하여금 어떻게 하면 신명 나고, 신바람 나게 할 것인가를 생각해 내야 할 것이다. 열심히 하는 사람을 무엇으로 보상해 줄 것인가? 교사들에

게 열심히 일하라고 해놓고는 엉뚱한 사람이 근무성적의 '수'를 가져가고(젊
은 사람은 아직 필요 없다고 하면서), 엉뚱한 사람이 표창·훈장을 받아 간
다면 누가 계속 열심히 할 것인가? 일에서 일의 의의와 의미를 발견할 때
일에 미치게 된다. 어떤 일에 미친 사람은 행복한 사람이다.

여섯째, 교사도 장학에 대해서(교사의 장학에 대한 지식) 알아야 한다. 같이
바둑이나 장기를 즐기려면 상대방도 바둑이나 장기 두는 규칙을 알아야 재미있게
게임을 즐길 수 있다. 같이 춤을 추려면 상대방으로 하여금 발등을 밟지 않을 정
도라도 춤의 스텝을 가르쳐야 한다. 그래서 교사에게도 장학연수가 요구된다.

일곱째, 학교에 어떤 변화를 가져오려면 변화거점을 구축해야 한다. 변화촉진
자, 변화대리자(change agent)를 붙잡고 이들로 하여금 여론을 형성하고, 먼저
시도하고, 시범을 보이게 할 수도 있을 것이다. 획일적인 것보다는 먹혀들어가는
사람부터, 성공을 거둘 수 있는 작은 일부터 발판을 다지는 것이 순서일 것이다.

이와 같은 정지작업이 잘되어야 장학의 씨를 뿌리고 새싹이 트고 장학은
제도화로 뿌리내릴 수 있게 된다. 이제 깜짝쇼나 할 생각을 해서는 장학은
또다시 우스꽝스럽게 된다.

2) 교내수업장학의 제도화

교내장학을 도입하여 제도화로 정착시키려면 (1) 오리엔테이션과 평가, (2)
계획과 프로그램 설계, (3) 실행, (4) 제도화와 보완의 네 단계를 밟아야 할 것
이다. 이를 더 압축하면 (1) 동원계획과 준비, (2) 실행, (3) 제도화가 된다.

(1) 동원계획과 준비

① 장학(기획)위원회 구성
지지하는 사람, 장학에 대하여 잘 아는 사람, 비공식 지도자, 교사 대표

등을 중심으로 장학기획위원회를 구성하여 문헌과 프로그램도 연구하고, 장학현장을 방문하게 하고, 상황평가와 프로그램 계획을 하게 하고 광범위한 지지기반을 구축한다.

② 정보제공

교내장학의 개념을 정의하고, 장학이 비평가적임(평가가 아님)을 강조하고, 장학을 해야 하는 이유·목적을 제시하고, 초청강사를 활용하고, 장학 관련문헌을 제공해 주고, 현장방문을 계속하고(장학연구학교), 비디오테이프를 제공하고, 오리엔테이션을 실시하여 장학에 관한 충분한 정보를 제공해 주는 일을 한다.

③ 신축성 강조

교내 수업장학의 형태도 임상장학, 동료장학, 자기장학, 전통적 장학, 직원발전(연수), 교과서클 활동, 초임교사 오리엔테이션 등 다양한 방법이 있으므로 획일적 처방보다는 신축성, 융통성, 적응성 등을 강조하여 학교 사정에 맞게 응용한다.

④ 비전과 목표설정

교내장학에 대한 명료한 비전과 목표를 설정하고, 수용태세를 형성하고, 동기를 유발시키고, 학교 내 협동적 중핵가치(core value)를 형성하는 일을 한다.

⑤ 시간문제 검토

어떤 일을 할 때 시간은 결정적인 자원이다. 장학계획과 연수, 활동 시간을 어디서 얼마나 빼내서 집중 투자할 것인가를 심각하게 검토해야 한다.

⑥ 지원과 자원의 출처 확인

교내장학을 도입하고 활성화시키기 위해서도 인적 자원, 물적 자원, 재정적 자원이 필요하다. 이들 자원을 어디서 어느 정도 확보할 수 있을 것인지를 확인해야 한다. 특히 교육청의 정책적, 제도적 지원이 가장 중요하다고 본다. 특히 우리나라는 모든 것을 법과 제도에 의존하고 있기 때문이다.

⑦ 장기적 전망

교내장학도 무리 없이 도입·정착시키려면 장기적 전망에서 서서히 작은 것, 성공 가능성이 높은 것부터 시작해야 할 것이다. 지원과 이해를 촉구하고, 신뢰를 구축하고, 큰 기대를 갖고 작은 출발을 한다. 조기성공감을 맛보게 하고, 장학에 대한 소유의식, 주인의식을 갖게 하여 나를 위한 것, 내 것이라는 인식을 갖게 해야 한다.

⑧ 현지 촉진자 확인

교내장학의 필요성, 중요성을 알고 적극 참여하는 사람으로 하여금 촉진자의 역할을 하게 한다. 현지 촉진자로 하여금 비는 시간을 대체해 주고, 기술지원을 하고, 관찰도구를 개발 제공해 주게 한다.

⑨ 교사의 관심과 걱정 확인

사람들은 어떤 변화에 두려움을 갖게 마련이다. 특히 교사들은 보수적이어서 있는 그대로 있고 싶어 한다. 이러한 개혁과 혁신 보급 시에 생기기 쉬운 두려움을 제거해 주는 일을 잊지 말아야 한다.

⑩ 제도화 계획

교내장학의 몇 가지 방법을 어떻게 제도화시킬 것인가를 이 단계에서 계획해야 한다. 그리고 제도화되었을 때의(미래의) 모습을 제시해야 한다.

(2) 실 행

① 교내장학에 관한 연수

우선 이론, 시범, 실습, 피드백, 역할극을 통하여 장학에 관한 연수를 실시해야 한다. 예를 들면 1차에는 개념, 필요성, 형태와 방법 등을, 2차에는 관찰도구와 방법, 3, 4차에는 협의회 기술, 5차에는 의사소통 기술, 6차에는 변화이론과 효과적인 직원 발전의 실제에 관한 연수로 계획해 볼 수도 있다.

② 다양한 추수적 지원 서비스

교내장학 실시 결과에 대하여 다양한 피드백을 받을 수 있는 통로를 마련해 준다.

③ 실험·실시할 수 있는 시간 제공

실지로 실시할 수 있는 시간과 기회를 제공해 줘야 한다.

④ 복습과 정련을 위한 연수회 개최

계속 다듬어 나갈 수 있는 연수를 실시해야 한다.

⑤ 지지집단, 연구집단에게 시간 제공

교내장학을 지지하는 집단과 연구하는 집단에게 곤란점을 확인하고, 공개 토론을 할 수 있는 시간을 주어 확산시키고 수정·보완해 나갈 수 있도록 한다.

⑥ 실행활동 검토·수정

실시과정에서 계속 활동을 점검하고 수정·보완해 나가야 한다.

⑦ 성공축하 의식·공개토론회

작은 성공이라도 축하해 주는 의식을 갖고 공개토론회를 갖고, 지방언론매체를 통하여 공개하는 방안도 생각할 수 있다.

(3) 제도화

① 계속적인 성공축하 의식

성공적인 장학의 결과에 대하여 지속적으로 축하 의식을 제공한다.

② 연구자적 교사 격려

장학에 관하여 연구적으로 참여하는 교사를 격려하기 위하여 계획시간을 제공해 주고, 자원을 배분해 주고, 소식과 정보를 상호교환하게 하여 계속적 성장을 도모한다.

③ 계속적인 행정지원

재정을 배분해 주고, 모험감행과 실험의 시범을 보여주고, 시간과 주의를 기울여 주고, 정보를 제공해 주고 장학을 직원회의 우선적 안건으로 다루는 관심을 나타낸다.

④ 전 과정에 관한 연수 제공

장학의 전 과정에 관한 연수를 지속적으로 실시한다.

⑤ 계속적인 청취와 확인

학교교육활동의 성패는 지도자가 얼마나 그 일에 관심을 갖고 집중적으로 시간과 정력을 투자하느냐에 달려 있다. 교내장학이 성공을 거두려면 교장이 계속적으로 결과에 관심을 갖고 확인하고 청취해야 한다.

⑥ 보상제공

장학의 성공에 대하여 공적, 사적인 인정을 해주고 기회 있는 대로 모든 보상을 여기에 쏟아 부어야 한다.

⑦ 성공사례 홍보

교내장학의 상공사례를 글로, 보고서로, 언론매체를 통하여 홍보하여 다른 학교의 본보기도 되고 직원의 사기를 진작시키는 계기로 삼아도 좋을 것이다.

일단 제도화로 정착이 되면 자동적으로 이 제도가 굴러갈 수 있도록 한다. 그러다 보면 다시 형식적인 연례행사로 흘러가기 쉬우므로 계속 새롭게 보완하는 작업이 따라야 한다. 또 일시적 제도화 이후에 지도자가 관심을 안 보이거나 교장이나 직원이 바뀌면 제도화 자체가 허물어질 가능성이 있으므로 계속될 수 있는 장치를 해야 한다.

5. 결   론

어려운 시기임에도 불구하고 '교육 이대로 안 된다.'는 공통인식 아래 '교내수업장학의 활성화'에 집중 노력하기로 동의해 줄 수 있다면 일선 교장 선생님의 적극적 협조 아래 이 운동은 반드시 성공을 거두어야 한다.

일선 학교뿐만 아니라 교육청으로서도 교내수업장학의 활성화에 모든 행정지원과 행정력을 동원해야 성공할 수 있다. 교육은 원격조정으로는 더 이상 성공할 수 없다는 믿음을 가지고 장학을 학교장이 주도권을 갖고 자율적으로 실시해 나가고 교육청은 행정적·제도적·재정적·기술적·전문적 지원에 초점을 맞춰야 할 것이다.

교내장학 활성화의 운동이 일시적 일회용 행사로 끝날 것이라고 생각한다면 실패의도를 갖고 시작하는 것이므로 도저히 성공할 수 없다. 교장은 이 운동에 방관자로 소극적, 피동자의 위치에 서 있지 말고 주도자의 입장이 되고 교육청은 지원자의 위치에 서야 성공할 수 있다.

지역 교장회를 중심으로 자발적으로 공동보조를 취하는 것도 한 방안이 될 것이다. 누구는 교사들을 풀어줘 인심을 얻고 누구는 교사들이 귀찮아하는 일을 고집하여 인심 잃는 교장이 된다면 결국 모두가 실패하게 될 것이다.

교내수업장학의 활성화를 교사를 들볶거나 쥐어짜기 위한 수단으로 착각해서는 안 된다. 교사들에게 전문적 영역에서 최대한 자율권을 부여해 주고 권한과 권위를 주는 것(empowerment)은 세계적으로 거역할 수 없는 하나의 거대한 물결이다.

올바른 민주화의 물결, 자율화, 분권화의 물결은 지속되고 더 추구되어야 한다. 그러나 이와 동시에 교육의 본질인 수업의 질 향상, 교사의 전문직적 향상에 집중 노력하는 것도 또 하나의 피할 수 없는 거대한 물결이다. 이 후자는 교사에게는 괴롭고 씁쓸한 일일지 모르나 하지 않으면 안 되는 본연의 일임에 틀림없다.

전문직의 권위는 피나는 자기관리, 자기규율, 자기통제가 있을 때 따라붙을 수 있다.

교장은 우선 이런 점에 대하여 교사들을 이해시키고 설득시켜야 한다. 이런 이해가 선행돼야 교사들의 협조를 얻을 수 있고 교사의 협조를 얻어야만 학교교육의 목표를 달성할 수 있고 또 학생과 학부모, 국민에게 양질의 교육행정 서비스, 교육 서비스를 제공해 줄 수 있게 된다. 그렇게 돼야 교장 자신도 교장 하는 보람, 나아가서는 살아가는 보람과 의미를 찾을 수 있게 된다.

교사들은 교장이 울타리를 만들어 주지 않고, 교장이 바람막이가 되어 주지 못하면 너무나 연약하고 외로우며 기댈 곳이 없게 된다. 교장은 많은 대화로써 젊은이들을 다독거려 줘야 교사들은 희망을 갖고 일할 수 있다.

서울의 신행주대교가 무너지듯이, 청주의 우암아파트가 고스란히 내려앉듯이, 부산 구포에서 무궁화호가 곤두박질하듯이 한국의 윤리·도덕·규범이 내려앉고 있다. 교육은 바로 이 윤리·도덕·규범을 계승·유지·복원하는 기능을 맡은 기관이다.

우리는 더 이상 허물어지는 규범과 질서, 날뛰는 광란을 방치하는 방관자가 될 수는 없다. 어려움 속에서 할 일을 해낼 때 더한 기쁨과 희열을 가질 수 있다. 헝클어진 교육계에 갈피를 잡아 주는 큰 어른이 되어 줄 것이 요구되고 기대된다.

제2장 도전받는 교장직과 교내장학[*]

1. 서 론

교육 내외의 여러 면에서 학교와 교육계는 어려운 시기를 맞고 있다. 교육 내부에서 보면, 첫째, 아직도 갈등의 진원은 가라앉지 않고 있다. 민주화와 자율화의 요청이 높은 것은 당연한 것으로 치더라도 무질서와 자유방임과 방종을 민주화와 자율화로 착각하고 무리한 요구가 난무하고 있는 것은 문제이다. 교사들이 제자리와 본분을 잃고 가르치는 일보다는 엉뚱한 곳에 더 신경을 쓰고 있는 것 같다.

둘째, 그동안 학교에서 지켜져 오고 있던 전통적 가치와 규범이 한꺼번에 무너져 내리는 것 같다. 선·후배를 구분하기 어렵게 되고, 존중되어야 할 권위가 도전을 받고 있다.

셋째, 교사의 질이 떨어지고 있는 것이 문제이다. 교사 희망자의 질이 떨어지고, 교사양성교육도 거칠어지고 필요한 학점을 짜 맞추기만 하면 인간교육 교사자격증을 얻고 있다. 그나마도 이제는 임용고시 수험공부에 매달리고 있다. 채용이 되고 나면 전문가로 자처하고 아무도 자기 교실 근처에 얼씬도

---

* 1992. 9. 8. 대구교원연구원 수업장학력 제고를 위한 학교장연수 초청 발표.

하지 말라고 하며 무감독적 방임을 외쳐댄다. 수업연구, 연수, 학급경영록 작성, 심지어는 학습계획서 작성까지도 잡무라면서 교사는 이로부터 해방되어야 한다고 주장한다. 무엇이 본질적인 일이고 무엇이 주변적인 부차적인 일인지 구분하지 못하고 있다.

넷째, 입시공해가 교육본질을 오염시키고 있다. 또 한편으로는 초·중등교육에서 학생들과 교사들이 입시준비교육으로 시달리고 있다. 시험이 끝나고 나면 쓸모없는 지식이 되고 마는 암기교육에 시간과 정력을 모두 소진해 버리고 있다. 그렇게 많이 가르치고도 무엇이 부족한지 방학도 없이 자율학습과 보충학습을 해야 한다. 그렇게 많이 하는(시키는) 공부를 사고력과 고등정신기능을 기르는 데 바친다면 한층 빨리 선진국을 따라 잡을 수 있으리라 생각된다.

다섯째, 학교 밖과 안의 불균형에 문제가 있다. 학교 밖은 모든 면에서 급진적으로 발전하고 높은 수준을 유지하고 있는데 학교 안은 모든 면에서 뒤떨어지고 있다. 교육시설과 자료는 기업체나 산업계에 비하여 월등하게 뒤떨어지고 있으며 정부의 다른 부처에 비해서도 뒤떨어지고 있다. 교사의 사회·경제적 대우도 상대적으로 계속 뒤쳐지고 있다. 사제 간의 관계, 학부모와의 관계도 소원해지고, 경제적인 면에서도 희망을 가질 수 없어, 젊은 평교사들이 가르치는 일에서 재미와 애착을 갖기 어렵게 되어 있다.

교육 외부의 도전 또한 만만치 않다.

첫째, 우선 정치적 바람이 교육계를 동요시켜 왔다. 투표의 숫자를 의식한 정치인들이 일부 젊은 교사들이 주장했던 교장임기제를 신중한 검토도 없이 서둘러 채택하게 하여 교육계에 큰 혼란을 야기하고 지도력의 약화와 행정의 무원칙을 가져왔다. 또 그동안에 정치인들이 교육을 체제유지의 수단으로 이용하여 교사와 맞닥뜨리는 교장들로 하여금 많은 무리한 지시를 내리게 하고 또 일부 교장들이 이 지시에 순응하다 보니 교사들의 눈에는 교장들의 행동이 권위주의적이고 무능한 것으로 비쳐지게 되었던 것이다. 다시 말하면 오늘날 교장직의 권위가 떨어지고 교사들로부터 교장직에 대한 도전을 받게 된 것은 정치적 희생이라고 판단된다. 교육자들은 정치장단에 정신없이 춤추다가 갑자기 춤곡이 바뀌게 되면 망신당하고 손해 보는 쪽이 항상 교육자들뿐이라는 사실을 알아야 한다.

둘째, 국제적으로는 냉혹한 교육의 질 경쟁의 압력을 받게 되었다. 특히 과학과 기술, 기초과목에서 질을 향상시키지 못하면 지구 상에서 살아남을 수 없다는 절박한 압력을 받고 있다. 앞으로 이 압력은 더욱 강력해질 전망이다. 이 압력에 적절히 대응하지 못하면 교육계는 더욱 불신을 받게 될 것이다. 이것은 억울한 노릇이 아닐 수 없다. 교육계가 재정적 투자와 지원을 해야 한다고 주장할 때는 아예 모른 체하고 있다가 교육이 국제경쟁력을 잃었다고 불신을 하거나 외면당하게 된다면 교육계로서는 억울한 노릇이 아닐 수 없다.

셋째, 교육 외부의 급격한 가치관의 변화로 교육자들은 사기를 잃고 실의에 빠지게 된다. 교사존중의 풍토가 사라지고 황금적 가치가 존중되면서 정신적 이슬을 먹고 살던, 즉 선비정신 세계에서 살던 교사들은 초라하게 보이게 된다.

넷째, 이러한 교육 내·외의 상황변화와 함께 가치와 규범을 유지하는 것을 주요 기능으로 하던 교육계에서 가치와 규범이 무너져 내리고 있다. 아버지 어머니가 자기 자식들을 통제하지 못하고, 선생님들이 제자들을 통제하지 못하고, 학교장도 교사들의 눈치를 살피게 되었다. 경찰과 검찰도 깡패와 범죄집단과 유대관계를 맺어야 한다고 한다. 이 사회에 어른이 없어지고 지도자들은 지도력을 잃고 있다.

이런 상황은 학교도 예외가 아니어서 지도력이 먹혀들지 않고 있다. 아등바등 욕 얻어먹어 가며 교육과 행정을 해야 할 이유를 잃고 있다. 인심 잃어 가며, 듣기 싫은 소리 해가며 교육과 교육행정을 한다는 사람이 부족한 사람이나 반 미친 사람쯤으로 낙인찍히게 되었다. 이런 상황에서는 아무 일도 하지 않는 사람이 유능한 교장일 것이다. 교육을 포기하고 말 것인가? 그럴 수는 없는 것이다. 어려운 여건 속에서 교육과 경제를 이러한 수준까지 올려놓고 여기서 그냥 주저앉을 수는 없다. 제자리를 찾아야 한다. 교사를 제자리로 돌려놓는 일도, 교장이 스스로 제자리로 돌아가는 길도 결국 교내장학이라고 본다. 필자는 이 교내장학에 마지막 승부를 걸어야 한다고 본다.

그래서 여기서는 (1) 도전받는 교장직의 일부를 관찰해 보고 나서, (2) 이런 상황의 갈피를 잡아야 할 학교장의 지도력에 관하여 언급하고, (3) 이 지도력의 일부로서의 교내장학 방법과 대안들을 제시하고 결론을 맺기로 한다.

2. 도전받는 교장직

최근 우리나라에서 몇 개의 중요한 다리가 무너져 내리듯이 모든 가치와 규범, 윤리, 도덕까지 무너져 내리고 있다. 자신이 지켜야 할 본분은 잊고 남에게서는 많은 것을 요구하고 있다. 자신의 이익은 찾으려 하지만, 남의 이익은 지켜주기 보다는 오히려 침해하고 있다.

그러한 결과 학생과 학부모의 이익보다는 교사의 몫을 찾아야 한다는 목청이 높았었다. 교사의 복지를 부르짖을 때 학생의 복지문제도 한두 가지 끼워줬어야 했다. 학생의 입장에서 보면 지금도 억울한 일이 많다. 학부모와 국민의 입장에서 보면, 왜 세금과 납부금을 내고 교육과 학교와 교사를 배급받고 주는 대로 받아먹어야 하는지 아직도 납득이 가지 않는다. 한번 학교와 교사를 잘못 배급받으면 평생을 망치는 경우도 있다.

아래를 무시할 뿐만 아니라 위도 무시하고 도전하기까지 하여 무질서를 낳았다. 학생을 가르치는 것은 교사이니 교사만 있으면 되고 교장은 오히려 귀찮은 존재, 필요 없는 존재로까지 파악하게 되었다. 인기투표해서 교장을 선출하자고까지 했었다. 대학 총장도 선출하는데 교장을 선출하지 못할 게 어디 있느냐고 하면서 모든 학교를 대학으로 만들려고 했거나 아니면 대학으로 착각했었던 것 같다. 그것이 여의치 않자 드디어 교장임기제를 들고 나와 그것으로 낙착이 되었다. 교장직이 도전받고 있는 증거이다.

교장직에 대한 도전과 관련하여 몇 가지 생각할 점이 있다.

첫째, 교장의 권위를 깎아내리면 교사의 권위가 올라갈 것이라고 계산한 교사의 계산기는 분명 '고장 난 계산기(필자의 「우리의 교육, 몸으로 가르치자」 책의 한 칼럼 제목)'이다. 권위란 서로가 세워줘야 하는 것이므로 한쪽에서 인정해 주지 않고 세워 주지 않으면 상대방도 나의 권위를 인정해 주지 않고 세워주지 않는다는 사실을 몰랐기 때문이다. 교사가 교장의 권위를 깎아내리는데 교장이 교사의 권위를 세워줄 리 없다. 또 권위 있는 사람 밑에서 근무할 때 밑에 있는 사람도 권위가 올라간다는 사실을 고장 난 계산기는 계산해내지 못한 것이다. 그렇지 않아도 외부에서 교장의 권위를 안 세워줘 지방 행사에 유지들과 앉을 때 교장의 자리를 하석으로 마련한다고 하는 판인데 교사가 교장의 권위를 깎아내리고 나서 그 깎아내린 교장 밑에서 교사가 근무한다면 교사의 권위는 어떻게 되겠는가? 교사는 더욱 초라해질 수밖에 없다. 이런 걸 교사가 가지고 있는 현대식 전자계산기가 계산해내지 못한 것이다. 당장 편해질 것만 계산했을지 모른다. 또 지금 당장은 어느 정도 그 효과를 보고 있는지 모른다. 그러나 멀리 보면 교육자 전체의 위신은 추락되고 손해를 보고 있는 것이다.

둘째, 교장을 학교교육의 최종책임자라는 사실을 알아야 한다. 교장의 권위는 교사가 세워 주기도 해야 하지만 근본적으로는 국민으로부터 받아낸 권위라는 것을 인정해야 한다. 민주주의 국가에서 주인은 국민이고 (교육)자치제를 할 경우는 그 지역 주민이다. 모든 주권은 국(주)민으로부터 나오게 되어 있다. 교육에 관한 권한도 국(주)민으로부터 나온다. 주민은 대표자인 교육위원에게 권한을 위임하고 자기들이 원하는 교육을 해달라고 부탁한다. 주민의 대표자인 교육위원은 교육전문가 교육감을 뽑고 주요 정책결정을 하여 이를 집행·운영해 달라고 권한을 교육감에게 위임·부탁한다. 교육감은 다시 교장을 임명하여 한 학교씩을 맡아 학교 학생교육을 책임져 달라고 교장에게 위임하는 것이다. 이것이 초·중등교육법 제20조 1항이 된다. 교장이 학생교육을 하게 되어 있고 교감과(2항) 교사(3항)는 "교사는 법령이 정하는 바에 따라 학생교육을 한다." 그래서 교장은 학생교육의 책임자이다. 즉 권한이 주민 → 교육위원 → 교육감 → 교장으로 위임되어 결국 교장은 주민으로부터 학생교육권을 받아온 것이다. 이런 논리라면 교사는 무슨 권한으로 교장선출을 할 수 있고 교무회의를 의결기관화할 수 있는가?(여기서 한 가지 지적할 것은 교육감을 주민이 뽑지 않는 한 엄격히 말하여 교육감과 교육위원은 수평적 관계가 아니라, 교육감이 교육위원 밑으로 들어가야 하고 교육자치 정부는 교육위원회와 교육감 2개의 독립된 기관이 아니라 교육위원회 하나가 되어야 한다.)

교장이 학생교육의 책임자이기 때문에 학습계획안을 승인하고 학습결과의 통지도 교장 명의로 나가는 것이다. 물론 학생교육의 중요한 부분이 장학이기 때문에 교장은 장학책임이 주 임무이다. 교장이 학생교육을 전부 할 수 없기 때문에 교과와 학년을 배정하여 교사에게 학생교육을 부탁(명)하게 된다. 교사도 전문가(직)이기 때문에 전문분야에 관한 한 최대한 자율권을 보장해 줘야 하는 것은 너무나 당연하다. 그래도 학교교육을 어디로 이끌고(지도) 갈 것인가는 어디까지나 교장에게 달려 있다. 여기에 교장의 철학과 행정가의 전문능력과 기술이 요구되는 것이다. 교장은 주어진 권한과 권위를 지키기 위해(도전받는 교장직에) 도전하지 않으면 안 된다.

셋째, 교장직의 전문화를 생각해야 한다. 옛날에는 가르치는 일과 행정에 관한 일이 분화가 안 되어 있어 교사가 가르치면서 백묵도 사오고 봉급도 처리해야 했다. 그러나 현대에 와서는 행정이 고도로 전문화되어 있다. 그래서 어떤 나라는 교장의 대부분이 박사학위를 소지하고 있을 정도이다. 상식적으로 생각해도 '가르치는 일'과 이를 지원하고 장학하는 일은 엄격하게 구분된다. 잘 가르치는 사람이라도 교육행정, 학교행정까지 잘하리라는 보장은 없다. 설사 같은 교원이라도 교과별로 학년별로 전문화되어야 한다는 것은 아마도 인정해야 할 것이다. 전문가라면 상대방의 전문성도 서로 인정해 줘야 한다. 교장도 교사의 전문성을 인정해 주고, 교사로부터 교장의 전문성도 확고하게 인정받아야 한다. 같은 육상 선수라도 높이뛰기 선수와 달리기 선수가 전문화되고, 같은 달리기 선수라도 단거리 전문 선수와 장거리 전문 선수는 구별되고 서로 그 전문성은 인정되어야 한다. 그래서 교사와 교장은 따로 전문화되어야 한다.

한창 교육법 개정에 대하여 의견이 분분할 때 당시 국회문공위원회에서 필자는 교사와 교장의 관계를 축구팀에 비유하여 감독(교장)하던 사람보고 공을 차(교사 하)라고 하면 되겠느냐고 하면서 교장선출제와 임기제에 반대하는 증언을 한 적이 있다. 교사직과 교장직의 전문화를 염두에 두고 한 비유였다. 그랬더니 한 야당 국회의원이 "감독이 공 차면 발 삐나"라고 공격적 질문을 했다. 필자는 "아니죠, 감독도 옛날에 공을 찼으니 발은 안 삐겠죠. 그러나 감독이 공 차는 축구팀이 냉혹한 국제(교육)올림픽대회에 나가서 이기겠습니까?"하고 반문했더니 더 이상의 논쟁을 잇지 못하고 자리를 피하는 것을 보았다. 돌려 가면서 많은 사람이 교장을 해먹는 것이 목적이 될 수 없고, 또 그것이 민주주의일 수는 없다. 어떻게 하면 교육의 본질, 교육목표를 잘 달성할 수 있느냐에 교육인사 행정도 초점이 맞춰져야 한다. 그래서 필자는 언젠가 교육방송 TV 토론에서 교장임기제는 교육행정의 전문화라는 측면에서 반세기, 50년은 후퇴한 제도라고 한 적이 있다. 교사직을 존중해주고 거기서 교사는 행복할 수 있도록 해주고, 교장·교감으로 옮겨가지 않아도 손해 볼 것이 없도록 하는 일이 우선되어야 한다.

넷째, 교장임기제는 우격다짐이지 무슨 논리도 없고, 원칙도 없이 튀어나온 제도이다. 임기제로 무능자를 가려내어 교육과 교육행정의 질을 향상시키려 한다면 임기제는 모든 사람에게 적용되어야 한다. 교사도 4년 임기로 임용해 봐서 계속 임용할 것인가를 결정하고, 교감도, 일반직도 임기제를 적용해야 한다. 그리고 임기제를 적용하여 무능자를 가려낸다면 초기에 젊었을 때 해야 하는 것이다. 교사와 교수의 정년보장제가 그 예이다. 그리고 무능할 것 같으면 일찍이 교장 자격증을 주지 말던가 교장으로 임용하지 말았어야 한다. 교사와 교장은 자격과 신분이 다르다. 교사가 교감·교장이 되기 위해서는 자격변동과 신분변동을 해야 하듯이 마찬가지로 교감과 교장이 (원로)교사가 되기 위해서는 자격변동과 신분변동을 다시 해야 될 것이다. 그래서 총장 했던 사람이 다시 교수가 되기 위해서는 신규임용의 절차를 밟고 있다. 신규임용을 안 해 줘서 총장 했던 사람이 교수가 되지 못한 사람도 많다.

그러면 왜 이렇게 교장직이 도전받게 되었는가? 교장직이 도전받게 된 이유 몇 가지를 생각해 보기로 한다.

첫째, 정치적 해방을 생각할 수 있다. 조여졌던 독재로부터 정치적 해방을 맞으면서 교육계 내부에서도 무리한 요구들까지 폭발하고 무리한 요구까지 민주화의 미명 아래 수용되기도 했기 때문이다.

둘째, 교육관료제와 교육의 정치적 시녀 역할의 영향을 부인할 길이 없다. 교육이 정치적 체제(정권)유지의 수단으로 이용되면서 교장이 최일선에서 이를 감당해야만 했다. 다시 말하면 교장이 정치적으로 이용되었던 것이다. 그것이 교장과 맞닥뜨리는 교사의 눈에는 권위주의와 무능, 지시와 감독으로 받아들여졌던 것이다. 교육이 정치장단에 놀아나면서 그 짐을 교장이 다 받아내야 하는 입장이 된 것이다. 과거에 교장은 위로부터의 지시를 받아 가르치는 일 이외의 많은 것을 교사에게 지시하고 명령하고 확인하지 않으면 안 되었었다. 이런 일로 인하여 교사들로부터 많은 반발을 받게 되었다.

셋째, 일부 교장은 실지로 자신이 해야 할 일을 포기하고 지나치게 교사에게 위임하다 보니 교장직이 전문성 없는 할 일 없는 직으로 교사들에게 비쳐지게 되었다. 학교교육목표를 설정하고, 학교장의 철학이 들어가야 할 학교교육계획 같은 것이 교무부장이나 연구부장에게 통째로 내던져지고, 또 수업에 있어서도 지도력(leadership)을 발휘하여 새로운 교육과정과 교수방법, 교육이론을 도입하고 혁신도 주도해야 하는데 이런 부분, 즉 교육과정과 수업이 통째로 교사들에게 넘겨지고, 교장은 이 부분에서 빠져 버리는 국외자로 밀려나게 되었다. 일부 교장은 교육과정과 수업을 교사들에게 전적으로 맡기고 교장은 학교의 큰일이나 하는 것이 대교장, 명교장이라고 자처하기까지도 했었다. 교육목표설정, 교육계획수립, 교육과정과 교육 프로그램 조직, 수업방법과 기술의 개선, 학생의 인사와 조직 등이야말로 교장직의 존재 이유가 되는 중요한 교장직의 영토인데 이들을 일찌감치 포기하고, 나머지 교직원 인사, 재정관리, 시설관리, 사무관리 등 부차적인 것을 교장의 영토로 축소하여 이에 안주하여 하나의 관리자로 전락하고 이를 즐기고 있었던 것이다. 즉 교내장학적 측면은 포기하여 교사들에게 맡겨 놓고 관리적 측면만 겨우 붙들고 있었던 것이다. 그런 결과 오늘날 교사들이 수업은 우리의 영토이니 교장·교감은 내 교실 근처에도 얼씬거리지 말라고 큰소리쳐도 꼼짝 못하고 있는지도 모른다. 특히 중·고등학교에서는 전공과목이 다르다는 이유로 장학사나 교장·교감도 교실에 접근하기 어렵게 되었다. 이는 이미 앞에서 말한 초·중등교육법 제20조 1항을 통째로 포기하라는 말과 같다. 교장의 역할과 기능, 직무를 명확히 규정하고 재정립해야 할 필요가 있다. 교장들이 자신이 해야 할 일을 일찌감치 포기한 결과, 또는 지나치게 위임하고 맡긴 결과 오늘날 교장직이 심각한 도전을 받게 된 면도 있다. 사실 오늘날 교무분장이라고 하여 교사들에게 떼어 맡긴 대부분의 행정적인 일들은 사실은 교장·교감, 최소한 부장교사급에서 맡아서 해야 할 일들인 것이다.

넷째, 일부 선배 교장 중에는 사실상 지나치게 권위주의적이고, 무원칙적이고, 실제로 무능했던 사람도 있었을 것이며 그 업보를 후배교장들이 도전으로 받게 된 부분도 일부 있었을 것으로 본다.

그러면 교장직이 이렇게 도전만 받고 무방비 상태로 있을 것인가? 학습지도안도 계획할 필요가 없고, 수업연구도 잡무로 몰아서 추방하고, 근무 시간도 안 지키고, 예고도 통고도 없이 결근하고 겨우 수업시간에 맞춰 출근하여 수업시간만 때우는 것으로 우리는 교사에게 감사해야 하는가? 물론 대부분의 교사가 동요 없이 옛날과 같이, 또 옛날보다 더 충실히 가르치고 근무하는 부분이 있다는 것도 인정은 한다.

국민으로부터 위임받은 학생교육을 위해서 학교장의 지도력을 회복해야 한다. 안 되는 것은 안 된다고 말할 수 있는 어른이 되어야 한다. 일단 학교에서의, 교육에서의 최저선, 마지막 요새(방위선)만큼은 물러설 수 없으며, 이것을 지키고 나서 교육에서의 최고수준, 우수성(excellence)을 추구해야 한다.

3. 학교장의 강력한 지도력

　학교교육이 제자리를 잡아가기 위해서는 학교장의 강력한 지도력(strong leadership)이 요구된다. 또 좋은 학교, 효과적인 학교들에서 공통점을 찾아봤더니 거기에는 학교장의 강력한 지도력이 있었다는 것이다. '강력한'이라고 하면 우리는 먼저 독재와 권위주의를 생각하기 쉬운데 우리는 민주적이면서도 목표를 달성하는 강력한 지도력을 의미한다.

　필자는 교장을 'key person'이라고 하였다. 우리나라 교육의 성패는 교장의 지도력에 달려 있다고 보았기 때문이다. 교육의 질은 교사의 손에 달려 있다고 하지만 교사의 질을 높이기 위해서는 더 많은 시간과 노력, 재정적 투자, 법적·제도적 개혁이 따르기 때문에 대단히 어려운 일이어서 현 상황에서 교육의 효과를 올리려면 교장의 지도력을 향상시키는 것이 전략적으로 필요하다고 본다. 그래서 필자는 교장을 '전략적 인물(strategic person)'이라고도 불렀다. 필자를 보고 교육향상을 위해서 제일 먼저 할 일이 무엇이냐고 묻는다면 서슴없이 학교장의 지도력을 기르는 일이라고 대답할 것이다. 현재와 같이 똑같은 교육재정·시설·인적 여건에서도 교장의 지도력 여하에 따라 학교교육의 효과성은 달라진다고 본다. 물론 그러려면 교장의 지도력을 길러주고 동시에 학교장의 지도력에 의하여 학교를 이끌어 나갈 수 있는 여건을 만들어 줘야 한다.

　그런데 임기제 등으로 지도력과 장학력이 약화되어 먹혀들지 않고 눈치 보는 교장이 생겨나는 것은 안타까운 일이다. 하고자 하는 의욕도 떨어지고, 임기제로 잘릴까봐 일부러 교장으로 승진하는 것을 꺼리는 현상까지 벌어지고 있다. 교장강습을 받고도 늦게 나가려고 일부러 시험문제에 틀리게 답하여 나쁜 점수를 받으려 했다는 일까지 있다니 이런 속에서 무슨 교육이 이루어지겠는가? 하여간 교장으로 하여금 지도력을 발휘할 수 있는 여건도 만들어 주어야 한다.

　그러면 교장의 지도력은 어디서 나오는가? 지도력이 나오는 근원을 어떤 사람은 (1) 기술적, (2) 인간적, (3) 교육적, (4) 상징적, (5) 문화적 힘으로 구분하여 설명하고 있다. 이것을 그림으로 나타내면 〈그림 2-1〉과 같다.

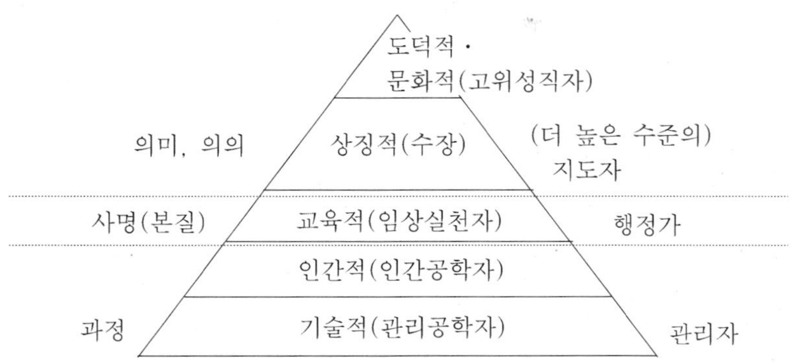

지도자라면 (1) 해당되는 일을 해낼 수 있는 기술이 있어야 한다. 행정 · 관리기술이 있어야 할 것이다. 이것이 밑바탕을 넓게 차지하는 것은 사실이다. 재정 · 시설 · 사무관리 기술이 있어야 지도력이 나온다.

다음은 (2) 교육과 행정이 이루어지고 사람 속에서 사람을 통해서 교육과 행정이 이루어지기 때문에 사람을 잘 다룰 줄 알고 사람과의 관계를 잘 할 줄 알아야 한다. 사람의 지도자가 되려면 사람을 알아야 하고 또 인간적이어야 한다. 기술적인 힘과 인간적인 힘은 일을 해 나가는 밑바탕에서 일을 해 내가는 과정(process)에서 필요한 힘이다. 그리고 지도자라면 어느 조직에서나 기초적으로 필요한 힘이다.

세 번째는 (3) 교육적 힘이 있어야 한다. 학교는 교육 때문에 존재하는 기관이다. 그래서 교육지도자는 교육에 대하여 잘 알아야 한다. 이것은 지도자가 존재하는 그 기관의 사명이요, 본질이라고 할 수 있다. 교육지도자는 교육 이론과 실천에 대하여 능력을 갖춰야 지도력을 갖는다.

(4) 보다 높은 수준의 지도력은 상징적 힘이다. 기관장으로서 상징성을 갖고 또 구성원에게 상징성을 심어줘야 한다. 배지와 깃발, 교가, 교복, 교훈, 조회와

여러 가지 의식(입학·졸업식) 등은 모두 상징성을 갖고 있다. 이러한 상징을 중심으로 뭉치고 목표달성을 위하여 헌신할 수 있도록 하는 지도력이 상징적 지도력이다.

(5) 최고수준의 지도력은 최근에 강조되는 문화적 지도력이다. 특히 최근에 기업체에서 기업문화, 조직문화가 강조되기 시작하여 이제 어느 조직에서나 조직문화가 강조되고 있다. 미쓰비시는 독특한 기업문화를 형성하여 성공하는 것이다. 독특한 역사와 전통·문화를 존중하고 또 새로운 역사와 전통·문화를 형성하고, 또 역사와 전통·문화에 맞는 지도력을 통틀어 문화적 지도력이라고 할 수 있다. 여기에 도덕·윤리·가치관을 형성하는 것도 지도자의 차지이다. 고위 성직자가 갖는 지도력과 같은 것이다. 추기경이나 교황, 큰스님, 목사의 지도력을 생각하면 좋을 것이다. 교장에게서 성인군자의 지도력을 기대하는 것은 너무 무리한 것인가? 이 상징적 지도력과 문화적 지도력은 하는 일의 의미와 의의를 심어 주는 지도력이라고 할 수 있다. 하고 있는 일의 의미와 의의·가치를 인정하고 이에 동기유발이 되면 일이 재미있게 되어 일을 하는 과정에서 생기는 어려움도 박봉도 기꺼이 참아 낼 수 있게 된다. 마치 신들린 사람처럼 신바람 나서 일하게 될 것이다. 최근의 W이론과도 통하는 이야기이다.

학교장은 관리자의 수준을 뛰어넘어, 행정가의 수준을 넘어, 지도자가 되어야 한다. 미국에서도 일찍이 교장은 행정가가 되지 말고 지도자가 되라고 하였다. 지도자를 한 단계 더 높은 수준으로 본 것이다. 재무관리, 인사관리, 시설관리, 사무관리 등 관리 수준을 넘어 교육행정가가 되어야 한다. 교육의 행정가도 현상유지에 머무르기 쉽다. 그래서 조직원들이 나아가야 할 방향과 미래에 대한 비전을 제시하는 지도자가 되어야 한다. 교장의 교육지도력, 장학지도력, 수업지도력이 교장직의 핵심이 된다. 그래서 지도자에게는 지휘봉과 나침반이 주어진다. 방향과 비전이 명확하고 확고하면 조직구성원은 어려움도 잘 감내해내고 하나로 뭉칠 수 있으며 지도자가 존중되지 않을 수 없다.

우리는 여기서 한 단계 더 수준 높은 지도력을 요구받고 있다. 주고받는 (give and take) 교환적 지도력(transactional leadership)으로부터 완

전히 형태(form) 자체를 바꿔 놓는 전환적 지도력(transformational lea-
dership)을 발휘해야 한다. 교환조건적이고 계산적인 'Batering'으로부터
교사의 내적 동기에 불을 붙이는 형성적 'Building'을 넘어서 도덕성에 호소
하여 한 덩어리로 묶는 'Bonding'의 상태로 전환시켜야 한다. Batering은
매스로우의 욕구 사다리의 하위수준인 생리적, 안정적, 사회적, 이기적 욕구
에 동기유발시키는 것이고, Building은 존경, 능력, 자율, 자아실현에의 욕
구에 불을 붙이는 것이고, Bonding은 목적과 목표, 의미와 의의에 불꽃을
당겨주는 것이다. Batering에는 관리기술, 과업이냐 인화냐 하는 지도유형,
상황, 교환, 목표행로가 중요시되겠지만, Building에는 분권과 상징, 카리
스마적인 지도자가 해당되고, Bonding은 문화적, 도덕적 지도자가 해당될
것이다. 이것을 그림으로 요약해 보면 〈그림 2-2〉와 같이 된다.

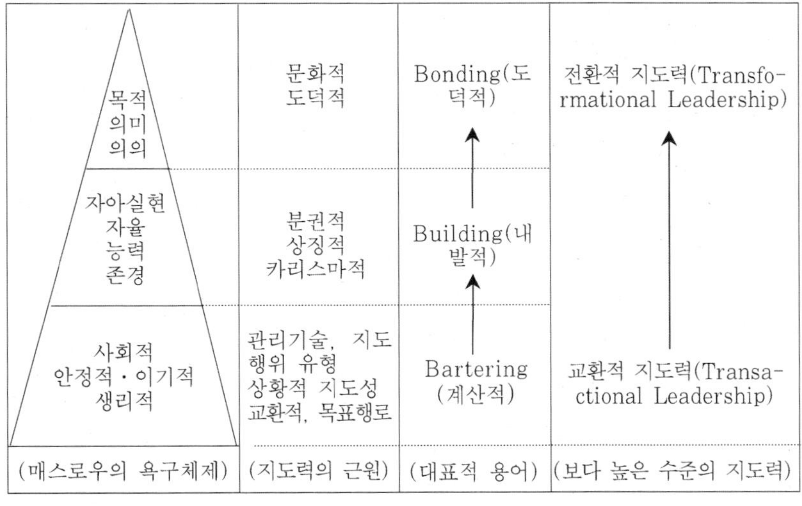

(매스로우의 욕구체제)	(지도력의 근원)	(대표적 용어)	(보다 높은 수준의 지도력)
목적 의미 의의	문화적 도덕적	Bonding(도덕적)	전환적 지도력(Transformational Leadership)
자아실현 자율 능력 존경	분권적 상징적 카리스마적	Building(내발적)	
사회적 안정적·이기적 생리적	관리기술, 지도행위 유형 상황적 지도성 교환적, 목표행로	Bartering(계산적)	교환적 지도력(Transactional Leadership)

〈그림 2-2〉 보다 높은 수준의 지도력

　　교사로 하여금 하고 있는 일의 목적, 의미, 의의를 발견하도록 문화적·도
덕적 지도력을 발휘하여 접착제와 같이 한 덩어리로 묶는(bonding) 전환적

지도자가 되기 위해서 노력해야겠다.

교사들이 때로는 무리한 요구를 한다고 나무라지만 한편 젊은 교사들의 입장에서 보면 교사할 재미가 별로 안 나는 것이다. 그렇게 많은 존경을 받는 것도 아니고, 사회경제적 지위가 높은 것도 아니고, 그렇다고 사제 간이나 교사-학부모 간에 끈끈한 정이 붙는 것도 아니고, 또 다른 직장들처럼 한 단계 한 단계 승진하는 재미와 희망이 있는 것도 아니다. 또 월급을 저축하여 집 한 칸이라도 마련할 수 있다는 희망마저 주지 못하고 있다. 이런 상황에서 교육지도자인 교장마저 이들을 옹호해 주지 않고 다독거려 주지 않는다면 정말 이들은 가르칠 맛, 살맛을 잃게 되는 것이다. 평교사에게 가르치는 의의와 의미를 심어 주고 희망과 비전을 심어 주는 일이 중요하다고 본다. 더구나 처음부터 교직에 뜻을 갖고 들어온 사람들이 적고, 수능고사 점수에 맞춰 교직에 들어온 사람들에게 일의 의미와 의의를 심어 주지 않으면 이들은 정말 기댈 곳을 잃어버리게 된다.

이렇게 어려운 상황에서 교육의 목표를 달성해야 하고 국민이 위임해준 교장의 직무는 수행해야 하기 때문에 학교장에게는 더욱 강력한 지도력이 요구되는 것이다.

교사에게 권한을 많이 부여해 주는(teacher empowerment) 동시에 학교단위자율경영제와 밑바닥 학교로부터의 교육개혁은 최근 세계적인 경향의 하나이다. 교육개혁은 중앙집권적인 국가적 개혁(national reform)만 가지고는 성공할 수 없다는 것을 인정하고 학교로부터의 개혁(school reform, school restructuring)이 활발하게 전개되고 있다. 학교(단위)운영위원회에서 인사·재정 등의 모든 정책결정까지 하게 하는 것이다. 다시 말하면 교육위원회가 하던 일을 밑으로 학교에 내려와 학교운영위원회가 대신하도록 하는 것이다. 교육개혁은 원격조정(remote control)으로는 성공할 수 없다는 것을 지난 10년간의 미국 교육개혁에서 교훈으로 배운 것이다. 교사와 교장, 학부모가 안 움직이면 교육개혁은 성공할 수 없고 교육의 질은 향상될 수 없다는 사실을 배웠다. 이렇게 되면 교장의 강력한 지도력이 필수적이 아닐 수 없다.

또 하나의 중요한 경향은 교육의 자유시장경제체제화이다. 교육을 국민(주민)의 자유선택에 맡겨야 한다는 주장이다. 교육소비자의 목소리가 높아진 것이다. 학구의 제한 없이 학부모가 좋아하는 학교에 자녀를 등록시키면 정부에 냈던 세금이 자동적으로 학생 수에 비례하여 등록한 학교에 떨어지게 하는 것이다. 열심히 가르치지 않는 학교는 망하고 교육 프로그램이 좋은 학교는 학생 수도 많아지고 재정도 풍부해져 학교교육의 질은 더욱 높아진다. 부익부 빈익빈의 원리가 교육과 학교에도 적용된다. 교실이 부족하면 망하는 학교의 빈 교실을 빌려 흥하는 학교의 교육 프로그램을 운영하게 된다. 국민과 학부모의 입장에서는 자기 돈 내고(세금 내고) 교육을 사는 것인데 교사도 선택하지 못하고 학교도 마음대로 선택하지 못해야 하는 이유를 모르겠다는 것이다. 심지어는 명문사립학교에 등록해도 학부모가 정부에 세금 냈던 것만큼은 자식이 등록한 그 학교로 떨어져야 한다는 것이다. 재정적인 측면에서는 사립과 공립의 개념도 없어지는 것이다. 이럴 경우 자유시장경제체제에서 학교장을 중심으로 한 덩어리로 뭉치지 않을 수 없다. 학교가 망하면 교장과 교사 모두의 밥줄이 끊어지는 판이기 때문이다. 그래서 우리나라에서 최근 학교행정가와 교사 사이에 갈등 같은 것이 존재하는 것은 교육의 주인인 국민(주민)을 우습게 본 처사라고 필자는 파악하고 있다. 학교가 국민을 정말 상전으로 알고 국민의 요구에 부응하려 한다면 교직원 사이에 갈등은 존재할 겨를도 없다.
  어쨌든 여러 가지 상황으로 보아 한 수준 더 높은 학교장의 강력한 민주적 지도력이 그 어느 때 보다도 더 요구된다.

4. 교내장학 대안

  우리는 앞에서 이런 어려운 시기일수록 학교장의 강력한 지도력이 요구된다는 것을 알았다. 또 학교는 학생을 가르치기 위해서 존재하는 기관이기 때문에 지도력 중에서도 교육적 지도력(educational leadership), 장학적 지도력(supervisory leadership), 수업지도력(instructional leadership)이 교장 직무의 가장 중요한 핵심이라고 하였다. 학생교육의 최종책임이 교장에게 있기 때문에 장학의 일차적 책임은 교장에게 있으므로 장학 중에서도 학교장 책임 하의 교내장학이 중심이 되어야 한다. 과거에 한국 교육행정이 지나치게 중앙집권화되다 보니 장학까지도 상부의 것으로 잘못 알고 있었다.

특히 최근에 교육의 질 경쟁과 함께 수업장학, 임상장학이 강조되면서 학교 수준의 교내장학, 수업 현장인 교실에 초점을 맞추게 되면서 어쩔 수 없이 학교장의 장학적 책임이 무거워지고 있다. 또 이것이 우리가 선택할 수 있는 마지막 선택이라고 하였다. 교내장학의 강조는 최근의 경향이기도 하지만 어떻게 보면 장학의 본질로 돌아가는 길이요, 또 교장직무의 본질로, 원래 그랬어야 할 제자리로 돌아가자는 것이다. 완전히 새로운 것으로만 생각해서는 안 된다.

초·중등교육법 제20조 1항의 교장의 직무를 '교무통할'과 '직원감독', '학생교육'으로 〈그림 2-3〉과 같이 분해해 봐도 장학적 측면의 비중이 높은 것을 알 수 있다.

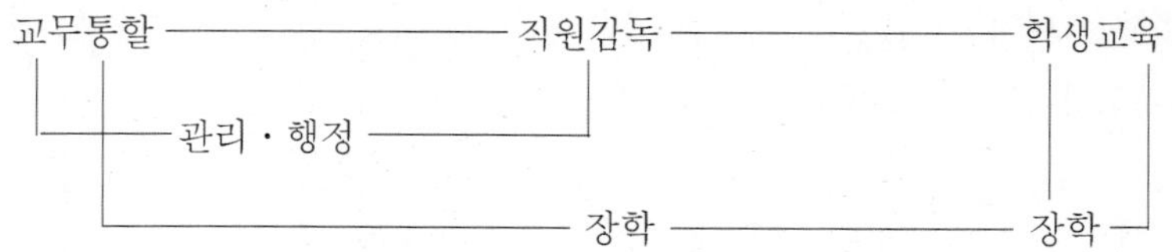

〈그림 2-3〉 교장의 법규상 주요 직무(교육법 75조 1항)

또 교내장학이 강조되면 교육청에서는 교장으로 하여금 교내장학을 할 수 있도록 교장에게 힘을 주고, 장학기술과 능력을 길러주고(연수 등을 통하여), 교내장학을 할 수 있도록 재정적·기술적·제도적 지원을 해 줘야 하며, 교내장학을 잘하는 학교와 그 학교 교장이 이익을 보고 보상을 받을 수 있도록 해줘야 한다. 예를 들면 교내장학이 잘 이루어지고 열심히 하려고 하는 학교는 당분간 연례적인 장학사의 학교방문을 생략해줄 수 있을 것이다. 교내장학을 활성화하기 위해서는 교육청의 지원이 필수적이다. 교내장학과 같은 어려운 일만 학교로 내려 보내지 말고 장학에 병행하여 인사·재정 등 다른 부분에 대하여도 교장에게 많은 자율권을 넘겨줘야 한다.

교내장학의 활성화를 용이하게 하기 위해서는 그 조건형성이랄까, 정지(整地)작업이 선행되어야 한다.

첫째, 교내장학에 대한 교장의 확고한 신념이 있어야 한다. 교내장학이 확실히 내(교장) 몫이고, 내가 하지 않으면 안 되는 일이라 생각하고, 또 반드시 성공할 수 있다는 굳은 신념이 있어야 한다. 그래야 교사로부터 저항이 와도 이겨낼 수 있고, 입시교육의 절박성으로부터 장학을 밀려나지 않게 할 수 있는 힘이 생긴다. 강원도의 한 고등학교 교장이 교내 임상장학을 시도한 바 처음에는 교사들로부터 교실방문에 강한 반발을 받았으나 교장이 굳은 신념을 갖고 추진하고 또 교사들도 교장이 진정으로 교사를 도와주려고 한다는 뜻을 이해한 이후로는 오히려 교사들이 교장의 교실방문을 초청(요청)하더라는 성공사례가 있다. 그리고 교장이 장학에 대해서 잘 알고 시작해야 하며 어느 정도 기술과 방법에 대해서도 자신이 있어야 한다. 교감이나 연구부장에게 던져주고 방관하는 자세가 되면 성공할 수 없다.

둘째, 교장이 장학에 대한 확고한 신념이 섰다면 이제는 장학을 수용하는 분위기, 풍토, 학교문화를 형성하는 일부터 착수해야 할 것이다. 교사로 하여금 배우고자 하고, 교수기술을 향상시키고자 하고, 전문가로서 성장하고자 하여 장학의 필요성을 인식하는 문화가 형성되어야 한다. 학교가 학생들만 배우는 곳이 아니라 교사들 사이에서도 학습문화가 형성되어야 한다. 물론 교장자신도 학습문화에 젖어들어야 한다.

셋째, 신뢰가 바탕이 되어야 한다. 장학자와 피장학자 사이에 믿음이 형성 안 되면 장학은 출발부터 비뚤어지게 된다. 교사들이 장학을 감독이나 평가로 오해한다든지, 약점 노출을 두려워한다든지 하면 진정한 의미의 장학은 어렵게 된다. 모든 일이 다 그렇듯이 장학도 교장과 교사 사이에 신뢰와 믿음이 바탕에 자리 잡지 못하면 성공하기 어렵다. 상담에서 래포와 같은 친밀감이 형성되어야 하는 것과 같다. 신뢰감 형성도 문화의 한 부분인데 강조하기 위해서 별도로 떼어 놓은 것이다.

넷째, 교사의 자발성과 자율성에 불꽃을 붙여줘야 한다. 교사의 자발성과 자율성, 참여를 끌어내지 못하면 형식적인 쇼를 재연출하게 된다. 교사의 동기유발 방법을 강구해내야 할 것이다. 강제적인 것으로는 성과를 거두기 어렵다.

다섯째, 교사들이 장학에 대하여 알아야 한다. 특히 임상장학을 받아들이고 동료장학, 자기장학 등을 스스로 하게 하려면 장학적 기술도 갖춰야 한다. 그러려면 장학에 대한 연수가 강조되어야 한다. 장학의 근본목적과 이유, 기술과 방법 등에 대하여 교사들이 알고 있어야 협조가 이루어질 수 있다.

여섯째, 장학으로 인하여 교사들이 손해를 안 보고 오히려 얻을 게 있고 이익을 볼 수 있도록 전략을 짜야 할 것이다. 장학으로 인하여 교사들의 잡무가 늘어나고 얻는 것도 없고, 귀찮은 것으로 인식하게 되면 교사들은 장학을 피하려고 할 것이다.

일곱째, 그래도 나이가 든, 부장교사 급에서 협조를 얻기 쉬울 것이므로 협조적인 교사를 거점으로 하여 점차 확대해 나가는 방법도 생각할 수 있을 것이다.

여덟째, 쉬운 것부터 장기적인 전망을 갖고 서서히 밑바닥부터 다져 나갈 것을 권고하고 싶다. 강한 것, 단기적인 것, 획일적인 것에는 항상 강한 반발을 받기 쉽고 교사로부터 반발을 받으면 실패하기 쉽다.

이제 구체적인 교내장학 방법 몇 가지를 예시하기로 한다.

첫째, 임상장학 방법이 기본이 되어야 할 것이다. 교사의 수업에 초점을 맞춰 장학자와 피장학자가 사전에 만나 (1) (학습과 장학)계획협의회를 실시하여 사전 약속을 하고, (2) (약속된 방법대로)수업관찰을 하여 객관적인 자료를 수집·분석하여, (3) (이 자료를 바탕으로) 피드백협의회를 하는 과정을 거치면서 교사의 교수기술을 향상시키는 방법이 임상장학이다. 이 임상장학은 초임교사나 교수기술을 바꿔야 할 경력교사, 또 임상장학을 희망하는 교사를 대상으로 하는 것이 좋다. 시간이 많이 소요되고 장학자가 고도의 장학기술을 가지고 있어야 하므로 흔히 훈련받은 교장·교감이 집중적으로 해야 할 것이다. 여기서는 장학협의회기술과 수업관찰기술 등 장학기술과 방법에 대하여 구체적인 설명을 할 여유가 없으므로 전문서적을 참고(임상장학—한국학술정보, 선택적 장학—한국학술정보, 장학의 이론과 기법—학지사)하거나 연수회나 훈련을 가져야 할 것이다.

둘째, 마이크로티칭 방법도 좋을 것이다. 수업시간과 내용·기술, 학생 수 등을 축소하여(4~15분, 1주제, 1, 2기술, 4~15명) 수업계획→수업→관찰·녹화→자료(녹화)를 보면서 비평→재수업계획→재수업→재비평의 과정을 반복하면서 교사의 수업기술을 향상시켜 나가는 방법이다. 운동선수들이 자신의 동작을 녹화하여 여러 번씩 반복하여 보면서 동작을 수정해 나가는 장면을 연상하면 좋을 것이다.

셋째, 최근에 필자는 특히 동료장학(동료 코치, peer coach)을 많이 소개하고 또 강조하고 있다. 교직이 전문직이라면 전문가 교사끼리 서로 협동하여 코치하고 배워 교수기술을 향상시킬 수 있고 또 그렇게 해야 한다고 본다. 특히 상급자로부터의 장학을 꺼리거나 부정적인 분위기라면 전문교사들끼리 하는 동료장학이라도 하라고 권유해야 할 것이다. 이것도 역시 교사의 자발성과 자율성에 바탕을 둬야 하고, 교사 간의 신뢰성에 바탕을 둬야 한다. 동료장학의 파트너(짝)는 동 학년, 동 교과교사가 무난하고, 존경하는 선배교사를 택하게 할 수도 있고, 가능한 한 희망하는 동료교사끼리 짝을 이루게 하는 것이 좋다. 동료장학의 과정도 계획협의회→수업관찰→피드백협의회의 임상장학의 과정을 거치게 된다. 동료장학의 형태로는 (1) 수업자에게 비중을 두고 장학자는 단지 수업 중 자료만 수집해 주는 자료수집자로서의 코치(장학)와, (2) 50 : 50의 대등한 비중을 두는 협동자로서의 코치, (3) 장학자에게 비중이 주어지는 전문지도자로서의 코치의 셋으로 나누어볼 수 있다.

넷째, 교사 혼자 계획적으로 교수기술 향상과 전문직으로 발전하기 위하여 스스로 노력하게 하는 자기장학도 촉구할 수 있다. 주의할 점은 자기장학을 자유방임으로 오해해서는 안 된다는 점이다. 동기유발이 잘되고 스스로 노력하는 성숙된 교사는 이 자기장학에 맡기는 방법도 생각할 수 있다.

다섯째, 전통적 장학도 계속될 수밖에 없다. 전통적 장학은 임상장학의 세 과정을 다 거치지 않고 수업 중에 교장·교감이 잠깐씩 교실을 방문하는 장학형태이다. 많은 교사를 대상으로 하다 보면 이 전통적 장학도 어쩔 수 없다고 본다. 다만 사전에 학습내용에 대하여도 알고 또 관찰의 관점에 대하여도 예고하여 수업관찰에 임하고, 수업관찰에 대하여도 어떤 형태로든 수업자에게 피드백 해주는 방향으로 개선하여 적용해야 할 것이다.

여섯째, 교내연수회도 중요한 교내장학의 형태이다. 이 연수회도 운영위원회를 구성하여 강사와 주제, 내용을 고려하게 하여 계획적으로 실시하고 평가까지 하여 다음 연수회 계획에 반영해 나가는 노력이 있어야 한다. 강사도 교내·인근학교·지역사회 등 가까운 곳에서 먼저 찾아보고, 또 좋은 비디오를 시청하고 토의하는 방법도 좋을 것이다. 장학 자체에 대하여 먼저 연수할 것에 대하여는 이미 언급한 바가 있다. 또 좋은 글을 복사해서 나눠줘 읽게 한 다음 이를 중심으로 토론회를 갖는 방법도 있을 수 있다.

일곱째, 수업연구는 좋은 교내장학 방법이라고 본다. 이때 임상장학의 과정을 거치면 발전된 수업연구 형태가 될 것이다.

여덟째, 실험, 실습, 실연회, 견학 등도 좋은 교내장학 방법이 된다.

아홉째, 인근 학교·학급 방문도 교내장학 방법으로 활용될 수 있다.

열째, 인근학교와 협조하여 상호 장학하는 방법, 동호인 활동도 교내장학으로 확대할 수도 있다.

열한째, 초임교사와 신임교사 오리엔테이션 프로그램 개발·실시도 꼭 필요하고도 좋은 교내장학이라고 본다. 초임교사와 신임교사를 체계적으로 교직과 학교·지역사회에 대하여 안내해주지 않으면 성공적인 교사로 발전하기 어렵게 된다.

열두째, 교사의 현장연구지도도 좋은 교내장학이 될 수 있다. 교사의 연구적 노력과 연구에 근거한 수업이야말로 가장 바람직한 방향이기 때문이다. 교사의 현장연구를 개인적인 일로 돌리지 말고 학교의 장학 프로그램에 의하여 적극 시도하는 것이 좋다고 본다.

이외에도 더 많은 교내장학 방법이 있을 것이며, 여기에 열거한 내용도 이미 교육현장에서 실시되고 있던 것들이 대부분인데 다만 교수기술 향상과 전문직적 발전에 초점을 맞춰 교내장학으로 체계화시킬 것을 권고할 뿐이다.

한 가지 더 첨가하고 싶은 것은 교내장학도 장학위원회나 기획위원회를 통하여 계획을 세워 실천하고 나서는 반드시 평가를 하여 다음 해의 장학개선에 반영할 것을 권고한다. 또 사전에 교사의 장학에 대한 태도조사를 하고 교내장학 실천 후 사후태도변화 검사를 하여 보고서를 쓰면 좋은 연구보고서가 될 수 있다는 제안도 하고 싶다.

5. 결 론

교육계 내외의 상황변화로 여러 측면에서 어려움이 있고 특히 교장직에 대한 도전으로 어려움이 가중되고 있다. 이런 때일수록 어느 때보다도 더 교장의 강력한 지도력이 요구되는데 그중에서도 교내장학이 강조되어야 한다고 하면서 그 방법 몇 가지를 제시하였다.

이제 마지막으로 몇 가지 더 강조함으로써 결론으로 삼고자 한다.

첫째, 교장은 되는 것과 안 되는 것을 분명히 구별해 줘야겠다. 가능한 한 교사에게 자율권을 주고, 이끌어 주고, 희망과 격려를 주지만 "안 되는 것은 안 된다."고 분명히 밝혀 줘야 한다. "NO"라고 말할 수 있는 어른 노릇을 해야 한다.

둘째, 교장의 원래 위치로 돌아가 교내장학에 집중해야겠으며 이를 위해 교장은 더 연구하고 공부해야겠으며, 단결하지 않으면 안 된다. 어려운 여건에서 장학을 하려면 더 많은 연구를 하지 않으면 안 된다. 이런 연수회도 더 많이 개최해야 한다. 또 교장 전체가 보조를 맞춰 같이 노력해야지 어떤 교장은 인심 쓰고 어떤 교장은 인심 잃고 하면 더욱 어려워질 것이다. 정년퇴임을 앞둔 교장도, 4년, 8년 임기를 앞둔 교장도 끝까지 소신을 갖고 교장직에 임할 때 오히려 존경을 받을 수 있고 빛을 발휘하고, 정년이나 임기를 마친 후까지도 그 업적은 영원히 기억될 것이다.

셋째, 교장임기제는 언젠가는 반드시 개정돼야 할 것이므로 단결하여 계속 연구하여 연구보고서도 내고, 세미나도 열고, 건의도 하여 개정을 추진해야 할 것이다. 정년퇴임을 앞둔 교장이나 임기제에 해당 안 되는 교장도 우리 시대에 이런 제도를 만들어 놓고 물러난다는 데에 책임감을 느끼고 이러한 노력에 적극 참여해야 할 것이다.

넷째, 교육청이나 교육부에서는 교장에게 힘과 권위를 뒷받침해 주고, 동시에 이 힘과 권위를 올바르게 사용할 수 있도록 교장의 전문성을 높이는 일에 힘써야 할 것이다.

끝으로, 교장이 단결한다고 교사와 분리되고 대립되지 말고 교사와 함께 한 덩어리로 모든 교원이 뭉쳐야 한다. 끝까지 교사를 감싸주고 보호해 주고 옹호해주어 희생시키지 말고, 그 대신 학교 안에서 갈등을 해소시키는 방향으로 노력할 것을 제언한다.

제3장 학교장의 지도력과 교내장학*

1. 서 론

이 서론 부분에서는 세 가지를 말하려고 한다. 첫째는 교장회의 성격 전환에 대한 언급이고, 둘째는 교장의 궁극적인 존재 이유에 관한 것이고, 셋째는 교육계 내외의 상황변화에 관한 것이다.

1) 교장회의 성격 전환

학생교육을 담당한 학교라는 중요한 한 기관을 이끌어 나아가는 교장의 모임체인 교장회가 흔히 회원 상호간의 친목 도모 수준에 머물러 있는 것을 보고 필자는 평소 안타깝게 생각해 왔다. 냉혹한 교육의 질 경쟁을 하고 있는 이때에 세계의 교장들이 수업의 질 향상을 위해서 심각한 고민을 하고 이러한 고민을 해결하기 위하여 교장회라는 모임체를 갖고 연구와 연수에 열을 올리고 있는 것을 많이 볼 수 있다. 교장 센터(principal center)를

___

* 1992. 12. 31. 대전 서부 초등교장연찬회 초청 발표.

만들어 놓고 스스로 모여서 학교운영과 학생교육의 문제를 해결하려는 노력들이 여러 나라에서 번져 가고 있다. 또 교장회에서 학술지를 발행하여 논문과 보고서를 통하여 정보를 교환함으로써 학교경영의 질을 높이려는 노력들을 다른 나라에서는 많이 볼 수 있다. 미국만 해도 초·중등 교장의 대부분이 박사학위를 갖고 있다. 교장을 해도 연구적으로 하고 있는 것이다.

외국에서 교장들이 이렇게 노력하는 모습을 보다가 우리의 교장들이 교장회라는 형식을 만들어 놓고 겨우 경조비나 거두어 보태주고 1년에 한두 번 세미나라고 하여 명사의 강연이나 듣고 그 외는 대부분 상부로부터 지시사항이나 전달받는 식으로 운용되는 모습을 볼 때 한심한 생각까지 들었었다. 이러한 태도로는 동요하는 교사집단을 지도해 나가기도 어렵고 더구나 세계 수준의 경쟁대열에 끼기는 어렵게 되지 않을 수 없다. 이러한 결과 최근에 교장직은 도전받고 있으며 교장의 지도력이 현장에 먹혀들지 않고 있다. 당연한 교장의 권위도 밀려나고 있으며 전교조와의 토론에서도 밀리고 있는 현상을 볼 수 있다. 또 하필이면 교장만 임기제를 적용하여 정년 전에 밀려나게 돼도 꼼짝 못하고 있게 됐다.

이런 때에 전국의 몇몇 교장회가 과거의 관제 교장회와는 달리 자발적으로 연찬회를 만들어 연구와 연수에 노력하고 있는 것은 아주 고무적인 현상이라 아니 말할 수 없다. 특히 대전서부초등교장연찬회는 교장직무에 초점을 맞춰 지속적인 연찬에 노력한다는 점에서 가히 모범적이라 할 수 있다. 전국에 교장의 연찬 모임이 있으나 대개 교양이나 고전, 상식 등 폭 넓게 명사의 강의를 듣는 경우는 있어도 대전의 경우처럼 교장직무와 학교경영, 학생교육에 초점을 맞춘 모임은 그렇게 많지 않은 것으로 판단된다. 우리의 교장회가 하루빨리 학구적, 연구적으로 성격이 전환되기를 기대한다.

2) 교장의 존재 이유

이 세상에 학교가 필요하여 존재하게 되는 존재 이유는 바로 학생교육 때문이다. 학교의 존재 이유가 바로 교장의 존재 이유이다. 교장은 바로 학생 교육 때문에 존재하는 것이다.

교장의 존재 이유에 해당하는 기능과 역할을 진술해 놓은 것이 초·중등 교육법 제20조 1항이다. 여기서 보면 교장은 교무를 통할하고 소속직원을 감독하며 학생을 교육하게 되어 있다. 여기서 (1) 교무통할, (2) 직원 감독, (3) 학생교육이라는 교장의 세 기능이 대등한 것같이 보이지만 사실은 앞의 둘은 마지막 '학생교육'을 위한 수단에 가깝다. 즉 "교무를 통할하고 직원을 지도감독하여 학생을 교육한다."라는 의미로 해석할 수 있다. 다시 말하면 교장은 학생을 교육하는 것이 최종의 목표라는 뜻이다. 교무통할과 직원 감독은 '관리·행정'이라 할 수 있고, 교무통할의 일부와 직원 감독 전부, 학생교육의 일부는 '장학'에 해당되며, 학생교육의 일부는 교장이 직접 학생을 가르치는 '교수'에 해당된다. 초·중등교육법 제20조 1항을 분해하여 그림을 나타내면 2장의 〈그림 2-3〉과 같다.

2장의 〈그림 2-3〉에서 보는 바와 같이 교장의 주요 직무의 하나가 교내장학이라고 할 수 있다. 장학을 통하여 학생교육을 잘하자는 뜻이다. 학생교육을 잘하기 위하여 앞으로 교내장학에 교장은 지도력을 집중해야 한다.

3) 상황의 변화

이 지구상에서 공룡이 사라지듯이 소련이라는 나라는 사라졌다. 거대한 체구를 갖고 철의 장막을 두르고 있어 외부에서도 도저히 뚫고 들어갈 여지가 없는 것같이 보이던 소련이 내부에서 스스로 붕괴되어 망해 버렸다. 동구의 여러 나라들도 내부에서 각 민족들이 갈라져서 독립을 했거나 아니면 독립을 하려고 전쟁을 하였다. 왜 이렇게 나라들이 망하고 갈라지는가? 그것은 바로 분권과 참여의 현상으로 설명할 수 있다. 권한과 권력이 밑으로 내려와서 주민의 피부에 와 닿아야 한다. 즉 자기의 힘으로 자치를 하고자 하는 것이다. 다스리는 데 직접 참여하고자 하는 것이다. 남이 대신해 주는 정치, 대의민주제로는 더 이상 만족할 수 없는 것이다. 분권과 참여에 의하여 직접참여의 민주제를 하고자 하는 현상이 거대한 조류로서 닥쳐오고 있는 것이다. 공룡의 거대한 몸뚱이를 중앙의 작은 머리로는 도저히 다스릴 수 없어서 이 지구상에서 사라졌듯이 중앙집권으로는 더 이상 나라를 지탱하기조차도 어렵게 되었다.

많은 기업들이 순간적으로 망하고 있다. 오늘날 우리나라에서도 평균적으로 하루에 25개의 중소기업이 문을 닫고 부도업체 수는 월 213개(2006.1월) 이른다고 한다. 이렇게 망해버리는 기업들 속에서도 계속 흑자를 내고 일어서는 기업들도 있다. 경제위기 속에서 미국 내 500대 우수기업을 조사해 보니 거기에는 공통점이 있는데 그것은 바로 '도막내기'라는 것이었다. 문어발식 기업경영이 아니라 마치 무처럼 도막내어 책임경영제를 채택하더라는 것이다. 단위별로 잘게 잘라 떼어 맡기고 책임을 지고 경영하게 하는 기업들이 우수기업으로 성장하더라는 것이다. 이것이 바로 분권과 참여, 자율과 책임의 거대조류의 현상이다.

선진국에서 시·군 단위의 교육자치제를 하여 비교적 주민의 피부 가까이에서 자치를 하고 있는데도 이에 만족하지 않고 새로운 변화의 경향이 나타나고 있는데 그것은 바로 학교자율경영제이다. 자치의 단위는 시·군으로 놔두더라도 학교수준에서 자율책임경영을 하게 하자는 것이다. 학교단위에 학교운영위원회를 두어 여기에 교장도 공채에 의하여 임명하고 교사도 뽑게 한다. 교육과정도 학교단위에서 결정한다. 학생비례에 의하여 도급으로 배정된 재정을 학교단위에서 자율적으로 사용하고 이에 책임을 지게 하는 것이다. 이러한 학교단위의 자율책임경영제가 많은 나라에서 번져 나가고 있다. 이것도 분권과 참여, 자율과 책임의 거대조류의 현상의 하나이다.

학부모나 주민들은 학교운영위원회에 참여하여 학교경영을 하고 학생교육을 하는데도 이에 만족하지 않고 있다. 학부모로 하여금 교육선택권을 행사하게 해달라는 것이다. 학구 내 학교에 의무적으로 입학·등록하게 하는 것은 국민의 교육 선택의 자유를 제한하는 것이라는 논리이다. 교육소비자로서 교육상품을 자유롭게 선택해야 한다는 주장이다. 교육도 자유시장의 원리가 적용되어야 한다는 것이다. 학교선택에 제한을 두지 않고 학부모가 좋아하는 학교에 입·전학·등록시키면 그 학생에 해당하는 만큼 세금 냈던 재정이 등록한 학교에 자동적으로 내려오게 된다. 학교마다 학생을 위한 교육 프로그램과 교육 서비스가 다르기 때문에 학부모는 자기들이 좋아하는 학교를 선택할 수 있는 것이다. 교육에 자유시장의 원리가 적용되어 학부모들이 마음대로 학교를 선택하게 되면 학교에도 부익부 빈익빈의 원칙이 적용되어 흥하는 학교가 생기는가 하면 망하는 학교도 생기게 된다. 망하는 학교의 교장과 교사는 직장을 잃게 된다. 망하는 학교의 교직원을 친절하게 자리를 잡아 주거나 받아 줄 사람은 아무도 없다. 교직원은 단결하고 합심하여 협동하지 않으면 같이 망하게 된다. 학교선택권도 분권과 참여, 자율과 책임의 거대조류의 한 현상으로 나타난 것이다.

1983년 '미국 교육의 위기'라는 보고서가 나온 이후 미국뿐만 아니라 전세계에 교육개혁운동처럼 번져 갔다. 그 후 약 10여 년간의 미국의 교육개혁운동을 평가해 보면 한마디로 실패라고 한다. 왜 10여 년간의 미국 교육개혁은 실패로 평가되는가? 미국에서 교육의 책임 부서인 중앙에 해당되는 주(州)수준에서만 교육개혁에 바빴지 학교가 변하지 않았다는 평가이다. 그래서 미국 교육개혁의 제2의 물결은 학교현장에서 변하게 하자는 것이다. 학교의 교장, 교사, 학생, 학부모가 자발적인 개혁에 바빠야 한다는 것이다. 학교개혁운동이 전개될 것으로 기대된다. 앞에서 설명한 학교단위 자율책임경영제나 학교선택권 부여도 학교재구조화라는 학교개혁운동의 일환으로 볼 수 있다. 이러한 미국 교육개혁 제2의 물결인 학교재구조화도 분권화와 참여, 자율과 책임이라는 맥락과 일치된다.

이러한 모든 변화를 한마디로 민주화라 할 수도 있다. 어쨌든 교육계 내외의 상황이 이렇게 급변하고 있는데 한국의 교장만이 따뜻한 온실 속에서 안주하고만 있을 수는 없다. 새로운 지도력을 발휘하여 교내장학에 역량을 집중하고 교장의 존재 이유인 학생교육의 질을 높이지 않으면 안 된다.

2. 새로운 지도력

학교 외부의 상황도 급변하고 내부의 여건도 점점 더 어려워지고 있다. 이러한 때는 과거의 권위주의적 지도력 가지고는 처방이 될 수 없다. 새로운 지도력이 요구된다. 여기서는 (1) 강력한 민주적 지도력과, (2) 지도력의 근원과 전환적 지도력, (3) 신념과 철학, (4) 수업지도력의 네 부분으로 나누어 설명하고자 한다.

1) 강력한 민주적 지도력

최근에 민주와 자유·자율이란 이름 아래 방종과 자유방임이 난무하고 있다. 제멋대로 하는 것, 해야 할 일을 하지 않는 것이 자유일 수 없고 민주일 수 없다. 정치적 무질서, 사회적 무질서와 함께 교육의 무질서가 횡행되고 있다. 교육 무질서는 국가 존립을 위협하고 있다. 최종적으로 교육을 통해서 무질서를 바로잡아야 시간이 걸리더라도 나라를 구할 수 있는 가능성이 남아 있는데 교육자체에 무질서와 부정과 부패가 묵인되면 더 이상 희망을 걸 곳이 없기 때문에 교육은 국가를 지키는 최후의 보루라고 본다. 교육자와 성직자가 무너지면 그 나라는 끝장이다.

민주화의 탈, 가면을 쓴 자유방임과 방종을 우리는 단호히 거부해야 한다. 이런 혼란 상황에서 "No"라고 단호히 말할 수 있는 '어른'이 필요하다. 옛날에 어느 마을에나 안 되는 것을 안 된다고 말하는 고집불통의 영감과 할아버지가 있어서 마을의 질서를 잡아갔다. 인심을 잃더라도 안 되는 것은 안 된다고 단호히 말하는 어른이 있었다. 마을 어린아이들의 버릇도 고치고 젊은이들의 빗나가는 행동도 마을의 '어른'이 바로잡는 역할을 떠맡았던 것이다. 물론 집안에서는 집안의 '어른'이 질서를 잡았다. 재판소까지 갈 필요가 없었다. 나라의 질서는 군인이나 경찰, 판검사가 아닌 '선비 어른'이 잡았었 는지도 모른다. 목에 칼이 들어가는 순간까지 '안 되는 것'은 "안 된다"고 말 했던 것이다. 이런 선비들은 절대권력자 임금도 마음대로 못했었다.

그런데 우리 사회에서 이런 어른들이 발붙이지 못하고 있다. 옛날에는 이 런 '어른'들 때문에 불의와 부정, 무질서가 발붙일 수 없었는데 이제는 거꾸 로 부정과 부패, 무질서 때문에 이런 어른들이 발붙이지 못하고 사라지게 되 었다. 부모도 자기 자식들을 통제하지 못하고 선생님도 자기 제자들을 통제 하지 못하고 있다. 우리 사회에 '안 되는 것'은 "안 된다"고 말할 수 있는 어 른이 요구된다.

필자는 이런 어른의 역할을 교장에게서 기대한다. 젊은이들이 겁도 없이 선을 뛰어넘는 것을 그것만은 안 된다고 말해주길 기대한다. 웬만한 것은 들 어주고 관용을 베풀지만 최저선의 규범은 지키게 해야 한다. 진정 젊은이들 을 아끼려거든 최저 방어선은 넘지 않게 "No"라고 말해야 한다. 어린이와 젊 은이들로 하여금 울타리 없는 무한대의 자유가 아니라 '울타리 안의 자유'를 마음껏 누리도록 해야 한다. 될 것은 처음부터 되고 안 될 것은 끝까지 안 돼야 한다. 안 된다고 했다가 때려 부수고 대규모 데모를 한바탕 해 부수면 들어주고, 된다고 했다가 나중에 안 되어도 안 된다.

혼란스러운 때일수록 원칙이 분명해야 한다. 전교조의 것이라도 옳은 것은 빨리 수용해야 한다. 이들의 주장에도 옳은 것은 많다. 또 그런 주장을 하는 사람도 있어야 한다. 그러나 선을 뛰어넘는 무리한 요구는 단호히 "No"라고 말해야 한다.

"No"를 "No"라고 말할 수 있는 것과 옳은 것을 끝까지 밀고 나가는 것을 필자는 '강력한 민주적 지도력'이라고 표현하고 싶다. '강력한'이라고 하면 우 리는 흔히 독재를 연상하는데 민주적이면서 강력한 지도력은 있을 수 있다 고 보며 또 이런 지도력이 새로운 지도력으로 부각되어야 한다. 여러 연구에 의하면 효과적인 학교만을 골라 공통점을 찾아보면 거기엔 교장의 강력한 지도력이 있더라는 것이다. 옳은 방향을 제시하고 그 방향으로 강력하게 추진해 나갈 때 목표달성도 가능하고 또 보람도 느낄 수 있다. 민주적 지도력이란 앞에서 언급된 것처럼 분권과 참여에 의한 결정과 집행이라고 할 수 있다. 올바른 방향을 제시하고 추진과정에서 참여와 분권의 민주적 과정을 거쳐서 강력하게 추진해 나가는 '강력한 민주적 지도력'이 현 상황의 교장에게 요구된다.

2) 지도력의 근원과 전환적 지도력

그러면 교장의 지도력은 어디서 나오는가? 지도력이 나오는 근원을 어떤 사람은 (1) 기술적, (2) 인간적, (3) 교육적, (4) 상징적, (5) 문화적 힘으로 구분하여 설명하고 있다(제2장 〈그림 2-1〉 참조).

지도자라면 해당되는 일을 해낼 수 있는 **기술**이 있어야 한다. 행정·관리기술이 있어야 할 것이다. 이것이 밑바탕을 넓게 차지하는 것은 사실이다. 재정·시설·사무관리기술이 있어야 지도력이 나온다.

다음은 교육과 행정이 사람 속에서 이루어지고 사람을 통해서 이루어지기 때문에 사람을 잘 다룰 줄 알고 사람과의 관계를 잘할 줄 알아야 하고 또 **인간적**이어야 한다. 기술적인 힘과 인간적인 힘은 일을 해 나가는 밑바탕에서 일을 해 나가는 과정(process)에서 필요한 힘이다. 그리고 지도자라면 어느 조직에서나 기초적으로 필요한 힘이다.

세 번째는 **교육적** 힘이 있어야 한다. 학교는 교육 때문에 존재하는 기관이다. 그래서 교육지도자는 교육에 대하여 잘 알아야 한다. 이것은 지도자가 존재하는 그 기관의 사명이요, 본질이라고 할 수 있다. 교육지도자는 교육이론과 실천에 대하여 능력을 갖춰야 지도력을 갖는다.

보다 높은 수준의 지도력은 **상징적** 힘이다. 기관장으로서 상징성을 갖고 또 상징성을 심어줘야 한다. 배지와 깃발, 교가, 교복, 교훈, 조회와 여러 가지 의식(입학·졸업식) 등은 모두 상징성을 갖고 있다. 이러한 상징을 중심으로 뭉치고, 목표달성을 위하여 헌신할 수 있도록 하는 지도력이 상징적 지도력이다.

최고수준의 지도력은 최근에 강조되는 **문화적** 지도력이다. 특히 최근에 기업체에서 기업문화, 조직문화가 강조되기 시작하여 이제 어느 조직에서나 조직문화가 강조되고 있다. 미쓰비시는 독특한 기업문화를 형성하여 성공하는 것이다. 독특한 역사와 전통·문화를 존중하고 또 새로운 역사와 전통문화를 형성하고, 또 역사와 전통·문화에 맞는 지도력을 통틀어 문화적 지도력이라고 할 수 있다. 여기에 **도덕·윤리·가치관**을 형성하는 것도 지도자의 차지이다. 고위 성직자가 갖는 지도력과 같은 것이다. 추기경이나 교황, 큰스님, 목사의 지도력을 생각하면 좋은 것이다.

교장에게서 성인군자의 지도력을 기대하는 것은 너무 무리한 것인가? 이 상징적 지도력과 문화적 지도력은 하는 일의 의미와 의의를 심어주는 지도력이라고 할 수 있다. 하고 있는 일의 의미와 의의·가치를 인정하고 이에 동기유발이 되면 일이 재미있게 되어 일을 하는 과정에서 생기는 어려움도 박봉도 기꺼이 참아낼 수 있게 된다. 마치 신들린 사람처럼 신바람 나서 일하게 될 것이다. 최근에 W이론과도 통하는 이야기이다.

학교장은 관리자의 수준을 뛰어넘어, 행정가의 수준을 넘어 지도자가 되어야 한다. 미국에서도 일찍이 교장은 행정가가 되지 말고 지도자가 되라고 하였다. 지도자를 한 수준 높게 본 것이다. 재무관리, 인사관리, 시설관리, 사무관리 등 관리 수준을 넘어 교육행정가가 되어야 한다.

교육의 행정가도 현상유지에 머무르기 쉽다. 그래서 조직원들이 나아가야 할 방향과 미래에 대한 비전을 제시하는 지도자가 되어야 한다. 교장의 교육지도력, 장학지도력, 수업지도력이 교장직의 핵심이 된다. 그래서 지도자에게는 지휘봉과 나침반이 주어진다. 방향과 비전이 명확하고 확고하면 조직구성원은 어려움도 잘 감내해내고 하나로 뭉칠 수 있으며 지도자가 존중되지 않을 수 없다.

우리는 여기서 한 수준 더 높은 지도력을 요구받고 있다. 주고받는(give and take) 교환적 지도력(transactional leadership)으로부터 완전히 형태(form) 자체를 바꿔 놓은 전환적 지도력(transformational leader-ship)을 발휘해야 한다. 교환조건적이고 계산적인 'Bartering'으로부터 교사의 내적 동기에 불을 붙이는 형성적 'Building'을 넘어서 도덕성에 호소하여 한 덩어리로 묶는 'Bonding'의 상태로 전환시켜야 한다.

Batering은 매스로우의 욕구사다리의 하위수준인 생리적, 안정적, 사회적, 이기적 욕구에 동기유발시키는 것이고 Building은 존경, 능력, 자율, 자아실현에의 욕구에 불을 붙이는 것이고, Bonding은 목적과 목표, 의미와 의의에 불꽃을 당겨주는 것이다.

Bartering에는 관리기술, 과업이냐 인화냐 하는 지도 유형, 상황, 교환, 목표행로가 중요시되겠지만, Building에는 분권과 상징, 카리스마적인 지도자가 해당되고 Bonding은 문화적, 도덕적 지도자가 해당될 것이다(제2장 〈그림 2-2〉 참조).

교사로 하여금 하고 있는 일의 목적·의미·의의를 발견하도록 문화적·도덕적 지도력을 발휘하여 접착제와 같이 한 덩어리로 묶는(bonding) 전환적 지도자가 되기 위해서 노력해야겠다.

교사들이 때로는 무리한 요구를 한다고 나무라지만 한편 젊은 교사들의 입장에서 보면 교사라는 직업이 재미가 별로 없는 것이다. 그렇게 많은 존경을 받는 것도 아니고, 사회경제적 지위가 높은 것도 아니고, 그렇다고 사제 간이나 교사−학부모 간에 끈끈한 정이 붙는 것도 아니고, 또 다른 직장들처럼 한 단계 한 단계 승진하는 재미와 희망이 있는 것도 아니다. 또 월급을 저축하여 집 한 칸이라도 마련할 수 있다는 희망마저 주지 못하고 있다.

이런 상황에서 교육지도자인 교장마저 이들을 옹호해 주지 않고 다독거려 주지 않는다면 정말 이들은 가르칠 맛, 살맛을 잃게 되는 것이다. 평교사에게 가르치는 의의와 의미를 심어 주고 희망과 비전을 심어 주는 일이 중요하다고 본다. 더구나 처음부터 교직에 뜻을 갖고 들어온 사람들이 적고, 수능고사 점수에 맞춰 교직에 들어온 사람들에게 일의 의미와 의의를 심어 주지 않으면 이들은 정말 기댈 곳을 잃어버리게 된다.

이렇게 어려운 상황에서 교육의 목표를 달성해야 하고 국민이 위임해 준 교장의 직무는 수행해야 하기 때문에 학교장에게는 더욱 강력한 지도력이 요구되는 것이다.

강력하고 효과적인 지도자는 (1) 공동의 목표를 설정하고 공유된 비전(vision)을 가질 수 있도록 하고, (2) 이 공동의 목표를 높은 수준에서 달성하려고 최선의 노력을 경주하게 하며, (3) 이러한 과정에서 상호 헌신하는 풍토를 마련하고, (4) 지원하고 지대해주는 관계성을 유지하고, (5) 고도의 동일시(identification)가 이루어지고, (6) 신뢰에 바탕을 두고 권한위임을 하며, (7) 결국 마침내는 같은 배를 탔다는 공동체의식을 가질 수 있게 한다. 이 일곱 가지 지도자의 특성을 나열하기는 쉬워도 이들 하나하나를 행동으로 실천하여 성공하기는 상당히 어렵다. 그러나 앞에서 언급한 높은 수준의 근원과 원천에서 나오는 지도력을 발휘하고 전환적 지도력을 발휘하는 교장은 실천 가능하리라고 본다.

훌륭한 지도자를 다른 말로 표현할 수도 있다. (1) 먼저 조직구성원에게 목표의식을 고취시키고, (2) 맹목적이 아닌 유목적적(有目的的) 권한위임을 하고, (3) 휘두르는 권한이 아닌 목표달성을 위한 정당한 권한을 행사하고, (4) 지도력의 질과 밀도를 높이고, (5) 학교조직 문화형성을 통해서 교육의 질 향상을 도모하며, (6) 교환제가 아닌 정신적 전환에 의한 지도력을 발휘하고, (7) 가능한 한 구조를 단순화시키고, (8) 최소한의 공동목표(필자가 최저방위선이라고 했던 것을 연상해도 좋음)에는 철저하고 엄격하며, (9) 즉흥적 행동이 아니라 반성적 사고에 의하여 교육의 우수성을 추구한다.

비슷한 말을 반복하지만 효과적인 유능한 교장의 공통점을 추출해보면 첫째, 교직원들에게 비전을 제시해야 한다. 무엇 때문에 열심히 해야 하는지 아무런 설명도 없이 열심히 하라고만 해서는 열심히 할 사람이 없다. 열심히 하면 어떻게 되는지 앞날을 훤히 내다볼 수 있도록 해 줘야 한다. 안개정국에서는 불안할 수밖에 없다. 비전이 분명하면 고통도 기꺼이 참고 견딜 수 있게 된다.

둘째, 교직원의 참여를 유도한다. 교직원의 참여 없이는 비전이 달성될 수 없다. 의사결정에 교직원을 참여시키고 기꺼이 참여할 수 있도록 유도해야 한다. 교직원에게 참여의 기회를 주는 것이 마치 교장이 선심을 쓰고 시혜를 베푸는 것으로 오해하거나 착각해서는 안 된다. 교사를 위해서 교사를 참여시키는 것이 아니라 교장이 도움을 받기 위해서 교사의 참여가 필요하다는 사실을 알아야 한다.

셋째, 지원적(supportive) 분위기를 만든다. 유능한 교장은 앞에서 억지로 끌고 가기보다는 뒤에서 밀어주고 격려해 주는 형식을 취한다.

넷째, 효과적인 유능한 교장은 제시한 비전과 목표의 성취에 애착을 갖는다. 수시로 목표달성도를 확인하고 관심을 쏟는다. 열심히 공부한 학생이 성적에 더 궁금증을 갖고 성적이 나오길 기다리고 확인하고자 하는 것과 마찬가지 이치이다.

다섯째, 훌륭한 교장은 스스로 자신이 교직원의 자원이 된다. 교사들이 모르는 것을 교장에게 물어보고, 필요한 것을 요청할 때 줄 것(자원)을 가지고 있어야 한다. 교장이 자원의 원천이 되지 못하면 교사들은 교장에게 기댈 필요가 없다.

교장의 새로운 지도력의 근원과 새로운 지도력의 형태, 훌륭한 지도자가 하는 일에 대하여 이해할 수 있는 계기가 되었으면 한다.

3) 신념과 철학

앞에서 언급한 '훌륭한 교장'이 되려면 올바른 신념과 철학을 갖고 있어야 한다. 특히 목표와 비전을 제시하고 이를 밀고 나가려면 튼튼한 신념과 철학이 있어야 한다.

과거에 가장 권위주의적이고 가장 독재적이던 교장이 민주화의 물결과 함께 세상이 바뀌니까 요새는 가장 민주적인 체한다. 그렇게 태도가 일변할 수 없다. 재빨리 교사의 눈치, 상부의 눈치를 본다. 눈치 보는 교장은 또다시 처량하게 된다. 옳다고 믿는 것, 교육에서 당연히 해야 할 것은 교사들이 싫

어해도 하도록 해야 한다. 교사들이 좋아하는 대로 학생들이 하자는 대로 따라가는 것이 민주적인 교장이 할 짓은 못 된다. 학습지도안도 안 쓰고, 수업연구(연구수업)도 안 하고, 출·퇴근시간도 없애는 것이 너그러운 교장이라고 생각해서는 안 된다. 교장임기제 이후 눈치 보는 교장이 생겨난 모양이다. 인생을 살만치 산 마당에 얼마나 더 하겠다고 눈치 보는 교장으로 전락하는가? 무엇이 두려워서 눈치 보는 교장이 되어야 하는가? 오히려 이런 교장이 교장임기제에서 제일 먼저 탈락해야 할 대상이라는 것을 알아야 한다. 이런 때일수록 소신과 줏대가 존경받을 수 있다. 청년교사 시절에 가졌던 꿈을 펼칠 수 있는 기회가 겨우 교장이 되어서야 조금 주어지는 셈인데 이때마저 눈치 보고 있으면 언제 교직자의 꿈을 실현할 것인가?

망망대해에 방향감도 없이 바람에 이리 밀리고 저리 밀리는 배를 상상해 보라. 금방 어디엔가 부딪쳐 파산하거나 가라앉고 말 것같이 불안하다. 혹시 방향이 좀 틀렸더라도(소신이 잘못됐더라도) 어디론가 가고 있어야(그러다가 올바른 방향으로 수정하더라도) 오히려 배는 가라앉지 않고 덜 위험하게 된다. 물론 처음부터 올바른 방향을 잡아서 힘차게 항해해 나가면 더 말할 필요도 없이 좋다.

교장의 보람은 온갖 풍랑과 어려움을 무릅쓰고 학생과 직원이 가득 탄 배를 항해하여 목적지에 안전하게 정박시키는 데 있다. 그 과정에서 학생과 직원을 도와주고 지원해 줘서 그들이 기뻐하는 모습을 옆에서 지켜보면서 교장의 보람을 느끼는 것이다. 그런 보람을 못 찾는다면 교실에서 아이들을 직접 가르치는 교사보다 교장은 훨씬 더 재미없는 직책이다. 소신과 철학이 없는 교장을 존경해 줄 사람은 이제 아무도 없다. 존경 못 받으며 혼자 교장 노릇하고 있는 모습을 상상해 보면 좋을 것이다.

4) 수업지도력

앞에서 필자는 (1) 관리자 수준을 뛰어넘어 (2) 행정가가 되고, 행정가

수준을 뛰어넘어 (3) 지도자가 되어야 한다고 하였다. 지도자 중에서 교장의 존재 이유인 수업지도자가 되어야 한다. 지금까지 한국의 교장들이, 특히 중등교장들이 수업영역을 일찌감치 포기하고 관리적인 일에만 신경 쓰고, 거기에만 매달린 결과 오늘날 교장직이 도전을 받고 또 교장은 교실 근처에 얼씬도 말아야 한다고 교사들이 주장하게 되었는지도 모른다. 또 교장들이 그렇게 하기를 즐기는 경우도 많다. 교장의 지도력에서 수업영역을 빼놓고 도대체 어떻게 초·중등교육법 제20조 1항의 학생교육을 하겠다는 것인가?

교장이 수업지도력을 발휘해야 하는 것은 너무나 당연하다. 그러려면 교장은 더 많이 공부해야 한다. 특히 수업과 교육과정 영역에서 피나는 노력을 하지 않으면 안 된다. 교사는 한 학년, 때로는 한 교과만 공부하면 되지만 교장은 전 학년 전 교과에 걸쳐 꿰뚫어야 하기 때문에 계속 공부하지 않으면 수업지도력을 발휘하기 어렵다. 사실 교장이 수업과 교육과정에 자신이 없기 때문에 시설관리, 재정관리, 인사관리 등 관리적인 일에만 매달렸는지 모른다.

교장은 수업에서 새로운 것이 아닌 본래 그랬어야 할 당연한 교장의 지도력을 발휘해야 한다.

강력한 민주적 지도력, 높은 수준에서 나오는 지도력, 전환적 지도력, 철학과 신념을 가진 지도자, 수업에서 지도력을 발휘하는 지도자를 일단 새로운 지도력과 지도자로 강조하고자 한다.

3. 교내장학

앞에서 우리는 교장이 수업지도력을 발휘하여 수업의 질을 높이는 것이 교장의 제일의 임무라고 하였다. 수업지도력을 발휘하는 것이 바로 교내장학이다. 우리는 흔히 장학이라고 하면 상부의 장학을 먼저 생각하기 쉬운데 장학의 본질은 수업개선을 위한 수업장학에 있고 수업장학은 학교와 교실에 초점을 맞추게 된다. 철학적인 정책과 방향을 제시하는 일을 하고 행정적인 일을 하는 상부의 장학으로는 더 이상 효과를 거두기 어렵다. 외국에서는 장학이라고 하면 대체로 수업장학을 의미하고 수업장학이라고 하면 당연히 학교수준에서 이루어지는 것으로 생각한다. 여기서는 임상장학과 동료장학에 대해서만 개략적으로 설명하기로 한다.

1) 임상장학의 활성화

학교수준에서의 수업장학은 대부분 구체적으로 임상장학 방법에 의하여 이루어진다. 여기서 짧은 시간에 임상장학에 대하여 자세히 설명할 겨를이 없다. 더 자세한 내용은 전문서적을 참고해야 할 것이다. 임상장학은 (1) 교육현장인 교실로 내려와, (2) 장학자와 교사의 1 : 1의 친밀한 관계 속에서, (3) 교사의 전문적 성장과 교수기술 향상에 목적을 두고, (4) 수업장학에 임하기 전에 사전 계획협의회를 하여 여러 가지 준비와 약속을 하고, (5) 이 약속에 의하여 수업관찰을 하여 필요한 자료를 수집하고, 수집한 자료를 분석하고, 다음에 이어질 협의회를 위한 전략을 갖고, (6) 수업자와 장학자가 다시 만나서 피드백협의회를 하여 다음의 개선된 수업전략을 세우고, 장학의 전과정에 대하여 종합적인 반성과 평가를 하는 특수한 과정과 절차를 밟는 하나의 장학대안을 말한다. 이 임상장학은 종래의 장학방법과는 많이 다른 것을 알 수 있다. 우선 교사를 선하게 보고 구체적인 기술을 갖고 치밀한 계획 하에서 이루어진다. 임상장학이 만병통치약은 아니더라도 앞으로 우리나라에서 특히 교내장학의 수준에서는 더욱 활성화되고 개발되어야 할 것으로 본다.

2) 동료장학의 권장과 강조

전문직은 원래 동료전문가끼리 협동적 노력에 의하여 전문성을 더욱 향상시키는 것을 특징으로 한다. 교직도 전문직인 이상 앞으로 교사들끼리 협동 노력하여 수업개선을 하는 동료장학이 외국에서도 번져 나가고 있다.

특히 최근에 민주화 물결과 함께 교사들이 상부의 장학이나 교장·교감에 의한 장학을 달가워하지 않는 경향이 있는데 이런 때에 그렇다면 교사들끼리 협동하여 장학적 기능을 하라고 요구할 수 있는 좋은 기회라고 본다. 또 교사들 입장에서도 우리 동료교사들끼리 협동하여 스스로 동료장학을 하여 수업기술을 향상시켜 수업의 질을 높일 터이니 형식적인 종래의 장학을 유보해 달라고 요구할 수 있는 좋은 기회라고 본다.

동료장학은 같은 학년 교사끼리, 또는 같은 교과 교사끼리, 3인조, 2인조로 짝을 이루어 때로는 수업자가 되고 때로는 장학자가 되어 상호간에 교수 기술 향상을 위해서 노력하게 할 수 있다. 그리고 가능한 한 마음에 맞는 교사끼리 짝을 이루게 하는 것이 좋다. 짝을 이루어 동료장학을 하다가 마음에 안 맞으면 결별을 하거나 바꿀 수 있도록 허용되어야 한다.

동료장학의 형태는 여러 가지가 있을 수 있으나 크게 세 형태, 즉 (1) 자료제공적 동료장학, (2) 협동적 동료장학, (3) 전문적 동료장학으로 나누어 생각할 수 있다. 자료제공적 동료장학은 수업자 교사에게 주도권과 비중을 두고 장학자 동료교사는 단순히 수업 중에 수업관찰을 하여 자료수집을 하여 수업자 교사에게 자료만 제공해 주는 역할만 한다. 관찰자료를 어떻게 분석하여 어떻게 활용하느냐는 전적으로 수업자 교사에게 맡겨진다. 협동적 동료장학은 수업자와 장학자가 50 : 50의 비중을 갖고 대등한 위치에서 협동적 노력을 한다. 전문적 동료장학은 장학자에게 비중이 주어지는 것으로 장학자가 전문가의 입장에서 교사를 도와주는 형태이다.

동료장학을 교내장학의 일환으로 도입하여 적용하고자 할 때도 다른 일의 과정과 마찬가지로 계획-실행-제도화의 과정을 거친다. 계획단계에서는 장학기획위원회를 설치하여 계획을 세우게 하는 것이 좋고, 동료장학에 관한 정보자료를 제공해 주고, 지원적 분위기를 만들어 주고, 금전적, 시간적, 인적 자원의 출처를 확인하여 자원을 제공해 주는 일이 중요할 것으로 본다. 실행단계에서는 동료장학에 관한 훈련과 연수를 먼저 실시해야 할 것이며, 짝을 이루어 반복하여 실천해야 한다. 제도화 단계는 동료장학을 교내장학의 하나로 완전히 제도화시키는 단계이다. 성공적으로 동료장학을 실시하는 팀을 축하하는 축하의식을 해주고, 동료장학을 계속 지원해 주고, 계속적인 연수를 하고, 계획대로 실시하는 팀에 대해서 보상해 주는 일을 한다.

동료장학을 실시하려면 이를 방해하거나 저해할 장애요인 또는 성패를 좌우할 요인을 사전에 고려해야 한다. 장애요인을 (1) 조직상황 변인과 (2) 교사 개인변인으로 나누어 세심하게 고려해야 한다. 조직상황(환경) 요인으로는 학교문화를 강조하고 싶다. 동료장학을 실시하기에 적절한 학교문화 인지를 먼저 고려하고 부적절하면 그러한 문화형성에 먼저 노력해야 한다. 동료의식이 강한 풍토인지, 모험감행과 실험정신을 지원하는 규범을 강조하는지, 교사들의 과거의 장학의 경험이 어떠했었는지(유쾌 또는 불유쾌), 교사의 직원발전을 위한 학교의 과거의 노력은 얼마나 있었는지, 학교의 중핵가치는 무엇인지(개인주의인가 아니면 함께 일하기를 좋아하는가, 평생교육과 창의성이 중요한 가치인가), 지도자(교장)의 동료장학 지원 정도, 학교에 다른 중요한 일이 동시에 진행되는 것이 있는가(정력과 시간, 자원이 분산 안 되게), 학교의 관료적 구조의 정도(동료관계를 조장하거나 방해하나), 현존의 협동적 구조(동 학년 팀, 위원회, 팀 티칭 경험), 교내 의사결정의 성격(공유적 의사결정, 교사 참여 시 주인의식), 융통적 학교문화 등을 고려해야 한다.

교사의 개인적 요인으로는 (1) 적합성, (2) 가능성, (3) 참여, (4) 신뢰의 넷을 고려해야 한다. 교사에게 동료장학이 얼마나 적합한가, 개인 교사의 참여 가능성은, 동료장학에 참여 여부의 결정에 교사가 얼마나 참여할 수 있는지, 교사들 사이의 신뢰의 정도가 어느 정도 성숙되어 있는지 고려해야 한다.

　동료장학의 성공의 열쇠는 신뢰의 풍토, 학습하고자 하는 의욕, 자율성의 정도에 달려 있다고 본다. 교장은 이러한 학교문화를 형성하고 또 이에 계속적인 관심을 갖고 청취하는 일이 중요하다.

　동료장학에 있어서 교장은 (1) 장학자의 역할을 할 수도 있고, (2) 또 반대로 교사의 역할로 수업을 직접하고 대신 교사 스스로 관찰하라고 할 수도 있으며, (3) 동료장학에서 조정자가 될 수도 있고, (4) 지원자와 촉진자가 될 수도 있고, (5) 동료장학 프로그램의 운영자의 역할을 할 수도 있다.

　우선 학교의 형편을 고려하여 임상장학과 동료장학을 실시해보기를 권고한다. 이를 성공시키기 위해서는 장학을 위한 학교문화를 형성하고 지도자와 교사의 연수가 선행 또는 전제되어야 한다는 사실을 다시 한 번 더 강조한다.

4. 결　론

　우리는 상당히 어려운 시기를 맞고 있다. 이렇게 어려운 시기에 장학이라는 말조차 끄집어내고 싶지 않을지도 모른다. 그저 아무 일 없이 어려운 시기를 넘기고 싶은 심정일 수도 있다. 그러나 학생과 학부모, 국민을 위해서는 우리가 해야 할 일은 해야 한다. 국민이 교장에게 부여해 준 임무를 성실히 수행해야 한다. 어려운 시기라도 학생과 교육을 희생시킬 수는 없다. 6·25의 전쟁과 잿더미 속에서도 교육은 중단되지 않고 포기나 유보도 없었다. 그런 결과 오늘날의 한국이 건설될 수 있었던 것이다. 어려운 때일수록 원칙이 분명해야 하고 할 것은 해야 한다. 하지 않고 있으면 더 혼란스럽게 되고 더 어려움을 맞게 된다.

　이러한 때에 교장은 새로운 지도력을 발휘해야 한다. 낮은 수준이 아닌 높은 수준, 깊은 수준에서 나오는 지도력을 발휘해야 한다. 얄팍한 교환적 지도력이 아니라 정신적인 전환을 위한 전환적 지도력을 발휘해야 한다.

　교육의 질을 향상시키는 수업지도력을 발휘하여 교내장학에 교장의 능력과 기술을 집중시켜야 한다. 교장이 아무리 노력해도 교사가 움직이지 않으면 아무 소용이 없다. 교사를 움직이려면 교사가 하고 있는 일에 의미를 심어줘야 한다. 교사들이 의미 있는 일을 하고 있다고 생각할 때 교직에서 그리고 삶 자체에서 보람을 찾을 수 있을 것이다.

　이렇게 함으로써 교장 자신도 교장의 보람, 삶의 의미를 발견하게 될 것이다. 교사로 하여금 보람을 느끼게 함으로써 교장 자신도 보람을 느낄 수 있다. 결국 교장도 학생을 위해서, 교사를 위해서 사는 것이 아니라 자신을 위한 삶을 사는 것이다. 교사를 도와주는 일이 곧 자신을 도와주는 일이다.

　이렇게 되려면 한국의 교장도 더 공부하고 연구하지 않으면 안 된다. 그런데 교장 혼자서 개인적으로, 단독으로 공부하고, 연구하고, 연수하기는 어렵다. 교장회를 통하여 단결하여 협동적으로 노력하는 일이 더 효과적이다. 그런 의미에서 교장연찬회는 좋은 의미를 갖는다.

제4장 교내장학의 제도화*

1. 서　론

　그 누가 뭐래도 우리나라가 이런 정도 경제적·사회적·문화적·정치적으로 발전할 수 있었던 원동력은 교육의 힘이었다고 말할 수 있으며 또 그렇게 평가받고 있다. 그동안 우리가 제대로 먹지도 못하고 입지도 못하면서 심지어는 6·25의 잿더미 속에서도 열심히 교육에 힘써 왔기 때문에 오늘날의 경제건설이 가능했던 것이다. 교육받은 인구가 없었더라면 아무리 경제 개발 5개년계획을 많이 세웠어도 허사였을 것이다. 민주주의가 정말 무엇인지 잘은 모르지만 그래도 교과서에 쓰인 대로 열심히 가르쳤기 때문에 많은 시련과 희생은 겪었지만 그래도 오늘날과 같은 나름대로의 민주주의를 건설할 수 있었다는 점에는 누구도 부인할 수 없다.

　아무리 경제건설·민주주의 건설은 하고 싶어도 국민들이 그 뜻을 이해하지 못하고 글자를 몰랐더라면 '새마을 운동'도 '가족계획'도 통하지 못했을 것이다. 우리는 짧은 기간 동안에 문맹퇴치를 하고 '전국민 고졸(secondary

---

* "教育發展論叢" Vol.15, No.1. 忠南大學校 教育發展硏究所, 1994, pp.27~43.

school for all)'을 목전에 두고 있다. 한국의 발전모형을 그대로 자기 나라에 옮겨가고 싶어도 국민들이 알아듣지 못해서(문맹률 60~90%로) 모방해가지 못하는 나라들이 많다.

이제 우리 대한민국은 무역량이나 GNP로 보나, 인구 수나 국력으로 보아 세계 10~15위에 속하는 힘 있는 나라가 되었다. 스포츠 올림픽은 세계 4위까지 했었다. 이제 우리나라는 더 이상 아시아주 극동에 붙어 있는 조그만 토끼 모양의 나라가 아니다. 우리 손으로 세계가 주목하는 88올림픽과 2002 월드컵 축구대회를 멋있게 해냈으며 당당한 UN의 일원으로 평화유지군을 파병하고 있다. 우리는 그동안 세계가 부러워하는 엄청난 일을 해냈다. 그리고 교육자들이 강원도 산골짜기에서 동해안 바닷가에서 그리고 휴전선 철조망 가까이에서 묵묵히 열심히 아이들을 가르쳐 주었기 때문에 이러한 모든 일들이 가능했다고 보아 오늘의 한국의 건설자는 바로 교육자들이라고 주저 없이 말할 수 있다.

그런데 이렇게 엄청난 일을 우리 몸으로, 내손으로 해 놓고도 긍지와 자부심을 갖지 못하고 있으며, 벅찬 비전을 갖고 앞날을 내다보지 못했다는 데 문제가 있다. 이 점이 의문스러운 점이다. 88올림픽이 도약대가 되어 더 멀리 뛰고 더 높이 비상하는 계기가 될 줄 알았는데 이때부터(88올림픽 이후) 오히려 역효과의 조짐이 나타나기 시작했다. 국제시장에서 한국 상품이 경쟁력을 잃고 밀리기 시작한 지 오래되었다. 우리나라의 이름 있는 제조회사들도 아예 우리 물건 만들기를 포기하고 같은 종류의 다른 나라 상품을 수입해다가 팔아서 그 차익이나 챙기고 있는 실정이다. 현재 중소기업들이 하루 평균 25개씩이나 도산하고 있다고 한다.

우리가 만일 현재 수준에서 머무르고 만다면 지금까지 우리 국민의 노력은 허사가 된다. 지난 5,000년 동안 고생하면서 살아온 우리 민족이 겨우 일어서려다 주저앉는다면 조상에게도 죄송한 노릇이고, 그동안 아이들에게 놀지 말고 공부 열심히 하라고 들볶으며 가르쳐 온 자손과 학생들에게도 부끄러운 노릇이다.

사람들이 자꾸만 쉬운 대로 편한 대로만 살려고 한다. 우리는 아직 그럴 때가 아니라고 본다. 민족통일이라는 과업도 통째로 그대로 남겨 놓고 있는 상태에서 GNP 6,000달러 수준에 만족하고 흥청망청할 수는 없다. 좀 더 허리띠를 졸라매고 기어이 일어서야 한다. 무엇으로 누가 이 일을 해내야 하겠는가? 교육자가 해내지 않으면 안 된다. 국가재건을 경제인에게만 맡겨 놓을 수는 없는 노릇이다. 더구나 정치인의 놀음만 옆에서 지켜보고만 있을 수는 없다. 교육은 많은 곳으로부터 달라져야 한다는 요구를 받고 있다. 교육 이대로 안 된다. 이런 공감대 속에서 우리는 지속적인 노력을 경주하지 않으면 안 된다.

여기서는 (1) 교육에 대한 국제적·국내적 요구와 압력에 대한 이야기를 하고, (2) 장학의 변화에 대한 언급을 하고 나서, (3) 교내장학의 활성화와 제도화 방안에 대하여 논의해 보기로 한다. 여기서는 구체적인 기법이나 기술에 대하여 다루기는 어려울 것이다. 세부적인 문제는 별도로 다루어야 할 것이다.

2. 교육에 대한 국제적·국내적 압력

국제적으로 또 국내에서의 상황은 교육에 많은 압력을 가하고 있는 동시에 많은 것을 요구하고 있다.

국제적으로 첫째, 세계 여러 나라들은 살아남기 위한 교육전쟁을 하고 있다. 지금 전쟁이 아닌 것이 없다. 군사전쟁은 말할 것도 없고, 경제·수출·무역·과학·기술·정보 등에서 모두가 전쟁이다. 그런데 이런 모든 전쟁의 출발은 교육이다. 철저한 교육을 받은 사람만이 이러한 냉혹한 전쟁을 감당해 낼 수 있다. 군인도, 산업전선의 인력도, 무역인도, 장사꾼도, 근로

자도, 기술자와 과학자도 모두 교육이 길러 내기 때문에 교육은 모든 것의 출발이다. 동시에 교육은 모든 것의 종점이다. 모든 것이 잘못돼도 교육이 살아 있으면, 그 나라는 아직 희망이 남아 있다. 정치인과 장사꾼이 거짓되고 현재의 과학자와 기술자가 좀 서투르더라도 계속 어린이와 젊은이들을 교육자들이 올바르게 키워 주기만 한다면 그 나라에는 아직 희망이 남아 있다. 그러나 교육이 썩으면 그 나라는 더 이상 희망을 걸 곳이 없다. 교사직과 교수직에 돈거래가 있다는 소문이 있은 지 오래고, 입시에서도 정의가 무너지고, 지성의 상징인 대학총장이 쇠고랑을 차고 동아줄로 묶인 모습이 TV 화면에 비친 지 오래되었다. 이렇게 되면 그 나라의 정신세계는 거의 종점에 와 있다고 보아야 할 것이다.

냉혹한 교육의 질 경쟁과 교육전쟁에 최선의 노력을 집중해도 어려운 상황인데 교육 내부의 부패는 국민을 걱정스럽게 만들고 있다.

세계 여러 나라들은 살아남기 위한 교육에 열을 올리고 있다. 국민교육을 제대로 하지 못하면 우리는 지구 상에 살아남을 수 없게 된다. 지구 상에 살아남아 있어야 사람 노릇을 할 것 아닌가? 내가 근무할 학교가 지구 상에 존재해야 교감을 하든 교장을 하든 교육행정을 할 것 아닌가? 조직이 생존해 있어야 행정도 할 수 있는 것이다. 그런데 개인도, 가정도, 기관이나 조직도, 기업체도, 국가도 지구상에 존재하기조차 어려운 급박한 상황들이 전개되고 있다. 이런 속에서 '살아남기 위한 교육'을 해야 할 입장이다. 타성에 젖은 교육과 교육행정으로는 더 이상 생명을 유지하기조차 힘들게 되고 있다. 가치 중에서 최상의 가치는 생존의 가치이다. 세계 여러 나라들은 살아남기 위해서 교육정책에 힘을 쏟고 있다. 강원도 산골짜기에서도 이런 압력과 압박을 느껴야 한다. 폐교당하는 분교와 학교들을 생각해 보면 된다. 폐교당하면 우리나라에서는 친절하게 교사들을 다른 학교로 발령 내어 주지만 다른 나라에서는 교사들도 같이 일자리를 잃게 된다. 이쯤 되면 생존의 가치가 중요하다는 것을 실감하게 될 것이다.

국제적으로 둘째, 분권화와 참여, 자율화의 거대한 물결이 불어 닥치고 있다. 베스트셀러 ≪거대조류(巨大潮流, Megatrends, 우리나라에서는 第四의 물결로 번역됨)≫의 작가 네이스빗트는 거대조류로 '집권(集權)으로부터 분권(分權)'으로, '대의민주주의(代議民主主義)로부터 참여민주주의(參與民主主義)'를 지적한 바 있는데 이 두 물결은 확실하게 나타나고 있다.

교육에서는 더 이상 집권에 의한 원격조정은 효과를 거둘 수 없게 되었다. 미국에서는 1983년 이후 각 주정부가 주도했던 교육개혁은 원격조정이었기 때문에 실패하였다고 10여 년이 지난 후 평가를 내리고 이제는 분권에 의한 학교재구조화를 통한 현장에서의 개혁 방향으로 교육개혁 제2의 물결이 일고 있다. 중앙의(미국 교육의 경우) 교육감만 바쁘고 교육현장의 교사와 교장이 바쁘지 않았던 교육개혁 제1의 물결의 실패에 대한 반작용이다. 지구상에서 공룡이 사라지듯이 소련이라는 나라는 사라졌다. 공룡이 작은 두뇌로 거대한 몸뚱이를 다스리지 못하여 지구상에 더 생존할 수 없었듯이 소련이라는 거대한 나라를 KGB와 공산당이라도 원격조정과 중앙집권으로는 다스릴 수 없었던 것 같다. 그래서 소련은 망했는지 모른다.

교육에서 분권의 물결은 학교자율책임경영제와 학부모의 학교선택권, 교사의 권한확대(teacher empowerment) 현상들로 나타난다. 교육자치의 단위가 시·군 기초 단위까지 내려온 미국·영국 등에서도 우리나라는 시도단위의 교육자치인데 이를 거의 학교단위까지 분권화시키는 것이 '학교자율책임경영제'이다. 학교자율책임경영제는 학교단위에 학교운영위원회를 두어 이 운영위원회가 인사권·재정권을 갖고 자율적으로 운영하고 책임을 지게 하는 제도이다. 교장도 교사도 학교단위에서 뽑고 돈도 현장을 잘 아는 학교운영위원회가 알아서 책임 있게 사용하는 것이 더 효율적이라는 것이다. 산업체에서도 회사별로 토막 내어 책임경영제를 채택하여 성공을 거두고 있다. 학교에 내려온 권한은 다시 '교사의 권한확대'로 넘겨진다. 교사들이 더 많은 자율권을 갖고 학교의 의사결정에 참여하게 된다. 교육과정과 수업뿐만 아니라 학교의 주요 의사결정에 교사의 의견이 반영된다. 이것이 'Teacher empowerment'이고 이것이 점점 더 강조되고 있다.

앞에서 언급된 학교자율책임경영제에서 학교운영위원회에 대표로 참여하여 학교운영에 영향력을 행사하여 그들이 원하는 교육을 하고자 하는데도 이에 만족하지 못하고 있다. 이제 아예 그들이 원하는 학교에 자녀를 자유롭게 등록시키겠다는 것이다. 이것이 학부모의 '학교선택권'이다. 학부모가 그들이 원하는 학교에 자녀를 등록시키면 그들이 냈던 교육세금이 자동적으로 그 자녀들이 다니는 학교에 할당되게 된다. 학생이 많이 등록한 학교는 부자학교가 되고 학생이 조금 등록한 학교는 문을 닫게 된다. 지구 상에 생존할 수 없게 되는 것이다. 교육에서도 '자유시장경제의 원리'가 적용되는 것이다. 우리나라의 학교는 온실 속에서 교육하고 교육행정하고 있는 셈이다. 학부모들이 학교에 매달리다 안 되면 과외라는 형태에 의존하고 있으며, 적든 많든 국가로부터 교사봉급과 학교운영비가 거의 자동적으로 나오고 있으니 뭐 아등바등 걱정하면서 교육하고 교육행정할 필요가 없다. 그러나 앞에서 말한 세계적 물결은 큰 압박이 되지 않을 수 없다. 이런 나라들과 우리는 경쟁을 해야 하기 때문이다.

국내적으로는 첫째, 교육부조리 척결의 압력을 감당해 내야 한다. 앞에서 잠깐 언급한 것처럼 교육이 더 이상 썩어서는 근본적으로 파멸을 맞게 된다. 교육에서의 부조리는 정치인과 경제인의 몇 억대 부조리와 비교될 수 없다. 교육에서는 액수가 문제가 아니라 부조리 그 자체가 문제이다. 정답장사, 부정입학 장사하는 나라가 나라 파는 장사, 나라 망치는 장사를 하지 말라는 보장이 있을 수 없다.

우리 민족이 언제 또 이런 좋은 기회를 맞게 될지 모른다. 깨끗한 정부로서 새로운 한국을 건설하겠다는 지도자를 언제 또 만날지 모른다. 지금 이 시점이 민족에게 주어진 마지막 기회라는 절박한 마음을 가지고 진심에서 우러나 개혁에 참여해야 할 것이다. 이번에도 과거처럼 피동적으로, 형식적으로 억지로 참여해서는 안 된다. 그렇게 되면 영원히 주저앉게 된다. 정부에서 하는 일이 옳다고 믿으면 옆 사람 눈치 보지 말고 적극 참여해야 할 것이다. 출발점이고 종점인 교육을 통해서 새로운 한국을 일으켜 세워야 할 사람들은 바로 교육자들이다.

사회가 구석구석 썩지 않은 곳이 없다. 정치계, 경제계, 산업계, 군인도, 경찰도, 심지어는 판검사까지도 과거의 국가의 지도자들까지도 국민들을 실망시키고 우리가 교실에서 가르치는 것과는 정반대로 거꾸로 살아가고 있었다. 수술하려고 칼을 댔다가는 너무 늦어서(암이 너무 곪아서) 다시 덮고 마는 형국이다. 옛날에는 아버지 어머니가 도둑질을 하더라도 자기 자식(학생)에게는 절대로 도둑질 하지 말라고 자식(제자)교육을 했다. 그런데 지금은 부모와 자식이, 교사와 제자가 합작으로 부정을 저지르고 있으니 이게 어떻게 된 영문인가? 혹시 부모가 정답을 빼다 자식에게 주더라도 "저 이렇게 하면서까지 의과대학에 안 갈래요." 하는 자식이 나왔어야 한다. 최소한 학교에서 정직을 제대로 가르쳤었더라면 부자·사제(父子·師弟)합작의 부정(총체적 부정)은 막을 수 있었을 것이다. 어른들이 아이들 앞에서 추태를 부리더니 이제는 아예 아이들까지 부정에 끌어들이고 있으니, 아니 아예 학생들이 휴대폰 수능 부정의 주인공이 되고 있으니 우리는 이제 막다른 골목에 이르렀고 이런 난국을 타개하기 위해서는 비상한 각오로 총체적 부정을 바로잡아야 할 사명을 우리가 떠맡지 않을 수 없다. 막다른 골목에서는 막다른 처방을 하지 않을 수 없다.

국내적으로 둘째, 교육 제자리 찾기의 압력을 받고 있다. 앞에서 말한 것처럼 해방 후 우리 손으로 우리 교육을 하면서 제대로 철저하게 했더라면 사회의 기강이 바로 섰을 것이다. 우리의 교육이 입시와 지식에 치우치다 보니 바탕교육에 소홀했던 것 같다. 짧은 시간에 대량교육을 하다 보니 질의 교육, 사람 만드는 교육에 철저하지 못했던 것 같다. 발전도 좋고 개혁도 좋지만 먼저 제자리 찾기, 본질로의 복귀에 노력해야겠다. 근본적인 것에 철저해야겠다. 학교에서 그렇게 많은 것을 가르쳐야만 하는지 모르겠다. "우리가 정말 알아야 할 것은 유치원에서 다 배웠다."는 것이다. 유치원 교육만 제대로 받고 실천해도 한 인간으로서 정상적으로 살아갈 수 있고 사회는 올바르게 돌아갈 수 있을 것이다. 비정상이 판을 치다 보니 비정상을 정상으로 착각하게 되었다. 이를 바로잡는 일을 하지 않고는 우리가 아무리 열심히 근무해도 그 열심이 무의미로 끝나게 된다. 정상을 찾는 일, 정직이 통하는 사회를 건설해야 할 책임이 요구되고 있다.

3. 장학의 변화 경향

지금까지 언급했던 외부 상황의 변화, 압력과 요구와 함께 교육 내부의 장학적 측면에서 중요한 변화가 일고 있다. 그중에서 (1) 효과성(effectiveness) 강조와 (2) 교육의 질 향상에 직접적으로 도전하는 장학과 (3) 동료적 협동노력이 두드러지게 강조되고 있다.

첫째, 효과성의 강조이다. 우리가 하고 있는 일이 모두 효과적인 결과로 나타나는 것은 아니다. 무조건 열심히 일하고, 열심히 가르치고, 열심히 공부한다고 해서, 또 시간을 많이 투자한다고 해서, 결과가 모두 효과적인 것은 아니다. 일본의 교육은 적은 돈을 투자하고도 많은 효과성을 얻는 나라이다. GNP의 8%, 8.3%를 교육에 투자하는 미국·캐나다보다 6%를 투자하는 일본의 교육이 더 효과적이라는 것이다.

그래서 학교효과성(school effectiveness)이 자주 언급되고 있다. 어떤 학교가 효과적인 학교이냐에는 이론의 여지가 많지만 어쨌든 최근에 학교의 효과성에 대해 논의가 활발해지고 학교효과성에 대한 학교평가에 관심이 집중되고 있다. 말할 것도 없이 장학과 학교효과성평가와는 밀접한 관계가 있다.

이보다 미시적인 관점이 교수효과성(teaching effectiveness) 개념이다. 교사가 가르치는 효과성이 어떻게 나타나느냐에 관한 관심의 집중 현상이다. 물론 옛날부터 교사의 교수효과성에 관심을 가졌었지만 최근에 더 강조되고 있다. 교사가 열심히 가르치는 것도 효과성으로 나타나지 않으면 의미가 없다. 대개의 교사는 열심히 가르치면 효과성으로 나타나겠지만 어떤 교사는 열심히 가르치는 것 같지 않으면서도 효과성은 높게 나타날 수도 있다. 장학에서도 교수효과성은 결국 학생이 무엇을 얼마나 학습하였느냐에 달려 있다. 교사가 아무리 열심히 가르쳐도 학생이 배우지 못하면 아무 소용이 없다.

교육효과성은 학교효과성과 교수효과성을 포함하는 일반적 용어가 될 것이다. 한국의 교육자가, 그리고 학부모가 교육에 열심인 것은 사실이었으나, 그 교육효과성을 얼마나 의식하면서 교육에 열심이었느냐 하는 질문에는 고개가 옆으로 돌려지지 않을 수 없다. 우리도 이제 교육효과성을 재고해 보아야 할 때가 온 것이다. 우리는 별로 중요하지도 않은 일에 열심히 하라고 학생들을 들볶고 있는 것은 아닌지 단지 한 번 따져 봐야 할 것이다.

둘째, 교육의 질 향상에 직접적으로 도전하는 장학의 강조이다. 교육의 질 향상에 직접적으로 도전하는 장학방법에는 수업장학과 임상장학, 마이크로티칭 등이 있다. 이들 방법에 대하여는 여기서 자세한 설명을 하지는 않겠다. 세계의 선진 여러 나라들이 교육의 질 경쟁에 지대한 관심을 갖고 질 높은 교육을 하는 나라만이 선진국으로서 그 위치를 지속할 수 있다고 보고 있다. 그리고 질 경쟁을 위한 방법 중의 하나로 장학방법에 대한 연구가 더욱 높아지게 되었다. 우리 교육자는 교육, 그것도 수업에 승부를 걸어야 하겠다. 국가의 운명을 한 시간 한 시간의 수업에 걸어야 한다는 자세로 수업과 장학에 임해야 하겠다. 교육 이외 산업계에서 오히려 질 관리(quality control, Q.C)에 더 노력하고 있는데 비하여 인간을 교육하는 교육계에서 질 관리에 떨어졌다는 것은 너무나 부끄러운 일이다. 잡무에 시달리는 교사, 서기적인 사무에 바쁜 장학지도자는 불행한 사람들이다. 한 나라의 고급인력이 쓸데없는 일에 귀중한 인생을 바치게 된다면 역시 그 나라의 앞날은 암담하게 되지 않을 수 없게 된다. 교육 본연의 일에서 행복을 찾을 수 있게 해줘야 할 것이다. 그것이 바로 수업장학에서 보람을 찾는 길이다.

학교효과성, 교수효과성, 교육효과성과 함께 우리는 여기서 장학효과성(supervision effectiveness)에 대하여 생각하지 않을 수 없다. 장학을 열심히 하는 일도 중요하지만 효과가 얼마나 있느냐에 대하여 심각한 검토가 있어야 하는데 지금까지는 그렇지 못했던 것 같다. 앞으로는 우리가 하고 있는 장학의 효과성에 관한 엄격한 평가를 하고 이 평가에 근거하여 개선해 나가야 할 것이다.

셋째, 동료장학이 강조되고 있다. 앞에서 말한 것처럼 교사의 권한확대와 자율권이 많이 주어지면서 장학에서도 교사들이 스스로 동료교사들끼리 장학적인 일을 하여 전문성과 수업기술을 향상시켜 나가야 할 입장이고 또 그래서 외국에서도 동료장학이 강조되고 있다. 이들은 장학이라는 용어 자체를 사용하지 않고 동료 코치(peer coaching)라고 하여 운동 코치하듯이 동료교사들끼리 동료 코치를 하고 있는 것이다. 상급자에 의한 장학에 대하여 거부감을 갖고, 또 이 거부감 때문에 장학의 효과성을 거둘 수 없다면 수평적인 동료들끼리라도 전문성과 수업기술 향상을 위하여 계획적으로 노력하라고 하는 것은 설득력 있는 요구라고 할 수 있다. 또 교사들 입장에서도 "우리들(동료교사들)끼리 자발적으로 장학적 노력을 할 테니 효과성이 떨어지는 상급자가 상부에 의한 장학은 유보해 달라"는 요구도 정당하다고 본다.

그리고 교직이 정말 전문직이라면 동료전문가들끼리 스스로 전문적 활동인 장학적 노력을 해야 하는 것은 당연하다. 전문직의 특징의 하나는 동료들끼리 협동적 노력을 기울이는 일이다. 마치 전문직인 의사나 연구원, 법조인들이 전문성 개발을 위하여 협동적 활동을 하는 것을 연상해 보면 교직에서도 동료적 장학이 활성화되어야 한다는 데 수긍이 갈 것이다. 앞으로 동료장학(코치)에 대한 연구를 하여 현장에서 활성화되면 좋을 것이다. 동료장학은 교사들의 동기유발만 잘되면 시의와 우리나라 상황에도 잘 맞는다고 본다. 앞으로 교육현장에서 시범적으로 동료장학 방법을 잘 개발하여 그 효과성을 검증해보면 좋을 것이다. 교장·교감 학교행정가는 학교 실정에 맞게 응용하길 권한다. 동료 '장학'이라고 하여 명칭 자체에 교사들이 거부감을 갖게 될 것 같으면 다른 명칭을 붙여도 좋을 것이다. 다른 나라에서 교사들이 스스로 살아남기 위하여 동료교사들끼리 협동적 노력을 하고 있는데 우리가 이를 외면하고도 경쟁에 이길 수는 없다고 본다.

우리도 앞에서 제시된 장학의 변화 경향에 따라 (1) 효과성, (2) 교육의 질 향상에 직접적으로 도전하는 장학방법, (3) 동료장학에 대한 강조에 대하여 심각하게 연구·검토하고 이 방향으로 가야 할 것이다.

4. 교내장학의 활성화

교내장학은 세상과 절연한 절해의 고도에서 실시될 수는 없다. 앞에서 말한 (1) 국제적·국내적 상황의 변화, (2) 장학의 변화 경향이라는 맥락 속에서 계획되고, 실천되고, 강조되고, 활성화되어야 하는 것이다.

다시 말하면 국제적 변화에서 지적된 것처럼 첫째, 교내장학도 살아남기 위한 교육전쟁의 일환으로써 교내장학을 실시해야 한다는 점이다. 해도 좋고, 안 해도 좋고 하는 식의 이야기가 아니라 절박성에서 교내장학에 호소한다는 점으로 받아들여야 한다.

둘째, 분권화와 참여, 자율화의 물결에서 강조되는 교내장학이란 점이다. 중앙집권의 교육부의 장학, 교육청의 장학만으로는 성공할 수 없으므로 분권에 의하여 학교수준으로 내려온 교내장학에서 성공의 열매를 거두어야 한다. 장학도 원격조정으로는 실패할 수밖에 없다. 원격조정을 한다 해도 교내장학으로 장학의 꽃을 피우고 열매를 맺게 되어야 한다.

장학에서도 참여의 거대조류를 거스를 수 없다. 교사의 참여, 교장·교감의 참여에 의한 교내장학이지 갑자기 근거도 없이 불쑥 뛰쳐나온 장학이 아니라는 점을 이해해야 한다. 장학이란 교사를 도와주고 수업의 효과성을 높이는 올바른 장학이 되기 위해서는 모든 사람들의 협조와 참여가 있어야 한다. 교육부와 교육청만 바쁘고 학교가 변하지 않는 우리의 교육은 국제 교육

올림픽에서 밀려나게 된다. 교내장학은 자율화에 바탕을 둔 것이며 세계적 조류와 맥을 같이하는 것이다. 자율성 없는 교내장학은 불가능하다. 학교자율책임경영제로 인사권, 재정권이 내려오듯이 장학의 책임도 학교로 내려와야 하고, 또한 장학적 책임은 본래 학교수준에서 이루어지는 것이 원칙이지 새로운 것이 아니다. 교사의 권한확대(teacher empowerment)는 동시에 교사의 책임확대, 책무성확대도 동반하게 된다. 교내 동료장학의 책임도 수반한다는 의미이다.

국내적으로 부조리 척결과 제자리 찾기의 압력은 장학도 교내장학이라는 원래 그랬어야 할 제자리로 돌아가는 것이다. 교육개혁 이전에 교육제자리 찾기의 일환에서 교내장학을 다뤄야 하고, 흐트러진 물꼬를 제자리로 돌려놓는 작업이란 측면에서 교내장학을 활성화시켜야 하는 것이다. 필요하고 실질적인 교내장학과 같은 교육활동에 고급인력으로서는 가장 귀중한 시간자원과 정력자원을 바칠 수 있게 하여야 하는 것이다.

교내장학의 활성화를 위해서는 교육청과 교장, 교감이 각각 해야 할 일이 있다.

1) 교내장학 활성화를 위한 교육청의 지원

지금까지 제도화·활성화되지 않았던 교내장학을 활성화시키기 위해서는 시·도, 시·군 교육청의 행정적·제도적 지원이 절대적이라고 본다. 우선 첫째, 교내장학을 하나의 장학제도로서 공식화·제도화시키는 일이 중요하다고 본다. 교내장학이 당연한 것으로 교장·교감과 교사들이 받아들일 수 있도록 굳히는(제도화시키는) 작업이 필요하다고 본다. 몇 개의 다른 시·도에서 교장으로 하여금 교내장학을 실시하도록 강력하게 뒷받침해 주는 사례를 보았다.

둘째, 교내장학 담당자인 교장과 교감에 대한 연수를 처음에는 교육청이 주도해야 할 것이다. 연수의 초반에는 교내장학의 철학과 목적, 중요성, 장학의 기본적인 구조와 조직, 방법에 관한 것이 주 내용이 되겠지만 연수의 횟수를 거듭하면서부터는 구체적인 장학기술의 습득과 향상에 초점을 맞춰야 할 것이다. 예를 들면 장학협의기술, 수업관찰기술 등의 구체적인 장학기술을 끝없이 연수해 나가야 할 것이다. 또 다음에도 말하겠지만 교육청 주관의 연수회 이외에도 교감선생님 개인적으로, 또는 인근 동료교감과 협동하여 장학에 관한 연수는 끝없이 지속되어야 한다.

셋째, 교육청 자체로 연구하여 장학모형 등을 일선 학교에 전파해주는 일을 해야 할 것이다. 그러면 일선 학교에서는 이 개발된 모형을 학교 실정에 맞게 응용해야 한다. 이러한 모형 개발이나 연구를 위해서는 장학연구교육청, 장학연구(시범)학교를 지정하여 이를 수행하게 하는 것도 한 방안이 될 것이다.

넷째, 장학을 위한 재정적, 인적, 시간적 지원이 요구된다. 분권화와 제자리 찾기에 의하여 장학을 학교(교내장학)에 넘겨줬으면 이에 해당하는 만큼의 재정과 사람, 시간도 학교로 내려와야 한다. 교내장학을 위해서 적든 많든 재정을 학교에 지원해 줄 수 있다면 교장·교감, 교사의 사기는 한층 올라갈 것이다. 인적 자원까지 지원해 줄 수 있으면 더욱 좋겠다. 별도의 교내장학사를 배치하기 어려울 것이므로 복수 교감 중 1인에게 장학적 임무를 줄 수도 있고, 증치교사 중 1인을 교내장학사로 하여 인근 몇 개 학교를 담당하게 하는 방안도 강구할 수 있을 것이다.

교내장학을 위한 시간을 제도적으로 마련해주는 방안도 생각할 수 있다. 동 학년회의 날, 연수의 날 등을 장학시간으로 삼을 수도 있다.

교내장학 활성화를 위한 교육청의 교내장학의 지원사항으로 (1) 교내장학의 공식화·제도화, (2) 교장·교감에 대한 연수기회 제공, (3) 장학모형 연구·개발·보급, (4) 인적·재정적·시간적 지원의 네 가지를 제안하였다.

2) 교장의 교내장학지도력

 학교교육의 최고책임자는 학교장이기 때문에 교내장학이 활성화되느냐 안 되느냐는 전적으로 학교장에게 달려 있다고 해도 과언이 아니다. 교내장학에 관한 학교장의 철학과 소신이 무엇보다 중요하다. 요즈음같이 어려운 시기에 학교장의 소신과 철학이 없으면 교내장학이란 말조차 꺼내기 어렵다.

 둘째는 학교장의 지도력이다. 강압적이지 않으면서도 강력한 지도력이 필요하다. 교사들이 믿고 따라오며 오히려 밀어주고 지지해주는 지도력이 있어야만 한다. 교사들로부터 존경을 받지 못하면 교장은 지도력을 발휘하기 어렵다. 교장의 지도력이 먹혀들지 않는 속에서는 교감이 아무리 열심히 교내장학을 하려고 해도 수용되기 어렵다.

 그런데 불행한 일은 임기제 등으로 교장의 지도력을 발휘하기 어렵게 만들어 놓고 나서 교장을 통해서 무엇을 하려고 하는 데 있다. 부조리 척결, 찬조금 근절, 우울한 스승의 날 등으로 교사의 사기를 꺾어 놓고 나서 열심히 가르치라고 하는 경우도 마찬가지이다.

 셋째, 교장의 지속적인 관심과 지원이 필요하다. 교감이 연수를 받고 아무리 교내장학을 활성화시키려고 해도 학교장이 관심을 안 갖고 지원해 주지 않으면 성공하기 어렵다.

 교장의 지도력과 관련하여서는 (1) 철학과 소신, (2) 지도력, (3) 지속적인 관심과 지원을 지적하였다.

3) 교내장학의 모형

 수업장학에 초점을 맞추어 교내장학의 모형을 생각해 보기로 하겠다. 수업 모형을 장학에 응용하여 교내장학 모형을 개발한 것이다. 일반적인 수업 모형으로 목표→진단→학습경험→평가로 〈그림 4-1〉과 같이 나타낼 수 있다.

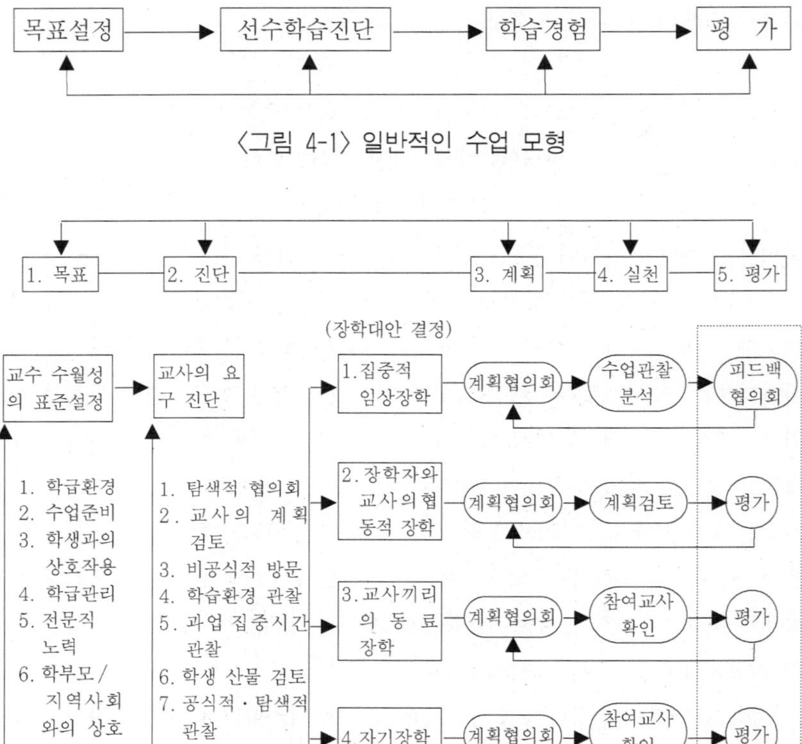

〈그림 4-1〉 일반적인 수업 모형

〈그림 4-2〉 교사의 요구에 따른 장학 모형

교내장학에서도 (1) 장학의 목표(영역)를 설정하고, (2) 교사의 장학에 대
한 요구(필요)정도(수준)를 진단하고, (3) 이에 따라 각 장학대안별로 장학
(학급)계획을 세워, (4) 실천하고, (5) 평가하여 이를 앞 단계에 피드백하는
모형을 만들 수 있다. 이는 선택적 장학체제(differentiated supervision)

라고 했던 것과 근본적으로 같다. 교사에게 개인차가 있다는 것을 전제로 하여 교사의 필요와 요구에 따라 장학방법을 달리하려는 것이다. 현재는 장학을 위한 장학, 장학사의 필요에 의한 장학을 하고 있는 셈이다. 교사의 요구에 따른 교내장학 모형은 〈그림 4-2〉와 같다.

첫째, 장학목표의 설정은 가르치는 일에 있어서 수월성이 어느 정도 되어야겠다는 표준(standard)을 정하는 일이다. 이것을 '교수 수월성의 표준 설정'이라고 하였다. 가르치는 일과 관련된 각 영역별로 수월성의 표준을 설정하고 그 표준에 도달하고자 장학이 출발한다. 교수와 관련된 장학의 영역은 (1) 학급(수업)환경, (2) 수업준비, (3) 학생과의 상호작용, (4) 학급(수업)관리, (5) 전문직(적) 노력, (6) 학부모와 지역사회와의 상호작용을 들 수 있다. 이를 구체적으로 예시하면 〈표 4-1〉과 같다.

〈표 4-1〉 표준적 기술의 영역별 예시

영　　역	구체적인 예
1. 학급(수업)환경 　가. 물리적 배치	1. 학생들이 자유롭게 안전하게 이동할 수 있도록 교구들이 잘 정돈되어 있다. 2. 교구들이 수업목적에 맞게 잘 정돈되어 있다. 3. 교실은 깨끗하고 정돈되어 있다.
나. 교재의 정돈	1. 학습교재가 잘 조직되고, 이용하기 쉽고, 정돈되었다. 2. 교실 내에 학생의 학습작품이 반영되어 전시되어 있다.
다. 분위기	1. 학생들의 아이디어가 수용되고 있다. 2. 교사의 신체적 용모가 긍정적으로 나타난다.
2. 수업준비 　가. 요구와 필요의 결정	1. 학생의 요구가 진단되었다. 2. 학생들의 요구를 개별적으로 조사하였다. 3. 진전 상황을 확인해 나간다.

영 역	구체적인 예
나. 교과의 조직	1. 구체화된 교육과정을 지도하고 있다.
	2. 시차에 맞게 내용을 제시하고 있다.
다. 수업계획	1. 시간을 적절히 배분하였다.
	2. 학생의 개인차를 고려하였다.
	3. 기능의 차를 고려하였다.
	4. 교사 부재 시의 대체안을 고려하였다.
라. 자원활용	1. 다양한 자원을 제공하고 있다.
	2. 학생 개인의 학습양식을 고려한다.
	3. 외부자원을 활용하려고 찾는다.
	4. 교구를 효과적으로 안전하게 작동시킨다.
3. 학생과의 상호작용	
가. 학생 반응의 활용	1. 학생 반응을 가치 있게 다룬다.
	2. 반응을 명료화한다.
	3. 반응들을 서로 관련짓고 확대시킨다.
	4. 반응을 요약에 활용한다.
	5. 틀린 반응을 잘 다룬다.
나. 질문의 형태	1. 낮은 수준의 질문
	2. 높은 수준의 질문
	3. 개방적 질문
다. 동기유발 기술	1. 학생의 경험을 학습에 활용
	2. 과거 배운 지식의 활용
	3. 중요성을 명료히 밝힘
라. 다양한 수업 접근	1. 강의
	2. 토의
	3. 용이한 참여
	4. 학생 개별 공부
마. 다양한 수업 진단	1. 전 학급 집단
	2. 여러 집단으로 분단
	3. 1 : 1
	4. 학생 또래 간 수업(짝)
	5. 자습

영 역	구체적인 예
4. 학습환경(학급) 관리	
가. 기록 보존	1. 일일 상호작용
	2. 학급활동에의 참여
	3. 숙제 완성
	4. 개인적 산출
	5. 시험결과
나. 일상적 일 설정	1. 교실 활용
	2. 교실에의 입실과 퇴실
	3. 작업의 완성
다. 기강의 지침	1. 소음 통제
	2. 불평 관리
	3. 학생의 분과 통제
	4. 질서 요구에 대한 학생의 반응
	5. 공부에 대한 학생의 주의집중
5. 전문화 노력	
가. 동료와의 관계	1. 정중하고 우호적인 상호작용
	2. 조력적이고 격려적인 상호작용
나. 자기개발 노력	1. 최신 지식 습득 노력
	2. 직원 발전(연수) 활동에의 참여
	3. 새로운 아이디어와 정보의 추구와 나누어 갖기
	4. 각종 위원회에의 참여
	5. 자기 평가의 실시
다. 학교 방침	1. 절차에 대한 인식
	2. 지침 이행
	3. 평가에의 참여
	4. 새로운 방침 설정에의 참여

영 역	구체적인 예

6. 학부모와 지역사회와
  의 상호작용
  가. 개별 학부모와의
    협의회 개최
	1. 향상 접근 가능
	2. 흥미와 관심 있음
	3. 도움이 됨
	4. 비밀 유지

나. 교육적 정보의 해석	1. 시험 결과 2. 특수 프로그램에의 학생 참여
다. 참여 격려	1. 방문하도록 학부모 초대 2. 지역사회와의 상호작용 추구

둘째, 장학목표와 장학의 영역이 결정된 다음에는 교사의 장학적 필요와 요구 수준을 진단해야 한다. 그 진단방법은 (1) 탐색적 협의회, (2) 교사의 (수업)계획 검토, (3) 비공식적 (교실)방문(수업관찰), (4) 학급환경 관찰, (5) 과업집중시간 관찰, (6) 학생의 산물(작품) 검토, (7) 공식적·탐색적 관찰, (8) 보고자료 활용 등을 생각해 볼 수 있다. 교사의 필요를 진단하는 형태별로 대상과 시기, 목적을 제시하면 〈표 4-2〉와 같다.

셋째, 교사의 요구진단에 따라 각 교사에게 맞는 장학대안 또는 장학형태를 선택(결정)하게 된다. 학교형편에 따라 (1) 집중적 임상장학, (2) 장학자와 교사의 협동적 장학, (3) 교사끼리의 동료장학, (4) 자기장학, (5) 전통적 장학 등의 장학대안(형태)을 마련해야 할 것이다. 이를 좀 더 구체적으로 나타낸 것이 〈표 4-3〉이다. 교사의 요구 정도, 주도자, 장학계획(형태), 해당교사를 표로 요약한 것인데 표만 봐도 이해가 될 것이므로 설명은 약하기로 한다.

〈표 4-2〉 교사의 필요 진단 형태

진단형태	대 상	시 기	목 적
1. 탐색적 협의회	모든 교사	학년 초	• 교사의 관심 계획 표현
2. 교사의 계획 검토	모든 교사	필요한 당시	• 교육과정 진행 확인 • 행동계획 인정
3. 비공식적 방문	모든 교사	필요한 당시	• 수업 성취 확인, 계획 결정
4. 학급환경 관찰	모든 교사	4~5월	• 전반적 교실 환경 평가
5. 과업집중시간 검토	소란스런 학급불평 조사	필요한 당시	• 학생과 교사의 수업시간 사용 조사
6. 학생산물 검토	모든 교사	필요한 당시	• 진전 상황 조사
7. 공식적 탐색 방문	초임 교사 경험부족 교사 불충실 교사	학년 초	• 전반적인 수업전달 기술 검토
8. 보고된 자료	모든 교사	필요한 당시	• 변화, 관심, 문제에 민감하게 반응하기 위해

〈표 4-3〉 교사의 유형에 따른 장학형태 선택

장학목표 (무엇)	주도자 (누구)	장학계획 (어떻게)	해당교사 (교사 유형)
• 많은 중요한 요구 • 약간 중요한 요구 • 하나의 중요한 요구	장 학 사	1. 집중적 임상장학	• 대체로 낮은 정도 • 약간 중간 정도
• 약간 중요하지 않은 요구 • 정교화 요구 • 수정적 요구	장학사와 교 사	2. 장학사와 교사의 협동적 장학	• 대체로 중간 정도 • 약간 높은 정도
• 사소한 요구 • 구체적이지 않은 요구 • 교사가 말하는 관심	교 사	3. 협동적 장학 4. 교사끼리의 동료장학 5. 교사자신의 자기장학	• 대체로 높은 정도 • 모두 높은 정도

1) 집중적 장학: 임상장학

2) 협동적 장학(장학사와 교사의): 계획협의회 → 계획의 검토 → 평가

3) 동료장학(교사끼리의): 계획협의회 → 장학사 역할(보조) → 참여교사 활동 확인 → 평가

4) 자기장학(교사자신의): 계획협의회 → 장학사 역할(자원자) → 해당 교사의 도움 요구에 응답 → 평가

5) 전통적 장학

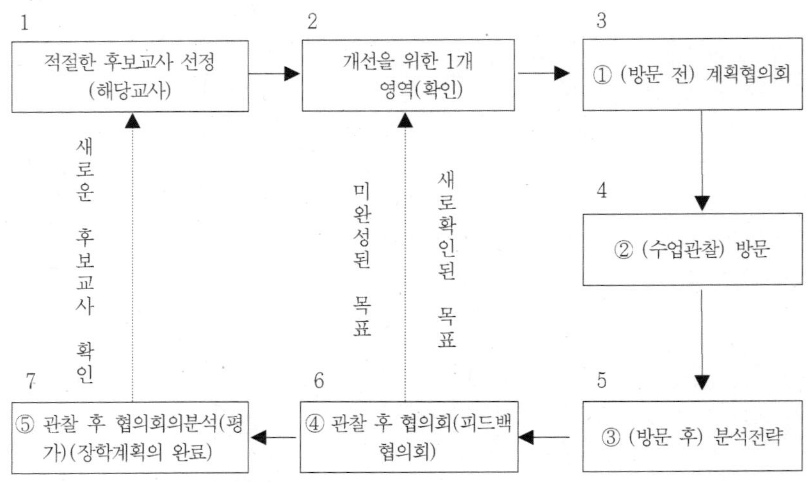

〈그림 4-3〉 집중적 임상장학지도 흐름도(장학사 주도)

이 중에서 집중적인 임상장학의 과정을 그림으로 나타내면 〈그림 4-3〉과 같다.

(1) 진단에 의하여 집중적 임상장학의 대상자를 선정하고, (2) 선정된 대상교사에게 개선해야 할 여러 영역 중에서 우선 한 개의 영역을 확인하고 나서, 집중적인 임상장학의 다섯 단계로 들어간다. (3) 계획협의회, (4) 수업관찰, (5) 분석과 전략(전략은 관찰 후 협의회를 위한 전략임)으로 넘어 간다.

같은 영역에서 1회의 임상장학 과정으로 목표가 완성되지 않으면 같은 교사, 같은 영역과 목표를 위해서 반복하여 임상장학을 실시하고, 만일 한 영역의 목표가 달성되었다면 다른 목표를 위해서 계속 임상장학을 실시한다. 어느 정도 완료되었다고 생각되면 관찰 후 협의회에 대한 분석(평가)을 하고 다른 새로운 교사를 대상으로 선정하여 같은 과정을 거치게 된다.

다른 장학대안(형태)에서는 임상장학의 주요 세 단계 중 한 단계를 생략하거나 약간 변경시킨 것이다.

이렇게 해서 교사의 필요에 따른 교내장학의 모형 하나를 소개한 것으로 정리하고 다음은 교내장학의 도입과정을 (1) 계획, (2) 실천, (3) 제도화의 과정에 의하여 설명하고자 한다.

4) 교내장학의 도입과정

(1) 계획과 준비

계획과 준비단계에서는 첫째, 교사, 교감, 교장을 포함하여 준비를 하기를 권고하고 싶다. 교사의 참여와 자발성에 기초를 둘 필요가 있다. 교사의 협조 없는 일방적인 장학은 겉돌게 되고 숨바꼭질과 쇼를 연출하게 되어 효과성을 거두기 어렵게 된다.

둘째, 장학풍토조성에 노력해야 할 것이다. 교사들이 장학을 수용하고 성장, 발전하고자 동기유발되고, 새로운 것을 시도하고자 하는 모험정신과 실험정신이 충만한 학교문화의 형성에 먼저 노력해야 할 것이다. 무엇보다도 학교사회에 신뢰가 형성되어야 한다. 교사들이 교장·교감과 동료교사들을 신뢰하지 못하면 모든 것이 끝장이고 교직생활 자체, 삶 자체에서 실패하게 된다.

셋째, 둘째 번 것이 조직발전(組織發展)이라고 한다면 셋째는 개인발전(個人發展)으로써 (1) 적합성(relevance), (2) 가능성(feasibility), (3) 참여(involvement), (4) 신뢰성(trust)의 RFIT를 고려해야 한다. 불신(T) 속에서 맞지 않는 장학을(R) 실현·발전 가능성도(F) 없이 그것도 교사의 참여 없이 일방적으로 무작정 한다면 교내장학은 또 하나의 실패경험만 주게 된다. 교내장학에서도 실시 이전에 충분한 연수가 이루어져야 한다. 교사도 장학에 대하여 알아야 하며, 특히 장학으로 인해 손해 볼 것이 없다는 인식이 필요한데 이에 관한 연수가 사전에 이루어져야 한다. 물론 연수 자체를 장학의 주요 내용으로 삼을 수도 있다. 물론 연수의 핵심은 (1) 신뢰의 형성과 유지가 될 것이다. 다음은 (2) 학습의 향상에 관한 내용이 포함되어야 할 것이고, (3) 또 하나의 주요 내용은 자율성의 개발과 지원(후원, 지지)이라고 할 수 있다.

(2) 실 천

앞에서(장학모형에서) 설명한 구체적인 장학을 실시하는 단계이다. 지금까지 해오던 것도 좋고 새로운 것도 좋은데 작은 것 쉬운 것부터, 자신 있는 확실한 것부터 실시하여 성공감과 보람, 성과를 눈으로, 몸으로 체험하게 하는 것이 좋다고 본다. 교내장학에 자발적으로 적극 참여하는 교사에게 이익이 되게 해야 할 것이다. 실천과정에서 계속적인 효과성 평가(效果性 評價)를 하여 상황에 맞게 계획을 수정하고 보완하여 실천하는 게 좋을 것이다.

(3) 제도화 · 활성화

이제 교내장학이 하나의 제도로 굳어지고 활성화되도록 하여야 한다. 이를 돕기 위하여 성공적인 사람과 활동에 축하로써 격려해 주고, 홍보하여 보상과 계속적 지원을 해야 한다. 무엇보다도 지도자인 교장의 관심이 교내장학의 제도화에 결정적이라는 점에 대하여는 이미 지적했다.

5. 결 론

교내장학의 활성화는 쉽게 이루어지는 것이 아니다. 아직까지 우리 학교현실이 이를 받아들일 인식이 미비하기 때문이다. 그러나 교내장학의 활성화가

장학의 올바른 방향이고 방법이라면 어려움이 가로놓여 있더라도 끝장을 내려고 노력하는 자세가 어느 때보다 절실히 요구된다.

　지금은 어렵고 곤란한 시기와 상황인 동시에 절박하고 중요한 시기이고 상황이다. 민주주의란 미명 아래 무질서와 자유방임·방종이 판을 치고 너무나 쉽고 편한데 바람 들고 맛 들어 재미를 보았다. 그래서 교내장학같이 귀찮고 어려운 것을 제도화·활성화시키기에 어려운 시기이고 또 그런 상황이다. 그런데 이 기회에 이것을 못하고 말면 영원히 주저앉고 말게 되며 마치 우주 궤도에서 벗어나고 마는 결과를 초래하게 될지도 모르겠다. 어렵더라도 이 기회를 놓치지 말고 잡아야겠다.

　웬만한 요구와 주장은 깨끗이 다 들어주고, 될 것은 처음부터 되어야 하고 안 될 것은 끝까지 안 되어야 한다. 데모를 하고 때려 부셔도 안 되는 것은 안 되어야 한다. 올바른 민주주의와 정의, 자유, 원칙의 최후의 방어선, 마지막 요새까지 무너져서는 안 된다. 국가를 지키는 마지막 요새인 교육을 우리 교육지도자들이 지켜주기를 기대한다. 지금 우리 사회에는 '큰어른'이 필요하다. 어른 노릇한다는 것이 정말 힘들다는 것은 잘 안다. 그래도 필자는 그 힘든 교육에서의 '큰 어른'의 역할을 교육지도자들이 기꺼이 맡아 줄 것을 기대한다. 자기 자신과 자기 집안, 친인척이나 챙기고 있는 사람은 조직과 기관의 지도자가 될 수 없다. '큰 어른' 지도자는 이런 선을 뛰어넘어야 한다.

참고문헌

尹基玉, "敎授效果性에 관한 硏究" 논문집, 인천교육대학, 1986.

朱三煥, **獎學論: 選澤的 獎學 體制**, 서울: 文音社, 1986.

Sergiovanni, Thomas J. and Starratt, Robert J., *Supervision*: *Human Perspectives*, 5th ed., McGraw-Hill Book Co., 1988.

Center on Evaluation, Development, Research, Phi Delta Kappa, *Teacher Peer Coaching*, 1989.

Knoll, Marcia Kalb, *Supervision for Better Instruction*, Englewood Ciiffes, N. J.: Prentice-Hall, 1987.

제5장 교수-학습 개선을 위한 현장교육연구*

1. 서 론

　필자에게 주어진 주제를 분석해 보면 '교수-학습 개선을 위한 현장교육연구의 과제'에서 전반부 '교수-학습 개선'은 후반부인 '현장교육연구'의 궁극적 목적이 된다. 그러나 전반부는 수식어가 되고 핵심은 '현장교육연구'가 되는데 이것도 모든 것을 다루는 게 아니라 현장교육연구의 '과제'에 초점이 맞춰져야 한다. 쉽게 표현하면 '현장교육연구의 과제'를 다루되 '교수-학습 개선'을 염두에 두고 다루어야 될 것 같다. 그런데 '교수-학습 개선'은 평소에 필자가 관심을 갖는 '장학'의 궁극적 목적이기도 하다. 그래서 '교수-학습 개선'은 '현장교육연구'의 대상이 되기도 하지만 동시에 '장학'의 목적이 되기도 하여 '교수-학습 개선'과 '장학', '현장교육연구'의 삼자를 연결짓는 시도를 해 보기로 한다. 현장교육연구도 장학의 한 부분으로 포함시킬 수 있다.

　먼저 교수-학습을 강조하는 의미에서 (1) '승부는 교수-학습의 질'에서라는 소제목을 다루고, 다음에 (2) 교수-학습 개선을 위한 수업장학을 연결지어 봄으로써 전반부인 '교수-학습 개선' 부분을 개괄해 보고, 후반부인

---

* 1993. 5. 26. 교육부 전문직 연수, 충남교원연수원 초청 발표.

(3) 현장교육연구의 지도를 따로 떼어 개괄하고 나서, 마지막으로 전반부와 후반부를 관련짓는 (4) 교수-학습 개선을 위한 장학의 현장교육연구 과제를 제시해 보기로 한다. 여기서 장학은 교수-학습과 현장교육연구의 중간다리의 역할을 한다. 물론 매개 변인의 개입 없이 직접 교수-학습을 개선하는 현장교육연구에 대하여도 다룰 수 있다.

2. 승부는 교수-학습의 질에서

세계 여러 나라는 냉혹한 경쟁 속에서 살아남기 위해서 갖은 수단을 다 강구하고 있다. 우리가 후진국으로 완전히 뒤처져 있을 때는 이러한 경쟁상황 자체도 느끼지 못하고 지냈을지 모른다. 중진국에 들어서면서 경쟁과 견제의 열기를 감지하게 되었을 것이다. 우리는 여기서 주저앉을 수는 없다. 여기서 다시 일어서야 할 숙명을 안고 있다.

과거에는 군사력을 갖고 힘겨루기를 하였다. 과거에 미국은 세계의 경찰이라고 했었는데 이제는 그 역할이 감소되었다. 소련과의 인공위성경쟁, 미사일경쟁이 바로 군사경쟁이었다.

군사경쟁은 곧 경제전쟁으로 이어졌다. 무기를 사들이고 새로운 무기를 개발하기 위해서는 엄청난 경제적 부담을 감수해야 한다. 소련은 결국 먹지도 못하고 입지도 못하면서 생필품과 소비재를 희생하면서까지 국방경쟁에 투자했으나 미국한테 굴복하고 말았다. 또 다른 나라들도 명분 없는 군사경쟁보다는 수출을 늘리고 GNP를 높이는 실리를 찾는 경제전쟁에 집중하게 되었다. 경제전쟁, 무역·수출전쟁, 국민소득경쟁은 군사전쟁 이상으로 치열하다.

이제 수출을 하려고 해도 싼 물건만을 가지고는 경쟁이 안 된다. 양보다는 질과 분위기, 멋과 서비스를 찾게 되었다. 아이디어가 들어간 양질의 상품을 개발하려니 고급두뇌와 고급인력을 필요로 한다. 과학과 기술, 교육전쟁이 군사전쟁도, 경제전쟁도 끝내주게 된다. 양질의 교육 서비스를 제공하는 나라만이 국방과 경제, 교육전쟁에서 최후의 승자가 될 수 있다.

교육은 모든 것의 출발점이요 종점이다. 교육이 정치인도 경제인도, 과학인도, 노동자도, 군인도, 경찰도, 판·검사도, 성직자도 길러낸다. 교육이 출발을 잘하면 정치도, 경제도, 문화도, 과학도 잘 될 것이다. 그러나 교육이 잘못되면 그 나라는 망하고 만다. 독일이 망했던 것은 국민교육을 잘못했기 때문이라고 피히테는 독일 국민에게 고하고 있다. 교육은 국가를 지키는 최후의 보루이다.

교육을 망치면 국민은 더 이상 희망을 걸 곳을 잃게 된다. 국민들은 정치군인들에게서 실망했고, 길거리에서 대한민국 경찰의 제복을 입고 돈을 뜯고 있는 경찰도 신뢰하려 하지 않으려 한다. 심지어는 양심의 보루라고 했던 판·검사에게서도 기대하려 하지 않는다. 교육계 내부에서도 문제가 있고 교회마저 갈팡질팡하고 있으니 이 민족은 도대체 누구에게 기대를 걸어야 하는가?

남해 창선교와 서울 신행주대교와 성수대교가 무너져 내리고, 제주의 추자교도 내려앉았다. 마포 와우 아파트와 청주 우암 아파트가 폭삭 주저앉았다. 곳곳에서 다리와 아파트, 삼풍백화점이 내려앉듯이 우리의 윤리·도덕·가치가 무너져 내리고 있는 것이다. 거칠게 겉만 번드르르하게 다리를 놓고 집을 짓듯이 우리가 거친 교육을 했던 것이다. 다리가 무너져 내리는 소리는 우리의 교육이 무너져 내리는 소리이다.

교육경쟁은 곧 수업의 질 경쟁이다. 한 시간 한 시간의 수업의 질이 높으면 교육경쟁에서 이기게 된다. 국제무대의 상품전시장에서 'Made in Korea'가 밀리고 있다는 사실은 한국 교실에서의 수업이 밀리고 있다는 이야기이다. 자동차의 나라 미국에서 일제 자동차에게 미제 자동차가 밀리더니 미국은 재빨리 '일본 교육에서 배우자.'고 외쳐 댄다. 일본은 교육에 최소한의 투자로 최대의 효과를 빼내고 있다. 작은 것에서부터 '철저한 교육'을 하고 있기 때문일 것이다. 그에 앞서 '철저한' 교사를 양성하고 있기 때문이다. 우리는 지금 일제 시대의 사범교육만도 못한 교사 양성교육에, 교사 대우로 거친 교사를 길러내고 있다. 일본의 철저한 교육은 철저한 교사교육과 철저한 가정교육과 사회교육을 바탕에 깔고 있다. 한국의 어머니와 선생님, 지도자가 일본의 어머니와 선생님, 지도자의 정신에 밀린 결과 남을 괴롭힌 죄지은 나라 일본이 잘 살게 되고 있다. 우리는 무력에서도 먹히고(식민지), 경제에서도 당하고(무역역조), 교육에서도 밀리고, 수업에서도 패배하고 말 것인가?

교육의 질은 주로 교수-학습, 즉 수업에 의하여 결정된다. 우리는 국가의 승부를 수업에 걸어야 한다. 교육전쟁은 수업에서 결판나게 된다. 교육자는 어느 부서에서 근무하든 수업을 떠나서는 존재할 수 없다. 수업을 떠난 교육활동, 수업을 떠난 교육자는 존재 가치가 없다. 국가운명과 승부를 교수-학습, 즉 수업에 걸어야 한다.

교수-학습은 교사와 학생 사이에서 이루어진다. 교사와 학생 사이에서 교육과정 또는 교육내용을 놓고 교육자료와 학습환경 속에서 상호작용하는 것이 교수-학습이다. 교수-학습을 이룩하는 중요 요소는 (1) 교사, (2) 교육과정 또는 교육내용, (3) 교육자료 및 학습환경, (4) 학생이라고 할 수 있다.

교수-학습의 질에서 승부를 걸고 교수-학습의 질을 높이려면 이들 (1) 교사와, (2) 교육과정, (3) 교육자료와 학습환경을 변화시켜, 마침내 (4) 학생을 변화시켜야 한다. 교사의 교수행위가 교육과정과 학습환경을 거쳐 학생의 학습행위를 향상시켜야 한다. 결국 수업, 또는 교수-학습의 질도 (1) 교사와, (2) 교육과정과 내용, (3) 학습환경과 교육자료에서 결판이 난다. 학생변인은 주어진 것이고 궁극적인 변화의 대상이므로 어쩔 수 없는 변인이다.

그런데 교육의 여러 활동 중에서도 (1) 교사와, (2) 교육과정, (3) 학습환경과 가장 밀접하게 관련된 교육활동이 바로 장학이다. 장학 중에서도 수업장학이 이들 세 변인과 직결되어 있다. 결국 장학을 통해서 교수-학습의 질을 올려야 할 입장이다. 교수-학습의 질도 결국 장학에 귀착된다.

장학의 질은 다시 장학담당자의 질과 직결된다. 〈그림 5-1〉과 같은 관계가
형성된다.

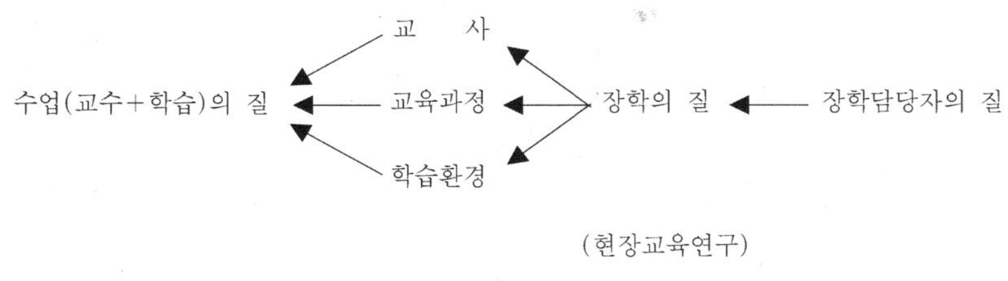

(현장교육연구)

〈그림 5-1〉 교수 – 학습의 질 ＝ 장학의 질

3. 교수 – 학습 개선을 위한 수업장학

　　장학은 더 이상 행정과 경영·관리의 수준에만 머물러 있어서는 교수－학
습 개선에 기여할 수 없다. 행정과 경영·관리를 포함한 모든 장학을 일반장
학(general supervision)이라고 한다면 수업장학은 직접적으로 교사의 행
위에 영향을 주는 학교조직이 공식적으로 학생의 학습을 촉진시키고 학교조
직의 목적을 달성하기 위하여 지정한 행위이다. 여기서 중요한 요소는 (1)
직접적으로 교사의 교수행위에 영향을 주고자 한다는 점이다. 다음은 (2)
공식적으로 행하는 교육활동이란 점이다. 비공식적인 것까지 수업장학에 포
함시킨 것은 아니다. 마지막으로 (3) 학생의 학습을 촉진시키는 것이 수업
장학의 궁극적 목적이다. 그런데 모든 교육활동의 궁극적 목적이 교수－학습
의 개선이기 때문에 외국에서는 특별히 일반장학이라고 이름 붙이지 않고
그냥 장학이라고만 해도 대개 수업장학을 의미한다. 그래서 수업장학이란 말
도 상당히 일반적이고 추상적인 개념이다. 실지로 외국의 수업장학이란 책을

보아도 구체적인 어떤 장학모형이나 방법을 제시하고 있는 것이 아니라 일반적인 이론이나 지도성(leadership) 등을 모두 포함하고 있다.

수업장학이 상당히 일반적인 개념이라고 하더라도 다음에 다룰 현장연구의 방법과 마찬가지로 과학적 사고의 과정을 거치기를 권장하고 싶다. 과학적 사고의 과정은 먼저 (1) 문제를 분명하게 밝히고 정의(define)하는 일로부터 출발한다. 문제의 정의는 정확한 목표(goal)를 설정하는 일과도 통한다. 문제가 정확하게 밝혀지고 나면 이제는 (2) 그 문제를 해결할 수 있는 대안(alternatives)들을 제시하거나 검증해야 할 가설(hypotheses)을 설정하고 진술하게 된다. 가설은 이론적 배경에서 나온 연구자, 여기서는 수업자와 장학자의 잠정적인(假) 이론(說, 設)이라고 할 수 있다. 이렇게 하면 교수-학습이 개선되고 교사의 수업기술이 향상될 것이라는 잠정적인 이론인 것이다. 이 가설이 다음 단계에 나오는 증거에 의하여 계속 긍정적으로 검증되면 일반화되어 공인되는 이론으로 발전할 수 있게 되는 것이다. 분명한 가설이 형성되면 (3) 이를 검증할 수 있는 자료를 수집하고 이를 분석하는 단계로 들어간다. 이것을 위해서 수업장학·임상장학에서는 흔히 수업관찰, 교실방문을 하여 객관적인 자료를 수집하고 이를 분석하게 된다. 이 자료를 분석하여 (4) 결과를 해석하고 이 결과로부터 맨 첫 단계에 나왔던 문제에 대한 결론을 도출해 내고 이를 보고하게 된다. 앞 단계에서 수집한 자료에다 어떤 의미를 부여하고 의미를 찾는 단계라고 볼 수 있다. 둘째 단계에서 가설이 아니라 대안들을 검토하는 식으로 풀어간다면 증거(셋째 단계)에 의하여 최선안(best one)을 선택하고 결정하는 단계에 해당된다.

필자가 여기서 과학적 사고의 과정을 들고 나오는 이유는 수업장학도 일반장학과는 달리 과학적 사고의 과정, 과학적 연구의 과정을 거쳐 과학적 접근을 해달라는 부탁을 하기 위해서이다. 이제 우리의 장학도 주먹구구식의 막연한 실천이 아닌 과학적 실천으로 한 수준 높여야 한다. 교수-학습 개선에 초점을 맞추고 과학적 접근을 하는 수업장학의 한 대안이 임상장학(clinical supervision)이다. 임상장학은 교수-학습 개선에 초점을 맞추고 수업현장에서 수업자와 장학자의 1 : 1의 친밀한 관계 속에서 사전 계획협의와 수업관찰, 피드백 협의의 과정을 거치면서 교사의 교육 기술과 전문직 향상을 도모하는 구체적인 하나의 장학 대안이다.

이러한 임상장학의 정의에서 몇 가지를 강조하고자 한다. 첫째, 임상장학은 과거의 일반장학이나 행정적 장학과는 달리 교수-학습 개선에 초점을 맞추고 이에 직접적으로 도전한다. 둘째는 장학을 교육부나, 시·도 교육청, 시·군 교육청, 학교수준에서 끌어내려 교실, 수업현장에서 이루어진다는 점이 특징의 하나이다. 교실과 수업, 교사와 학생으로부터 멀리 떨어진 장학의 효과는 극히 미미하게 된다는 점을 우리는 지금까지 너무나 많이 보아왔다. 셋째 임상장학은 수업자와 장학자의 1 : 1의 친밀한 관계 속에서 이루어진다는 점이 과거의 장학과 다른 점이다. 교사와 욕구와 필요, 또한 교사와 수준이 각각 다르기 때문에 여러 명의 교사를 하나의 장학방법으로 획일적으로 집단장학(group supervision)하는 것은 누구에게도 맞지 않는 무의미한 장학이 된다. 교수-학습에서 개별화 수업이 요구되듯이 장학에서도 어렵더라도 1 : 1의 개별화 장학(individualized supervision)을 지향하는데 임상장학은 이를 시도하고 있다. 넷째, 임상장학은 종래의 장학과는 달리 사전 수업계획과 장학계획을 포함하는 계획협의회에 의하여 수업자와 장학자 사이의 사전 약속과 합의, 공동계획으로부터 출발하여, 이 약속에 의하여 수업관찰을 하고 수업관찰에 의하여 객관적인 자료를 수집·분석하고, 이 자료를 바탕으로 다시 피드백 협의회를 하여 개선방안을 찾는 과학적 연구의 과정과 절차를 밟는다는 점이 특징이다. 다섯째, 임상장학은 교사의 교수기술과 전문직적 향상을 통하여 교수-학습 향상을 꾀하고자 집중 노력한다는 점이 특징이다. 여섯째, 임상장학은 교사의 필요에 의하여 교사를 돕고자 출발한다. 이제 더 이상 장학을 위한 장학, 장학사의 필요에 의한 장학은 효과도 없을 뿐만 아니라 의미도 상실한 지 이미 오래됐다. 일곱째, 임상장학은 교사를 긍정적으로 보고, 교사의 잠재가능성을 믿고, 교사를 수단시하는 게 아니라 목적시한다는 장학관이나 장학철학으로부터 출발되었다.

　　이러한 임상장학도 실시하는 데는 여러 가지 어려움이 있다. 첫째, 교사가 장학의 도움을 받아 스스로 성장하고자 하는 학교문화, 장학상황이 형성되어 있지 않다는 점이 가장 큰 문제이다. 이러한 장학적 문화와 상황의 형성, 수업자와 장학자 간의 신뢰관계의 형성에서부터 기초적인 노력을 기울여야 하는 어려움이 있다. 둘째, 임상장학을 실시하기 위해서는 장학자가 고도의 장학기술과 능력을 갖추어야 하는데 그럴 만한 기회가 별로 없었다는 어려움이 있다. 셋째, 1:1의 관계 속에서 여러 단계와 과정을 거치면서 계속적인 순환과정을 되풀이해야 하므로 시간과 노력을 많이 소요한다는 어려움이 있다. 그러나 이러한 어려움이 있더라도 그만한 가치와 효과가 있다면 이를 시도하여 어려움도 극복해 나가야 할 것이다.

　　임상장학과 비슷한 방법이 마이크로티칭 방법이다. 학습계획(을 세워) → 수업(을 하고) → (이를) 관찰·녹화(하여) → 비평(을 가하고) → (이 비평에 의하여) 재계획(하고) → 재수업(을 하고) → 재비평하는 계속적인 순환적인 과정을 거치면서 교사의 교수기술을 향상시켜 나가는 일종의 축소된(동원하는 수업시간과 학생 수, 수업내용, 교수기술을 축소하여) 연습수업이라고 할 수 있다. 교수─학습의 질 향상을 위해서는 무엇보다도 교사들의 교수기술 향상을 위해서 이러한 집중적인 노력을 하지 않으면 안 된다. 마치 권투선수가 자신의 동작을 계속 되돌려 보고, 시정하고 재녹화하여 다시 고치는 장면을 연상해 보면 좋을 것이다. 이러한 노력 없이 교직을 전문직이라고 하면 누가 이를 인정해 줄 것인가? 특히 교생지도와 수업연구 시에 일상장학과 마이크로티칭을 적용하면 좋을 것으로 본다. 과학적 장학(scientific supervision)도 수업의 단계별로 장학해 나가는 방법으로 교수─학습개선에 직접적으로 도전하는 좀 구체적인 장학방법이다. 과학적 장학 주창자들의 주장은 과학적 연구에 의하여 분명히 지지되었는데 이 과학적 장학은 교사의 행위에 초점을 둔 일종의 임상장학이다. 가장 널리 알려진 과학적 장학의 모형은 Madeline Hunter의 것이다. 헌터는 교수와 학습에 관한 연구를 고찰하고 나서 아홉 개의 구체적 구성요소로 된 교수 모형을 만들었다. 이 교수 모형에 따라 장학해 나가는 것이다. 아홉 개 구성요소는 다음과 같다.

① 진단(diagnosis): 일반목표를 확인하고, 그 목표와 관련된 학생들의 현재의 성취도를 평가하여 진단한다.

② 구체적 목표(specific objectves) 제시: 진단에 근거하여 당일수업의 구체적 목표를 설정한다.

③ 예상(anticipatory set): 주의를 집중시키고, 선행학습상태를 검토하며, 학습에 대한 준비성을 일으킨다.

④ 목표인지(perceived purpose): 학생을 위한 학습목표를 명료화하고, 그 목표의 중요성을 설명하며, 그 목표와 선행학습을 관련지어 준다.

⑤ 학습기회(learning opportunities): 학습자가 학습목표를 달성하는 데 도움이 되는 학습기회를 결정하여 제공해 준다.

⑥ 모형 제시(modeling): 학습되어야 할 목표를 말로써 예를 들고 또 시각적으로 예를 들어 주어 양 측면(언어적, 시간적 예)을 제공해 준다.

⑦ 이해도 확인(check for understanding): 학생들이 성공적으로 수행하는지를 확인하면서 학생들의 학습을 지도한다.

⑧ 교사의 지도활동(guided practice): 학생들이 성공적으로 수행하는지를 확인하면서 학생들의 학습을 지도한다.

⑨ 학생의 개인적 활동(independent practice): 학생들 스스로 새로운 기술을 연습할 수 있는 기회를 제공해 준다.

헌터의 교수 모형, 장학 모형은 다음과 같은 몇 가지 이유 때문에 전문가들의 많은 호응을 받고 있다.

첫째, 이 모형은 교사중심(teacher-centered)이기 때문에 호응을 받고 있다. 근본적으로 이 모형은 지시적 수업(direct instruction)과 비슷한데 대부분의 교사들은 말로는 아동중심의 비지시적 수업을 좋아한다고 하지만 실지로는 교사중심의 교수방법을 많이 채택하고 있기 때문에 이런 모형을 좋아할 수밖에 없다. 또 실지로 비지시적 수업보다 지시적 수업이 더 효과적인 경우도 많다.

둘째, 이 모형은 많은 연구물에 기반을 두고 있기 때문에 설득력이 있다. 과학적 장학은 교육의 효과성에 관한 연구들에 의하여 지지를 받고 있다. 여러 연구에 의하면 교사들이 신봉하는(좋아하는) 교수방법을 사용할 때 학생들의 성취도가 높다는 것이다. 또 아무리 이론적으로 좋다고 하더라도 교사들이 신봉하고 또 자신 있는 교수방법을 쓰지 않으면 효과적이기 어렵다.

셋째, 이 모형은 그 단순성(simplicity) 때문에 호응을 받고 있다. 단지 아홉 단계에 의하여 교수하고 장학하면 된다.

물론 이 모형에도 약점은 있다. 역시 지시적 수업이기 때문에 창의성 신장에 적합지 못하고, 이는 사고력 신장보다는 행동에 초점을 두고 있다는 약점을 갖고 있다. 이 모형 최대의 약점은 하나의 모형으로 모든 것을 처방하려 한다는 점이다. 과학과의 수업연구나 미술과의 창조적 과제 학습에는 맞을 리 없다. 조이스와 웨일이 23개의 수업모형을 제시한 데 비하여 과학적 장학에서는 하나의 모형으로 모든 수업을 처방하려 한 것은 약점이다. 그러나 부분적으로라도 수업개선에 기여할 수 있으리라는 확신에는 의심의 여지가 없다.

또 최근에 강조되어야 할 장학방법이 동료 코치(장학)(peer coaching)이다. 원래 전문직과 전문가들은 상·하 간보다는 동료들 간에 전문성 향상을 위해서 협동적 노력을 하는 것이 특징의 하나이다. 전문 의사들의 협동적 노력을 연상해 보면 교사들 사이에서의 동료적 협동 노력의 필요성과 그 가능성을 충분히 인정할 것이다. 마치 운동 코치하듯이 동료교사들 간에 수업 코치하는 것이다. 이 동료 코치에서 임상장학이나 마이크로티칭을 적용해도 좋지만 수업자와 장학자가 전문적 훈련을 안 받았거나 시간이 부족하다면 한두 단계 생략해도 좋을 것이다. (1) 단지 수업관찰만 해서 그 자료를 수업한 동료교사들에게 주고 그 활용여부는 수업자에게 맡기는 수업자 주도형이 있을 수도 있고, (2) 장학자가 경험과 기술에서 전문가라면 장학자가 주도적으로 지도하고 코치하는 입장이 될 수도 있다. 또 (3) 수업자와 코치가 50 : 50의 비중을 갖고 협동하는 협동적 코치(collaborative coaching) 형태도 생각할 수 있다. 어쨌든 최근의 분위기로 보나 전문직적 특성으로 보나 앞으로 교내에서 이 동료 코치를 활성화시켜 교수-학습 향상에 노력할 필요와 가치가 있다고 본다.

　교수-학습 개선을 위한 수업장학 방법은 이외에도 많이 생각할 수 있겠으나 (1) 임상장학, (2) 마이크로티칭, (3) 과학적 장학, (4) 동료 코치를 소개하는 것으로 그치고 다음 소주제인 현장교육연구로 넘어가고자 한다.

4. 현장교육연구 지도

　이제 교사의 개인연구나 연구학교 지도와 관련지어 교육연구에 관한 기초적인 몇 가지를 소개하고자 한다. 먼저 교육연구를 하는 근본적인 이유가 무엇인가를 재확인할 필요가 있다. 교육실제의 개선을 위한 지식을 발전시키기 위해서이다. 연구를 통하여 실제의 개선을 위한 지식은 〈그림 5-2〉와 같은 단계를 거쳐 발전하게 된다.

　교육실천의 과정에서, 또 이전의 선행연구에서 시사점을 얻거나, 연구방법의 발전으로 인하여 (1) 연구문제가 발견되면, (2) 경험적 연구(empirical research)를 하게 된다. (3) 이와 유사한 반복연구가 계속 나타나고, (4) 여러 연구를 종합하고 검토하여, (5) 교육의 실제를 개선한다고 확신하게 되면 연구결과를 채택하고 평가하여 발전하게 되는 것이다. 그런데 지금까지 수많은 연구가 있었는데도 교육실제의 개선을 가져오지 못하고 교육 지식의 발전을 가져오지 못했다면 문제가 아닐 수 없다. 그것은 결국 연구를 위한 연구를 했기 때문이라고 할 수 있다. 그래서 연구를 하는 목적, 필요성, 동기, 이유, 의욕, 열정은 연구의 출발점에서 가장 중요하다. 연구의 출발에서 현장개선에의 강한 열정을 갖고 출발해도 하다 보면 미지근해질 수 있는데 처음부터 연구를 위한 연구, 상 타기 위한 연구, 점수 따기 위한 연구, 어쩔 수 없이 닥쳐서 하는 연구라면 그 결과는 현장개선과 지식의 발전에 별 도움을 주지 못할 것은 불을 보듯이 뻔하다.

특히 현장연구(action research)는 문제해결이나 새로운 접근이나 혁신, 교육상황 개선을 위한 것이라는 점을 염두에 두어야 할 것이다. 연구는 목적과 기능에 따라 기초연구(basic research), 응용연구(applied research), 평가연구(evaluation research)의 셋으로 나누어지는데 현장연구는 바로 가장 구체적인 평가연구에 속한다. 이 세 연구의 (1) 주제와, (2) 목적, (3) 일반화 정도, (4) 의도된 활동을 요약하면 〈표 5-1〉과 같다.

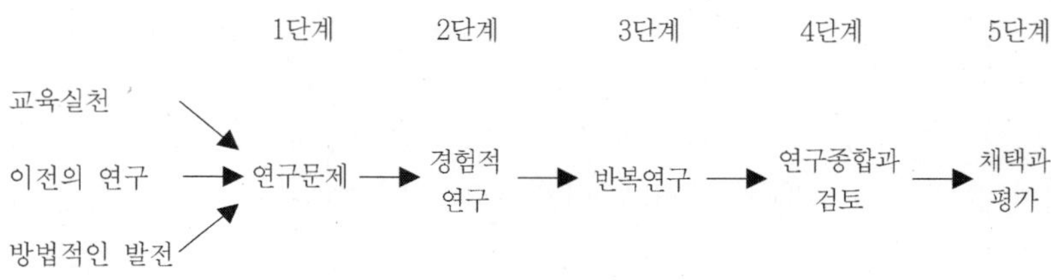

〈그림 5-2〉와 교육실제의 개선을 위한 지식의 발전과정

현장연구는 영어로 'Action Research'라 한다. 당장 Action, 행동으로 옮기는 연구라고 할 수 있다. Action Research는 아마 '현장연구'로 번역하기보다는 '실천연구'나 '행동(조치)연구'(behavioral research와는 다른 행동)라고 하는 것이 의미전달에 더 좋았을지도 모른다.

〈표 5-1〉에서 응용연구의 분야 예시로 교육연구가 들어 있는데 교육연구를 다 현장연구로 착각해서는 안 된다. 교육연구에서도 석·박사 학위논문 등 학술연구는 현장연구가 아님을 구별해야 한다. 응용연구는 관계설정과 일반화를 목표로 하기 때문에 많은 사례 수가 필요하고 변인통제와 표집기술이 필요한 데 비하여 현장연구는 특정상황에서 특정문제에 초점을 맞추고 변인에 대한 엄격한 통제를 하지 않는다는 점에서 응용연구와 현장연구는 구별된다.

현장교육연구를 지도할 때는 주제결정 시에 그 주제의 현장성, 실천성을 먼저 고려할 것을 권고하고 싶다. 특히 교수-학습에의 개선에 얼마나 기여할 수 있는가에 초점을 맞춰 볼 필요가 있다. 또 그 주제의 절실성과 연구의 욕 등을 알아볼 것을 조언한다.

<표 5-1> 연구의 형태별 기능

	기초연구 (basic research)	응용연구 (applied esearch)	평가연구 (evaluation research)
연구 주제	물리, 행동, 사회과학	응용분야: 의학, 공학, 교육	주어진 현장의 실천
목적	1. 이론과 과학적 법칙, 기초원리의 검증 2. 현상과 분석적 일반화의 경험적 관계성 결정	1. 해당 분야 내 과학이론의 유용성 검증 2. 해당 분야 내 관계성과 분석적 일반화 결정	1. 구체적 실천의 강점 평가 2. 구체적 실천의 가치 평가
논의와 일반화 가능성 의 수준	추상, 관련, 과학	일반적, 해당분야 관련	1. 구체적, 특수실천에 특수한 2. 해당상황에 구체적 실제에 적용
의도된 활동	1. 기초법칙 원리의 과학적 지식에 보탬 2. 더 이상의 탐구와 방법 진전	1. 해당분야에 연구 근거지식에 보탬 2. 해당분야에 연구와 방법론 진전	1. 구체적 실제에 관한 연구근거지식에 보탬 2. 구체적 실제의 연구와 방법 향상 3. 해당기관의 의사결정에 도움

다음으로는 교육연구의 특성에 비추어 볼 필요가 있다. 교육연구는 과학성에서 중시되는 (1) 객관성(objectivity)이 있어야 한다. 다음으로는 (2) 타당도, 신뢰도, 연구 설계, 무선표집, 통계적 의의도에 있어서 정확성(precision)을 생명으로 한다. 아무리 좋은 아이디어가 있더라도 (3) 검증 가능성이 없으면 소용없다. 검증해낼 방법이 없으면 연구가 성립되기 어렵다. 교육연구는 (4) 절제된 설명을 필요로 한다. 또 (5) 경험주의, 즉 증거주의를

생명으로 한다. 증거에 의하여 증명이 될 수 있어야 한다. (6) 연역적이든 귀납적이든 논리적 추론이 잘 이루어져야 한다. 마지막으로 (7) 교육연구에서는 확률적 사고를 하게 된다. 그래서 95%의 확신, 99%, 99.9%의 확률을 갖고 연구결과를 확신한다는 표현을 쓴다. 이런 교육연구의 특성에 의하여 연구를 지도하거나 평가하는 데 활용할 수 있다.

일반적으로 연구해 나가는 과정은 앞에서도 잠깐 언급된 것처럼 (1) 일반적인 문제(problems)를 선정하고, (2) 그 문제에 관한 문헌을 검토·고찰하고, 이를 바탕으로 하여 (3) 구체적인 문제와 질문(questions), 가설을 선정하고, 이 가설을 검증할 수 있는 (4) 자료를 수집하여 (5) 수집된 자료를 분석, 제시하여, 이에 근거하여 (6) 결과를 해석하고, 결론을 진술하고, 문제에 관한 일반화를 한다. 이러한 과정을 잘 거쳤는지, 또 이러한 과정을 거쳤더라도 이를 보고서로 잘 나타냈는지 알아보고 또 그렇게 되도록 지도해야 할 것이다.

연구계획서를 심사할 때는 (1) 문제가 지엽적인 사소한 것인지, (2) 연구의 이유, 실제적 이유가 타당한지, (3) 계획서의 목적이 너무나 일반적이지 않은지, (4) 방법론이 상세하게 나타났는지 알아보면 좋을 것이다.

연구를 지도하거나 평가할 때 핵심적인 질문은 첫째, 연구의 논리성이다. 논리적인 글이 논문이다. 연구의 생명은 논리에 있다. 앞과 뒤, 이쪽과 저쪽이 논리적인 고리로 연결되어야 한다. 둘째, 연구주제와 문제가 새롭고, 필요하며, 적절한 것인지 알아봐야 할 것이다. 셋째, 충분한 관련문헌과 선행연구를 고찰했는지 확인해 봐야 한다. 현장논문에서 많은 문헌을 읽었다는 것을 나타내기 위해서 흔히 관련도 없는 문헌과 선행연구를 많이 인용하는 경우가 있는데 꼭 필요한 문헌고찰과 이론적 배경을 제시하는 일이 중요하다. 또 어떤 연구자는 이 문헌고찰이나 이론적 배경이 연구 자체인 것으로 착각하는 경우도 있다. 이는 연구를 위한 사전활동, 또는 배경이란 점을 알아야 한다. 넷째, 연구질문과 가설이 잘 제시되어야 한다. 다섯째, 적절한 연구방법이 나타나야 한다. (1) 표집과 (2) 도구, (3) 자료수집 절차, (4) 분석방법이 알맞아야 한다. 여섯째, 결과와 결론의 도출이 잘 연결되었는지,

과도한 일반화는 아닌지 살펴봐야 한다. 마지막으로 일곱째, 연구보고서가 체제와 표현형태가 형식에 맞는지 검토해야 한다.

　이러한 핵심질문을 좀 더 구체적으로 평가하는 질문을 해보고자 한다. 계량적 연구냐 질적인 연구냐에 따라 평가관점이 달라질 것이다.

1) 계량적 연구의 평가질문

(1) 연구문제

- 얼마나 명료하고, 간결하게 진술되었나?
- 충분히 연구할 만한 가치가 있나? 실제·실천적 가치가 있나?
- 둘 이상의 변인 간의 관계성을 나타내는 진술인가(기술연구는 제외)?
- 논리적 이유와 근거(rationale)가 있나? 전에 연구되었었나? 더 연구할 가치가 있나? 지식을 더 추가시킬 수 있나?
- 결과로부터 더 가설이 제기될 수 있는 문제인가? 그래서 현존 지식에 더 추가할 가능성이 있나?

(2) 문헌고찰

- 문헌을 어느 정도나 적절하게 조사했는가?
- 문헌고찰은 적절한 자료를 제시하고 있나, 아니면 단지 자리나 빈 칸을 메우기 위한 것인가?
- 1차적 자료를 사용했나, 아니면 2차적 자료를 사용했나? 2차적 자료에 지나치게 의존하지는 않았나?
- 선행연구와 연구결과를 비판적으로 평가했는가, 아니면 있을 수 있는 결점이나 대안적 설명을 하지 않은 채 알려진 것만 단지 요약하

는 데 그쳤나?
- 문헌고찰은 연구문제에 대한 연구의 필요성을 지원해 주고 있는가?
- 문헌고찰은 문제의 이론적 틀을 설정해주고 있는가?

(3) 가설 또는 연구질문

- 가설이나 연구질문의 관점에서 볼 때 어떤 기본가정이 전제되어 있나? 전제되어 있다면 이들 전제가 표현되어 있나, 아니면 암시되어 있나?
- 가설은 이론과 또 알려진 사실과 일치되는가? 검증 가능한가? 문제에 대한 암시된 해답을 제공해 주고 있는가?
- 모든 용어는 조작적인 형태로 잘 정의되어 있는가?

(4) 방법론

- 다른 연구자가 반복연구를 할 수 있을 정도로 충분하게 명료성을 갖고 기술된 자료를 수집하기 위한 연구절차와 설계, 연구도구를 사용하고 있는가?
- 전집에 대하여 충분히 기술되어 있는가? 연구자는 전집을 사용하였는가, 아니면 거기서 추출된 표집을 사용하였는가? 만일 표집이 사용된다면 표집된 전집을 대표하는가? 표집방식은 매우 중요하다.
- 도구의 타당도와 신뢰도에 대한 증거가 제시되었나?
- 사전검사가 있었나? 탐색연구가 있었나? 있었다면 왜 하였나? 그 결과는 어떠했나? 사전검사나 탐색연구의 결과에 의하여 연구문제나 질문 또는 절차가 변경되었나? 만일 변경되었다면 이 변경과 수정이 정당하고 바람직한 것이었나?
- 연구의 전반적 설계에서 현저한 약점은 없나?

(5) 결 과

- 자료분석에 통계적 기법이 필요한가? 필요하다면 가장 알맞고 의미 있는 통계적 기법을 사용하였나?
- 결과는 적절하게 제시되었나?

(6) 논의 · 시사 · 결론

- 결론과 일반화는 연구결과와 일치하는가? 연구결과가 암시(시사)하는 것은 무엇인가? 연구자가 연구결과를 지나치게 일반화시키지는 않는가?
- 연구자가 연구의 한계에 대하여 논의하는가?
- 연구결과에 영향을 주는 외적 요인이 있는가? 이를 요인을 연구자가 고려했는가?
- 연구결론은 이론이나 알려진 사실과 일치하게 제시되었나?
- 연구결론(원가설과 우연한 좋은 발견의 두 가지에 적절한)을 적절하게 제시하고 논의하였나?

2) 질적(정성) 연구의 평가질문

(1) 서 론

- 연구의 초점, 목적 또는 주제가 명료하게 진술되었나?
- 연구의 초점에 이르는 상황이나 문제가 있나? 연구의 이론적 근거가 있나? 연구가 중요하다는 것이 명백한가?
- 배경연구와 이론이 연구질문을 다듬는 데 도움이 되나?

● 서론이 설계의 개관을 모두 포함하고 있나?

● 문헌고찰은 연구초점에 적절한가? 문헌은 잘 기술되고 분석되었나?

(2) 방법론

● 특정 장소의 독특성이나 전형성을 확인할 수 있도록 기술되었나?

● 기존의 분야에 대한 최초의 진입은 어떠했나?

● 현장에서의 연구자의 출현이 다른 사람들에게 어떻게 설명되나? 연구자의 역할은 무엇인가?

● 누구를 관찰하고, 얼마나 오래 관찰하였나? 자료수집에 얼마나 시간을 보냈나?

● 연구자가 적절한 자료에 접근하는 데 어떤 제한점을 보고하고 있는가?

● 자료가 자연적으로 일어나는 행위를 나타내는가?

● 연구 설계의 제한점이 인정되었는가?

(3) 결과와 해석

● 다른 참여자의 관점이 명백히 제시되었는가? 참여자의 말이나 논평이 인용되었는가?

● 참여자의 진술에 대한 상황적 정보가 제시되었는가?

● 다양한 전망이 제시되었나?

● 결과가 증거로서 제시되었나? 결과에 의하여 표현과 해석이 잘 설명되었나?

● 지적된 자료를 연구자가 믿는 것이 분명한가? 개인적 신념이 자료와 별도로 제시되었는가?

● 해석이 이성적인가? 연구자의 지각과 편견이 인정되었는가?

(4) 결 론

- 결론이 결과와 논리적으로 일치하는가?
- 연구 설계와 초점의 제한점이 지적되었나?
- 결과의 암시가 지적되었나?

현장교육연구를 지도하거나 평가할 때 핵심은 (1) 주제와 내용, (2) 방법, (3) 보고서가 되어야 할 것이다. 주제는 특히 교수—학습의 개선, 즉 교육 실제의 개선을 위한 것인가를 주의 깊게 고려하기를 권고한다.

교수—학습과 관련하여 현장교육연구 또는 혁신의 과제를 예시하고 이 소주제를 마치기로 한다. (1) 교육내용과 관련하여 탐구적 태도의 함양과 문제해결력과 판단력 증진, 창의력 개발을 위한 연구·혁신을 해야 한다. 탐구적 수업모형과 문제해결의 수업모형과 판단력 증진 모형을 적용하여 그 효과를 검증하는 연구를 할 수 있다. 문제해결력과 창의력 증진을 위해서는 브레인스토밍 방법도 가능하다. (2) 교육방법적 측면에서 학생들이 교사와 교과서에 지나치게 의존하지 않고 자율학습과 토의학습, 협동학습, 교육공학에 의한 학습에 주도적으로 배워 나갈 수 있도록 하는 연구와 혁신이 시도되었으면 한다. (3) 교사교육과 연수방법의 측면에서도 일대 혁신이 있어야 하는데 교사의 자발성과 동기유발, 보상체제가 고려되고 특히 성인학습이론에 근거한 교사연수에 관한 연구도 필요하다. (4) 학습의 개별화 방안에 관한 연구도 계속되어야 한다. 과거에 다인수학급, 콩나물 교실이기 때문에 주입식 교사중심수업을 하지 않을 수 없다고 하였는데 오늘날 낙도·벽지에서 학급당 학생 수가 줄어들고, 복식학급까지 하는데도 아직 교사중심의 주입식 수업을 하고 있으니 학생 수가 많아서 주입식 수업을 하지 않을 수 없다는 주장은 일종의 핑계에 지나지 않고 있다. 교수—학습의 질 향상을 위해서 학습의 개별화의 목적과 효과를 달성하기 위한 노력이 계속되어야 한다.

5. 교수 – 학습을 위한 장학의 현장교육연구의 과제

마지막으로 교수–학습 개선을 위한 수업장학과 관련된 현장교육연구의 과제에 대하여 살펴보겠다. 먼저 일반적인 과제에 대하여 다루고 나서 구체적인 연구과제를 예시하도록 하겠다.

1) 장학의 일반적 과제

우리나라의 장학이 수업개선에 직접적으로 기여할 수 있기 위해서는 무엇보다도 먼저 장학의 전문화가 가장 중요한 과제라고 본다. 현재의 장학보다 한 수준 높이 끌어올리기 위해서는 장학을 전문화시켜야 하는데 장학의 전문화를 위해서는 장학사의 양성과 장학사 학교배치(복수교감 대신에 장학사 배치) 방안도 생각할 수 있다. 장학자도 잡무를 없애 수업장학에 전념할 수 있게 해 줘야 한다.

이제 장학에 관한 구체적인 연구과제를 제시해 보기로 한다.

2) 장학 연구의 과제

이제 마지막으로 교수–학습 개선을 위한 구체적인 장학의 연구과제를 예시하기로 한다.

(1) 장학관, 장학목표, 철학, 신념에 관한 연구

장학자와 교사의 장학관이나 장학목표, 장학에 관한 신념·철학을 조사하여 장학자와 교사 간에 차이가 있는지 연구할 필요가 있다. 철학과 장학행위와의 관련성을 연구할 수도 있다. 어떤 철학을 가졌을 때 어떤 장학행위로 나오는지 알아볼 수도 있을 것이다. 장학철학과 장학의 지도성과 관련지어 볼 수도 있다.

(2) 장학형태별 장학효과 분석 연구

장학형태별로 장학을 실지로 실시·실천하고 사전·사후검사를 통하여 어떤 장학 형태가 어느 정도 효과가 있는지 검증하는 연구가 많이 필요하다. 임상장학, 마이크로티칭, 동료장학, 선택적 장학체제, 수업연구, 직원연수 등 장학형태와 방법별로 그 효과성을 검증할 수 있다. 효과성 검증은 교사의 교수행위 변화, 학생의 학습행위 변화, 교사의 태도·반응의 변화 등을 알아보면 될 것이다. 질문지를 통해서도 알아보고, 실지로 장학 실시 전과 실시 후에 수업관찰을 해서 전·후 비교, 통제집단과 실험집단의 비교를 해보면 좋을 것이다. 장학의 효과로 교사의 교수행위의 변화는 1차적이지만 학생의 학습행위는 2차적이면서 궁극적인 것이다. 장학의 결과로 학생의 학습행위에까지 변화가 있었는지 알아보려면 보다 정밀하고 보다 엄격한 변인통제가 요구된다.

(3) 장학협의회 분석

장학협의회(계획협의, 피드백 협의)를 녹화·녹음, 관찰 분석하여 지시적·비지시적 협의의 형태로 비교하는 연구도 가능하다. 장학협의에 대한 교사와 장학자의 반응을 비교분석해도 좋을 것이다.

(4) 수업관찰 분석

많은 수업관찰 도구를 개발하여 그 개발된 도구에 의하여 자료를 수집하여 교사들의 일반적인 경향과 공통점을 찾는 연구도 가능하다. 많은 수업관찰을 통하여 많은 것을 발견할 수 있다. 새로운 수업기술을 적용하고 수업관

찰을 통하여 그 결과를 알아보는 연구를 시도할 수도 있다. 또 앞으로 수업
관찰법과 분석방법에 관한 저서를 개발해야 할 과제를 안고 있다.

(5) 장학평가

현재 우리나라에서 실시되고 있는 장학활동이 얼마만큼 효과 있고 또 얼
마나 비효과적인지 평가할 필요가 있다. 모든 장학활동 뒤에는 반드시 평가
가 따라야 하는데 지금까지 장학 자체에만 열중하고 그 평가에는 등한시되
었다. 장학을 통해서 학교나 교사를 평가하기도 하지만 장학 자체에 관한 평
가, 장학자 자신에 대한 평가도 중요한 분야이다.
　지금까지 다섯 분야에 걸쳐 예시했으나 이 외에도 더 많은 연구 분야와
문제가 있을 수 있고, 이 다섯 분야 안에서도 세분해서 깊이 들어가면 수많
은 연구과제, 연구주제가 나올 수 있다. 교수―학습 자체에 관한 연구와 장
학에 관한 연구를 별개의 것으로 따로 떼어서 다룰 수도 있으나 기왕이면
장학의 관점에서 장학과 관련지어 연구해도 좋을 것이다.

6. 종합 · 정리

지금까지 (1) 국가의 존망과 교육의 승부는 수업에 달려 있다는 이야기를
하고, (2) 이러한 승부가 걸린 교수―학습을 개선시키기 위한 수업장학에
대하여 언급하고 나서, (3) 실지로 교육연구사나 장학사나 현장교육연구 지
도에 필요한 기초적인 몇 가지를 소개하고, (4) 교수―학습개선을 위한 장
학과 관련한 현장교육연구의 주제를 예시하려는 시도를 하였다.
　지금까지 수많은 개인연구와 기관연구가 있었음에도 불구하고 교육실제의

개선에 크게 기여하지 못하고 일반화될 수 없었던 이유가 무엇인가를 밝혀 앞으로의 연구는 이를 반복하지 않도록 하여야 한다. 첫째, 연구를 위한 연구가 아니라 실지로 부닥친 문제점을 해결하려는, 또는 실제를 개선하려는 강한 연구열망으로부터 연구가 출발되어야 할 것이다. 그 다음으로는 둘째, 지금까지의 연구가 정상적인 교육활동과 교육과정 운영, 정상적인 수업활동 속에서 효과가 있는지 알아보려 하지 않고 더 많은 노력, 더 많은 열성과 시간을 투입하고서 효과가 있었다는 식의 연구가 많았기 때문에 정상적인 교육활동으로는 일반화될 수 없었던 점도 많았다. 많이 노력해서 많은 효과가 있었다고 한다면 그 연구는 일반화되기 어렵다. 특별한 문제를 특별한 방법으로 처방하여 특별한 효과가 있었다고 한다면 보통의 교사, 보통의 학교에서 일반화시키고 흉내 내기는 어려울 것이다. 정상적인 교육활동에서 생기는 작은 문제를 정상적인 방법으로 연구해 내는 일이 중요하다.

또 하나는 셋째, 정상적인 수업활동과 교육활동으로도 분명히 효과가 있었다면 이 연구결과를 널리 보급(diffusion)하여 일선 학교에서 채택(adoption)까지 할 수 있도록 노력해야 한다는 점이다. 이제는 연구(research)해서 개발(development)해내는 일로 그쳐서는 안 된다. 연구-개발-보급(전파)-채택까지 책임지는 패키지가 되어야 한다. 특히 교육청이나 연구원·연구소에서는 개인 교사나 단위학교에서 연구한 것을 개발하고, 보급하고, 전파하는 일에까지 더 주의를 기울이고 신경 써주길 기대한다. 이는 새로운 연구를 지도하는 일보다 더 중요한 일일지도 모른다.

다른 사람의 연구를 지도하는 일은 자신이 연구하는 것보다 더 어려운 일이다. 연구를 지도하면서 연구자와 같은 보람을 느껴야 재미가 있다.

논문지도교수를 외국에서는 'Advise(o)r' 조언자라고 한다. 물론 'Supervisor(감독자)', 'Mentor(개인교수)'라고도 한다. 연구의 주인은 어디까지나 연구자이고 지도 교수는 옆에서 연구자가 올바른 길을 가도록 도와주는 사람이다. 연구자의 특성과 수준에 맞게 조언해주는 동반자의 위치에 서야 할 것이다. 연구자와 동반하면서 보람과 희열을 찾아야 할 것이다.

제6장 교육개혁을 위한 장학담당자의 역할*

1. 서 론

먼저 주어진 주제에 대하여 잠깐 언급하기로 한다. 최근 문민정부의 지도자가 신한국 창조를 내걸고 그런 방향으로 총력을 집중하고 있으므로 우리도 교육개혁으로 이를 뒷받침해야겠고, 교육개혁을 위해서는 교육지도자인 장학담당자가 선도적인 역할을 해야겠다는 입장에서 주어진 주제라고 본다. 주제가 '신한국 창조의 교육개혁을 위한 장학담당자의 역할'이지만 사실은 '신한국 창조를 '위한' 교육개혁을 '위한' 장학담당자의 역할'이 되어야 할 것이다. 그런데 '→위한'~'←위한'이란 말이 두 번 들어가게 되기 때문에 그냥 '교육개혁을 위한'이라고 바꾼 것이다. 그러나 주제의 주요 개념, 또는 주요 변인은 '신한국 창조'와, '교육개혁', 그리고 '장학담당자의 역할'이다. 이 주제의 결론은 '장학담당자 역할'을 잘(다)해서 '교육개혁'을 하여 '신한국을 창조'하자로 끝나게 될 것이다. 어떻게 보면 뻔한 결론을 갖고 많은 지면을 할애하게 된다. 여기서 우리가 조심해야 할 점은 교육이 반드시 경제발전이나 국가발전의 수단(시녀)만은 아니라는 점이다. 과거에 정치가 교육을 수단

---

* 1993. 2. 9. 제주도 교육청 교장·전문직 연수, 제주도 교육연구원.

으로 보고 이용하려는 데서 번번이 실패했었다. 교육은 인간교육이라는 교육 본연의 목적과 목표를 갖고 있는 것이지 정치나 경제를 위해서 존재하는 것은 아니라는 점이다. 오히려 정치나 경제가 국민교육, 인간교육을 위해서 존재해야 한다. 교육이 본래의 존재 이유나 목적을 잃고 정치장단에 정신없이 춤을 추다 보면(맹신하다 보면) 교육은 또다시 과거처럼 망신만 당하고 실패한다는 점을 주의해야 한다.

그리고 미리 말해 둘 것은 여기서 쓰는 '교육개혁'이란 것도 '개혁'이라기보다는 오히려 본래 그랬어야 할 교육본연의 '제자리'로 돌아간다는 의미가 강하다. 교육본연의 목표에 충실하고 장학담당자 본래의 역할을 제대로 하면 그것이 바로 교육개혁이고, 그렇게 되면 신한국 창조도 당연히 이루어진다고 보는 것이다. 신한국 창조를 위한 교육개혁을 한다고 이상야릇한 수선을 피우기보다는 착실히 우리 교육본연의 할 일을 하자는 것이 이 원고의 또 하나의 다른 결론이 될 것이다.

그러면 (1) 신한국 창조, (2) 신한국 창조를 위한 교육개혁, (3) 교육개혁을 위한 장학담당자의 역할을 살펴보는 순서로 내용을 전개해 나가기로 하겠다.

2. 문민정부 신한국 창조의 역사적 사명

우리나라를 고요한 아침의 나라라고 했고 또 동방의 예의지국이라고도 했다. 가난하기는 했지만 인정이 넘치고 윤리도덕 예의가 통하고 삼강오륜의 질서 속에서 평화를 사랑하며 살아왔다. 이웃을 믿고 거짓 없이 순수하게 살아왔다. 우리 인간사회에 최소한 믿음과 신뢰가 통했다.

이렇게 아름다운 우리 사회에서 믿음이 깨지기 시작했다. 8·15와 6·25,

4·19, 5·16, 10월유신, 10·26과, 12·12, 5·18, 6·29 어쩌고저쩌고 하는 사이에 사람과 사람 사이, 국민과 정부 사이에 도대체 신뢰가 형성되지를 못하고 오히려 불신만이 팽배하게 되었다. 나중엔 국가의 정점에 선 사람까지 '믿어 주세요.'라고 호소하고 소리쳐도 아무도 귀 기울이려 하지 않게까지 되었다. 한두 번도 아니고 수십 번 농락당한 처녀가 남자의 말을 믿으려 하지 않는 것과 같다. 해방만 되면 우리 민족끼리 재미있게 잘 살아볼 줄 알았는데 해방의 혼란이 채 갈피도 잡기 전에 국민들의 눈(무대)에 비친 것은 세력 다툼과 정치싸움뿐이었다. 정치싸움하자고 민족운동, 해방운동을 했던 것은 아니었을 것인데 6·25의 생과 사의 갈림길을 간신히 빠져나온 국민들을 인간(국회의원)을 쪼개어 사사오입(四捨五入)시키고 총과 칼로 지배하고, 임시방편적 정권유지에 바쁜 나머지 책임이 따르지 못한 지도자들의 언행으로 인간사회 구석구석에서 믿음을 깨뜨려 놓았다. 개발을 해서 양복 입고 넥타이 매고 갈비를 먹게는 되었지만 그것도 불신과 두려움 속에서 먹게 만들어졌다. 사람들이 말을 하면 말한 그대로 믿으려 하지 않고 숨긴 뜻을 찾으려 하고 그 의도를 의심하게 만들어 놓았다.

마치 국민을 위해서 태어난 사람처럼 떠들어 대던 국가의 지도자들이 국민들을 챙길 생각은 안 하고 겨우 자기 한 사람과 집안 식구와 친척이나 챙기고, 용돈과 땅이나 챙기고 있었으니 국민들은 얼마나 실망하였겠는가? 국가의 어른들이 겨우 자기만 챙기고 있는 모습이 번번이 TV화면과 신문지상에 현실로 나타나니 어린애들까지 자기만 알게 되지 않을 수 없었을 것이다. 천륜도 인륜도 모두 깨져버린 속에서 '나 홀로' 살다 가려는 불쌍한 세상으로 변해 버렸다.

그래도 우리 민족이 신의 미움을 덜 받고 살았던지 다행히도 이제야 나만 챙기지 않겠다는 국가의 지도자를 만나게 되었고 이 지도자가 '신한국 창조'를 들고 나와서 무엇인가 보여주려고 하는데 그동안 너무나 많이 속아 살아온 국민들은 아직도 반신반의 속에 한 가닥 기대를 걸고 있는 상태인 것 같다.

신한국에서는 무엇보다도 먼저 신뢰를 회복하여 믿음이 통하게 되어야 한다. 지금 당장 여기서도 '글 쓰는 저 사람도 글로는 저렇게 떠들어 대도 저는 별수 있을라고, 그저 그렇고 그런 교수겠지' 하면 이 글의 나머지는 모두 읽으나 마나일 것이다. 학교에서도 마찬가지이다. 선생님을 못 믿는 아이가 그 선생님으로부터 무엇을 배울 수 있겠는가? 믿음이 없으면 교육도 끝장이다. 윗사람들이 먼저 믿음을 보여줘야 한다. 대통령이 먼저, 어른이 먼저, 아버지가 먼저, 선생님이 먼저 믿을 수 있게 해줘야 한다. '증(證)'은 믿을 수 있을 때 '證'이 된다. 의사면허증, 교사자격증, 교장·교감 자격증, 장학사·장학관 교육전문직을 믿을 수 있도록 증명으로 보여줘야 한다. 믿음이 서야 '존경'도 '사랑'도 따라붙고 '지도력'도 생긴다. 공자가 '군대', '식량'보다도 '믿음'을 마지막 보루로 삼은 것은 정말 깊은 통찰에서 나온 것이라고 본다. 믿음이 있을 때 희망도 있고 희망이 있어야 삶에 의미가 있다. 서양에서 '정직이 최선의 방책'이라고 한 것도 믿음을 주기 위한 것이고 그래서 신용사회가 제일 살기 좋은 사회이다. "You area liar"라는 말이 가장 나쁜 욕이 되는 사회가 살기 좋은 사회이다. 그래서 신한국 창조의 국정지표로 정부에서는 '깨끗한 정부'를 내놓은 것 같다. 양치기 소년에게 너무나 많이 속은 마을 사람들을 어떻게 믿게 만들 것인가에 대하여 교육지도자는 연구해 내야겠다. 신한국에서는 우리가 서로 믿고 살 수 있어야 한다. 근면·성실하고 정직한 양심적인 사람을 더 이상 실망시키지 말아야 한다.

다음으로 신한국은 '더불어 사는 사회'가 되어야 한다. 현 대통령의 저서 ≪신한국≫에서도 신한국을 '더불어 사는 사회'라고 정의해 놓고 있다. 지도층이 자신만을 챙기고 있는 사이에 지금 우리 사회에는 모두 '나'만 알게 되었다. 나만 잘 살고, 잘 쓰고, 잘 입고, 잘 먹고, 잘 놀면 그만이라는 생각이 구석구석에 스며들어 있다. 옛날에는 돈이 있어도 이웃집, 옆 사람을 생각해서 함부로 쓸 수가 없었다. 먹을 것이 있어도 조금 나누어주기 전에는 혼자 먹을 수가 없었다. 놀러 가려도 농촌에서 일하는 사람들을 생각해서 스스로 자제했었다. 이것이 더불어 사는 사람들의 기본자세였다. '가진 자', 지도층의 절제가 더불어 사는 사회의 밑거름이 된다. '가지지 못한 자'는 절제하려야 절제할 것이 없고 베풀래야 베풀 것이 없기 때문이다.

이렇게 더불어 사는 한국 사회의 아름다움이 어느 사이에 '나만 아는 사회', '나 홀로 사회'로 변해 버렸다. 산업화와 함께 서구의 개인주의를 잘못 배워온 것 같다. 서구사회가 고도의 개인주의인 것같이 보이지만 그 속에서도 더불어 사는 지혜는 개인주의보다 훨씬 더 강하다. 공공질서와 시민의식, 공익, 공중도덕은 우리보다 훨씬 더 높은 차원인데 서구에서 이런 것을 배워 올 생각은 못하고 표면에 비친 못된 굴절되고 왜곡된 개인주의만 잘못 배워 온 것 같다.

이런 현상은 가지면 안 될 자가 부와 권력을 갖고, 오르면 안 될 자가 높은 지위에 올랐기 때문에 가속되었을 것이다. 갑자기 부자가 된 졸부가 돈 쓰는 법을, 부자 노릇하는 법을 누구에게 배울 겨를이 있었겠는가? 차를 가질 만한 자만 차를 가졌어도 교통사고는 훨씬 줄어들 것이다. 갑자기 혁명의 덕으로 권력의 자리에 오른 자들이 권력 쓰는 법을 배울 틈이 있었겠는가? 권력을 가졌다고 마구잡이로 흔들어 질서를 파괴한 것이다. 어린아이에게 칼자루를 쥐어준 것을 상상해 보면 좋을 것이다. 세상에 어른 노릇, 지도자 노릇하기처럼 어려운 일이 또 어디 있겠는가? 어른들이 어른 노릇을 못해 가지고 아이들을 어떻게 가르치고, 국민을 어떻게 지도해 나갈 수 있겠는가? 혁명과 개발로 질서가 파괴되면서 한국의 미풍인 더불어 사는 사회가 가속적으로 파괴되었다. 너무나 쉽게 부와 권력, 지위를 얻게 되면서 귀중한 것을 귀중하게 쓸 줄을 모르게 만들었다. 외국 기자들이 우리나라 대통령에게 "당신은 어떻게 그렇게 쉽게 총 몇 방 쏘고 대통령이 되었느냐"고 질문해도 답변하기 곤란했을 것이다.

또 산업화, 도시화, 유동인구화로 익명성과 무명성을 낳게 되면서 염치와 분수, 절제를 모르게 만들었다. 뿌리 없이 떠돌아다니면서 아무렇게 살아도 좋다는 생각을 하게 되었다. 눈치 볼 필요도 없이 아무렇게나 살아도 누구 하나 간섭하는 사람이 없게 되었다. 길거리에서 음식을 먹으면서 걸어 다녀도, 어린애가 술을 마시고 담배를 피워 물고 다녀도 뭐라 할 사람 하나 없게 되었다.

사람과 사람만 더불어 사는 게 아니라 우리는 자연과도 더불어 살아야 한다. 인간이 좀 잘났다고 해서, 고등동물이라고 해서, 만물의 영장이라고 교만해져서 아무렇게나 개발하고 공업화·산업화한 결과 어떻게 되었는가? 자연을 파괴시켜 놓고는 인간은 더 이상 '나 홀로' 살 수 없게 되었다. 이런 면에서는 우리나라 여러 관광지가 가장 큰 피해자 중의 하나일 것이다. 필요한 부분만 최소한으로 개발하면서 살면 장수를 누리며 행복하게 살 수 있었을 것이다. 인간도 겸손하게 대자연계의 한 작은 소시민이라는 생각을 가져야 한다. 인간도 풀 한 포기, 나무 한 그루, 개미 한 마리, 새 한 마리, 하늘의 별들과도 함께 어울려 더불어 살아가는 자연계, 우주계의 한 작은 시민에 불과하다는 생각을 가지고 겸손하게 살아가야 한다.

필자는 여기서 더불어 사는 사회를 복원해야 할 필요성에 대하여 구차하게 설명하고 싶지는 않다. 인간은 도저히 혼자서 살아갈 수 없다는 것을 우리는 모두 너무나 잘 알고 있기 때문이다. 사람(人)은 혼자서는 더 이상 사람일 수 없다. 혼자일 수 없는 사람은 어쩔 수 없이 '끈'으로 사이(間)를 연결시켜 주기 때문에 비로소 '人'이 되고 '人間'이 된다. 어쩔 수 없이 인간(人間)은 '인간관계(人間關係)'를 맺으면서 살아가지 않을 수 없다. 인간관계가 모든 것의 근원이기 때문에 윤리라는 것을 통해서 관계를 맺으며 살아가게 했던 것이다. 과거에는 삼강오륜이라는 윤리의 끈으로 연결시켰던 것인데 현대에 와서 이 끈을 대체, 교체할 만한 끈이 마땅치 않은 데 문제가 있다. 과거의 새끼줄이 마땅치 않으면 플라스틱 끈이나 철사 줄로 바꿔야 하는데 그 끈이 무엇인지 확실치 못한 데 더불어 사는 사회에 혼란이 계속되고 있다. 우리가 과거에 지금보다 더 잘 더불어 살았었다면 결국 더불어 사는 신한국 창조는 구한국의 복원이라고 해도 좋을 것이다. 신한국 창조의 국정지표에서는 주로 '건강한 사회'라는 부분과 관련이 많다.

신한국 창조는 새로운 시작을 의미한다. 우리는 많은 희생을 치르면서 겨우 가난을 벗고 갈비도 먹고 양복도 입게 되었다. 이것을 위해서 죄 없이 죽은 사람도 많고 감옥에 갇혔던 사람도 많을 것이다. 우리는 그동안 인권과 민주주의도 유보해 두었었다. 억울하게 재산적 손해를 본 사람도 있을 것이고 희생을 감수당한 사람도 있었을 것이다. 앞에서 언급한 것처럼 사회에 밑음이 깨지고 더불어 사는 윤리의 파괴와 자연의 파괴로 한쪽에서는 살기 나쁜 사회로 달음질 쳐가고 있다.

우리가 여기서 멈추거나 가라앉고 만다면 너무나 억울한 노릇이다. 국민 1인당 소득 2~4만 달러로 복지국을 건설한 나라들을 따라붙어야 하는데 우리가 겨우 6~7천 달러에서 향락이나 즐기다가 망하고 만다면 그동안 희생을 감수하면서 이룩한 경제 개발이 너무나 아깝고 억울한 노릇이다. 나쁜 짓을 한 일본과 독일은 경제적 부를 이루고 통일도 하여 잘 살고 있는데 죄 없는 우리만 허리가 잘린 채 여기서 주저앉을 수는 없다. 대개의 나라가 세계 올림픽을 치르고는 한 단계 도약하게 마련인데 우리는 어쩐 연유인지 88 올림픽으로부터 기울기 시작했다. 세계가 부러워하는 올림픽을 멋지게 해내고도 우리는 자부심과 긍지를 잃고 사회는 난장판으로 변하기 시작했다. 민주화의 진통 때문이었는지 아니면 지도력의 부족 때문이었는지 모른다.

우리는 경제적 재도약을 시작해야겠다. 과거의 것으로는 경제를 다시 일으킬 수 없다. 새로운 경제, 소위 신경제를 해야 한다. 또 신경제 없이 신한국도 생각하기 어렵다. 신경제는 질적 도약을 바탕으로 해야 한다.

지금까지는 우리가 싼 임금에 빌려온 기술 또는 찌꺼기 기술을 가지고 대량생산하여 국내시장의 보호를 받아 낮은 이윤 또는 적자수출을 하면서 경제를 꾸려 왔다. 그런데 이제 임금도 오를 대로 오르고 찌꺼기 기술을 가지고는 냉혹한 국제시장에 물건을 하나도 내다 팔 수도 없게 되었다. 그동안 세계시장의 입맛과 취향도 바뀐 것이다. 싼 물건의 많은 양을 원하는 것이 아니라 적은 양의 질 높은 물건을 원하고 있다. 세계시장뿐만 아니라 국내시장에서조차도 고도의 질을 원하게 되었다. 가격이 문제가 되지 않는다. 싼 게 비지떡이라는 것을 믿게 되었다. 옛날에는 배만 채우면 됐지만 이제는 맛과 멋, 분위기와 서비스를 찾고 있다. 고가의 질을 추구하고 있다.

이러한 세계시장의 입맛에 맞추려면 더 많은 투자를 하여 과학과 기술, 집중적 노력에 의하여 최고를 만들어 내야만 한다. 이제는 경쟁에서 최고만이 살아남을 수 있게 되었다. 최고를 만들어 내려면 경영자도 노동자도 새로운 시작을 해야 한다. 경영자는 향락과 투기로 빠져나가던 돈을 과학과 기술개발로 모여들게 해야 하고, 노동자도 한 번 더 허리띠를 졸라매고 인내와 절제를 하지 않으면 안 된다. 이익과 자기 몫 챙기기로는 모두가 패자가 되고 만다는 것을 지난 7, 8년의 경험을 통해서 모두가 잘 알았을 것이다. 모두가 승자가 되는 길을 모색하지 않으면 안 된다. 남들과 똑같이 먹고, 똑같이 자고, 똑같이 놀아 가지고는 지구상에 살아남기 어렵다.

신경제의 건설을 위해서는 먼저 우리 모두의 의식을 과감히 바꾸고 영(0)에서 시작한다는 각오를 해야 한다. 신경제 없이 신한국의 창조는 어렵기 때문에 정부는 국정지표의 하나로 '튼튼한 경제'를 내세웠을 것이다(그러나 이 정권 말에 IMF로 끝났다.).

신경제를 위해서는 의식의 전환, 과학과 기술의 개발이 필수조건이기 때문에 '신교육'이 따라붙어야 한다. 그래서 정부와 기업에서는 신(新)자 돌림의 신교육을 위한 교육개혁을 바라고 있는데 이것이 느리다고 한다. 그런데 교육은 그 속성상 느릴 수밖에 없는 것인데 교육의 속성을 모르는 성급한 사람들이 기다려 줄 줄을 모른다. 우리가 전 단계에서 얼마간 돈을 벌었을 때 빨리 그 돈을 교실에 몰아줬어야 지금쯤 그 효과를 보는 것인데 실기(失機)를 했던 것이다. 교육의 뒷받침으로 GNP 4, 5천 달러가 되었을 때 향락과 투기, 민주화 소모전으로 새 나갔던 돈이 교실로 돌려졌어야 했다. 그러나 지금도 늦었다고는 보지 않는다. 힘은 들겠지만 다시 시작하면 된다. 교육에서도 경제와 마찬가지로 양적으로는 성공했지만 질적으로는 실패했다. 껍데기는 대충해왔지만 알맹이가 빠져 있다. 하는 체만 했지 진짜로 하지는 않았다. 떠들어대기는 했지만 정성을 들이지 못하고 공을 들이지 못했다. 이런 것들이 교육개혁으로 나타나야 한다. '헌 교육' 가지고 신경제, 신한국을 창조하기는 어렵다는 그 절박성을 이제야 느끼는 것 같다. 정치가도, 경제인, 기업인도, 과학자와 기술자, 노동자도 모두 교육이 길러낸다는 사실을 분명히 알아야 한다. 교육은 모든 것의 출발점이요 동시에 종점이다. 잘되어도 교육 때문에 잘되고 망해도 교육 때문에 망할 것이다.

신한국의 꽃은 결국 문화·예술·복지에서 피어나야 한다. 문화·예술·복지의 꽃을 피우지 못하면 자가용을 몰고 다니며 갈비를 뜯고 사우나를 하게 돼도 우리는 여전히 후진국에서 벗어나지 못한다. 민생고 해결과 공업화를 위해서 계속 미뤄 두고 희생을 강요 받아온 부분이 바로 이 문화·예술·복지의 부분이다. 돈 많이 벌게 된 다음에 그때 가서 문화와 예술, 복지를 생각하면 교육에서 또 실기(失機)했던 것처럼 또다시 문화·예술에서도 실기(失機)하게 된다. 그때 가서는 더 많은 투자와 더 많은 노력을 해도 그 효과는 줄어들 수밖에 없다. 교육도 문화·예술의 바탕을 다져 줘야 한다. 러시아나 동구, 중국이 살기는 우리보다 어렵게 살지 모르지만 문화·예술·과학·교육의 뿌리는 우리보다 더 튼튼하다는 것을 알아야 한다. 무엇이 잘사는 것인지 한번 세밀하게 따져 봐야 한다.

신한국은 서로 믿고 더불어 살아가는 사회인데 튼튼한 경제와 교육의 바탕 위에 문화·예술의 꽃을 피우는 복지사회라고 할 수 있다. 여기서 교육은 모든 것의 밑바탕을 이루면서 동시에 정점의 위치에 서게 된다. 삶 자체가 교육이고 교육 자체가 삶이다. 국민에게 양질의 교육 서비스를 제공해 주는 나라만이 지구상에 살아남게 된다. 양질의 교육 서비스를 제공하기 위한 교육개혁을 모색하지 않을 수 없다. 이대로는 더 이상 안 되겠다. 우리는 신한국을 창조하지 않으면 안 될 숙명적 시점에 서 있다. 우리 민족에게 언제 다시 이런 좋은 기회가 주어질지 모른다. 신한국 창조를 우리 민족에게 주어진 역사적 사명이라는 관점에서 즐거운 마음으로, 스스로 기꺼이 받아들이고 이에 참여해야 한다.

3. 문민정부 신한국 창조의 교육개혁

(1) 교육개혁의 압력에 대하여 언급하고, (2) 교육개혁이란 무엇이며,

(3) 어떤 과정과 절차를 밟아서 교육개혁을 해야 하는가에 대해서 같이 생각해 본 다음, (4) 외국의 교육개혁 동향을 알아보고 나서, 그러면 과연 우리가 (5) 무엇을 교육개혁 하여야 할 것인가에 관하여 논의해 보기로 한다.

1) 교육개혁에의 압력

우리는 국내적으로 교육개혁의 압력을 받고 있다. 국제적으로 우리는 살아남기 경쟁을 하고 있다. 철의 장막이라고 하던 철통같던 소련이 붕괴되었다. 거구의 공룡이 지구상에서 사라지듯이, 또 거목이 쓰러지듯이 초강대국 소련은 지구 상에서 사라졌다. 새로이 변화하는 상황에 적응·대응하지 못하는 체제는 무너지고 흔적도 없이 순식간에 사라지고 만다. 소련은 초강대국이라고 하여 맞지 않는 공산주의·사회주의 체제를 가지고 미국과 인공위성 전쟁, 별들의 전쟁, 핵경쟁, 미사일 경쟁하다가 미국에게 완패당하고 만 것이다. 밖에서 지고 나니까 이제 러시아 내부에서 자기들끼리 치고받고 하는 현상이 벌어지고 있다.

체코, 유고 등 동구의 여러 나라들도 억지로 공산주의 사슬로 얽어매 지탱하고 있었는데 공산주의 틀이 녹슬고 삭아지자 민족별로 갈라져서 자기들끼리 치고받고 피비린내 나는 전쟁을 하고 있다. 지구상에 나라 이름, 국기가 사라지는 것도 순간이다.

잠자던 사자 중국이 죽의 장막을 거두고 변신하여 새로운 기지개를 켜고 있다. 마치 졸부들 모양으로 까불고 여행 다니는 한국인들을 아니꼽게 흘겨보고 있을 것이다. 필자에게 괜히 기분 좋은 일이 하나 있는데 그것은 철천지원수 PLO와 이스라엘이 악수하는 모습을 보는 일이었다.

세상은 언제 서로 총질하고 언제 서로 악수하게 될지 모르는 상황에 있다. 군사전쟁, 수출·무역 경제전쟁을 하다가 이제 총소리 안 나는 교육전쟁을 하고 있다. 제1라운드는 총을 가지고 군사전쟁을 했지만 이제 국제사회도 총만 가지고는 더 이상 안 되게 되어 있다. 국제사회도 주먹이 앞서는 것은 사실이지만 러시아도 미국도 세계의 경찰이기를 포기했다. 인구 몇 십만밖에 안 되는 나라들도 UN에서 호락호락 남의 말 잘 안 듣게 되었다. 미국의 클린턴 대통령도 소말리아에 들어간 것을 후회하고 있을 것이다.

설사 군사전쟁을 하려 해도 돈이 있어야 한다. 새로운 무기를 개발하고 남이 개발해 놓은 것을 사오더라도 엄청난 돈이 들게 된다. 군사전쟁을 하더라도 경제가 뒷받침 안 되면 소련처럼 주저앉거나 침몰하고 만다. 또 남들이 싸움질하는 동안 돈 벌어 즐기고 재미 보는 나라들이 생겨나고 있다. 그래서 전쟁의 제2라운드는 경제전쟁이다. 각박한 수출·무역전쟁, GNP의 대결이다. 우리가 여기서 제2라운드에서 좀 재미를 본 것은 사실이다. 북한은 제1라운드에서 우리보다 우위에 있었는지 모른다. 먹지도 입지도 못하고 모든 것을 미뤄둔 채 군사전쟁준비에 집중했는데 무기는 계속 낡아지고 경제는 뒷받침 안 되고 분통 터질 것이다. 앞에서 말한 것처럼 우리는 싼 노동, 찌꺼기 기술, 남의 나라 공해산업 얻어다가 좀 재미 보고 나서는 제 흥에 겨워 주저앉은 격이다. 남의 나라 기업들이 장돌뱅이처럼 장을 보고는 모두 보따리 싸서 싼 임금 찾아 남의 나라에 가서 공장 차리고 있는 실정이다.

경제전쟁을 하려고 해도 머리가 있어야 한다. 새로운 상품을 개발하고 질의 단수, 질의 강도를 높이지 않으면 팔리지 않게 된다. 고급두뇌가 있어야 경제전쟁, 군사전쟁에서 살아남을 수 있게 된다. 그래서 제3라운드가 교육전쟁이 된 것이다. 질 높은 교육을 하는 나라만이 각박한 국제경쟁에서 살아남게 된다. 큰 나라들 틈바구니에서 인구 몇 백만의 이스라엘이 유리한 고지를 선점하고 큰소리치며 협상하는 것은 교육의 덕이다. 일본과 독일이 패전국에서 경제대국·선진국으로 세계를 리드해 나가는 것도 그 나라 교육의 결과이다. 피히테의 ≪독일의 국민에게 고함≫에 귀 기울인 덕이다. 국민에게 양질의 교육 서비스를 제공하는 나라만이 최후의 승자가 될 것이 틀림없다.

나라 망하는 것도, 기업 망하는 것도, 집안 망하는 것도 순식간에 우습게 이루어진다. 여기서 이미 지적한 이러한 국제적 압력은 우리 민족이 더 이상 헌 교육·낡은 교육, 질 낮은 형식적인 교육으로는 살아남을 수 없다는 절체절명의 명령으로 작용하고 있다. '교육 이대로 안 된다.'는 교육개혁과 혁신의 명령으로 다가온 것이다.

우리는 지구 상에 살아남아야 할 뿐만 아니라 민족통일이라는 숙명적 과업을 완수하지 않으면 안 된다. 무엇으로 이것을 할 것인가? 제1라운드 군사전쟁과 제2라운드 경제전쟁으로는 더 이상 안 된다. 제3라운드 교육을 통해서 통일도 이룩하지 않으면 안 된다. 군사와 경제가 뒷받침이 된다 하더라도 궁극적으로는 교육이 마무리를 해 줘야 한다. 우리의 의지로 남북으로 갈라진 것도 아니고 무의지로 갈라졌다면 오기로라도 기어이 민족통일을 하지 않고는 원통해서 못산다. 살아남고 통일을 하기 위해서 교육개혁을 해야 한다.

국내적으로도 앞에서 지적한 것처럼 신한국 창조의 역사적 사명 때문에 교육개혁을 하지 않으면 안 된다. 한국 교육이 양의 측면, 평등화·균등화의 측면에서는 어느 정도 성공한 것이다. 그 많은 문맹을 짧은 시간 안에 퇴치하고, 전국민 개학과, 결과론적인 중학교교육 의무교육화를 가져오고, 세계에서 가장 많은 축에 끼는 고등교육 기회를 국민들에게 제공하고 있다. 거칠기는 하지만 그래도 많은 양의 교육받은 인구를 가지고 지난 30년간 경제건설과 국가발전에 기여해 왔다. 이제는 더 이상 싸구려 대량교육을 가지고는 신한국을 창조할 수 없다는 판단이 섰을 것이다.

'국력은 총구로부터 나오는 게 아니라 과학·기술로부터 나오고' 과학기술은 교육개혁과 혁신 없이는 불가능하다. 믿고(信用), 더불어(共同體), 풍요 속에서(新經濟), 아름답게(文化·藝術) 살기 위해서는 자기 변신과 혁신이 요구되는데 이는 교육개혁과 혁신의 몫이다. 질 높은 삶 자체를 위해서도 교육혁신이 요구된다. 질적인 삶은 시(時)·공(空)을 밀도 높게 압축해서, 농축해서 사는 것이다. 그것은 질 높은 교육을 통해서만 가능하다.

이러한 국내외적 상황의 압력은 교육개혁의 압력으로 작용하고 있다. 그래서 세계 여러 나라들은 10여 년 전부터 교육개혁에 국력을 집중하고 있다.

미국 교육의 위기로부터 교육개혁의 파장은 일본의 임시교육심의회(臨敎審), 영국의 교육개혁법으로 퍼져 나가고 우리도 그 파장으로 교육개혁심의회, 교육정책자문위원회의, 최근의 교육개혁위원회 발족으로 흉내 내고 있는 것이다. 이런 정도의 흉내·형식·체하는 것으로는 또다시 실패하게 되고, 실패는 실망만을 안겨주게 된다. 교육개혁은 작고 근본적인 것에 강도를 높여야 할 것이다.

2) 교육개혁의 개념

교육개혁과 교육혁신은 유사개념이다. 그러나 교육개혁은 교육혁신보다 더 근본적이고 광범한 변화를 의미한다. 영어의 형태, form 자체를 바꾸는 것이 개혁(reform)이다. 이에 비하여 교육혁신은 비교적 덜 광범한(less sweeping) 변화를 의미하는데 부분적(discrete)이고 대개 특별한 측면에만 영향을 주는 변화에 해당된다. 예를 들면 새로운 교육과정과 수업전략, 새로운 공학, 융통적인 스케줄이나 팀 티칭과 같은 조직상의 특별한 변화가 혁신(innovation)에 해당된다. 그러나 여기서는 혁신과 개혁을 거의 동의어로 사용하고자 한다.

(1) 교육개선을 위하여, (2) 의도적으로, (3) 새로운 변화가 시도될 때, 그리고 그 변화가 교육체제에, (4) 비교적 광범위하고, (5) 비교적 영속적인 변화를 가져올 때[2] 우리는 교육혁신이라고 한다. 이러한 교육혁신의 정의 속에는 교육혁신의 다섯 가지 기준이 들어 있다. 이 다섯 기준에 의하여 교육혁신에 해당되는지 안 되는지 비추어 보게 된다.

첫째, 교육혁신은 교육개선을 가져와야 한다. 새롭게 바꾼다고 하더라도 교육의 개선과 향상을 가져오지 못하면 교육혁신이라고 할 수 없다. 교육의

---

2) 金榮鎬, "韓國敎育革新의 方向", 金榮鎬 外, **敎育革新 普及에 관한 理論的 基礎**, 한국교육개발원, 1993, p.9.

목적·내용·방법·제도에서 개선을 가져와야만 교육혁신이라고 할 수 있다. 수백 년, 수천 년 해온 우리의 교육에서 개선과 향상을 가져온다는 일도 그리 쉬운 일은 아닐 것이다.

둘째, 교육혁신은 의도적인 변화를 의미한다. 교육자체가 의도적이고 계획적인 활동이듯이 교육혁신도 계획적이고 의도적인 활동에 의한 변화를 의미하고, 우연히, 부수적으로 저절로 일어나는 변화까지 혁신이나 개혁의 범주에 넣을 수 없다.

셋째, 교육혁신은 새로운 시도를 의미한다. 새롭지 않은 것을 혁신의 범주에 포함시킬 수는 없다. 지금까지 없었던, 또는 시도되지 않았던, 지금까지 해오던 것과는 다른 새로운 것을 시도한다는 의미가 혁신이라는 말 속에 포함된다. 다른 나라에서는 이미 실시되거나 시도되었더라도 우리나라에서 새로운 것이라면 혁신의 범주에 들어간다고 보아야 할 것이다.

넷째, 교육혁신은 개혁보다는 좁지만 비교적 광범위한 변화를 말한다. 변화의 범위나 깊이로 보아 교육 체제의 전체에 의미 있는 변화를 가져올 때 교육혁신의 범주에 들어간다.

다섯째, 교육혁신은 비교적 영속적인 변화를 말한다. 일시적으로 큰 변화를 가져오는 듯하다가 언제 그런 일이 있었느냐는 듯이 사라지는 일시적인 변화를 혁신이라고 할 수 없다. 우리나라에 지금까지 유행의 파도처럼 밀려왔다 밀려 나간 것들을 다 혁신이라고 할 수는 없다. 그래서 비교적 영속적이려면 혁신이나 개혁운동은 몇 십 년씩 지속적으로 추진되어야 한다는 의미를 함축하고 있다. 우리나라 교육개혁심의회처럼 한 3년 집회나 갖고 보고서나 쓰고 떠들어대다 마는 식으로는 교육혁신이나 개혁을 가져올 수는 없다. 1990년의 미국 켄터키교육개혁법(Kentucky Education Reform Act of 1990)이나 1988년의 영국교육개혁법(Great Britain's Education Reform Act of 1988) 등은 최근의 교육개혁 사례에 들어간다. 1983년 ≪미국 교육의 위기(A Nation at Risk)≫란 보고서 이후의 미국의 교육개혁운동 이래 일본의 임시교육심의회(臨敎審) 등을 비롯하여 많은 나라들이 경쟁적으로 살아남기 위한 교육개혁운동에 열을 올리고 있다.

최근에 미국, 영국, 북구의 여러 나라들에서 교육(학교)재구조화(education restructuring, school restructuring) 운동이 활발하게 전개되고 있는데 이것도 교육개혁처럼 광범한 구조 자체의 변화를 말한 것으로 특정의 것에 초점을 맞춘 개조라고 할 수 있다. 예를 들면 미국에서 최근에 일어나고 있는 학교 현장경영제(School-Based Management, School-Site Management, 학교자율책임경영제), 수업과 의사결정에의 교사의 역할 증대(teacher empowerment, Shared Decision Making, Participatory Decision Making), 재구조화된 프로그램과 시간계획과 협동적 근무 문화(culture)와 교수-학습의 새로운 설계, 개인교수와 코치, 이외에 교사에의 다른 지도력 부여와 같은 새로운 역할 등은 모두 교육재구조화에 속하는 것으로 본다. 최근에 미국에서 교육개혁의 제2의 물결로 학교재구조화, 학교개혁이 강력하게 대두되고 있다. 교육혁신·교육개혁·교육재구조화는 구태여 구별하려면 하겠지만 서로 바꾸어 쓰거나 혼용해서 쓰기도 한다.

3) 교육혁신의 과정

교육혁신이나 개혁도 적절한 과정과 단계를 밟아 계획적으로 준비하고 추진해야 용이해진다. 개혁과 혁신에는 강하든지 약하든지 반드시 저항(resistance)이 따르기 때문에 웬만큼 철저해서는 성공하기 어렵다. 개혁과 혁신의 과정은 정책결정모형(政策決定模型), 연구개발모형(研究開發模型), 일선전파모형(一線傳播模型), 채택결정모형(採擇決定模型)에 따라 각각 강조점이 달라진다. 그리고 각 단계는 대체로 연구할 때 거치는 과정, 즉 과학적 사고, 반성적 사고의 과정을 거치게 된다.

(1) 교육혁신 전파의 정책결정 모형

이 모형은 교육혁신과 개혁에서 정책결정을 가장 중요한 핵심으로 보고 정책결정체제를 투입-과정-산출의 과정으로 분석한 것이다. 이 모형은 〈그림 6-1〉과 같이 요약된다.

사회적·문화적·정치적·경제적 조건과 상황의 변화로 환경으로부터 (1) 교육혁신에의 요구가 발생한다. 국내외적 압력으로 교육개혁을 하지 않을 수 없다고 앞에서 설명한 것은 바로 이 요구의 투입 과정에 대하여 말한 것이다. 이러한 상황적 요구에 여러 이익집단과 전문가집단의 압력이 더해지기도 한다. 이러한 요구와 압력이 (2) 교육개혁을 위한 공적 요구의 전달로 정책결정체제에 들어오게 된다. 이러한 요구와 압력이 있어도 폐쇄적인 체제나 둔감한 정책결정체제라면 정책결정 의제로 받아들이지 못하게 될지도 모른다. 이렇게 환경적 요구에 대응하지 못하는 조직은 마침내 망하게 될지도 모른다. 그러나 개방적이고 융통적인 체제라면 이러한 외부의 요구에 대응할 수 있는 여러 정책대안들을 개발하여 그 하나하나의 (3) 정책대안들을 검토하게 될 것이다. 이때 정책결정자의 특성이 작용하게 된다. 이 단계에서 정책결정자는 사적 이익의 수준을 넘어서 충분한 시간을 갖고 각 정책대안을 검토할 수 있어야 한다. 국가적으로 불리한 것일수록 사적으로는 더 이익이 되기 쉽게 되어 있다. 여러 정책대안을 비교·검토하여 최선안, 최고의 가치를 선택하게 된다. 이것이 (4) 정책결정이다. 정책결정에 많은 사람이 참여하여 집단지(智)를 모아 집단결정을 해야 현명한 결정을 하게 된다는 것이다. 이런 것들이 참여적 결정(Participatory Decision Making), 공동결정(Shared Decision Making) 모형들이다. 특히 이 결정으로 이익을 보거나 손해를 보는, 정책의 영향을 받는 집단과 이 정책에 대하여 잘 알아 전문적 지식으로 기여할 수 있는 전문가집단들이 꼭 참여하도록 배려해야 한다. 교사들을 정책결정이나 의사결정에 많이 참여시켜야 하는 이유가 여기에 있다. (5) 이 결정과 정책은 그 대상체제에 전달되어야 한다. 그래서 마침내

(6) 변화대상 체제가 이 결정이나 정책을 채택하고 실천해야 개혁이나 혁신이 이루어지게 된다. 이때 그 대상 체제의 특성이 어떠냐에 따라 채택과 실천에 차이가 생길 수 있다. 혁신을 채택·실천하고 나면(또는 하는 과정에서) (7) 실천에 대한 평가를 해야 하고 그 평가결과는 다시 곧바로 (8) 교육혁신에의 요구로 피드백되어 재투입됨으로써 발전하게 된다. 이런 일련의 과정을 거치는 모형이 정책결정 모형이다.

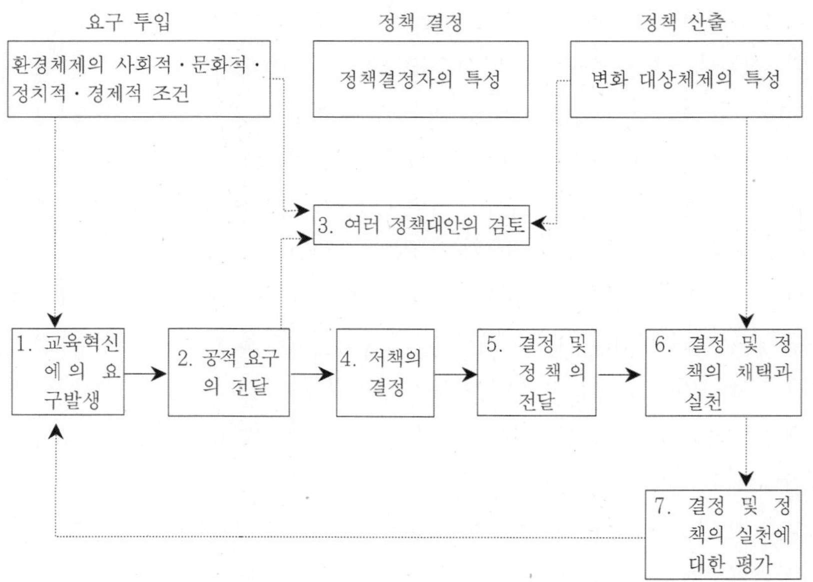

〈그림 6-1〉 교육혁신 전파의 정책결정 모형

자료: 이상주, 교육혁신 전파의 과정: 세 가지 모형
　　　김영호 외, 교육혁신 보급에 관한 이론적 기초, (한국교육개발원, 1973), p.34.

(2) 연구개발 모형

새로운 지식을 연구하고 실용화로 개발하여 일선에 보급하고 채택하여 활용하게 함으로써 혁신과 개혁을 하자는 것이 연구개발 모형이다. 정책결정으로 혁신을 할 것이 있고 새로운 것을 연구개발하여 혁신을 할 것이 있다는 것을 아마 짐작할 수 있을 것이다. 그런데 과거에 연구소는 연구·개발에 그치고 이를 보급하고 채택하게 하는 것은 다른 사람(기관)들의 몫으로 돌렸었는데 그렇게 되니까 연구개발에 그치고 혁신이 보급되지 않고 정착되지 않는다는 것을 알게 되어 연구기관이 아예 직접 보급과 채택까지 고려하게 되었다. 그래서 과거에는 연구개발, R & D(Research and Development)라고 했었는데 이제는 연구-개발-보급(diffusion)-채택(adoption)까지 책임지려는 R. D. D & A의 모형으로 발전하게 되었다. 아무리 열심히 연구개발해 놔도 일선 현장에 알려지고 전파·보급되지 않고, 또 알려지고 보급·전파되었더라도 마지막으로 현장에서 채택되지 않으면 연구·개발의 의미를 잃게 된다. 연구개발 모형은 〈그림 6-2〉와 같이 9단계를 고려해야 한다.

바로 시·도 교육청이나 교육연구원은 일선연구기관이기 때문에 연구·개발·보급·채택까지 계획하겠지만 한국교육개발원(KEDI)만 해도 보급과 채택에는 덜 신경을 쓸지 모른다. 연구개발에 지쳐서 보급과 채택에 소홀한 경우가 많다. 지금까지 있었던 수많은 현장연구와 논문, 연구학교·실험학교 운영이 연구를 위한 연구로 끝난 경우가 많아 혁신과 개혁으로까지 연결되지 못한 것이 대부분이다.

연구개발 모형에서 연구단계(R)는 문제점 또는 필요를 인지하여 (1) 새로운 지식을 발견하고 발명하는 일을 한다. 대개 이론적인 기초연구의 바탕이 되어야 한다. 현장 연구를 할 때에는 이 부분이 대개 이론적 배경을 이루게 될 것이다.

개발단계(D)는 이런 이론적 기초연구의 바탕 위에서 (2) 실제 부닥치는 문제를 해결하기 위하여 고민하기 시작하고, 그래서 (3) 새로운 발명을 개발로 바꾸고 이를 검증하여, 틀림없다고 판단될 때 (4) 생산물로 생산하고 소비자가 금방 가져다 쓸 수 있도록 포장하는 일을 하게 된다.

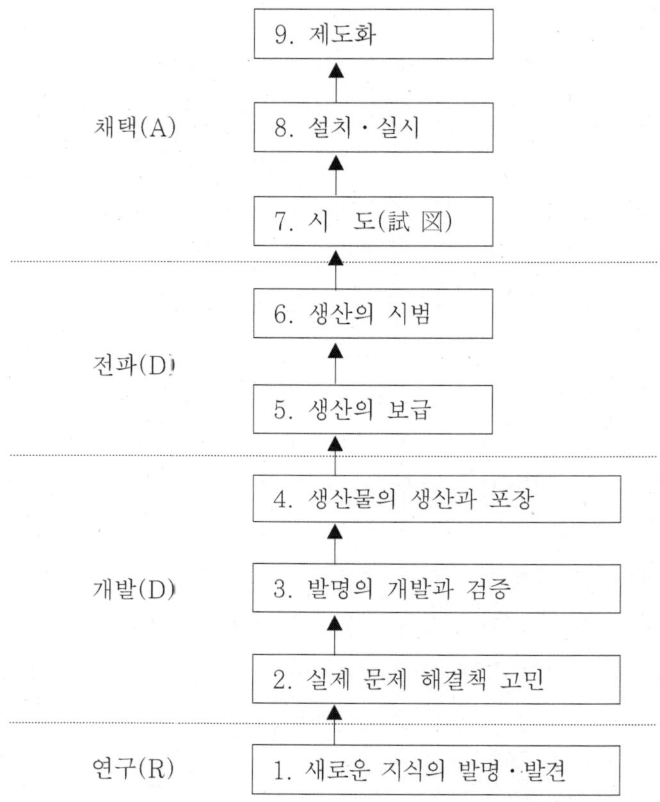

〈그림 6-2〉와 변화의 R, D, D & A 모형

자료: Robetert G. Owens, Organizational Behavior in Education.
3rd ed.(Englewood Cliffs, N. J: Prentice-Hall Inc., 1987), p.211.

이렇게 개발되면 (5) 생산물을 일선에 보급하고, 새로 개발된 것이 좋다
는 것을 (6) 시범을 보여 설득을 하는 전파단계(D)를 거쳐야 한다.

전파에 의하여 새로운 것이 좋다는 것을 알게 되면 한번 조심스럽게 소규
모로 (7) 시도해 보게 되고, 어느 정도 확신을 얻었을 때 이를 (8) 설치하
거나 실시하고, 이를 반복할 수 있도록 굳히는 (9) 제도화의 채택(A) 과정
을 마침으로써 연구개발에 의한 혁신이 이루어지는 것이다.

　　우리나라에 외국의 수많은 교육이론이 소개는 되었지만 뿌리를 내리지 못하고 파도처럼 밀려왔다 밀려간 현상은 외국의 이론이 우리나라 기후·풍토에 맞지 않은 탓도 있지만 전파와 채택의 전략에 소홀했던 탓도 많을 것으로 본다. 우리 한국인의 약점 중의 하나가 끝마무리, 굳히기, 철저함에 부족하고 소홀하다는 점을 교육개혁과 혁신의 과정에서도 심각하게 고려해야 할 것이다.

(3) 일선전파 모형

　　이 모형은 일선교육자들이 일상과업을 수행하는 과정에서 곤란을 인지하고 새로운 것을 창안하고 시범을 보임으로써 타 교사나 타 학교로 전파시키는 과정에 초점을 맞춘 것이다. 이는 〈그림 6-3〉과 같이 곤란→창안→시범→전파로 요약된다.

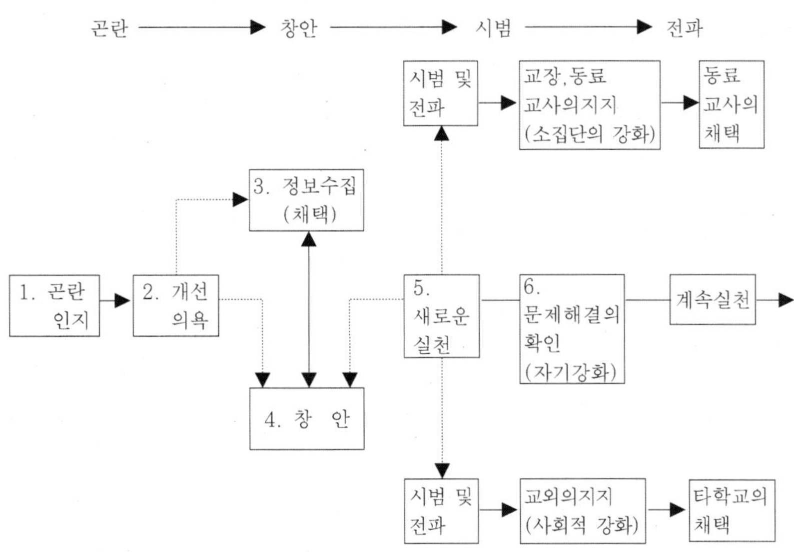

〈그림 6-3〉 교육혁신의 일선전파 모형
자료: 이상주, 전게문, p.52.

(1) 먼저 곤란 또는 문제점을 인지하는 일로부터 혁신의 과정은 출발한다. 곤란하다, 불편하다, 문제가 있다는 것 자체를 모르면 혁신은 일어날 수가 없다. 곤란이나 문제점을 인지했더라도 이를 바꾸겠다는 (2) 개선의지가 없으면 변화와 발전은 불가능하다. 교육계가 체념과 타성의 굴레에서 벗어나지 못해서 정체되는 경우가 많다. 옛날에 우수한 사람들이 사범학교에 많이 들어왔었는데 그들도 안정된 일선 학교에서 아이들과 시달리다 보니 특별한 개선의지, 발전의지가 없으면 개개의 우수한 점이 녹슬고 정체되는 경우가 많았다. 그러므로 그들의 개선의욕이 곧바로 행동으로 옮겨져 (3) 새로운 정보를 수집하고 연구하여 (4) 창안을 하게 되는데, (5) 이를 현장에서 실천하고, 시범을 보여, 이를 시도함으로써 (6) 문제해결을 확인하게 되면 더욱 자기 강화가 되고, 계속 실천하게 되는 것이다. 말할 것도 없이 빠른 시간 안에 '즐거운 마음으로 기꺼이' 새로운 것을 실천하게 하려면 치밀한 계획과 전략이 있어야 한다.

교육에서 개혁과 혁신의 전파를 어렵게 하는 점은 많다. 대체로 교육자의 속성이 보수적이라는 것이다. 옛날에는 농촌과 농부가 제일 보수적이었는데 아마 지금은 교육계, 교육자가 제일 보수적일지 모른다. 원래 학교, 교육의 기능이 지식·문화·유산을 지키고 보존하고 전달하며, 가치와 규범(Norm)을 유지하는 것이기 때문에 보수적일 수밖에 없다. 교사가 규범과 모범을 보여줘서 가르쳐야 하기 때문에 교사양성학교를 사범학교(Normal school)라고 했다. 건물구조와 교직의 일의 속성도 혁신전파를 어렵게 하고 있다. 교실 문을 닫고 나면 누가 무슨 짓을 하는지 모르게 된다. 또 일의 처음부터 끝까지 전과정을 외롭게 교사 혼자서 하게 되었다(팀 티칭 같은 특별한 경우를 제외하고는). 그래서 교직을 고독한 직업이라고 한다. 더구나 교사가 새로운 것을 시도한다고 하다가 어린 학생들 앞에서 실수하면 안 된다는 두려움 때문에 과거에 써 먹은 안전한 방법만을 고집하게 되는 것이다. 그래서 교사는 가르침을 받은 대로 가르치게 된다. 교사들이 보수적이면 보수적일수록 교육지도자, 변화촉진자는 치밀한 전파전략, 혁신전략을 세워야 개혁이 가능해진다는 점을 미루어 짐작할 수 있는 것이다.

(4) 혁신채택 결정 모형

혁신에 대한 채택여부의 결정 과정을 모형으로 제시한 것으로 〈그림 6-4〉
와 같다.

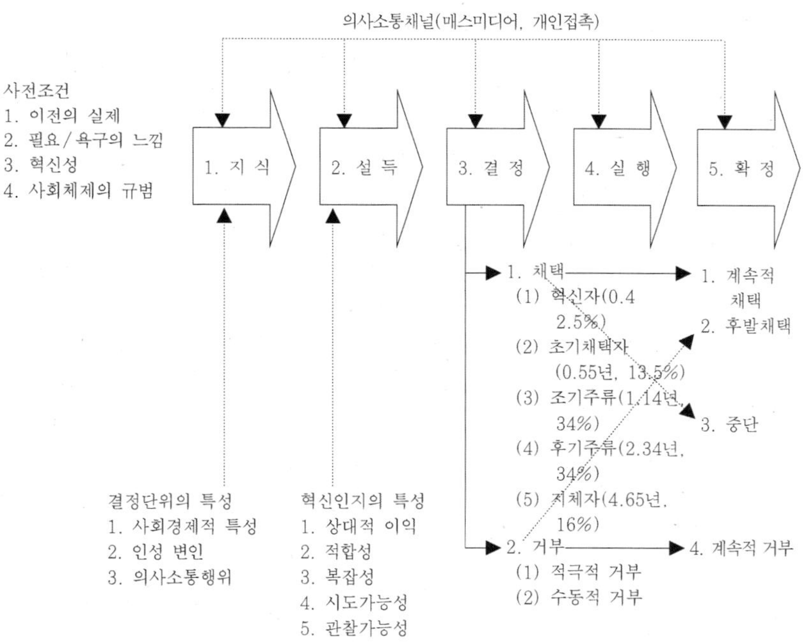

〈그림 6-4〉 혁신 – 결정과정의 단계 모형

자료: Everett M. Rogers, Diffusion of Innovations 3rd ed.(N. Y:
The Free Press, 1983), p.165.

이 모형에서 첫째, 지식은 새로운 것에 대해서, 혁신에 대해서 알고 이해
하게 되는 단계이다. 한 개인이나 다른 의사결정단위(예, 학교)와 혁신의 존
재가 혁신의 기능이 어떻게 일어나고 있는지 알게 되는 것을 말한다. 알게
되는 사전(선행)조건으로 과거·이전의 경험과 실제, 필요와 욕구의 느낌 정

도, 그 사람(조직)의 혁신성, 그 사회 체제의 규범이 있는데 이에 따라 혁신에 대하여 알게 되는 것도 달라지게 된다. 또 사회경제적 위치와 특성, 인성변인, 의사소통 행위의 형태와 정도에 따라 혁신에 대하여 알게 되는 지식의 속도와 정도 등이 달라지게 될 것이다. 신문, 방송매체, 학술지, 교육잡지, 서적을 얼마나 어떻게 접하느냐, 사람을 얼마나 접촉하느냐에 따라 혁신에 대한 지식은 달라질 것이다.

둘째, 설득은 한 개인이나 다른 의사결정단위가 혁신에 대하여 호의적 태도 또는 비호의적 태도를 형성하는 단계를 말한다. 혁신의 상대적 이익을 비교해 보고, 혁신이 얼마나 적합하냐, 얼마나 복잡하냐, 금방 시도해 볼 수 있느냐, 직접 눈으로 보고 관찰할 수 있느냐 등에 따라 설득이 빨리 철저하게 되느냐 안 되느냐가 달라지게 될 것이다. 이익이 없거나, 적합하지 않거나, 복잡하고, 금방 시도해 보기 어렵거나, 관찰해 보기 어렵다면 혁신에 설득당하기 어렵다. 그래서 외판원 중에서도 보여주기 어렵고, 시도해 보기 어려운 보험 외판원이 가장 어렵다는 것이다. 증명으로 보여주기 어렵기 때문이다.

셋째, 결정은 혁신을 채택하거나 거부하는 단계를 말한다. 채택하는 사람도 조기에(0.4년 이내) 채택하는 혁신자(채택자의 약 2.5%가 이 부류에 속함)에서부터 지체자(4.65년, 16%)에 이르기까지 다섯 부류로 나누어진다. 거부자도 적극적 거부자와 소극적·수동적 거부자로 나누어 볼 수 있다.

넷째, 실행은 혁신을 채택하고 나서 활용하고 실천하는 단계이다.

다섯째, 확정은 이미 결정된 혁신채택을 강화하여 계속 채택하거나 늦게라도 후발채택을 하게 되기도 하지만 때로는 갈등을 일으키는 메시지에 노출되면 이전의 결정(채택)을 뒤집어 중단하거나, 아니면 거부 결정자가 계속 거부하는 단계를 말한다.

이러한 일련의 과정에 의사소통 채널이 중요한데 이 채널을 통해서 각 단계에 피드백된다. 이러한 네 모형 중에서 어떤 모형의 과정을 거쳐 교육개혁과 혁신을 가져오게 하는 전략을 짤 것인지 사전에 충분히 연구해야 한다.

4) 외국의 최근 교육개혁 동향

외국에서의 교육개혁운동에 대하여는 주로 미국, 영국을 중심으로 두드러진 최근 동향만을 제시하기로 한다.

미국에서는 1960년대를 개혁채택기(Adoption of Reforms)라고 하는데 스푸트니크 충격으로 인하여 교육과정의 개혁과 교육공학적 혁신, 조직변화 등과 관련하여 국가(연방정부)가 교육에 대하여 관심은 보이고 관여하게 되는 계기가 되었다. 미국에서는 교육은 주정부의 책임이지 연방(중앙)정부의 책임이 아니기 때문에 이전까지는 국가가 교육에 거의 관심을 보이지도 않다가 스푸트니크 충격으로 교육개혁에 중앙의 국방성 돈이 투입되기까지 하였다.

1970년대에는 개혁에서 실천문제(Implementation Problem)가 심각하게 되고 실패한 실행에 초점이 맞춰졌다. 그래서 이때에는 개혁과 혁신이라고 하면 부정적인 나쁜 이름을 갖게 되었다.

1980년대는 복합적 혁신(Multiple Innovation)의 시기로 70년대 주정부의 재정지원 비중 40%에서 80년대의 50.7%로 주정부의 역할과 비중이 증대되고, 지방정부의 몫은 42.5%, 연방정부의 지원은 6.8%로 복합적 역할분담을 하게 되었다. 특히 1983년 ≪미국(교육)의 위기(A Nation at Risk)≫라는 보고서의 발표 이후 '수월성 추구(Pursuit of Excellence)' 운동이 전 미국을 강타하고 그 파장은 세계로 번져 나갔다. 온 미국 국민들의 눈총을 교육으로 집중시키는 계기가 되었다. 더 많이 공부시키고 더 철저한 규율과 질서가 요구되고, 교육행정에서 지도력이 강조되고, 더 많은 재정투자 문제가 제기되었다. 어떤 주지사는 자기 근무시간의 80%를 교육개혁 사업에 바칠 정도로 주정부가 주도권을 갖고 교육개혁에 열을 올렸었다. 그런데 교육개혁운동 십여 년이 지난 오늘날의 평가는 실패라는 결론이다. 그 이유는 중앙집권적 전략 때문이라는 것이다. 미국에서 외교와 국방을 빼놓고는 주가 곧 중앙인데 교육개혁에 중앙인 주만 바빴지 학교의 교장·교사·학부모·학생이 바쁘지 않고 변하지 않았다는 것이다. 이들은 교육은 더 이상 원격조정(remote control)으로는 성공할 수 없다는 값비싼 교훈을 얻었다. 그래서 미국 교육개혁 제2의 물결을 학교로부터의 개혁이라고 외치고 있다.

많은 주와 지방(우리나라의 시·도)에서 재구조화 전략으로 학교에 권한을 부여하는 개혁을 하기 시작하였다. 지방교육위원회가 하던 결정을 학교운영위원회(school council)에서 하게 하고 거기서 책임을 지게 하는 학교자율책임경영제(School-Site Management, School-Based Manage-ment: SBM, School-Based Restructuring)가 2개 주에서 13개 주로 번져 가고 있다. 학부모 대표, 교사 대표, 지역사회 대표, 교장, 경우에 따라서는 고등학교의 학생 대표로 구성되는 학교운영위원회에서 교사도 뽑고 재정도 책임을 지게 하는 제도이다. 교육청(교육위원회)은 학생 수 비례로 도급으로 재정을 배분해 주고 모든 것을 자율경영하게 하고 책임을 지게 하는 것이다. 교사들 전문가집단은 가르치는 일을 책임지고 학교운영위원회는 정책결정하는 일을 책임지게 된다.

교사에게 권한을 부여하는 'Teacher Empowerment'와 공동의사결정(Shared Decision Making: SDM)도 밑으로 권한이 확대·위임되는 분권화 현상이다. 집권으로부터 분권으로의 거대조류가 교육에서는 일어나고 있다. 예를 들면 1989년 시카고개혁법(Chicago Reform Act of 1989)에서도 중앙교육위원회(Central Board of Education)로부터 학교운영위원회(Local School Councils: LSCs, 6명의 학부모, 2명의 교사, 2명의 지역사회대표, 교장, 고등학교의 경우 학생 1명으로 구성)로 책임이 넘겨지고 각 학교는 학교개선계획(Schcol Improvement Plans: SIP)을 수립하게 하고 있다. 이러한 운동은 영국, 캐나다, 호주, 스칸디나비아 여러 나라에서도 일어나고 있는 세계적 현상의 하나이다. 분권과 자율·책임의 원리가 적용되고 있다.

또 하나의 두드러진 현상은 학부모·가정의 학교선택권이라고 할 수 있다. 학구에 상관없이 원하는 학교에 학생이 등록하면 그 집에서 냈던 세금이 자동적으로 그 학교로 돌아가도록 하는 것이다. 학교 프로그램이 좋아서 학생이 몰리면 그 학교는 재정이 풍부해져서 더 많은 돈으로 더욱 좋은 교육 서비스를 학생들에게 제공해 주게 된다. 반대로 학생 수가 줄어드는 학교는 더욱더 재정이 악화되고 영세해져서 마침내 학교 문을 닫아걸게 된다. 교육에서도 부익부 빈익빈의 현상이 벌어지게 된다. 교육 독과점으로부터 자유시장원리로 전환되고 있다. 물론 사립학교도 그 학교 학생의 학부모들이 냈던 세금만큼은 재정지원을 받아야 한다는 것이다. 사립학교의 준공립화이고 공립학교의 자유경쟁으로 준사립화의 방향이다. 교육에서 우루과이라운드에 의하여 자유경쟁체제가 되면 우리나라의 학교는 살아남기 힘들게 될 것이다. 그래서 모두에 언급된 것처럼 지구 상에 살아남는다는 일이 그렇게 중요하다는 것을 실감하게 될 것이다. 우리가 지금처럼 근무해도 밥 먹여 줄 직장이 얼마나 있을지 모르겠다.

미국에서 1990년대에 일고 있는 체계적 개혁(Systemic Reform)은 보다 더 종합적인 개혁운동이다. 예를 들면 평가, 교육과정과 수업, 직원발전(연수), 인사선발과 승진, 주 / 교육구 / 학교의 조치를 종합적으로 연결시키려 하고 있다. '미국 학교의 새세대(The New Generation of American Schools)' 모임은 교육과정과 학교와 지역사회, 구조와 의사결정, 교육공학과 평가를 통합하려는 전략을 세우고 있다.

미국은 1960년대 이후 일련의 교육개혁운동을 통하여 다음 여덟 가지의 변화에 대한 교훈을 얻었다고 하는데 교육개혁의 여행을 막 떠나려는 우리들에게 많은 시사점을 준다.

① 무엇이나 강요할 수는 없다.

② 변화는 청사진(계획)이 아니라 여행(실천)이다.

③ 문제점은(적이 아니라) 우리의 친구이다.

④ 비전과 전략적 기획은 나중 일이다(여기에만 매달려 있으면 안 된다는 뜻).

⑤ 개인주의와 집단주의는 둘 다 동등한 힘을 갖는다.

⑥ 집권도 분권도 둘 다(한쪽만으론) 안 먹혀든다.

⑦ 보다 광범한 환경과의 연결은 성공을 위한 비판이 된다.

⑧ 모든 사람이 다 변화대리자(change agent)이다.[3]

미국은 자기들이 세계에서 제일 우수한 교육을 하고 있는 것으로 착각하고 있다가 모든 면에서 밀리고 있는 것을 이제 교육개혁으로 회복하려고 교육개혁에 총력을 기울이고 있는 느낌이다. 미국의 아버지 부시 전 대통령은 89년 9월 50개 주지사와 함께 6개의 도달 목표를 설정하고, 91년 4월 18일 미국의 교육개혁전략으로 '미국 2000년'이라는 비전을 제시하고 이의 달성에 전력투구하고 있다. 오죽 답답하면 교육자도 아닌 대통령과 주지사들까지 모여 교육 문제를 이렇게까지 심각하게 다루었겠는가? 그때 전 대통령 클린턴은 아칸소 주지사로서 이 주지사 모임을 주도하여 교육지주사로서 성공을 거둔 전력을 갖고 있다. 이제 교육은 일개 교육부 장관이나 교육감만으로 감당할 수 있는 한계를 넘어선 지 이미 오래되었다.

미국 상품이 일본에 밀리기 시작하면서 미국에서는 재빨리 '일본 교육에서 배우자'고 외쳐대고 있다. 기업인들이 일본의 기업경영에서 배우자고 일본으로 몰려들어 Z이론, 기업문화를 배워가더니 이제는 일본 교육에서 배우자고 아예 캐치 플레이즈로 내걸고 있다. 그런데 우리는 가까운 일본 교육에서 배울 걸 찾겠다고 달려드는 사람이 별로 없으니 문제다. 겨우 대학 입시 시험지나 모방하고 있는 것 같다. 일본은 최소의 교육투자로 최대의 교육효과를 거두어 내는 나라로 알려져 있다. 미국, 영국, 캐나다 등이 GNP의 8% 이상을 교육에 쓸어 넣고 있을 때 일본은 겨우 6%를 부으면서 효과는 미국보다 더 많이 빼먹고 있다고 미국인들은 느끼고 있다. 일본의 철저한 교육은 미국뿐만 아니라 우리도 배워 와야겠다. 작지만 기본적인 것은 철저히 몸에 배게 하여 일본인을, 일본 정신을 길러 내는 일본 교육과 우리 교육을 비교·연구할 필요가 있다.

미국 사람들은 일본 교육이 미국 교육보다 네 가지 점에서 우수하다고 본다. 첫째, 일본 교육이 학생에게 높은 표준과 기대를 하고 더 많은 요구를

---

3) Michael Fullan, "Innovation, Reform, and Restucturing Strategies" Gordon Cawelti ed. *Challenges and Achievements of American Education*(Alexandria, VA: ASCD, 1993), pp.125~130.

한다는 것이다. 둘째, 교육과정이 전적으로 학문적이고 10%만이 선택이라는 점이다. 셋째, 교사는 학생들에게 많은 숙제를 요구하고, 학생들이 학교에서 많은 시간을 보내고, 열심히 공부한다는 것이다. 넷째, 5명의 교사지원자 중 1명만 교사에 합격하고, 좋은 교사를 확보하고 좋은 보상을 해줘 교사의 보수는 기술자보다 높다는 점이다. 그리고 일본 사회 전체가 진짜 가치교육을 하고 있다는 점을 강점으로 꼽고 있다.

영국도 1988년 교육개혁법과 함께 교육개혁에 열을 올리고 있다. 한편으로는 중앙정부의 역할을 증대시키는 방향으로 가고(예, 국가교육과정 제정, 중앙의 배분) 또 다른 한편으로는 학교에 많은 권한을 위양하고 자율과 책임을 부여하는 방향이다. 다음 여덟 가지 교육개혁요지 중에서 ①과 ④, ⑤는 집권화의 방향이고, 나머지는 모두 분권화의 방향이다.

① 국가 교육과정과 평가.

② 자유 등록(카운티 학교와 자율학교에 자유 입학 허가).

③ 학교에 재정권 위양(직원 임명권도 학교에).

④ Grant-Maintained 학교(중앙의 직접 재정 부여).

⑤ 고등 계속교육의 재정배분을 지방에서 중앙으로(UFC, PCFC).

⑥ 지방재정지원과 계속교육기관의 재정과 관리.

⑦ Inner London Education Authority 폐지.

⑧ 학교운영위원의 권한과 의무(School Governor's Powers andDuties).

원하는 학교에 ② 자유등록하게 하여 학부모의 학교선택권을 보장해 주고, ③ 학교에 재정권과 인사권을 주고, ⑧ 학교운영위원회로 하여금 자율책임경영제를 하게 하는 것도 미국과 비슷한 경향이다.

이러한 변화는 부분적이고 일시적인 것이 아니라 근본적인 개혁에 속한다. 우리의 교육도 이대로는 안 된다. 획기적이고 근본적인 개혁이 있어야겠다.

5) 한국 교육 무엇을 개혁할 것인가?

이제 한국 교육에서 무엇을 개혁해야 할 것인가에 대하여 같이 생각해 봐야 할 차례가 되었다. 서두에서도 이미 언급하고 또 전제했던 것처럼 우리가 말하는 개혁은 오히려 교육본연이 제자리로 돌아가는 것이라고 보아도 좋을 것이다. 비정상 궤도로 탈선했던 열차를 제 궤도로 올려놓는 일이 선결문제인 것이다. 보는 이에 따라 개혁의 강조점이 다르겠지만 최소한 필자가 개혁할 수 있는 위치라면 다음과 같은 점을 먼저 개혁과제로 삼겠다는 개인적 의지가 강하게 작용하고 있음을 미리 말해 둔다.

첫째, 우수 교사확보를 위한 일대교육개혁을 먼저 해야 할 것이다.

교사는 교육에서 가장 중요한 변인이다. 아무리 시설이 좋고, 교육자료가 풍부하고, 학생 수가 적더라도 교사가 우수하지 못하고 사명감이 없고 지금 같이 사기가 떨어져 있어 가지고는 교육은 분명히 성공할 수 없다. 소위 우수인력이라고 하는 사람들은 대우받는 의과, 전자과, 유전공학, 법과 등으로 다 빠져 버리고 하위집단에서 교대나 사대로 처지게 되는 한, 교육개혁이란 말 자체도 의미가 없다. 한국 교육에서 제일 급하고 중요한 일이 우수 교사를 확보하고 이들에게 대우해 주는 일이다.

우리 교육의 이런 정도 지탱되는 것도 과거에 교사를 대우해 줘 우수인력이 교육으로 몰렸었기 대문이다. 사범학교에 우수한 사람이 모이고 전쟁 중에도 선생님을 끌어가지 않을 정도로 특별 대우했었기 때문이다. 오늘날에 와서 옛날 남의 나라 식민지 일제시대만큼도 교사를 대우하지 않는 데 문제가 있다. 최고의 대우를 해주면 최고의 인재들이 모이게 된다. 최고의 인재들만이 최고수준의 교육을 할 수 있다고 본다. 기술자들도 대우해 줘야겠지만 그 이상으로 교사를 대우해 줘야 한다.

교사양성교육과 연수교육에도 문제가 있다. 양성기관에 있는 교수에서부터 문제가 있다. 초·중등교육이 어떻게 되는지도 모르고 교사양성교육에 임하고 있는 사람들도 있다. 전공과목 이외에 교사양성에의 사명감과 애착도 없는 경우가 있다. 자리가 나면 사범대학이 아닌 일반 대학으로 자리를 옮기고 싶은 교수도 많이 있을 것이다. 영국의 경우 교대나 사대 교수가 되려면 반드시 초·중등 교사 경력을 가져야 하고, 그러고도 매 5년마다 1학기씩 초·중등 현장으로 가서 대학 교수가 아닌 교사로서 가르치는 일을 해야 한다.

그리고 지금과 같이 교직과목 몇 개 학점을 꿰맞춰 가지고 교사자격증을 얻는 식의 교사교육으로는 올바른 교사를 양성할 수 없다. 교육실습도 1개월간 방치하는 식이 되어서는 성과를 거둘 수 없다. 교사연수도 투자에 비하여 성과를 거두지 못하고 있다. 스스로 연수를 하지 않고는 못 배기게 하고, 스스로 연수를 받는 사람에게 혜택이 가게 해야 한다. 교사자격증도 10년 이내로 갱신하게 해야 할 것이다. 연수도 학점제로 해서 자발적으로 연수에 참여하여 취득한 학점을 따면 보수에 반영되고 승진에 반영되게 하는 방안도 생각해 볼 수 있다. 이는 모두 교사에게 최고의 대우를 해줄 때에만 비로소 가능한 일이다.

둘째도 교원에 관한 것으로, 교육행정가와 지도자 양성에 관한 개혁이다. 교육행정가에 관한 사항도 교장·교감의 전문직과 일반직 교육행정가에 관한 사항 둘로 나누어 생각할 수 있다. 교육에 있어서 교육행정가가 얼마나 중요한가에 대하여는 여기서 새삼스럽게 강조하지 않겠다. 앞에서 언급한 우수 교사로 하여금 일정한 방향을 잡아서 최선의 노력을 하게 하고 능력을 최대한 발휘할 수 있도록 지원해 주는 일이 교육행정가의 몫이다. 이 행정적인 지원을 제대로 해줘야 교사의 가르치는 기능이 잘 돌아갈 수 있다.

그런데 가르치는 일과 행정하는 일은 완전히 다르다. 물론 그 가능성은 높겠지만 잘 가르치는 사람이 행정도 잘한다는 보장은 없다. 물론 그 가능성은 높겠지만 그래서 가르치는 일과 행정으로 지원해 주는 일은 어느 시점에 가서는 분화·전문화되어야 한다. 다 같이 교사로 출발했더라도 어느 시점에 가서는 가르치는 사람은 가르치는 사람으로만 남고, 행정할 사람은 행정을 전문적으로 공부하고 훈련을 받아서 전문행정가로 변신해야 하는 것이다. 행정가를 위한 변신에 180시간 교감·교장자격강습으로는 너무나 부족하다. 수업과 학급은 교사의 손에 달려 있지만 전 학교의 모습은 교장·교감의 지도력에 달려 있다. 현재 교장·교감 등 학교행정가의 지도력이 교사에게 먹혀 들지 않고 있는 것은 우리나라 교육에 있어서 가장 큰 문제의 하나이다.

교장·교감을 일정한 교사경력(예를 들면 10년 교사경력)자 중에서 선발하여 대학원 과정(교장과정, 석사과정, 박사과정)에서 별도로 양성하고 이에 상응하는 만큼 충분한 대우를 해주는 동시에 강력한 지도력을 발휘할 수 있도록 해줘야 한다. 교장은 버(船)의 선장에 비유된다. 선장은 자기 배에 관한한 삼권(입법·사법·행정)을 갖는다고 한다. 민주주의 꽃을 피우고 있는 미국에서도 교장의 권한은 절대적이다. 필자의 관심영역의 하나가 교장론이다. 만일 필자보고 교육개혁을 하라고 하면 교장의 지도력과 전문성을 신장하는 일부터 할 것이다. 교장만 우독 임기제를 적용하여 의욕과 사기, 지도력을 약화시켜 놓고 국가와 교육청은 누구보고 교육을 잘해 달라고 부탁할 것인가? 교사 개개인에게 잘해 달라고 매달릴 것인가? 물론 앞에서 언급한 것처럼 교사들이 알아서 잘해 주면 좋지만, 교사가 아무리 우수해서 잘해 준다 하더라도 교장의 자리는 여전히 필요하고도 중요하다. 필자는 40대에서 교장이 나와야 한다고 믿는 사람 중의 하나이다. 더구나 학교 자율책임제를 하는 나라, 그리고 앞으로 분권화가 강화될수록 학교장의 행정력은 더욱 중요하다.

일반직 교육행정가도 반드시 교사경력을 갖고 대학원 수준에서 교육행정 전문 훈련(기획·예산·회계·경리·감사·홍보·재무·시설·서무 등 모든 행정 분야)과 교육을 받은 사람으로 보임해야 한다. 최소한 사무관 이상은 그렇게 해야 교사를 위한, 수업을 위한 행정지원을 제대로 할 수 있게 된다. 전문화 시대, 교육(행정)의 전문성 때문에 일반행정에서 분리하여 교육자치행정을 하고 있는 판에 일반직이 한 나라, 한 도의 교육행정을 기안하고 좌우한다는 것은 모순 중의 모순이다. 그렇다고 해서 조금 전에 지적한 것처럼 교사가 교육행정을 하게 한다는 것은 절대로 아니다. 교육행정을 전공한 사람이 교육행정을 해야 한다는 것이다. 교육현장을 모르는 전문성 없는 일반직의 책상 위 펜대에 의하여 망친 교육은 아마도 독자 여러분이 더 잘 알 것이다. 〈교육(부)행정＝조령모개〉의 등식이 성립된 것이 다 누가 한 짓인가? 설사 과거에는 일반직이 교육행정을 할 수 있었다 하더라도 앞으로의 세계에서는 더 이상 안 된다. 물론 이미 들어와 있는 사람들은 자리를 보장해 줘야 한다.

교육행정대학원을 만들어서 교직경력 7~10년 된 사람을 선발하여 2년 이상 교육행정 전문교육을 받아 학교행정가자격증(교감, 교장), 장학자격증(장학사, 장학관), 교육행정가자격증(과장, 국장), 현재의 행정직(일반직)으로 전문화하여 교육행정가를 별도로 양성하는 방안을 생각할 수 있다.

셋째로, 우리나라 입시 제도는 반드시 개혁되어야 한다. 우리나라의 '교육열'이 높다고 하는데 어떤 사람은 교육열이 아니라 '입시열'만 높다고 한다. 대학 입시 때문에 유치원교육, 초등교육부터 흔들리고 비정상적으로 되고 있다. 부분적, 기술적으로 입시과목이나 바꾸고, 선시험－후지원, 국가고사－본고사 식의 개혁을 가지고는 안 된다. 근원적으로 입시 자체가 필요 없게 하거나, 입시준비교육 자체가 필요 없도록 개혁해야 할 것이다. 더 근본적으로는 대학에 안 가도 손해 볼 것이 없도록 해야 한다. 모든 직장에서 임금과 승진, 대우가 같아지고, 고졸자를 일정 비율 이상 반드시 채용하도록 의무화하면 구태여 대학에 갈 필요가 없을 것이다. 현재의 수학능력시험은 어느 정도 시험준비교육의 필요성을 완화시키는 기능을 하기 시작했다. 고교내신성적만으로 선발하는 대학이 많이 생기면 시골학교도 살아날 수 있고 도시인구분산도 될 수 있을 것이다. 각 대학이 나름대로 다양하게 각각 다른 방법으로 선발해도 획일적인 준비는 불가능해질 수 있다.

무엇보다도 고등학교가 대학 입시에 따라 춤을 추면 안 된다. 고등학교는 고등학교 고유의 설립목적과 교육목적을 가지고 있는 것이지 아무리 인문고라도 대학의 하급학교나 준비학교, 예비학교가 아니다. 법령으로 정해진 교육과정만 운영하면 되지 왜 교육과정을 변칙 운영해야 하는가? 그것도 교장의 권한이라고 보는가? 그렇게 공부를 많이 시키고도 무엇이 부족해서 보충까지 하고 자율 아닌 타율학습까지 해야만 하는가? 대학 안 가는 학생의 교육권과 학습권은 어떻게 되는가? 고등학교에서 공공연히 교육과정을 변칙 운영하여 입시준비교육을 한다면 학생이 교장을 상대로 행정소송을 해도

100% 승산이 있다고 본다. 학생은 정상적으로 음악교육도 미술·체육교육도 받아야 하고, 음악, 미술, 체육교사는 당연히 교육과정대로 자기 과목을 가르칠 권리를 가지고 있다고 본다. 법대로 하는 것도 교육의 정상화이고, 교육개혁이다. 입시준비학원이 아닌 이상 입시는 학생의 개인 문제로 돌려야 할 것이다. 교육부는 교육부령(교육과정 시간배당 기준령)을 어기는 것을 감독 안 하고 무엇을 감독해야 하는가? 3학년에서 배워야 할 것을 2학년에 다 마쳐도 괜찮은 것인가? 그러면 고등학교를 2년제로 하지 무엇 때문에 3년제로 하는가? 현재의 입시열은 교육부와 대학, 고등학교, 학생, 학부모, 교사, 교육행정가들의 합작품이라고 할 수 있다. 이 중에서 하나만 법대로, 제대로 해도 현재와 같은 변칙은 안 생길 것이다. 입시문제를 이대로 놔두고는 국제경쟁력을 갖는 교육을 하기는 어렵다. 입시에 열중하는 만큼 그 노력을 고등 사고력, 창의력 신장에 바친다면 우리는 분명 선진국을 따라잡을 수 있다고 본다.

한번 국가에서 시범 케이스로 특정지역의 대학과 교육청, 학교, 교육자, 학부모, 지역사회가 마음을 합치게 하여 학생을 다른 시·도로 안 보내고 입시에서 학생들을 해방시킬 수만 있다면 아마 잃는 것보다 얻는 것이 더 많을 것이다.

넷째, 교육과정과 교육내용에 있어서 공통적으로 가르칠 교과목과 내용을 최소·필수로 하고 나머지는 최대한 선택의 폭을 주었으면 한다. 살아나는 데 있어서 꼭 필요한 것도 아닌 것을 너무나 많이 대충 거칠게 가르치고는 교육을 다했다고 하고 있는 실정이다. 모든 사람에게 꼭 필요한 것은 최소로 줄이되 대신 모든 사람이 반드시 목표달성하여 통과하게 하고, 나머지는 개인의 소질과 적성에 맞게 다양한 길로 나갈 수 있도록 길을 열어줘야 할 것이다. 특히 초등에서는 사람 만드는 일, 윤리·도덕·가치가 몸에 배도록 반복하고 반복하여 철저한 교육을 해야 한다.

과목과 내용의 양을 줄이는 대신 질을 높이고 철저를 기해야 한다. 모두 수학자, 통계학자, 과학자가 될 것도 아닌데 그렇게 어려운 고등수학을 모든 학생이 다 배워야 하는가? 중학생만 돼도 수학시간을 일찌감치 포기하고 앉아 있는 학생이 반도 더 될 것이다. 엊그제 배우기 시작한 중1생이 영어를 미리 포기하고 있는 비율도 꽤 높은 것이다.

인간화 교육도 과목과 내용을 줄이고 교과차원을 넘어서 윤리·도덕·가치를 중심으로 자꾸 다듬고 가치화, 인격화시킬 수 있을 때 가능해진다. 너무나 많은 학생에게 너무나 많은 양을 입시 위주로 가르치는 체하다 보니 문제학생을 만들어 내고, 또 그들이 문제사회를 만들고, 그래 놓고는 대통령이 승산도 없는 범죄와의 (전쟁) 선전포고를 하게 되는 것이다. 인간화 교육을 따로 떼어 개혁의 과제로 여기에 늘어놓고 싶지는 않다. 범죄와의 전쟁처럼 인간화 교육도 우리의 끝없는 도전이기 때문이다.

마지막으로 교육에서 부정부패, 부조리, 비능률은 용납될 수 없다고 본다. 교육에서 부정이 있다면 그 나라, 그 민족은 끝장이다. 교사와 장학사가 합작하여 정답(正答)장사를 하고, 어머니 아버지와 아들딸이, 선생님과 제자가 짝짜꿍이 되어 장물을 취득하는 세상이 벼랑까지 온 세상이 아니고 무엇인가? 옛날엔 도둑질하는 도둑놈 부모라도 제 자식에게는 도둑질하지 말라고 가르쳤다. 그런데 지금은 부모가 자식에게 도둑질하라고 가르치고 있다. 자식만이라도 제대로 교육이 됐더라면(학교교육이라도 제대로 했더라면) "저 이렇게까지 하면서 의과 대학 안 갈래요." 했어야 할 것이다. 선생님이 정답 빼다 줘도 "선생님 그러면 안 됩니다." 하는 학생이라도 나왔어야 한다. 그 아버지에 그 딸, 그 선생님에 그 학생이다. 하긴 지성의 상징인 교수, 총장까지 부정입학 장사를 하고 쇠고랑을 차는 판이니 제대로 된 자식과 학생이 나올 리가 있겠는가? 필자는 '교육은 국가를 지키는 최후의 요새, 마지막 보루'라고 한 적이 있다. 교육이 무너지면 더 이상 물러날 곳이 없다. 군인도, 경찰도, 판·검사도 못 믿고, 선생님마저 믿을 수 없다면 그 나라 그 민족은 도대체 누굴 믿고 살아야 하는가? 정치인, 장사꾼(경제·기업인)은 본래 거짓말을 밑바닥에 깔고 있는 속성을 갖고 있다. 장사꾼은 매일 밑진다는 것 아닌가? 세상 사람이 다 거짓말을 하더라도 선생님만이라도 아이들에게 참말을 해야 한 가닥 희망이 있는 것이다. 교육에서 무엇이 '참교육'인지 누구의 말이 참말인지 아이들이, 국민들이 지금 혼란을 일으키고 있다.

남들은 입만 열면 '억, 억'하고 억대로 부정하는데 교육계에 뭐 부정할 것이 있느냐고 하는 사람들이 있을 것이다. 그런데 교육하는 사람은 액수가 문제가 아니다. 교육자가 바르지 못하면 아이들 교육을 할 수 없기 때문에 문제이다. 선생님은 아이들 앞에 서는 한은 떳떳해야 한다. 한점 부끄럼이 없어야 한다.

벼랑까지 온 우리 교육, 비장한 각오를 하지 않으면 안 된다. 대통령은 교육개혁이 눈에 안 보인다그 한다. 필자는 교육의 성과는 속성상 금방 그렇게 가시적으로 나타나는 게 아니라고 앞에서 이미 지적하였다. 그러나 다른 교육농사는 10년, 20년, 30년, 백년대계이지만 이 부정의 제거만큼은 금방 눈에 보여야 한다. 총장이 도둑질하고 교사와 장학사가 정답 장사하는 판에 더 이상 기다릴 수 있겠는가? 아프더라도 자기 살을 도려낼 수밖에 없는 막다른 골목에 와 있다.

교사는 물론 아이들에게도 반칙이나 변칙이 더 이상 용납돼서는 안 된다. 충분한 경고기간을 주고 소위 '커닝(치팅)' 같은 것이 더 이상 통용되어서는 안 된다. 커닝하는 사람 중에는 너무나 억울해서 하는 경우도 있다. 정직한 사람만 손해 볼 수 없기 때문에 하지 않을 수 없다는 것이다. 그래서 중요하지 않은 것이라도 외우다 외우다 외우지 못하는 것은 연필 깎은 곳에 머리 첫 글자만 써 놓는 등 부정을 하기도 한다. 학교가 정직하지 못한 사람을 길러 내고, 죄 짓는 기회를 만들어 주고 있다. 다른 사람이 다 커닝(치팅)하더라도 나만은 참을 줄 아는 용기가 있었어야 하는데 그런 용기를 가진 학생이 많지 못하다. 우리가 얼마나 산다고 거짓말하면서 살아야 하는가? 교사들도 거짓말하기를 강요받고 있다. 예를 들면 과거 새마을 부장은 매일 무슨 정기보고를 하지 않으면 안 되는데 정말 거짓말 숫자를 써 넣지 않을 수 없다. 그때마다 교사들은 왜 거짓말하면서 살아야 하는지 원망하게 된다. 살아가면서 거짓말 안 할 수는 없겠지만 가능한 한 학교에서만은 정직이 통할 수 있게 되어야 한다.

교육에서 비능률과 낭비요소도 제거해야 한다. 교육재정이 적다고 하면서도 낭비되는 곳은 또 따로 있는 것 같다.

교육에서 개혁할 것이 많겠지만 필자는 교육개혁 과제로 우선 (1) 교사교육, (2) 교육행정가 교육의 둘을 사람(人的 資源)에 개혁과제를 두었다. 다음에 (3) 입시개혁과, (4) 교육과정과 교육내용의 둘은 교육의 본질에서 개혁과제를 찾았으며, (5) 부정제거를 합쳐 다섯 가지를 개혁과제로 꼽았다. 많은 것을 제시한다고 한꺼번에 다 개혁될 수도 없을 뿐더러 독자 여러분이 무엇을 개혁해야 할 것인지 더 잘 알 것으로 믿기 때문에 급한 것 다섯 가지를 단지 예시적으로 언급했을 뿐이다. 물론 자유경쟁체제 도입, 사립학교 운영보장, 지방교육 자치보장 등 언급하지 못해서 섭섭한 것도 많이 있다.

4. 교육개혁을 위한 장학담당자의 역할

이제 이 글을 마무리하고, 앞에서 제시된 교육개혁을 하기 위해서 장학담당자가 어떻게 해야 하는가에 대하여 생각해 봐야 할 순서이다. 여기서 장학담당자라 함은 장학사(관)나 교육연구사(관)뿐만 아니라 교장, 교감 등 모든 교육행정가를 포함한다. 그래서 장학담당자라기보다는 오히려 교육지도자(educational leader)라고 부르는 게 좋다.

그리고 역할(Role)이라고 하면 일정한 지위(status)에 따른 임무, 해야 할 일이라고 할 수 있다. 여기서는 엄격한 의미의 역할개념에 구애받지 않고 교육개혁을 위해서 교육지도자가 어떻게 해야 할 것인가를 중심으로 같이 생각해 보기로 한다.

교육개혁에 있어서 장학자는 지도자, 촉진자, 중개자(대리자), 보조자 등 다양한 역할을 할 수 있다고 본다.

1) 교육개혁 지도자

일반적으로 장학담당자는 교육개혁에서도 지도자 역할을 담당해야 한다.

효과적인 지도자는 공통점을 가지고 있는데 그 공통점은 (1) 비전을 제시하고, (2) 참여를 끌어내고, (3) 지(후)원을 해주고, (4) 성취에 관심을 가지고, (5) 스스로 자원이 된다는 점이다. 교육개혁에서도 지도자가 성공하려면 이 다섯 가지 특성을 갖춰야 할 것이다.

첫째, 교육개혁에 대한 비전(Vision)을 명백하게 제시해야 한다. 비전은 미래, 장래에 대한 청사진이고 도달 목표에 해당된다. 비전과 목표가 선명하게 드러나고 거기에(미래의 땅에) 의미를 부여하게 되면(meaningful하다고 분명히 믿게 되면) 교육개혁에 열을 올리게 되고 고통도 달게 분담하고자 하게 된다. 비전을 제시하기 위해서 '모세의 지팡이'가 교육지도자에게 필요하다.

둘째, 지도자는 조직구성원(교장, 교감, 교사, 학부모, 학생)들의 참여(participation)를 유도해 내고 촉진시킬 수 있어야 한다. 이들의 참여 없이 혼자서 독불장군으로 교육개혁에 성공할 수는 없다. Leader는 Followers(따르는 자)가 있을 때 Leader가 될 수 있다. 그런 의미에서 각 시·도 교육청에서는 각 구성원을 대표하는 사람들로 교육개혁단(팀, 또는 임시위원회)을 빨리 구성하여 계획과 전략을 세워 추진하길 권고한다. 어차피 할 바에는 앞장서서 즐거운 마음으로 시작하는 게 좋겠다. 할 바에는 마음에서 우러나서 해야 된다.

셋째, 지도자는 지원적(者) 후원적(者)(Supportive)이(가) 되어야 한다. 지도자는 끌어주기, 끌고 가기보다는 밀어주기를 잘해야 한다. 스스로 하게 만들고(Self-starter), 스스로 하려고 할 때 밀어주는 쪽이 되어야 한다. 후원자, 지지자가 있다고 믿을 때 우리는 마음 놓고 뛸 수 있다. 결혼해서 첫애를 낳아 놓고는 엄마와 아기가 잠든 모습을 보면서 필자는 처음으로 아빠로서, 남편으로서의 무한한 책임감을 느꼈던 것을 영원히 잊을 수가 없다. 저들이 필자 하나 믿고 마음 놓고 평화롭게 잠든 것이 아니겠는가? 아빠와 남편의 든든한 백(back)을 믿고 잠든 것이다. 필자는 그들을 실망시키지 않으려고 스스로 다짐하곤 했다. 그래서 사실은 필자가 공부하는 길에 들어선 것이 1, 2년 늦어졌었다.

넷째, 지도자는 성취에 대하여 높은 관심과 애착을 가지고 계속적인 확인(Monitoring)을 한다. 최선을 다하고 있는 사람은 그 결과에 대해서도 궁금해 하고 또 소중하게 여긴다. 지도자가 진척사항과 결과에 대하여 관심을 안 보이면 계획되었던 일은 용두사미로 끝나기 쉽다. 우리가 너무나 많은 것을 하다 보니 언제 끝난 것인지 모르게 슬그머니 흐지부지되기 쉽다. 허구한 날 비상이고, 긴급이고, 강조기간이니 그게 무슨 의미가 있겠는가? 시작했으면 끝장을 봐야 한다. 감당할 수 없는 일은 아예 시작을 하지 않는 것이 좋다. 할 수 있는 작은 것이라도 끝장내어 성공감, 성취감의 희열을 맛보게 하는 것이 좋다.

다섯째, 지도자는 줄 것(자원)을 가지고 있어야 한다. 지도자는 스스로 추종자의 지적 자원, 시간적 자원, 재정적 자원, 물질적 자원, 심리적 자원이 될 수 있어야 한다. 지도자가 파 놓은 시원한 지적 샘물을 마음껏 마시고 갈 수 있도록 하고, 추종자들이 바람 탈 때 바람막이 큰 나무가 되어 주고, 더울 때는 쉬어갈 수 있는 큰 정자나무가 되어야 하고, 부하들이 삶에 지쳤을 때 기댈 수 있는 정신적, 심리적 지주가 되어줘야 한다. 교육개혁 지도자도 이런 다섯 특성은 가지고 있어야 한다.

이런 지도력은 저절로 생기는 것도 아니고 말로만 되는 것도 아니다. 우선은 (1) 기술과 능력이 있어야 한다. 관리기술이 없고 행정·관리 기법을 몰라가지고는 지도력이 나올 수 없다. 다음은 (2) 인간적인 데서 힘이 나온다. 지도자는 사람들을 좋아하고, 사람들이 좋아하고 따라야 하며, 사람과의 관계를 잘 맺을 수 있어야 한다. 행정과 지도는 전적으로 사람과의 관계에서 이루어지기 때문이다. 또 (3) 교육지도자이기 때문에 교육적 힘이 있어야 한다. 이것은 조직의 사명에 해당되며 본질에 해당되는 것이다. 여기서는 더 구체적으로 교육개혁에 대하여 알아야 할 것이다. (4) 상징적 힘도 중요하다. 상징성과 의미부여가 최근에 강조되고 있다. 깃발, 배지, 교훈, 교가 등은 모두 상징물인데 이를 중심으로 뭉치게 하는 힘을 가져야 한다. 또 지도자 자신에게도 수장으로서의 상징성이 있어야 한다. (5) 문화적·도덕적 힘이 가장 강력한 지도력의 근원이 된다. 문화와 도덕적 바탕을 마련해 주고 또 본인이 그 조직의 문화와 도덕에 맞아야 지도력이 나올 수 있다. 도덕적 지도자(Moral Leadership)가 가장 강력한 지도자이다. 도덕적, 윤리적으로 존경을 받지 못하면 허수아비 지도자, 억지 지도자, 명목상 지도자밖에 못 된다. 교장이 서무과장에게 책잡힐 일을 하는 학교에서 한 젊은 교사가 자칭 '내가 이 학교의 정신적 교장'이라고 하는 사례를 보았다. 이 교사는 누구에게도 꿀릴 일을 하지 않고 하늘을 우러러 한 점 부끄러울 일이 없다고 하면서 자신만만한 것을 보았다. 이 교사는 지나칠 정도로 원칙대로 살고, 진정 아이들을 사랑하고 또 아이들 학부모로부터 존경받고 있었으니 그런 말을 할 법도 했다(앞 장의 〈그림 2-1〉 참조).

산꼭대기에 올라가면 바람이 심해서 나무들이 다 구부러지거나 작은 나무만 있다. 정상의 자리는 바람이 심하고 만인에게 노출되기 쉽다. 높은 지도자의 자리에서는 스스로 몸가짐을 바르게 해야 한다. 그리고 정상에서 죽치고 살려고 하면 안 된다. 챔피언 벨트를 내줄 때를 알아야 한다.

요즈음 우리 사회에 어른이 없다고 한다. 큰스님이 없다고 한다. 정말 어른 노릇하기가 어려운 것 같다. 그래도 필자는 교육지도자 여러분에게서 우리 교육계의 큰 어른, 큰 스승 됨을 기대한다.

2) 변화촉진자(Change Facilitator)

변화 또는 개혁을 촉진해 주는 사람을 변화촉진자(Change Facilitator)라고 한다. 물론 지도자도 변화를 촉진시키는 일을 한다. 그러나 좀 더 촉진시키는 일을 예시하기 위하여 제목을 따로 잡았다.

변화촉진자의 역할에 대하여 언급하기 전에 먼저 변화촉진 팀을 구성하기를 권고한다. 물론 교육개혁 팀이라고 이름을 붙여도 좋다. 변화촉진 팀에서도 교장이 핵심인물(key to change)이 되도록 했으면 한다. 제2차선 인물로는 학교수준에서 교감, 부장교사가 되고, 교육청 수준에서는 장학사가 되어야 할 것이다. 제3차선은 교사가 된다. 제4차선은 외부촉진자로 한다. 이를 그림으로 나타내면 〈그림 6-5〉와 같다.

교육혁신이나 개혁을 중앙집권적으로 지시나 명령에 의해서 하면 또 실패하기 쉽다. 그래서 분권의 원리에 의하여 교장을 축으로 하였다. 그런데 우리나라 교장 선생님들이 개혁의 축이 될 수 있느냐에 대하여는 아마 심각하게 생각해야 할 것이다. 교장 선생님들이 교혁전략에 관한 훈련을 안 받은 점도 문제점의 하나이다.

어쨌든 개혁촉진자는 첫째, 지원적인 조직배열(Developing Supportive Organizational Arrangements)을 해야 한다. 혁신관련정책(방침) 개발, 전반적 규칙 제정, 의사결정, 기획, 준비, 스케줄, 직원조직, 역할 재구조화, 자료 탐색과 제공, 공간제공, 자금 탐색 획득, 설비제공 등이 이에 해당된다.

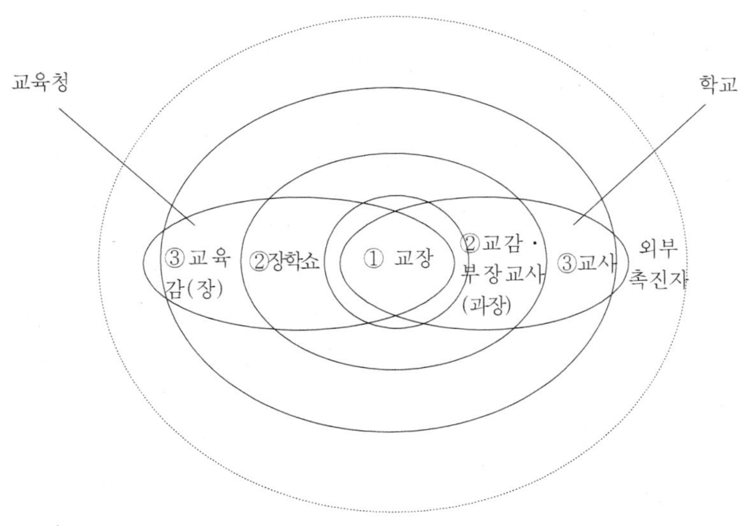

둘째, 훈련과 연수(Training)를 시켜야 한다. 긍정적 태도형성, 지식의 확충, 정보의 검토, 워크숍 개최, 혁신활용의 시범, 혁신활용의 참관, 혁신활용에 관한

피드백 제공, 혁신에 관한 오해의 명료화 등에 변화촉진자의 훈련 관련 역할이다.

셋째, 자문 또는 상담과 강화(Reinforcement)의 영역을 생각할 수 있다. 1 : 1로 관련자 격려, 소집단에서 혁신활용 장려, 문제해결을 위하여 개별적 조력, 혁신활용을 위하여 소집단 코치, 비공식적으로 담소 나누기, 개별적으로 적합한 기술 지원, 짤막한 대화와 진전에 대한 격려, 문제해결에 소집단 촉진활동, 부담 없는 소집단 회의, 개인의 변화 시도에 대한 격려, 실질적 조력 제공, 작은 성공에도 축하의식 개최 등이 여기에 속한다.

넷째, 확인활동(Monitoring)을 해야 한다. 정보의 수집, 자료수집, 비공식적으로 혁신지식과 기술에 관한 평가, 공식적으로 혁신활용이나 관심을 평가, 자료의 분석 / 처리, 정보의 해석, 산출에 관한 자료의 보고 / 공유, 수집된 정보에 관한 피드백 제공, 워크숍에 관한 질문지 적용, 혁신활용에 관하여 교사와 협의 등이 변화촉진자의 확인활동에 속한다.

다섯째, 외부와의 의사소통(Communication)을 해야 한다. 진행되는 혁신에 관한 기술(記述), 타인에게 알리는 일, 교육위원회와 학부모집단에게 보고, 각종 집회에서 혁신에 관한 발표, 홍보와 캠페인, 구성원(선거구민)으로부터 지지를 얻어내는 일 등이 이에 속한다.

여섯째, 전파(Dissemination)활동을 해야 한다. 혁신을 채택하도록 격려, 혁신정보와 자료를 소개하는 방송, 혁신안내 책자 우송, 무료 시범자료 제공, 혁신 대표자 훈련, 채택 가능자에 대한 혁신 안내 지역발표회 개최, 혁신 시장확대 등의 역할을 생각해 보았다.

이러한 항목들은 나중에 변화촉진자의 역할을 잘 수행했는지 확인하는 체크리스트로도 활용될 수 있을 것이다.

여기서는 변화촉진자의 기능을 (1) 지원적 조직배열, (2) 훈련, (3) 자문과 강화, (4) 확인과 평가, (5) 외적 의사소통, (6) 전파의 여섯으로 요약 소개했는데, 이것을 다른 이름으로 표현한 사람들도 있어 〈표 6-1〉로 나타냈으니 참고하기 바란다.

〈표 6-1〉 효과적인 지도자의 기능 비교[4]

Gersten & Carnine[5]의 지원 기능	Gall[6] 등의 수업지도자 기능	Hall & Hord[7]의 행동 게임 계획 구성요소
가시적 참여(개입)	우선순위 설정	
유인적(보상적) 체제	자원획득 수업 정책(방침) 결정	지원적 조직 배열
	훈련	훈련
기술적 조력		자문과 강화
확인	확인, 평가	확인과 평가
	외적 관계	외적 의사소통 전파
외현적 전략		
	수락, 유지	

3) 변화대리자(Change Agent)

변화대리자(Change Agent)는 변화(개혁)기관이 설정한 바람직한 방향으로 변화대상 개인(기관)이 혁신(개혁)을 결정을 하도록 영향을 주는 사람을 말한다. 개혁기관과 개혁대상(고객) 체제 사이에서 중개적인 일을 하기 때문에 여러 가지

---

4) Shirley M. Hord, et al., *Taking Charge of Change*(Alexandria, Virginia: ASCD, 1987), p.79.
5) R. Gersten and D. Carnine, *Administrative and Supervisory Support Functions for the Implementation of Effective Educational Programs for Low Income Students*(Eugene: Center for Educational policy and Management, University of Oregon, 1981).
6) M. D. Gall et al., Involving the Principal in Teacher's Staff Development: Effects on Quality of Mathematics Instruction in Elementary Schools(Eugene: Center for Educational Policy and Management, University of Oregon, 1984).
7) G. E. Hall and S. M. Hord, "Analyzing what Change Facilitators Do: The Intervention Taxonomy." Knowlege: Creation, Diffusion Uitilization, 5, 3(1984), pp.275~305.

어려움이 있다. 변화대리자(중개자)의 위치를 〈그림 6-6〉과 같이 나타낼 수 있다.

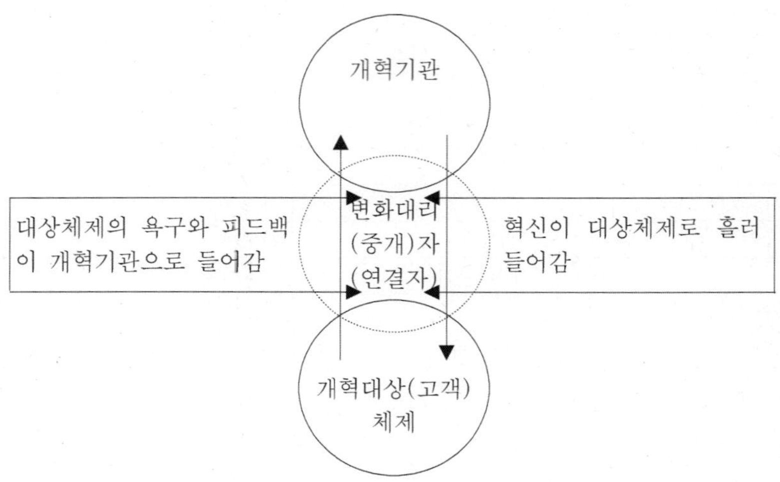

〈그림 6-6〉 변화중개자는 개혁기관과 대상체를 연결시킴[8]

이 변화중개자는 다음 일곱 가지 역할을 수행한다. 이 변화대리자의 연결 역할을 잘해 줘야 혁신이 잘 이루어질 수 있다. 장학담당자가 이 역할을 담당 한다면 개혁과 혁신의 성공여부는 전적으로 장학자의 손에 달려 있게 된다.

첫째, 대상(고객)으로 하여금 변화(개혁)의 필요성을 느끼도록 해주는 역 할을 해야 한다. 개혁에 대한 욕구의 개발이라고 할 수 있다.

둘째, 정보교환 관계성을 형성해야 한다. 고객이 변화대리인을 신뢰하고 믿을 수 있는 관계를 형성해야 하는 것이다. 믿지 못하고 신용을 주지 못하 면 다음 단계는 모두 허사가 된다. 먼저 믿을 수 있게 해 줘야 한다.

셋째, 고객의 문제점을 진단해야 한다. 고객의 문제상황을 정확히 분석하 는 책임이 이 변화대리인에게 주어진다. 그러려면 사물을 고객의 관점에서

---

8) Eeverett M. Rogers, *Diffusion of Innovations*, 3rd ed.(N. Y.: The Free Press, 1983), p.314.

볼 줄 알아야 한다.

넷째, 고객으로 하여금 변화의 의도를 갖게 해야 한다. 혁신에 흥미를 갖고 혁신하고자 하는 동기를 유발하는 것이다. 이때 중요한 것은 변화는 혁신자중심이기보다는 고객중심이라는 점이다. 마치 최근 상담에서 고객중심, 내담자중심의 상담이 강조되는 것과 같다.

다섯째, 고객의 변화의도를 행동으로 전환시키는 것이다. 이때에도 고객의 욕구에 의하여 간접적으로 설득되도록 조심해야 한다.

여섯째, 혁신으로 옮겼으면 고객의 혁신채택을 안정화시키고 중단하지 않도록 유지하는 일이 중요하다. 혁신대리인은 고객의 혁신행동을 강화시켜 주고 고정(freezing)시키는 일을 해야 한다.

일곱째, 계속적(종국적) 관계성 확립이 필요하다. 고객으로 하여금 계속적인 자기혁신의 행동을 다하도록 하는 일이다. 고객으로 하여금 혁신의존으로부터 자아의존, 자기신뢰의 방향으로 돌리도록 하는 역할을 해야 한다. 일종의 굳히기 작전이다. 언제까지나 변화대리인이 곁에 붙어 있을 수는 없기 때문이다.

변화대리인은 (1) 고객과의 계속적인 접촉을 확대하고, (2) 개혁단중심이기보다는 고객중심이어야 하고, (3) 개혁 프로그램이 고객의 요구와 일치해야 하고, (4) 고객과 감정 이입되고(고객의 입장에 몰입되고), (5) 고객과 동류의식(예, 같은 신분)을 가져야 하고, (6) 고객의 눈으로 봤을 때 신뢰성이 있어야 하고, (7) 여론형성자(Opinion leader)와 협동하고, (8) 고객의 혁신평가 능력을 증진시키는 데 조심해야 성공할 수 있다.

4) 변화보조자(Change Aide)

변화보조자(Change Aide)는 고객으로 하여금 혁신을 채택하도록 집중적으로 접촉하는 변화대리인보다 교육혁신에 좀 덜 전문적인 사람을 말한다. 아마도 장학담당자를 변화대리인으로 본다면 변화보조자는 장학자가 활용할 보조자라 할 수 있다. 아마 교사를 개혁의 고객으로 삼는다면 그 교사 가까이 있는 동료교사를 활용해야 할 것이다. 이 변화보조자는 개혁에 대한 전문성과 신용도는 변화대리자보다 낮을지 모르나 대신 안정성 신뢰도(Safety credibility)는 높을 수 있다는 장점을 갖고 있다. 고객들이 동질감을 느끼고 안심하고 자주 접촉할 수 있기 때문이다.

그리고 고객 가까이 있는 여론형성자(Opinion leader)도 잘 활용해야 한다. 여론형성자는 고객주변에서 의견(opinion)을 잘 내어 비공식적 리더십을 발휘하여 고객이 잘 따르는 사람이다.

지금까지 교육개혁을 위한 장학담당자의 역할을 (1) 개혁지도자, (2) 변화촉진자, (3) 변화대리자(중개자)의 역할로 나누어 몇 가지 예시를 하였다.

5. 결론: 민족운명의 분수령에서

우리 민족은 지금 좌초냐 도약이냐의 분수령에 서 있다. 물론 우리 민족은 저력이 있고, 끈기가 있으며, 현명하기 때문에 발전하고 도약할 수 있으리라 믿는다. 그러나 그렇다고 하더라도 진흙탕에서 오래 헤매느냐 빨리 빠져 나오느냐의 시간적 문제는 남아 있다고 본다. 남미의 여러 나라들이 국민 1인당 GNP 4~5천 달러에서 좌초되어 한참 헤매다가 이제 겨우 일어서는 기미를 보이고 있다. 우리는 이렇게 되기 전에 빨리 헤어나야 한다.

필자는 정치에 대해서는 관심도 없고 또 잘 모른다. 그리고 정치인을 존경하지도 않고 또 아부할 생각도 없다. 그러나 운 좋게도 역사의 분수령에서 새 지도자가 나타나 당리당략과 사리사욕을 떠나서 무엇인가 새롭게 한다는 데 기대를 걸고 참여하지 않을 수 없다고 본다. 우리에게 어떤 선택이 있을 수 없다. 그렇게 안 하면 벼랑으로 떨어질 수밖에 없기 때문이다.

지금 대통령(의사에 비유)은 수술을 하고자 칼을 들었으나 곳곳이 속속들이 너무나 썩어버려 대충하고 다시 덮어두지 않을 수 없는 입장인 것 같다.

심지어는 수술 팀으로 같이 칼을 대야 할 사람(지도층)까지도 썩었으니 누가 누구에게 칼을 댈 수 있는지 모를 지경이다. 그러나 교육, 이대로는 더이상 안 된다. 이것만큼은 분명한 사실이다. 현재와 같이 학생과 학부모, 교사가 열심히 하고 있는 정도의 노력과 시간적 투자만이라도 올바른 방향과 목표에 초점을 맞추면 교육의 질적 도약을 가져와 선진국으로 접근할 수 있다고 본다. 재정은 더 투자해야 한다고 본다. 그러나 교육지도자와 교사, 학생들은 지금도 너무나 열심히 가르치고 배우고 있다. 문제는 필요한 곳에 열심히 하게 하는 일이 교육개혁에서 해야 할 일이다.

마지막으로 몇 가지로 강조·요약하고자 한다. 필자는 근본적으로 안정론자이지 개혁론자는 아니다. 교육과 교육행정이 그렇게 혁명적으로 될 일은 아니기 때문이다.

첫째, 개혁을 하려면 반드시 저항과 부작용이 따른다는 점을 깊이 새겨 주기 바란다. 저항과 부작용을 어떻게 최소화하느냐, 개혁으로 얻은 것과 잃는 것을 잘 따져 봐야 할 것이다. 세상만사 모든 것이 톱니바퀴처럼 서로 얽혀 있기 때문에 종합적 체계적으로 처방하여 부작용을 최소화해야 한다. 종기 난 곳 수술하는 식과는 근본적으로 다르다.

둘째, 개혁은 장기적 안목에서 계획·추진해야 한다. 영국에서 11세 시험을 변경시키는 데 14년간의 연구와 경험적 확인, 추진하면서의 수정을 거쳐서 이루었다고 한다. 한 가지 개혁에 10년, 2, 30년, 100년을 거쳐서 하고 있다. 인간을 교육하는 일을 기계 고치듯이 할 수는 없다. 불편하더라도 참으면서 연구하여 완벽하게 고쳐야 한다. 대학 입시 제도가 열한 번 바뀌었다니 얼마나 많은 학생과 국민들이 실험용이 되었겠는가?

셋째, 거듭 강조하지만 밑으로부터의 개혁전략을 세워야 한다. 위에서는 개혁의 여건조성, 분위기와 풍토조성을 하여 개혁의 마당을 닦아 줘야 할 것이다. 아무리 개혁을 해도 교실과 수업이 바뀌지 않으면 개혁은 의미가 없다. 개혁의 영향력이 학생의 행위로 스며 나와야 한다. 개혁으로 고통도 분담해야 하지만 또한 유인가와 얻는 것도 있어야 한다. 고통을 분담하더라도 신바람 나고, 보람과 의미가 있어야 한다.

이 글을 읽는 것으로 모든 것이 한꺼번에 달라질 수는 없다. 긴 글 중에서 단 한마디라도, 이 글을 읽은 많은 사람 중에 단 한 사람이라도 참고 되고 공감이 되어 도움이 된다면 필자는 더할 수 없는 기쁨으로 생각한다.

2
민주적 학교경영

제7장 민주적 학교경영의 실제[*]

1. 서 론

제가 평소부터 존경하는 여러 교장 선생님들을 만나 뵙게 되어서 반갑습니다. 저도 서울 교육대학을 졸업하고 15년 정도 초등교육계에 몸담고 있었기 때문에 그런지 항상 초등학교가 저의 마음의 고향처럼 느껴집니다.

오늘 저에게 주어진 주제인 '민주적 학교경영의 실제'에 대하여 함께 생각해 보도록 하겠습니다.

제가 이제까지 전공하여 온 분야는 주로 장학론과 교장론입니다만, 이 분야 외국의 수많은 책 속에는 '민주적인 학교경영'이란 제목이 붙은 내용은 거의 찾아볼 수 없었습니다. 요즈음 민주화란 말을 우리 사회에서 많이 쓰고 있습니다만, 민주화가 잘된 나라에서는 민주란 말을 수식어로 별로 쓰지 않는 것 같고, 오히려 민주화가 덜 된 나라일수록 이 말을 더 많이 쓰는 것 같다는 생각이 듭니다.

그럼, 무엇을 위한 민주일까요? 그것은 궁극적으로 학생들을 더 잘 가르치기 위한 민주화일 것입니다. 학생들을 제쳐놓고 선생님들을 편안하게 하거

---

* 경북교원연수원 학교장직무연수 초청 강연. 강연을 녹취하여 명교수 명강의 집에 들어 있어 경어체로 되어 있음을 이해 요청.

나 맘대로 하게 하는 것이 결코 민주화가 아닐 것입니다. 민주화의 의미를 바르게 알아야 하겠습니다.

저는 평소에 교장 선생님을 'Key Person(주요 인물)'이라고 생각하고 있습니다. 열쇠와 같이 중요한 인물이라는 뜻입니다. 학교는 교장 선생님이 어떻게 하느냐에 따라 그 학교의 여건, 모습 또는 질이 달라질 수 있다고 보기 때문입니다. 미국에서도 교장을 'Key Boy'라는 별명으로 부르고 있는데, 그건 교장이 학교의 중요 열쇠를 모두 직접 챙기고 있기 때문입니다. 그런데 여기서는 그런 뜻과는 다른 의미의 'Key Person'입니다.

또 저는 교장 선생님을 '전략적 인물(Strategic Person)'이라고 봅니다. 저는 평소에 우리나라 학교교육의 발전을 가져오려면 교장 선생님을 움직여야 되겠다는 생각을 갖고 있습니다. 물론 모든 선생님들이 다 훌륭해서 해야 될 일을 스스로 알아서 처리할 수 있다면 좋겠지만, 현실적으로 그렇게 만들려면 많은 시간과, 노력과, 재원이 소요되므로, 차라리 주어진 여건, 재원, 시간 속에서 우리의 학교교육을 발전시키는 길은 우선 교장 선생님을 움직여야겠다는 것입니다. 그래서 교장 선생님을 '전략적 인물'이라고 부릅니다. 교장 선생님은 배의 선장이요, 비행기의 조종사와 같은 역할을 하므로 이 분들께 더 많은 권위를 부여하고 철학을 갖게 하여 소신껏 학교경영을 하게 한다면 학교교육의 질을 개선할 수 있다고 믿기 때문입니다.

그런데 현실은 저의 바람과는 반대의 방향으로 나아가 교장 선생님의 리더십이 현장에 먹혀들지 않고, 임기제니 뭐니 하여 교장의 권위가 신장되기는커녕 오히려 점점 위축되고 지도력이 먹혀들고 있지 않는 것 같아 안타깝기 짝이 없습니다.

2. 상황변화와 교장

오늘의 세계정세는 크게 변하고 있습니다. 철의 장막처럼 튼튼해 보이던 소련이 붕괴되어 15개의 작은 공화국으로 갈라졌습니다. 공룡처럼 거대한 체구에 비해 중앙집권체제라는 작은 두뇌로 미국과의 치열한 군비경쟁을 일삼다가 결국 무너져 버린 것입니다. 또 겉으로는 단단해 보이나 속으로는 엉성한 공산주의 사슬로 억지로 묶여져 있던 동구의 여러 나라들도 자유화를 부르짖더니 지역이나 민족별로 분화되었습니다. 이제까지의 중앙집권적 통제에서 벗어나 지역별 민족별 자치를 원하고 있기 때문입니다. 우리나라도 지방자치제를 본격적으로 실시하여 중앙정부의 권력을 지방으로 서서히 이양하고 있습니다. 이런 모든 현상은 이제까지의 권력의 집중화에서 분권화로 나가고 있는 세계적 추세라고 볼 수 있습니다. 우리의 교육계에서도 중앙집중화에서 벗어나 권한을 과감히 밑으로 이양하는 분권화가 강화되어야겠다는 것을 강조하고자 위와 같은 사례를 이야기한 것입니다.

이런 경향은 기업경영에서도 볼 수 있습니다. 과거의 문어발식 기업확장과 한 사람의 회장이 모든 기업을 경영하던 추세에서 벗어나 큰 기업체를 토막내기(Chunking)하여 작은 기업별 책임경영제로 돌아서고 있습니다. 미국에서 수많은 기업들이 도산할 때 도산되지 않고 살아남은 기업 중 500대 우수기업을 선발하여 그들의 우수한 점을 조사해 보았더니, 거기에는 공통점이 있었다는 것을 발견했는데 그 공통점이 뭐냐 하면 토막내기(Chunking)를 잘하여 회사별로 책임경영을 하도록 맡기고 있기 때문임을 알게 되었다는 것입니다.

교육에 있어서도 국가가 중앙에서 전체를 통제 조절하는 방식으로는 오늘과 같은 치열한 경쟁시대에 살아남기 어렵고 좋은 교육을 하기도 어려운 것입니다. 교육자치를 통하여 가급적 많은 권한이 학교 쪽으로 내려와야 하는 것입니다. 이렇게 되면 'Key Person'의 위치에 있는 교장 선생님의 역할이 더욱 중요해질 것입니다.

교장 선생님 여러분!

이제부터는 교육에다가 모든 승부를 걸어야 하는 시대가 도래하고 있습니다.

과거에는 국제 간의 경쟁에서 가장 중요한 요소는 군사력의 우세였습니다. 국제간의 경쟁을 Boxing 경기에 비유해 본다면 제1라운드는 군사력의 경쟁이었습니다. 어느 나라가 우수한 군대를 많이 가지느냐, 우수한 무기를 많이 가지느냐를 목표로 국력을 쏟았습니다. 미국군을 세계의 경찰이라 부르고, 세계 곳곳에 미군이 관여를 해 왔습니다만, 오늘날에 와서는 그것이 잘 통하지 않습니다. UN총회에 가보면 인구 20만 미만의 작은 나라도 한 표이고 미국도 한 표만 행사할 뿐입니다. 물론 안전보장이사회에서 미국이 막강한 영향력을 가지고 있는 것은 사실이지만 미국의 권위가 예전처럼 잘 통하지 않고 있는데, 이제는 군사력만 가지고는 안 된다는 것이고, 경영력, 즉 돈이 더 위력을 발휘하게 된 것입니다. 그래서 국제경쟁의 제2라운드는 경제전쟁이 되었습니다. 나라 간에 각박한 무역경쟁과 고급품을 누가 더 많이 생산하느냐 하는 기술경쟁이 벌어지고 있습니다. 우리나라는 수출경쟁에서는 꽤 성과를 거두었던 나라의 하나입니다. 70년대 이후 우리가 수출을 많이 하고 국제경쟁력이 좀 강했던 것은 우수한 제품 때문이 아니라 싼 노동력에 의한 원가절감으로 경쟁력을 높인 탓이었습니다. 섬유제품, 신발류 등 노동집약적 제품이나 은행잎, 다람쥐 등도 중요한 수출품목들이었습니다. 그런데 우리의 상품들이 이제는 국제적인 유명한 백화점 쇼윈도 위에서 점점 사라지고 있습니다. 값싼 상품만으로는 경쟁이 되지 않기 때문입니다. 세계의 고객들이 값싸고 양이 많은 제품보다는 질을 추구하는 경향으로 돌아서 버렸고, 맛 좋고, 분위기 좋고, 서비스 좋은 물건을 선호하게 된 것입니다. 우리나라 자동차가 처음에는 호평을 받았습니다만, 계속되는 서비스 부재로 인하여 점점 외면을 당하고 있는 것입니다. 이제는 고급품을 개발하고 우수한 서비스를 제공하는 방향으로 나아가야 합니다. 6·70년대와는 달리 우리나라는 세계 여러 나라의 경쟁상대국으로 부상되었기 때문에 점점 수출이 힘들게 되었습니다. 이 경쟁을 이겨 나가는 길은 고급두뇌 즉 고급 기술, 우수한 과학지식을 가진 인적 자원을 많이 길러 경쟁력이 있는 제품을 개발 수출하는 길뿐입니다. 중진국의 문턱에서 좌절되었던 남미 여러 나라의 선례를 타산지석으로 삼아 더욱 분발해야 합니다.

그래서 국제경쟁의 제3라운드는 교육전쟁입니다. 어느 나라가 더 양질의 교육 서비스를 국민에게 제공하느냐에 따라 국가의 흥망성쇠가 판가름 나게 되었습니다. 총소리 없는 전쟁이 시작되었습니다. 과학기술전쟁이 불꽃 튀듯 이루어지고 있습니다. 과학기술도 교육이 뒷받침해 줘야 하며, 물건을 만드는 노동자의 노동 자세나, 사업가의 기업경영 기본태도를 올바르게 형성시켜 주는 것도 모두 교육의 역할입니다. 그러므로 교육은 모든 것의 출발점이요, 종점인 것입니다. 교육을 통하여 양질의 노동자와 경영인을 키워내지 못한다면 국제경쟁에서 낙오하고 맙니다. 출발점이 잘못되기 때문입니다.

제가 일전에 새 아파트에 입주하였는데 집 내부의 끝마무리가 덜 된 것 같아 관리사무소에 항의를 했더니, 관리사무소 직원의 말이 "요새 건축노동자들의 일솜씨가 모두 이렇습니다." 하면서 그들의 기능수준과 작업태도를 한탄하는 것이었습니다. 그의 말인즉 페인트공이 페인트칠을 하고 간 뒤 도배공에게 도배를 시키면 도배하면서 미리 칠한 페인트를 버리게 하며, 그다음 오는 노동자는 또 미리 작업한 것을 망쳐 놓아 끝마무리가 잘되지 않는다는 것입니다. 이런 것은 학교교육에서 올바른 생활태도 교육을 잘하지 못한 탓이라 생각되었습니다.

우리나라가 그간 짧은 기간에 급속한 경제발전을 이룩한 것은 교육의 힘이 절대적으로 영향을 끼쳤다는 것은 부인 못할 사실입니다. 교육이 경제발전에 큰 기여를 했으면, 이제는 경제발전으로 얻은 소득을 다시 교육에 재투자하여 우리 교육의 질을 계속 높여 나가야 하는데 그렇지 못하고 그 소득은 향락산업 같은 엉뚱한 곳으로 흘려버려서 교육의 질은 마냥 제자리에 머물고 있습니다. 교육의 질이 높아져야 그것이 다시 경제나 정치에 영향을 미쳐 경제 개발도 지속되고 정치의 질도 높아질 것인데 그렇지 못하여 교육과 정치수준은 마냥 그 수준이고 경제만 조금 나아지고 있을 뿐입니다. 우리의 경제를 엑셀 자동차 정도라면 교육은 리어카 수준이고 정치는 지게 수준이라고나 할까요?

다시 말씀드립니다만 교육은 국가발전의 출발점이자 종점이라 할 수 있습니다. 그리고 교육은 국가를 지키는 최후의 보루입니다. 피히테가 ≪독일 국민에게 고함≫이라는 연설에서 "독일이 망한 것은 독일의 국민교육이 잘못되었기 때문이다."라고 한 것이나, 보불전쟁의 영웅인 독일의 명장 몰트게가 개선환영식 답사에서 "전쟁에서 승리한 것은 나와 내 부하 군인들이 잘 싸워서가 아니라 우리를 이렇게 길러 준 초등학교 선생님들의 공"이라고 말한 것은 교육의 중요성을 단적으로 지적한 너무나 유명한 말이 아니겠습니까?

그런데 근래에 와서 우리 사회의 각 부문에서 부정과 비리가 속속 밝혀져 세인의 지탄을 받고 있습니다만, 그래도 국민들은 우리 교육자만은 그렇지 않을 것이라고 믿고 있었는데, 그 믿음을 팽개치고 일부 교육자들이 부정과 비리에 연루되었다는 소식이 들려올 때 안타까움을 금할 수 없습니다. 국가를 버티는 최후의 보루조차 흔들린다면 이 나라의 장래는 암담할 뿐입니다. 대폭적인 교육개혁이 필요한 시기입니다.

외국에서는 벌써부터 교육개혁운동이 활발히 진행되고 있습니다. 교육의 질을 높여야 국가발전도 지속적으로 이루어질 수 있음을 미리 깨닫고 10여 년 전부터 교육개혁에 몰두하고 있는 것입니다. 미국에서는 1983년에 ≪미국의 위기(*A Nation at Risk*)≫라는 교육개혁 보고서를 발간하고 미국 교육의 수월성을 추구하고자 여러 가지 노력을 하였고, 일본에서는 1984년 나카소네 정부 당시 임시교육심의회를 만들어 일본 교육의 질을 높이고자 한 걸음 한 걸음 나아가고 있습니다. 영국에서도 1938년 교육개혁법을 만들어, 각 지방이나 학교에만 맡겨 놓았던 교육과정을 국가교육과정으로 바꾸고, 운영 면에서는 학교의 자율성을 높이고자 학교운영위원회를 만들어 학교단위책임경영제를 도입하였습니다. 이제까지 시·군 단위에서 학고경영의 책임을 맡아 해 오던 것을, 학교 실정을 잘 아는 학부모 대표, 교사 대표, 학교장 등으로 구성된 학교운영위원회에서 경영의 책임을 지고 예산을 편성하고 교직원을 뽑아 학교운영을 하도록 한 것입니다.

또 미국의 부시 대통령 때에 미국의 50개 주지사들이 주동이 되어(당시 아칸소 주지사이던 클린턴 전 대통령이 주도함) 'America 2000'이라는 교육개혁전략을 수립하고 2000년대까지 다음과 같이 6대 국가교육목표를 달성코자 노력하고 있었습니다.

① 모든 어린이는 미리 학습준비도(readiness, 필자 주:유아교육)를 갖추고 학교교육을 시작하게 한다.

② 75% 정도밖에 안 되는 고교졸업률을 90% 이상 올린다(필자 주:미국에서는 12학년까지 의무교육기간인데도 졸업률은 아주 낮은 편인데 이는 학교의 질이 학생들을 만족시키지 못하기 때문이라 보고 있습니다.).

③ 4, 8, 12학년에서 중학교과인 영어, 수학, 과학, 역사, 지리 과목에 대해 국가학력 평가를 실시하여 우수한 능력을 갖추도록 점검한다.

④ 1995년까지 과학, 수학 분야에서 세계 제1위의 실력을 갖게 한다.

⑤ 성인 문맹자를 없애고 기초기능을 습득케 하여 세계 경쟁에서 경쟁력을 갖게 하고 시민으로서의 책임과 의무를 다하게 한다(필자 주:성인·평생교육).

⑥ 만연되고 있는 마약 폭력을 추방하여 해이해진 기강을 확립한다.

위와 같이 83년부터 교육개혁에 힘써 오고 있으나 그들의 자체평가 결과 소기의 성과를 거두지 못하고 있다고 판단하여 개혁의 방향을 다음과 같이 고쳐 나갔었습니다. 개혁이 잘 안 된 원인이 이제까지 중앙정부나 주정부 등 위에서 교육개혁을 원격조정한 결과로 아래의 학교가 안 움직여 주었기 때문이라는 것입니다. 그래서 앞으로는 다음과 같이 전략을 바꾸는데 이것을 미국 교육개혁의 제2의 물결이라고 합니다.

첫째, 학교가 교육개혁의 주체가 되게 한다는 것입니다. 영국처럼 학교운영위원회를 구성하여 인사 재정의 재량권을 주어 자율책임경영을 하도록 하는 것입니다.

둘째, 학부모에게 학교선택권을 주게 한다는 것입니다. 지금까지는 학구별로 학구 내에서만 진학을 하였으나 앞으로는 등록하고 싶은 학교에 등록하게 한다는 것입니다. 다시 말하면 교육의 자유시장경제체제의 적용으로 교육소비자로 하여금 스스로 교육[학교]을 선택케 하는 것입니다. 이렇게 학부모에게 학교선택권을 주게 되면 학부형에게 매력 있는 학교가 되지 않으면 학교는 망하고 맙니다. 매력 있는 학교에는 많은 학생들이 모이고, 학생 수에 비례하여 재정이 배정되므로 매력 있는 학교는 학교재정도 풍부해져 학교는 더욱 발전하지만, 그렇지 못한 학교는 도태되고 말 것입니다. 학교에도 부익부빈익빈이 적용되게 되었습니다. 그래서 앞으로는 살아남기 위한 교육행정을 하지 않을 수 없습니다.

　이와 같은 외국의 교육개혁운동을 볼 때 우리의 교육행정도 크게 바뀌어야 할 것입니다. 이제까지는 온실 속의 교육행정을 해 온 것입니다. 국가나 지방자치단체의 보호 속에 자생력 없이 지내 온 셈입니다. 앞으로는 비바람 몰아치는 들판에서도 살아남을 수 있는 학교 자생력을 길러야 합니다. 앞으로 이런 추세가 우리나라에도 몰아닥친다면 학교장의 역할은 획기적으로 변해야 할 것입니다.

3. 승부는 수업에서

　학교교육의 승부는 교실수업에서 결정될 것입니다. 학교장의 수업지도력이 절실하게 요구되는 상황이 올 것입니다. 언제부터인가 학교사회에서는 학교장이 수업에 관심을 갖는 것은 쩨쩨한 일이라 여기게 되고, 교장은 관리자로서 시설, 재정이나 대외관계만 잘하면 명교장, 또는 대교장이라고 여기고 있습니다. 이런 생각은 아주 옳지 못한 것입니다. 수업의 질을 높이려면 교장이 앞장을 서야 합니다. 초·중등교육법 제20조에는 교장은 학생을 교육하도록 명문화되어 있고, 교사는 교장의 지도감독을 받아 학생교육을 하도록 규정되어 있습니다. 교장이 수업계획안을 점검 확인하거나, 수업결과를 학부형에게 통지할 때 교장 이름으로 하는 것도 다 이 때문입니다. 그러므로 교장은 수업지도력을 발휘하여 좋은 수업을 하도록 하는 데 가장 관심을 많이 둬야 할 것입니다. 그런데 요즘 학교현장에서는 교장의 수업지도력이 크게 위축되고 있는 것 같습니다. 제가 얼마 전에 연수회에 갔다가 들은 이야기입니다. 한 교장 선생님이 교실을 방문하였더니 지도교사는 수업을 하다 말고 운동장만 쳐다보고 있더라는 것입니다. 아무리 기다려도 교사는 수업할 생각을 않더랍니다. 그래서 옆 교실로 갔더니 옆 교실에서도 똑같은 일이 벌어지기에 운동장에 뭐가 있나 싶어 함께 밖을 보았더니 아무것도 보이지 않더랍니다. 아마 자기가 수업하는데 교장이 들어오는 것이 못마땅하여 교장이 들어오면 수업하지 않기로 교사들이 짰던 모양인데……. 그건 그 선생님들이 뭔가 잘못 생각하고 있는 것입니다. 학교경영에는 학교장이 절대적 권한을 갖도록 한 것은 민주주의 선진국들에서도 똑같습니다. 학교장은 강력한 지도력을 발휘하여 학교를 이끌어 나가야 합니다. 강력한 지도력을 발휘하되 참여와 분권, 자율과 책임을 조화시켜 나갈 때 민주적 지도력이라 할 수 있겠습니다.

그럼 이제부터는 학교장의 민주적 지도력에 대한 이론적인 면을 살펴보겠습니다.

4. 학교장의 민주적 지도력

어떤 학교가 효과적인 학교(Effective school)인가 하고 조사를 해 봤더니, 다음과 같은 공통요소가 있었다고 합니다.

- 강력한 지도력(Strong leadship).
- 안정되고 질서정연한 풍토(Climate).
- 교사와 학생에 대한 높은 기대(High Expectations).
- 기초기능의 강조(Emphasize the basic skills).
- 정기적이고 계속적인 평가(Regular and continuous assessment).

첫째의 강력한 지도력은 독재나 권위주의적인 지도력으로 오해되어서는 안 됩니다. 교장은 직원들로 하여금 효과적인 학교의 열쇠가 되는 요소에 주의를 집중하도록 격려하고 또 여러 가지로 수업지도력을 행사합니다. 지도자는 신봉자이고 교육의 질 향상에 바치고 학교 향상에 헌신하는 사람입니다.

둘째, 경직되지 않고 억압되지 않은 안정되고 질서정연한 학교풍토는 효과적인 학교의 학습환경을 제공해 줍니다. 수업과 학습이 원초적 강조점이지만 기강, 규칙, 물리적 환경과 같은 요소들도 이에 못지않게 중요합니다. 기대되는 행동률도 만들고 또 정기적으로 검토할 필요가 있습니다. 슬로건이나 마크, 교가 등 동기물도 긍정적 힘을 줍니다. 직원과 학생들 사이의 자존심과 자긍심, 사기와 상호존중 풍토가 학교에 스며들어야 합니다. 공동운명체의식이 충만한 학교가 되어야 효과도 있고, 일하는 즐거움, 살아가는 즐거움도 가질 수 있는 것입니다.

셋째, 효과적인 학교에서는 학생과 직원에 대해서 고도의 긍정적 기대를 갖습니다. 교수-학습에서 도달해야 할 전국규준 이상의 높은 기대수준을 설정합니다. 각 학생이 기초목표를 도달할 수 있다는 강한 믿음이 필요합니다. 직원연수 프로그램에 학생에 대한 기대와 기대의 효과에 관한 내용을 포함시키는 것이 좋습니다. 여러분들은 Pygmalion 효과와 자성예언에 관한 내용을 잘 알 것입니다. 어느 조각가가 돌로 여인상을 조각하면서 계속 말을 하고 어루만진 결과 마침내 차디찬 돌멩이 여인상에 따뜻한 피가 돌기 시작하더라는 것입니다. 학생도 교사의 기대에 맞추어 주고, 자성할 수 있다고 기대하면 기대한 대로 성공한다는 것이 피그말리온 효과입니다. 학생은 배우기 위해 여기 와 있고, 교사는 가르치기 위해서, 행정가는 봉사하기 위해서 여기 와 있는 것입니다. 일단 학생과 교사에게 높은 기대를 걸어야 합니다.

넷째, 효과적인 학교에서는 기초기능을 강조하더랍니다. 기초 없이 너무 많은 것을 대충 가르쳐서는 효과가 없습니다. 우리는 지금 너무 많은 교과목과 너무 많은 내용을 학생들에게 가르친다고 봅니다. 기초기능을 완전히 다져 놓고 그렇게 하는 것은 모르겠습니다만 기초 없이 양만 채우고 있습니다.

다섯째, 학교 교사들은 개개 학생을 위한 수업전략과 결과를 정기적 계속적으로 평가합니다. 학습해야 할 기초기능의 시험을 개발하고 채택합니다. 숙제와 숙제검사를 엄격히 하고 교육과정상의 목표달성을 위한 교사의 학습

계획과 교사활동을 확인합니다.

효과적인 학교에 관련된 변인은 대개 이 다섯 가지로 묶어집니다. 교장은 이 다섯 가지 변인에서 지도력을 발휘해야 할 것입니다. 교육개혁이 곧 학교 개혁이고 효과적인 학교개혁에는 앞에서 언급한 다섯 요인이 밀접하게 관련 되어 있다고 하였습니다.

학교개혁을 위해서는 ① 오리엔테이션과 평가의 단계 ② 계획과 설계의 단계 ③ 실행의 단계 ④ 제도화와 보완의 단계 등 4단계의 과정을 밟아야 합니다(제1장 〈표 1-3〉 참조).

표를 보면 가로축에 효과적인 학교의 다섯 가지 요인을 늘어놓았는데, 수 업지도력이 가장 넓게 차지하고 있습니다. 세로축에는 변화과정의 네 단계를 밑에서부터 위로 순서대로 배치하고 있습니다.

변화과정의 첫 단계에서는 교육개혁에 대한 오리엔테이션을 실시합니다. 앞으로의 변화에 대해 그 윤곽을 알도록 해 줘야 합니다. 학교나 지역사회의 준비도와 수용도를 확인해야 합니다. 그리고 사전평가를 실시하여 기초자료 를 수집해야 합니다.

다음 단계에서는 계획과 프로그램을 설계합니다. 교장은 학교교육목표를 설정하고 규범을 형성해야 합니다. 앞으로 해 나가야 할 것에 대한 비전을 제 시해야 합니다. 그리고 교육목표와 일치하는 활동을 개발하는 것 등입니다.

셋째 단계는 실행의 단계입니다. 교장은 가시적 활동이 필요합니다. 학교직 원이나 학부형들에게 학교장이 무엇을 하려고 노력하고 있다는 것을 알리는 활동이 있어야 합니다. 학교장이 관심을 가진다는 사실을 직원이 알게 되면 그 일에 더욱 열심일 수 있는 것입니다. 수업장학에 대한 스케줄을 세운다든 지 학교목표에 초점을 두는 한 직원에게 계속적 지원을 제공하는 일, 우수한 학교의 비전을 학생이나 직원, 학부모들에게 제시하는 일을 교장이 해야 합니다.

마지막 단계는 개혁활동이 스스로 추진되어 갈 수 있도록 제도화시키고 부족한 점을 보완시켜 나가야 합니다.

이상과 같은 단계를 거쳐 효과적인 학교의 다섯 가지 요인이 침투 정착되어야 할 것입니다.

그러면 어떤 지도자들이 효과적인 지도자의 행동을 보여줄 수 있을까요? 유능하고 효과적인 지도자를 관찰해 보면 다음과 같은 공통적인 행동양식이 발견됩니다.

첫째가 지도자는 무엇보다도 먼저 비전을 제시해야 합니다. 우리가 열심히 노력하면 어떤 좋은 일이 생길 것이라는 미래에의 전망을 밝혀주어야 합니다. 군대 지휘관이 지휘봉을 항시 들고 다니는 것은 비전을 제시하기 위해서입니다.

비전을 제시하는 일은 지도자의 구체적 행동의 하나입니다. 지도자는 비전을 잘 제시해 줌으로써 조직원들의 활동을 한곳으로 모을 수 있는 것입니다. 그리고 그들의 당장의 불만을 누르고 어렵더라도 참고 나아가면 더 큰 희망(즐거움, 보람)이 기다리고 있음을 믿게 하여야 합니다.

둘째는 참여를 유도하는 일입니다. 교직원의 참여는 교장의 짐을 덜어 주는 일인 것입니다. 교육목표 달성은 결국은 교사의 손으로 이루어지는 것이므로 교사들을 적극 참여시키는 일은 무엇보다 필요한 일입니다.

셋째, 훌륭한 지도자는 지원적(supportive)이라는 것입니다. 정신적 지원, 물질적 지원, 심리적 지원을 해줘야 조직원들은 잘 따라오는 것입니다.

넷째는 성취에 대한 애착과 관심입니다. 효과적인 지도자는 목표달성 여부에 대한 관심이 남보다 더 큰 편입니다. 학생들도 공부 잘하는 학생이 자기의 학점에 관심이 크듯이 자기의 목표달성 여부에 관심이 큰 사람일수록 성취도 큰 것입니다.

다섯째, 훌륭한 지도자는 자신이 유용한 자원임을 자임하는 사람입니다. 교장은 교직원들의 바람막이가 되고 큰 그늘이 되어 주어야 합니다. 예를 들면 새로운 교육이론이 나오면 복사하여 교사들에게 나누어주고 읽어보게 하여 교장은 교사의 지적 자원이 되어야 합니다. 교장은 교사의 의지처가 되어 주어야 하는 것입니다. 그늘막이 되고 기댈 곳이 교장밖에 없다고 믿게 되어야 합니다. 미국에서는 초등학교 교장들도 대부분 박사학위를 갖고 있습니다. 박사학위가 대단한 것이라기보다 교사들의 자원역할을 하기 쉽다는 점에서 우리들도 타산지석으로 삼아야 할 것입니다. 〈그림 7-1〉은 지도력의 근원과 수준 높은 지도력의 관계를 나타낸 그림입니다.

낮은 수준의 지도력은 매스로우의 욕구체계상 낮은 단계의 욕구들과 관계됩니다만 높은 수준의 지도력은 자율과 자아실현의 욕구와 관계를 갖습니다. 수준 높은 지도력을 삶이나 과업의 의의와 목적을 깨닫게 하여 스스로 그것을 추구하게 만드는 능력을 말합니다. 또 관리자가 낮은 수준의 지도자라면 행정가는 그보다 좀 더 높은 수준이며, 가장 상위는 지도자라 불리는 지도력을 갖는 것입니다. 관리자의 지도유형이 기술적인 면에 치중하고 계산적이고 교환적인 지도력이라면 행정가의 유형은 분권적 상징적이며 내발적(Building)인 지도형태이고 지도자의 지도유형은 문화적, 도덕적이며 교환적인 지도력을 말합니다.

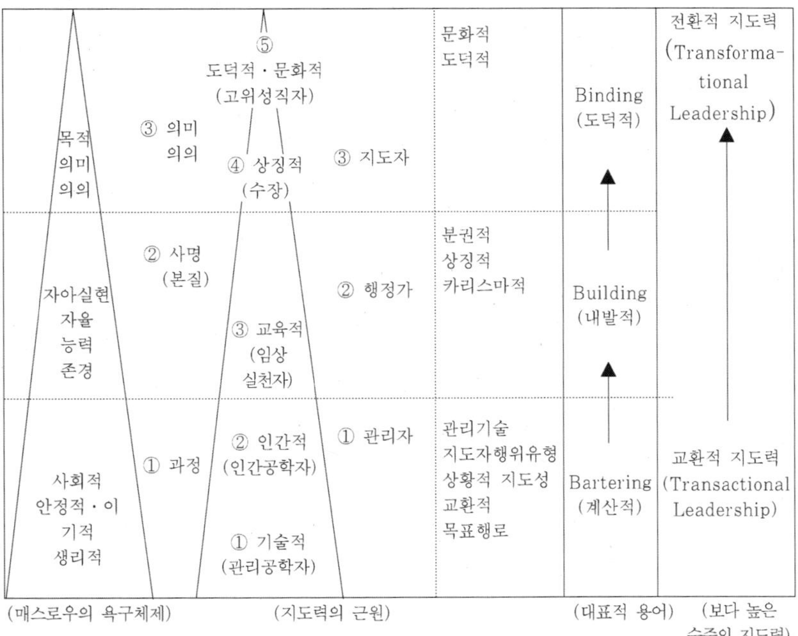

〈그림 7-1〉 지도력의 근원과 수준에 따른 지도력의 관계

　　교장의 지도성 발휘에 대한 한 가지 사례를 소개하겠습니다. 서울의 어느 초등학교에서 선생님 한 분이 갑자기 사고가 생겨 담임교사가 비게 되었으므로 교육청에 충원을 요청하게 되었습니다. 교육청 인사 담당자의 대답이 한 사람 있기는 있는데 아주 골치를 썩이는 문제교사라는 대답이었습니다. 그 교장은 꺼림칙했으나 워낙 급한 일이라 그 선생님을 받기로 하였습니다. 한 달 뒤 임시교사 임기가 끝나 갈 무렵 그 문제교사가 교장을 찾아와서 하는 말이 앞으로 이 학교에 더 있도록 해 달라는 것이었습니다. "교장 선생님 같은 분이라면 제가 왜 전교조에 참여하여 학교를 시끄럽게 하겠습니까?"라는 말을 하는 것이었습니다. 지난 한 달 동안 교장 선생님은 대화를 계속하여 그 선생님을 설득하기도 하고 또 설득 당하기도 하면서 서로의 생각을 충분히 교환하였기 때문에 서로를 이해하게 되었던 것입니다. 그 교장은 전환적 지도력을 발휘하였던 것입니다.

　　다음은 민주적 지도력의 또 한 가지 중요한 요소인 참여적 공동의사결정에 대하여 이야기해 보겠습니다.

　　먼저, 왜 의사결정에 많은 사람이 참여해야 할까요? 교사를 위해서일까요? 교장을 위해서일까요? 저는 교사, 교장 모두를 위해서 필요하다고 봅니다. 교장이 어떤 의사결정에 교사를 참여시키는 것을 무슨 시혜나 베풀어 주는 듯이 생각해서는 안 될 것입니다. 좋은 의사결정을 위해서 여러 사람을 참여시키는 것입니다. IQ 140인 사람이 혼자 생각하여 결정하는 것보다 IQ 100인 두 사람이 공동으로 생각하면 더 좋은 생각이 나올 수 있는 것입니다. 민주정치체제 면에서도 이제까지의 대의민주제에서 점차 참여민주제로 바뀌고 있는 경향이라 합니다. 오늘날 통신기술이 고도로 발달한 시대에는 전체 국민이 직접 정치적 의사결정에 참여할 수 있는 길이 열려 있기 때문입니다.

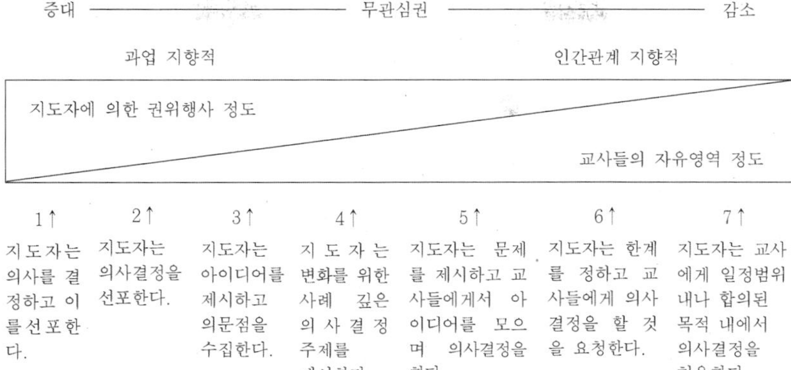

자료: Robert Tannenbaum and Warren Schmidt. "How to Choose a Leadership Pattern", harvard Business Review, Vol.36. No.2, 1957.

　다음, 참여의 범위를 어떻게 잡느냐 하는 문제인데, 모든 문제에 모든 교직원을 참여시키는 것이 좋을까요? 그렇지 않습니다. 모든 일에 모든 구성원을 참여시킨다고 꼭 민주적인 것은 아닙니다. 요즘 일선 학교에서 교무의회를 의결기관화하자는 의견이 있는 것 같은데, 학교일을 어떻게 교무회의에서 모두 의결하여 처리하여야 하는지 의문이 됩니다. 교무회의에서는 어떤 사안에 대해 의논도 하고 때로는 지시하기도 하며 또는 어떤 일을 전달하기도 해야 하는데, 모든 일을 토의 의결만을 통하여 처리한다는 것은 무리일 것입니다. 본래 의결기관은 교육위원회뿐입니다. 주민의 대표들이 모인 교위만 의결기관이지 교육청, 학교 등은 경영집행의 단위일 뿐입니다. 만약 교육위원회의 결정사항과 한 학교의 교무회의 결정사항이 다를 경우는 어떻게 처리할까요? 참여에서 중요한 개념은 수용권과 무관심권의 개념입니다. 수용권(Zone of acceptance)과 무관심권(Zone of indifference)은 같은 영역으로 교장이 어떤 결정을 해도 교사들이 수용하고 관심을 갖지 않는 권역을 말하는데, 이 영역에는 교사들을 참여시킬 필요가 없는 곳입니다. 다음 〈그림 7-2〉를 참조하시면 여러 가지로 도움이 될 것입니다. 왼쪽으로 갈수록 지도자에 의한 결정권이 커지고 오른쪽은 교사의 참여폭이 커집니다. 무관심권이 많을수록 지도자에 의한 결정이 많아지고 수용권이나 무관심권이 적을수록 교사의 참여폭이 커져서 교사들의 자유영역도 커집니다.

세 번째는 누가 결정에 참여해야 하는가에 대한 문제입니다. 참여해야 할 사람으로는 먼저 결정 때문에 이익 또는 손해 등 영향을 받을 사람일 것입니다. 소위 이익담당자는 반드시 참여해야 하며, 다음으로는 그 분야에 전문적 기술과 능력·지식 등 전문성을 갖는 사람은 참여하여야 하는데, 이는 중립적 입장에서 많은 조언을 해 줄 수 있기 때문입니다. 그 외에 협조를 필요로 하는 사람도 참여시켜 사업의 추진에 협조를 얻어야 할 것이고, 끝으로는 조직에 대하여 지원 또는 후원을 해 주는 사람도 참여시켜서 지원에 대한 보답을 해줘야 할 것입니다. 이상을 요약한다면 의사결정에 대한 (1) 관련성과 (2) 전문성 여부를 파악하여 참여 여부를 결정하면 될 것입니다.

네 번째는 언제 참여시킬까 하는 문제인데, 의사결정의 과정은 다음과 같습니다. 이 과정의 어느 단계에서 참여시킬까 하는 문제입니다. 첫째 단계는 문제점의 확인과 정의의 단계인데 이 단계에서는 범위를 좁혀 그 문제점을 확인해 봐야 합니다. 둘째 단계는 의사결정의 여러 대안 즉 문제해결의 방법들을 개발하는 단계인데, 이때는 그 방법이 좋고 나쁘고는 따지지 않고 있는 대로의 모든 의견을 자유스럽게 토론하는 Brain Storming법을 사용하는 것이 좋습니다. 셋째 단계는 추출되어진 각 대안들에 대해 장단점을 따지고 그 결과를 예측하여서 마지막으로 최선의 안을 선택·결정하는 것입니다. 이러한 각 단계 중 어느 단계에서 교직원들을 참여시킬 것인가를 결정해야 하는 것입니다.

다섯 번째로 생각할 것은 어떤 방법과 형태로 의사결정을 할 것인가? 하는 문제인데 참여 정도에 따라 다음 다섯 형태를 생각해 볼 수 있습니다.

이 중에서 어느 형태를 적용할 것인가는 사안에 따라서 알맞은 것을 선택해야 하겠습니다. 전체직원의회에서 결정할 수도 있고 전체부장회의 또는 교장, 교감, 교무, 연구, 학생부장교사들끼리만 협의해서 결정할 수도 있는 것입니다.

이러한 의사결정에서 교장의 역할을 살펴보면 결정하려는 문제, 의사결정의 형태에 따라 달라집니다. 협의 시의 교장의 역할을 보면 참여회원들이 문제해결에 초점을 맞추게 유도하고, 전체의견을 조정하고 통합하며, 한마음을 가지도록 일치성과 동의를 끌어내도록 해야 합니다. 그리고 최종결정을 자신이 내릴 때는 소수의 의견, 반대의 의견을 줄이는 데 노력해야 할 것입니다. 의회적 방법으로 회의를 할 때는 소수의 견해가 묵살되지 않게, 그들로 하여금 그들의 의견을 충분히 반영되도록 기회를 부여해 줘야 할 것입니다. 얼마 전 어느 학교에서 '학교에서 개선해야 될 점'을 적어 달라고 하였더니, 선생님 자신들에 관한 개선점은 많이 써 내었으나, 학생들을 위하여 해줘야 될 사항은 거의 들어 있지 않아서 교장 선생님은 매우 씁쓸한 생각이 들었다는 이야기를 들은 바 있습니다. 이렇게 여러 사람의 의견을 듣는다 해도 완전할 수는 없다는 것을 알아야 합니다. 최종적 결정을 내릴 때는 여러 상황과 입장을 깊이 넓게 생각하여 신중한 결정을 내려야 하겠습니다.

<표 7-1> 의사결정의 참여 정도의 형태

참여 정도	표시	설 명
全無	A I	● 지도자 단독으로 결정한다.
단독(alone)	A II	● 하급자에게 정보를 요청하지만 지도자 단독으로 결정한다. 문제가 무엇인지에 관하여 하급자에게 알릴 수도 있고 안 알릴 수도 있다.
협의(con-sultation)	C I	● 지도자는 하급자에게 문제점을 말하고(share) 하급자에게 정보와 평가를 요청한다. 회의는 집단이 아니라 1 : 1(dyads)로 이루어지고, 그 다음에 지도자가 나서서 결정을 한다.
	C II	● 지도자와 하급자가 문제를 협의하기 위해 집단적으로 회의하지만 결정은 지도자가 한다.
집단(group)	G	● 지도자와 하급자가 문제를 협의하기 위하여 집단적으로 회의하고 하나의 전체로서의 집단이 결정한다.
高		

끝으로 지금까지 설명한 참여적 공동의사결정 모형을 다시 요약하겠습니다. 다음 <그림 7-3>은 그림 (1)~(4) 순서대로 밑으로 내려가면서 설명하겠습니다.

첫째, 수용권 내부의 문제는 다른 사람을 참여시킬 필요 없이 교장 단독으로 결정해도 됩니다. 다른 사람들이 당연한 것으로 받아들이기 때문입니다.

둘째, 수용권 주변의 문제를 개인적 이해관계의 관련성은 없으나 전문성이 있는 경우는 가끔 제한된 범위 내에서 대안검토의 단계에서부터 참여시키되 충분히 협의 후 교장이 최종결정을 하는데, 이때 교장은 문제해결, 의견조정, 통합, 일치성 형성, 반대의 최소화에 노력해야 합니다.

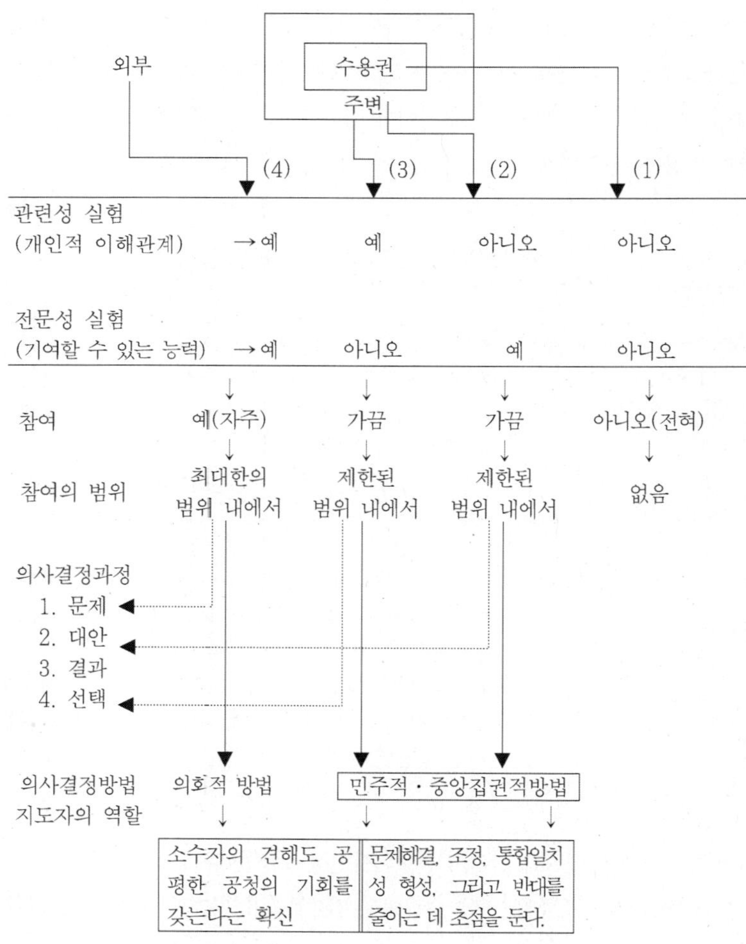

셋째, 수용권 주변의 문제로 개인적 이해관계의 관련성은 있으나, 그 문제에 전문성을 갖고 있지 않는 사람의 경우라면 가끔 제한된 범위에서 최종선택의 단계에서부터 참여시키되 결정방식은 앞의 경우와 같이 충분히 협의 후 교장이 결정하는 민주적-중앙집권식 방식을 취하는 것이 좋습니다.

넷째, 수용권 외부의 문제로 이해관계가 있고 전문성도 있는 사람은 반드시 최대한의 범위에서 의사결정의 초기단계에서부터 참여시키고, 결정방법은 교장도 똑같이 한 표를 던지는 의회적 방법을 택합니다. 이때 교장의 역할은 소수자의 견해도 충분히 반영되도록 하고 공평한 공청의 기회를 갖는다는 확신을 갖도록 해야 할 것입니다.

이상에서 민주적 학교운영에 대한 원론적인 이야기를 주로 하였습니다. 다음은 학교경영의 실제면에 대하여 몇 가지 이야기하겠습니다.

5. 학교운영의 실제

앞에서도 잠깐 언급하였습니다만, 학교장의 위치가 자꾸 흔들리고 있는 것 같아 안타깝기 짝이 없습니다. 예를 들면 교장임기제 같은 것은 교장의 역할을 많이 위축시키고 있습니다. 저는 처음부터 임기제를 반대하는 입장에 섰습니다. 당시 국회 문공위에서 교육법 개정에 대해 의견을 말하라기에 저는 임기제에 대하여 다음과 같은 비유를 들어 반대하였습니다. 교장임기가 끝난 교장을 다시 교사로 보내는 것은 오랫동안 축구 감독을 하던 사람에게 다시 축구선수로 나가 뛰라는 것과 같은 발상이라고 하였습니다. 감독은 감독으로서의 전문성을 계속 발전시키고 선수는 선수로 기능을 익혀 나가야지 감독하다가 공 차고 공 차다가 감독하여서는 전문성을 잃어 시합에서 승리할 수 없다고 하였더니, 어떤 국회의원이 "감독하다가 공 차면 발을 삐게 되나?"

하고 반말로 빈정거렸습니다. 그래서 저는 말하기를 "감독이 공을 찬다고 해서 발을 빼기야 하겠습니까? 왕년에는 감독도 선수생활을 하였으니까 공을 찰 수는 있겠지요, 그러나 한번 생각해 봅시다. 국력을 기울여 올림픽에서 이기려고 노력하는 냉혹한 국제경기에서 젊고 뛰어난 프로 선수가 뛰어도 될까 말까하는 판에 옛날 선수였던 감독이 뛰어가지고 시합에서 이기겠습니까? 발을 안 빼는 것만 생각하고 시합에는 져도 좋다는 것입니까?" 하였더니 아무 말도 못했습니다. 그렇습니다. 교육경쟁은 올림픽 경기보다 더 치열한 국제경쟁의 하나입니다. 이런 치열하고 냉혹한 경쟁에서 교육계의 리더인 교장을 무력화시켜서는 안 되는 것입니다. 제가 교사 편을 안 들고 교장 편을 들어서 이런 말씀을 드리는 것이 아닙니다. 저는 평교사 생활만을 했던 사람이니 심정적으로는 교사들 편을 들고 싶습니다. 그러나 냉정히 생각해 볼 때 교육계 전체를 위해서는 임기제가 바람직하지 않다는 신념에는 변함이 없습니다.

말이 잠시 엇길로 나갔습니다. 학교경영 체제는 다음 〈그림 7-4〉와 같이 여섯 개의 하위 체제로 이루어져 있습니다. 이 여섯 개 체제의 기능이 제 역할을 잘해 줘야 전체 학교 체제가 잘되어 갈 것입니다. 학교는 이익집단이 아니고 기능집단입니다. 어느 한 가지 기능이 마비되면 전체가 움직이지 않게 됩니다. 각 하위 체제의 기능이 잘 움직일 수 있도록 교장은 분권과 참여에 의하여 민주적으로 경영해 나가야겠습니다.

초·중등교육법 제20조 1항을 보면 교장의 직무는 (1) 교무통할, (2) 직원감독, (3) 학생교육입니다. 이를 분석해 보면 교무통할과 직원감독의 일부가 관리·행정 영역이고, 교무통할에서 직원감독 학생교육의 일부까지가 장학활동입니다. 교장의 역할에서 장학활동 특히 교수장학이 가장 중요한 역할임을 명심해야 합니다. 교육자는 어느 곳에 근무하던 수업을 떠나서는 생각할 수 없습니다. 교육행정기관이나 연구·연수기관에 근무하는 교육전문직들은 물론이고, 일반행정직까지도 수업을 학교교육의 제일 중심요소로 생각하도록 해야 되겠습니다.

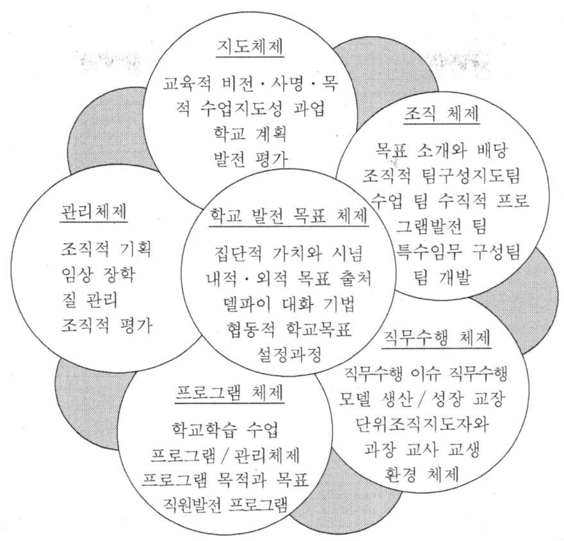

〈그림 7-4〉 학교 생태계 변인

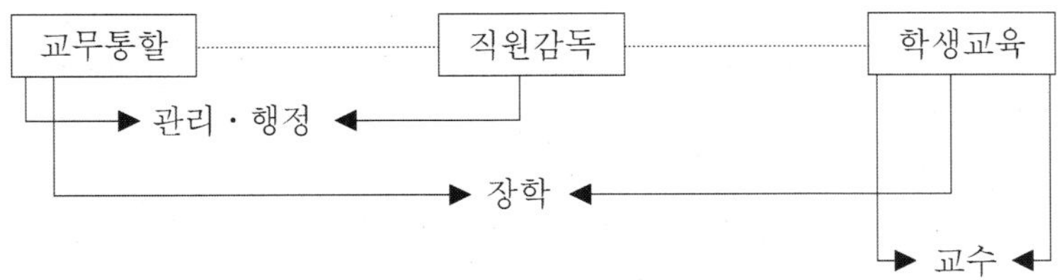

〈그림 7-5〉 교장의 직무

교장의 과업 영역에는 (1) 수업 프로그램 운영(교육과정 운영), (2) 교직원 인사, (3) 학생 인사, (4) 재정과 시설, (5) 학교와 지역사회관계 등이 있는데 이런 과업을 수행함에 있어서 유의할 점을 들면 첫째 분권입니다. 교장의 권한을 교사들에게 위임을 하되 책임감을 갖도록 해야 하며 지도자들의 지도자가 되어야 합니다. 둘째는 참여의 원칙으로 집단지를 이끌어 내어 좋은 결정을 할 수 있도록 공동의사결정의 풍토를 조성해 나가야 합니다. 셋째는 봉사의 원칙입니다. 교장은 학생, 교사, 학부모, 지역 주민 그리고 넓게는 국민에 대한 봉사자라는 생각을 잠시도 잊어서는 안 됩니다. 넷째로는 소신과 철학을 갖고 이를 펼쳐 나가는 데 보람을 가져야겠습니다. 사심 없이 옳다고 믿는 바에 의해 행동하며, 이리 저리 눈치만 보는 교장이 되어서는 안 될 것입니다.

6. 교장의 보람

이제 마무리 할 시간이 다 된 것 같습니다. 마지막으로 드리고 싶은 이야기는 교장의 보람에 관한 것입니다.

교장은 가르치는 보람에 삽니다. 교장은 자신도 가르침에서 보람을 찾아야 하고, 교사들로 하여금 가르침에서 참된 보람을 느낄 수 있도록 이끌어 나가야 할 것입니다.

다음은 지원과 봉사의 보람입니다. 어려운 상태에 놓인 교사를 도와줌으로써 "교장 선생님 때문에 방황과 어둠의 질곡에서 벗어나 내가 올바른 교직생활을 하게 되었다."는 말을 들을 때 교장은 참된 보람을 느낄 수 있을 것입니다.

다음은 철학의 펼침에 의한 보람입니다. 그리고 한 인간으로서 삶의 보람을 찾아야 합니다. 보람이 없다면 삶의 의욕을 찾을 수 없습니다. 앞으로 남은 기간 동안 어려운 가운데에서도, 교사들과 아웅다웅하면서도 그 속에서 뭔가 했다, 한 획을 그었다는 보람을 느낄 수 있도록 해 나가야 하겠습니다. 가능하면 스스로 교장연찬회(校長研鑽會)를 만들어 단결하고 자기계발에 노력해 나가야 합니다. 더전 서부교육청 관내 초등학교 교장 선생님들이 자생적인 교장연찬회를 만들어 학술지도 발행하고 자기연찬에 노력하는 것을 볼 때 매우 모양이 좋았습니다. 그리고 교장들은 서로 간에 보조를 맞추어 나가야 합니다. 어떤 교장 선생님은 선생님들을 풀어 주어 인심을 쓰고, 어떤 교장 선생님은 할 것은 해야겠다는 생각에서 선생님들과 아옹다옹한다면 모두 다 곤란에 빠지게 됩니다. 어렵더라도 같은 보조를 맞추어 나가야 합니다. 임기를 마치는 그날까지 할 것은 하고 선생님들께 줄 것은 과감히 주는 교장이 되기를 바라면서 저의 이야기를 마치겠습니다. 고맙습니다.

제8장 새로운 세기를 지향한 학교경영*

1. 서 론

지난 50년 동안은 5천 년 동안 변화한 것보다도 더 많이 변했다고 한다. 그야말로 우리는 격변의 시대에 살고 있다. 초강대국 소련은 쓰러지고 각 나라는 공산주의·사회주의와의 이념대결 대신에 생존을 위한 몸부림과 소용돌이에 휩싸이고 있다. 15개 독립국가의 연합은 연합의 엉성한 힘보다는 오히려 독립과 대결의 힘이 강하게 작용하고 있으며 최근에는 우크라이나와 러시아가 긴장상태를 갖기도 했다. 유고슬라비아와 체코슬로바키아가 각각 민족별로 갈라져 싸우는 속에 보스니아에서는 20만 명 이상이 사망했었다. 2천 년간의 원수지간인 이스라엘과 PLO가 악수하는 장면이 TV화면에 자주 비치더니 PLO정착민들이 가자 등 자치지구에 몰려들고 있다. 국가 간에는 영원한 적도 없고 영원한 친구도 없다.

남아프리카에서 흑·백이 대결하여 피를 흘리고 있고, 소말리아에서 생존을 위한 싸움들이 벌어지고 있고, 남미와 아프리카 여러 곳에서 대통령과 대통령 후보들이 사고를 당해 혼란이 반복되고 있다. 눈 깜짝할 사이에 나라가

---

* 1994. 4. 28. 경기율곡교원연수원 교장직무연수 초청 발표.

망하기도 하고 인구 몇 만 명이 되는 새로운 국가가 생겨나기도 한다.

기업체들도 하루에 30여 개씩 부상하기도 하고 또 침몰하기도 한다. 엊그제까지의 기업체 회장과 사장이 부도를 내고 흔적도 없이 사라지기도 하고 또 20대·30대 사장이 새로운 아이디어로 각광을 받으며 떠오르는 별로 나타나기도 한다. 아침 7시 출근해서 4시 퇴근하는 회사도 있고, 서서 5분간 회의로 중요한 회의를 끝내기도 한다. 현지출근과 비행기 안의 결재도 생활화된다. 땅에만, 사람 다니는 고속도로만 나는 것이 아니라 하늘에 사람 대신 정보가 다니는 고속도로를 만든다고 한다.(우리나라는 2015년 초고속 정보통신망 완성 예정.) 메이드 인 코리아는 이리 밀리고 저리 밀린다. 먹고 살게 됐다고 향락이나 즐기고 노사분규나 하던 우리 기업의 생존 자체가 절박하게 되었다. UR, GR, BR의 한파로 모두가 생존을 위한 투쟁을 하지 않으면 안 되게 되어 있다.

국가 기업의 생존이 교육에 달려 있다고 교육개혁에 열을 올리고 있다. 기업과 공장의 재구조화와 마찬가지로 학교도 재구조화하고 있다. 학교단위자율경영을 하고 있다. 자녀교육을 위해서 기꺼이 고분고분 주머니를 털던 학부모들도 주머니 터는 대신 책무성을 요구하고, 학교선택권을 주장하고 있다. 교육도 자유시장의 원리가 적용되고 생존교육을 하지 않으면 안 된다. 망하는 학교가 생기고 학생이 넘치는 학교가 생긴다. 교육도 더 이상 무풍지대 온실 속에 조용히 안주할 수만은 없게 되었다. 학교도 살아남기 위한 노력을 기울이지 않을 수 없다. 앞서 가야 할 교육이지만 마지못해 끌려가기라도 해야 할 판이다. 앞으로 5년이면 세기가 바뀐다. 이어지는 시간이지만 우리가 마음먹기에 따라서는 끊어주는, 바꿔 놓는 시간이 되어야 한다. 새로운 세기와 함께 전환·변환하지 않으면 안 된다. 교육과 학교가 달라지지 않으면 안 된다.

앞으로 닥쳐 올 새로운 시대를 전망해 보고 이를 위해서 우리가 어떻게 학교경영을 해야 할 것인지 같이 생각해 보기로 한다. 특히 질적 전환을 위한 학교경영에 초점을 맞춰 보기로 한다.

2. 한국 교육 반세기의 공적 – 경이적인 양의 성공

먼저 지난 50년간 우리가 해온 교육의 밝은 면을 되돌아보고자 한다. 우리의 교육이 잘못되었다고 비난만 하지 말고 우리가 걸어온 50년을 되돌아봄으로써 앞으로 5년 남은 새로운 세기에 우리가 걸어 나갈 길을 밝혀 보는 일은 의미가 있다고 본다.

필자는 이미 ≪敎育行政論壇≫이라는 책에서 한국 교육 45년의 공과를 다루면서 공적을 다음 열 가지로 지적한 적이 있다.

① 문맹퇴치운동과 방계교육제도의 개방.
② 교육기회의 확대에 의한 평등성 실현.
③ 초등기초교육정책으로부터 중등·고등교육정책으로의 이행.
④ 초기의 중앙집권적 정책.
⑤ 학교시설기준령 고수.
⑥ 도덕과목의 교과목 설정.
⑦ 초기의 사범교육.
⑧ 사회·정치·경제·국가발전에의 교육기여.
⑨ 민주교육의 실현.
⑩ 해외로의 진출.

우리는 여기서 지난 반세기간의 한국 교육의 공적을 열거하는 데 많은 시간과 지면을 할애할 필요는 없다. 그것이 오늘의 핵심이 아니기 때문이다. 간단히 언급만 하기로 한다.

1) 문명퇴치운동과 방계교육제도의 개방

우리가 짧은 기간 내에 기초문맹(Basic illiteracy)을 퇴치한 것은 엄청난 일을 해낸 것이다. 한글 자체를 몰라서 글자를 먼저 가르치는 일이 40~50년 전의 일이다. 야학과 공민반을 통해서 이루어 낸 것이다. 군인도 군사교육에 들어가기 전에 먼저 한글해독교육을 해야 했었다. 우리는 여기서 과학적이고 쉬운 한글을 창제해 주신 조상에게 감사하지 않을 수 없다. 그리고 교육기회를 잃은 사람들을 위한 방계교육제도를 열어 놓은 점이 우리가 잘한 점이다. 공민학교, 고등기술학교, 야간제, 방송통신대학, 방송통신고교, 산업체부설학교(학급), 각종 검정고시, 보통고시와 고등고시, 독학사제, 학점은행제 등 옆길을 통해서 성공으로 가는 길을 열어 놓은 점이 열린사회로 발전하는 데 기여했다. 우리는 문맹퇴치로 인해서 민도를 한 단계 높여 주었다.

2) 교육기회의 확대에 의한 평등성 실현

모든 사람에게 초등교육의 기회를 제공하여 교육의 기회균등과 평등성을 실현한 점이 우리 교육의 강점이다. 어려운 속에서, 때로는 전쟁의 잿더미 속에서 중학교까지의 의무교육을 실현하고, 사실상 고등학교까지의 의무교육화를 이루었다. 대학까지도 40%까지 취학하여 고등교육의 대중화를 실현하였다. 이것은 세계적으로 보기 드문 엄청난 교육기회의 제공이다. 양반이나 남자만 교육받던 우리의 역사와 전통을 이렇게 쉽게 깰 수 있었던 것은 우리의 뜨거운 교육열과 제도 마련의 덕이라 하지 않을 수 없다. 교육기회의 확대와 균등·평등성 실현 없이 민주화와 선진화는 불가능하다.

3) 초등기초교육정책으로부터 중등·고등교육정책으로의 이행

흔히 후진국이나 개발도상국에서는 고등교육 우선정책의 유혹을 받기 쉬운데 우리가 초등 → 중등 → 고등교육 강조의 정책으로 이행해 온 것은 잘했던 것으로 평가된다. 우리는 초등교육에 중점을 두다가 중학교 무시험제도로 중학교가 팽창되고, 고교 평준화 정책으로 고등학교가 팽창되고, 그 병목 현상은 대학의 졸업정원제 등으로 대학이 확대되는 결과를 가져왔다.

4) 초기의 중앙집권적 정책

적은 시간과 돈으로 효율성과 효과성을 가져오려면 중앙집권적 관료제를 택하지 않을 수 없다. 초기부터 지방분권적 자치제가 잘 정착될 수 있었으면 더 좋을 수도 있었으나 오늘날과 같은 혼란을 생각해 보면 차선책으로 중앙 집권에서 지방분권으로 이행해 가는 것은 자연스런 현상이다. 시간자원과 재 정자원을 절약하여 최소한의 수준을 유지하는 데는 중앙집권적 관료제는 효 과가 있다. 긍정적 측면을 갖고 있는 것이다.

5) 학교시설기준령 고수

우리가 초기부터 학교시설기준령과 국립학교설치령 등을 제정하여 최소한 의 학교요건·교육요건을 갖추도록 고집하여 오늘날의 학교모습을 이룩한 것 은 잘한 점으로 본다. 이런 기준마저도 없었더라면 오늘날 학교의 모습은 더 욱 엉망이었을 것으로 본다. 아마 운동장 없는 학교도 많게 되었을지 모른다.

6) 도덕과목의 교과목 설정

그런대로 도덕교육에 힘쓴 것은 선견지명의 처사라고 본다. 윤리·도덕교 육의 강조는 세상이 아무리 발전해도 더욱 요구되는 것이다. 도덕·윤리교과 목마저 교육과정에 들어가지 않았더라면 어떻게 되었을까 하는 것을 생각해 보면 그런대로 잘된 점이다.

7) 초기의 사범교육

일제의 잔재일지는 모르나 초기에 우수한 사람들이 교사지망생으로 몰리게 한 사범교육은 어려운 실정에 비추어 볼 때 다행한 일이라고 본다. 그 후에 여러 가지로 사범교육을 개선하고 학력을 높였으나 결과적으로는 우수한 사람들로 하여금 교직을 기피하게 만들었다. 우수한 사람들이 교직을 기피하는 한은 다른 모든 교육개선 노력은 쓸모가 없게 된다.

8) 사회·정치·경제·국가발전에의 교육기여

교육이 사회·정치·경제·국가발전에 기여했다는 점에 대해서는 모두가 인정하고 있다. 국가가 이만큼 발전하고 세계 올림픽을 멋지게 치를 수 있었던 것은 모두 교육이 뒷받침해 줬기 때문이라는 평가이다.

9) 민주교육의 실현

우여곡절은 겪었지만 이런 정도로 민주화를 실현한 것은 우리가 교과서식으로 민주주의를 잘 가르쳤기 때문이라고 본다. 학교에서 교사가 교과서로 가르친 민주주의와 국민의 피부에 와 닿는 민주주의가 서로 다를 때 이에 저항할 수 있는 힘도 결국 학교에서 가르치고 배운 것이다. 그리고 뭐니 뭐니 해도 정치민주화보다는 교육민주화가 먼저 가능했고 어느 정도 실현되었기 때문에 정치민주화를 앞당길 수 있었던 것이다.

10) 해외로의 진출

해외유학과 교포들 교육에 국가가 적극적으로 지원은 해주지 못했더라도 어쨌든 우리 국민들이 해외 각 분야에서 두각을 나타내는 현상은 우리 교육의 우수성을 입증해 주는 셈이다.

이상 열 가지로 우리 교육의 밝은 면을 조명해 보았는데 이를 묶어서 말하면 우리 교육은 지난 반세기 동안 양적인 측면에서는 경이적인 성공을 거둔 것이다. 그 결과 중진국 수준에는 무난히 진입할 수 있었던 것이다. 이제 우리는 중진국에서 멈춰 서 있는 현시점에서 먼저 진입한 선진국의 무차별견제와 뒤따라오는 다른 중진국의 가속적 추격에 다시 부상이냐 좌초냐의 선택을 강요받고 있다. 이런 시점에서 앞으로의 교육을 찬찬히 따져 보지 않을 수 없다.

3. 21세기 미래사회의 전망과 교육행정에서 추구해야 할 가치들

지금까지 우리는 지난 반세기 동안의 우리 교육의 밝은 면을 살펴보았다. 이제 5년 후에 닥쳐올 21세기 사회의 특징을 간단히 전망해 보고 우리가 지향해야 할 가치에 대하여 살펴보기로 한다.

1) 21세기 사회의 특징─질적 요구

많은 사람들이 21세기의 사회는 (1) 고도기술(Hi-Tech), 정보사회

(Information), (2) 개방화·국제화 사회, (3) 민주·복지사회라고 특징짓고 있다. 21세기가 아니라 이미 이런 사회가 시작되었다.

(1) 고도기술·정보사회

우리가 농경사회에서 산업사회를 거쳐 고도산업·정보사회로 옮겨가는 것은 현실로 다가오는 것 같다. 우리나라만 해도 불과 30, 40년 전에는 농업이 주가 되었고 농업인구가 주류를 이루었었다. 농·공병진정책을 내걸었던 것이 불과 40년 전이었다. 그 당시 우리는 공장 굴뚝에 검은 연기 내뿜는 것이 그렇게 부럽게 느껴졌었다. 그런데 이제 우리는 블루칼라 인구보다 화이트칼라 인구수가 많아지는 전환점에 서 있다. 공장에 연기가 안 나는 전자, 정보, 통신, 첨단과학에 승부를 걸어야 하는 실정이 되었다.

미국은 1950년대에 화이트칼라 숫자가 블루칼라 숫자를 앞지르기 시작했으니 약 40년 뒤떨어진 셈이다. 전 인구의 1.5%~2% 농업인구가 1억 5천의 미국민을 다 먹여 살리고도 농산물이 남아돌아가고 있다.

우리의 주 업종이었던 섬유, 신발 등은 모두 후발국들에게 빼앗기고 철강·조선·자동차에서 약간 버티고 있고, 반도체가 겨우 나머지를 먹여 살리고 있다. 첨단분야를 뚫지 못하면 주저앉아야 할 처지에 놓여 있다.

정보사회, 지식사회에서는 고급 두뇌만이 필요하게 되고 또 그들만이 살아남게 된다. 과거처럼 대량으로 대충 평균교육을 받은 평균인간으로는 버틸 수 없게 된다. 창조적 인간으로 정성 들여 교육하지 않으면 고도·정보사회의 경쟁에서 살아남을 수 없다. 앞에서 우리가 자랑으로 여겼던 기본적 문맹퇴치로는 의미가 없다. 기능적 문맹(Functional illiteracy), 예를 들면 컴맹의 문제를 1950년대 한글문맹처럼 해결해야 할 시점이다. 모든 주택과 사무실을 전자오두막으로 개축하고 생활 패턴을 정보사회에 맞게 바꿔야 할 판이다. 모든 것을 전자오두막에서 해결할 수 있게 된다. 출퇴근이 필요 없이 재택근무·재택학습이 가능하게 된다.

이렇게 되니까 다시 인간이 그리워지게 된다. 그래서 Hi-Tech와 함께 Hi-Touch가 필요하게 되는 것이다. 따뜻한 인간적 접촉을 필요로 하는 것이다. 아무리 말하고, 냄새 맡고, 생각하는 컴퓨터라도 인간적 접촉만은 못한 것이다.

교육이 고도산업·정보사회를 선도하지는 못하더라도 최소한 이런 사회에 걸맞게 뒤따라가기라도 해야 할 것이라는 짐작은 쉽게 갈 것으로 본다. 그러려면 우리의 사고가 빨리 바뀌지 않으면 안 된다. 우리 자신의 나머지 삶을 극대화시켜 밀도 높게 살아야 할 뿐만 아니라 21세기를 살아갈 남(어린이)의 삶을 책임져야 하기 때문이다.

(2) 개방화·국제화·경쟁사회

우리가 촌락을 이루고 마을 생활을 기본으로 하였던 때가 엊그제 같았는데 벌써 국가생활을 뛰어넘어 지구촌에서 살고 있다. 시골 사랑방에서 서울 갔다 온 자랑하던 때가 엊그제 같은데 어느새 외국 갖다 온 얘기하는 것이 촌사람처럼 보이게 되었다. 지구의 한쪽에서는 민족별로 똘똘 뭉치는 현상이 벌어지는가 하면, 다른 한쪽에서는 국경 없는 무한경쟁을 하고 있는 양극화 현상이 벌어지고 있다. UR로 쌀독도 비우고 금고도 비우리라하고, 안방도 열어 놓고, 마침내는 우리의 머릿속, 정신(문화·예술)까지 비워놔야 할 판국이다. 국가와 권력을 등에 업고 횡포 부리던 보험회사·금융기관·독점기업체가 망하는 꼴 보는 게 한편으로는 고소하기는 해도 그러다가 나도 같이 망하고, 특히 선량한 농민들 갈 곳 없게 되는 것이 슬프다. 아마 독점교육이 당황하는 꼴 보면서 시원하다고 하는 학부모와 국민들도 많을 것으로 본다.

지금의 이 국제화 사회는 대원군 시대의 개국이냐 쇄국이냐의 기로에 서 있는 형국이다. 무조건 닫아둘 수만도 없고 그렇다고 국내 게임(경쟁) 경험(준비)도 없이 무턱대고 문을 열고 국제 게임에 뛰어들기도 망설여지는 때이다. 공산주의·사회주의였던 나라들까지 자유시장(경쟁)원리를 채택하고 있으니 국제경쟁에 출전하지 않을 수도 없는 입장이다.

이런 국제경쟁시대에 이길 수 있는 경쟁력 있는 고급인력을 교육이 키워 내야 할 뿐만 아니라 교육자체도 국제경쟁에 출전해야 하는 이중부담을 안고 있다. 외국교육이 밀려올 때 경쟁력 있는 한국 교육이 되어야 할 텐데 우리의 교육은 지금까지 너무나 국가독점에 안주해 왔다.

이런 경쟁시대에는 앞에서와 같이 창조적 인간과 자주적 인간만이 살아남을 수 있다. 교육은 그런 인간을 길러 내야 한다.

(3) 민주·복지사회

인류가 이룩하고자 하는 궁극적 사회는 민주사회, 복지사회이다. 자유와 평등으로 상징되는 민주사회는 인류의 영원한 이상이고 도전이다. 국민 한 사람 한 사람이 가지고 있는 능력을 최대한 발휘하면서 행복을 보장받는 사회가 민주복지사회이다. 고통과 두려움, 온갖 공포로부터 자유스럽게 해방되는 이상형 사회이다. 북구의 많은 나라들이 이미 이런 복지를 누리고 있다. 21세기에는 질 높은 삶을 많은 나라에서 많은 국민이 누리기를 희망하는 것이다.

교육은 이러한 사회, 이러한 삶을 보장해 줘야 한다. 또 교육 속에서도 이러한 삶이 영위되어야 한다. 자주적 인간과 도덕적 인간을 교육이 길러내야 한다. 이념갈등을 넘어서서 인간존중에 최우선 순위를 줘야 한다.

결국 21세기에는 고도산업·정보사회, 개방·국제화 사회, 민주·복지사회의 도래로 요약되는데 여기에 알맞은 인간상은 창조적이고, 자주적이며, 도덕적인 인간이라고 할 수 있다. 교육을 통해서 이런 사회와 인간을 이룩해 내야 하고 모두가 질적인 삶을 살 수 있도록 해야 한다.

이를 〈그림 8-1〉과 같이 요약해 본다.

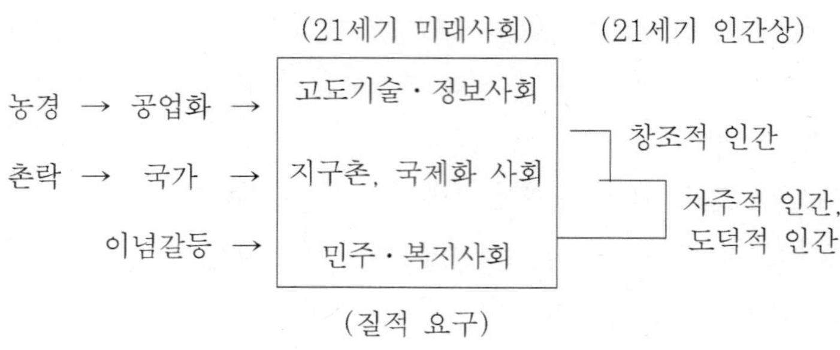

〈그림 8-1〉 21세기의 미래사회와 인간상

2) 교육행정에서 추구해야 할 가치들

교육행정에서는 최소한 사방으로 뛰어 달아나는 네 마리 토끼를 동시에 잡아야 한다. 이 네 마리 토끼, 즉 네 개의 가치(Values)는 모두 교육행정에서 추구해야 할 중요한 가치인데 불행하게도 서로 갈등을 일으키는 가치들이다(〈그림 8-2〉 참조).

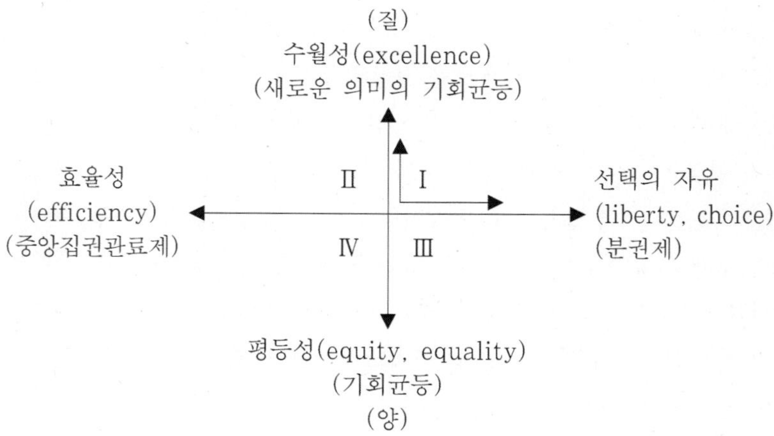

〈그림 8-2〉 교육행정에서 창조적 추구해야 할 갈등하는 가치들

(1) 효율성과 효과성 대 선택의 자유

합리성과 정당성, 합법성에 근거하여 교육행정을 효율적·효과적으로 해야 하고, 또 교육행정을 통해서 효율성과 효과성을 달성해야 한다. 효과성(effectiveness)은 목표·결과지향적(goal-oriented)인 것으로 양에 비중이 주어지는 개념이다. 교사 1명이 30명의 학생을 가르치는 것보다는 60명을 가르치면 더 효과적이라고 한다. 그런데 비하여 효율성(efficiency)은 과정에 비중이 주어지고 구성원의 만족감을 따진다. 또 비용에 대한 결과의 비율을 의미한다. 1만 원을 들여 3만 원을 얻으면 2만 원을 얻는 것보다 더 효율적이고 2만 원을 들여 3만 원 얻는 것보다는 1만 원을 들여 3만 원을 얻는 것이 더 효율적이다. 중앙집권적 관료제는 잘만 하면 효율성과 효과성을 추구하는 데는 가장 바람직한 조직이다. 합리적, 합법적으로 정당하게 운영하면 적은 시간, 적은 돈으로 최대의 성과를 거둘 수 있다. 합리성을 사랑하는 프랑스인은 고도의 중앙집권적 교육행정체제를 운영하고 있다. 그러나 잘못 운영하면 획일성과 통제위주의 부작용을 낳게 된다. 우리나라가 해방되자 적은 돈, 적은 시간으로 빨리 궤도에 올려놓기 위해서는 중앙집권제를 쓰지 않을 수 없었는지도 모른다.

그런데 민주주의에서는 국민들이 선택의 자유(Liberty, Freedom of Choice)를 가져야 한다. 인간의 욕구가 다 다르기 때문에 같은 값이면 각자가 원하는 것을 선택할 수 있는 자유가 있어야 한다. 중앙에서 남이 결정해 주는 것이 아니라 나 가까이서 가능한 한 자신이 결정할 수 있어야 한다. 다양성과 개성이 존중되고 자유경쟁의 시장원리가 보장되어야 한다. 교육도 다양성 속에서 교육소비자들이 자유로이 선택할 권리를 가져야 한다는 주장이 강하게 작용하고 있다.

우리가 과거에 효율성과 효과성을 많이 강조하다가 교육소비자의 선택의 자유를 등한시했다면 앞으로(21세기)는 다양성에 의한 선택의 자유를 보장하는 방향으로 교육행정이 나아가야 할 것이다.(그래서 〈그림 8-2〉에서 X축의 위에 오른쪽으로 화살표 하나를 더 그려 놓았다.)

(2) 평등성 대 수월성

민주주의 국가에서는 모든 사람에게 공평하게 교육의 기회가 주어져야 한다. 그래서 우리는 일찍이 이 민주주의 평등성(equity, equality)이란 교육이념을 실현하기 위하여 초등의무교육을 강조했고, 중학교까지 의무교육을 실현했다. 거의 모든 사람이 고등학교를 졸업하게 되고 대학문호도 최대한 열려 있는 셈이다. 이는 우리나라의 높은 교육열의 결과이기도 하지만 어쨌든 교육의 기회는 많이 주어졌다고 보아야 할 것이다. 이것이 필자가 지난 반세기 동안의 우리 교육의 업적이라고 했던 점이다. 양적으로는 성공했다고 했던 점이다. 그러다 보니 질적으로는 수준이 떨어졌다는 비난을 면치 못하고 있다. 적은 돈으로 짧은 기간 내에 많은 양의 교육을 해내자니 질적 보장을 하지 못했던 것이다.

수월성(excellence)이란 개인이나 기관 각자가 가지고 있는 능력의 한계선(boundary)까지 발휘할 수 있도록 하자는 것이다. 최저선(minimum requirement)의 통과로 만족하는 것이 아니라 능력을 최고도로 발휘하도록 하자는 것이 교육의 수월성 추구 운동이라고 할 수 있다.

과거에 우리가 양에 의한 평등성 실현에 비중을 더 두었었다면 앞으로 21세기에는 질에 의한 수월성 추구에 더 열을 올려야 할 것으로 본다.(그래서 〈그림 8-2〉의 Y축의 상단 부분을 향하여 화살표를 하나 더 그었다.) 이것은 능력에 따라 교육받을 기회를 보장하는 한 차원 더 높은 수준의 교육의 기회균등 보장이라고 할 수 있다.

우리가 선택의 자유와 수월성의 가치를 강조한다고 해서 효율성과 평등성을 완전히 포기하자는 뜻은 아니다. 과거에 급하다 보니 효율성과 평등성에 치우쳤었으니 과거에 경시되었던 선택의 자유와 수월성 추구에 더 노력하자는 뜻이다.

이러한 방향은 앞에서 말한 고도산업·정보사회, 개방화·국제화 사회, 민주·복지사회에도 잘 맞는 가치들이라고 본다. 미래사회에 살아남기 위해서 다양성에 의한 선택의 자유 보장으로 교육소비자의 욕구를 충족시켜 주고, 미래사회의 질의 요구에 부응하기 위해 수월성 추구에 교육행정은 더 노력해야 한다.

4. 지식정보사회의 학교경영

21세기는 수월성 추구의 질의 교육과 선택의 자유를 보장하기 위한 개성존중의 다양성의 방향에서 학교경영의 열쇠도 찾아야 한다는 것을 여러분은 이미 짐작하였을 것이다.

1) 질의 교육을 위한 학교경영

질의 관리, 질의 보장, 질의 통제 문제는 교육 분야에서 먼저 중시했어야 하는데 교육 분야보다는 오히려 기업계, 산업계에서 먼저 강조되었다. 그런데 이제는 산업계에서의 질 관리, 질 향상의 노력과 기법을 우리 교육계에서 역으로 도입해 와야 할 형편이다.

2차 대전 후 일본에서는 (질관리 운동에 의하여 만들어진) 질 좋은 미제 지프차가 굴러다니는 것이 그렇게 부러울 수가 없었다. 당시 일본인들은 차 하나 만들어 내는 것이 소원이었다. 그러나 오늘날은 자동차의 나라 미국에서 미제를 누르고 일제 차가 판을 치게 되었다. 2차 대전 후 일제는 '싸구려(cheap)' '나쁜 것(poorly made)', '금방 망가지는 것(easily destructible)'의 대명사였다. 질관리 운동가라고 할 수 있는 Edwards Deming은 1949년과 1950년 일본에 초청되어 그의 질 개선 PDSA 사이클을 소개하는 강의를 하였다. PDSA 사이클은 〈그림 8-3〉으로 풀이되는데 Deming의 예언은 4년 내에 현실로 나타나기 시작했다.

1954년 당시 미국 통계전문가 Joseph M. Juran을 초청해서 세미나를 들었는데 그는 Deming의 가르침을 강화시켜 주고 '질 향상 나선형' 사이클을 가르쳤다. Juran의 CPOMC(Customers→Produst Development→Operation→Marketing→Customers) 나선형 사이클은 〈그림 8-4〉와 같다. C(고객)에서 시작하여 C(고객)로 계속되는 사이클이다.

일본에다 질관리 운동을 가르쳤던 미국은 이제 일본의 질관리 운동을 역수입해 가고 있다. 또 수입역조현상이 벌어지자 수퍼 301조 같은 것을 가지고 힘으로 누르려 하고 있다. 지구상 최고의 질 높은 교육을 하고 있는 것으로 알고 있던 미국 교육은 오늘날 '일본 교육에서 배우자'는 캐치프레이즈를 내걸고 있다.

이제 우리는 산업계의 이런 질관리 운동을 도입 응용할 필요가 있다. 우리가 그동안 학교에서 교육의 질의 문제에 대하여 심각하게 생각해 보고 질 개선에 노력해 본 적이 있는가?

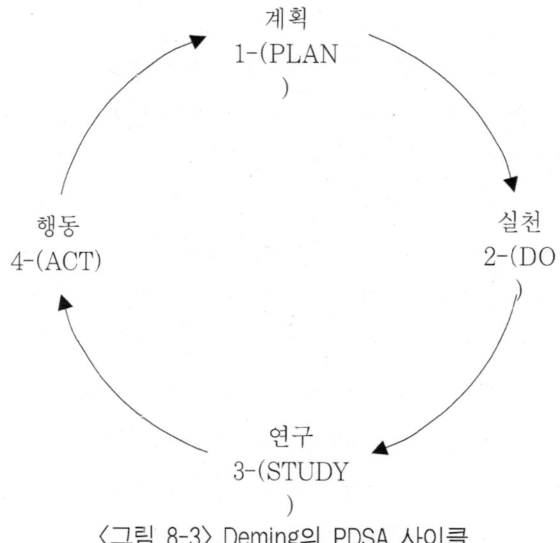

〈그림 8-3〉 Deming의 PDSA 사이클

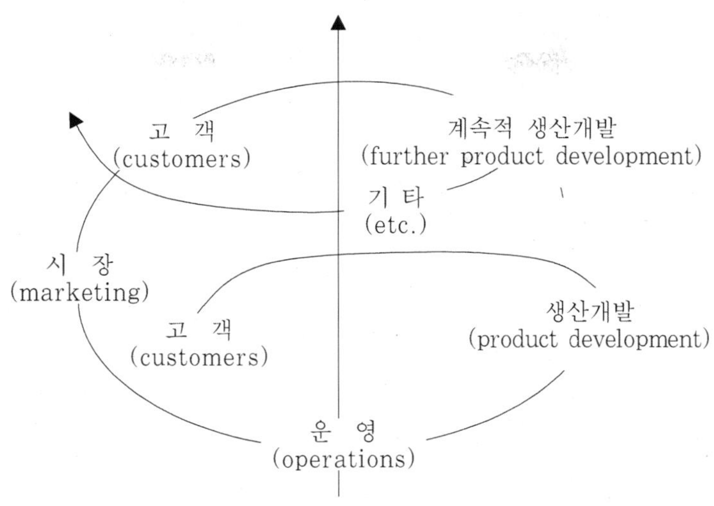

〈그림 8-4〉 Juran의 질 개선 나선형 사이클

먼저 QC(Quality Circle)의 소집단으로 하여금 자기 발전과 타인발전, 교수와 교육환경개선에 이마를 맞대고 지혜를 짜내게 하는 노력을 해봤으면 한다. 동기유발만 되면 우리는 원래 집단문화, 협동문화이기 때문에 성공할 수 있으리라 본다. 계속적인 개선에 영원한 헌신을 해야 한다. 보다 나은 개선을 위한 끝없는 나선형 사이클을 타야 한다. 교사·행정가(교장)·직원이 QC로서 S-Team(esteem)을 이루어 개선방법을 모색해야 한다.

둘째, 고객만족 운동을 배워올 필요가 있다. 내적 고객만족과 외적 고객만족 운동을 기업체에서 벌이고 있는데, 교육행정, 학교경영의 1차적, 내적 고객은 교사라고 본다. 교사가 학교경영(행정)에서 만족하지 못하고 행복하지 못하면 모든 것이 끝장이다. 학교경영의 2차적 고객은 학생이다. 학생만족에 초점을 맞춰야 한다. 학교경영에서 교사만족과 학생만족을 위해 얼마나 노력했는가? 학생들이 학교생활에 만족하고 행복하고 삶의 질, 생활의 질이 높아야 한다.

수업에 관한 한 교사에게 권위이양(teacher empowerment), 수업자율성 보장(instructional autonomy), 자발성 동기유발에 노력해야 한다. 직원들도 학교에 근무하는 데 만족할 수 있어야 한다. 밑으로부터의 혁명이 기대된다.

학생은 학교에서도 삶을 살아간다. 그렇다면 학생의 학교에서의 '삶의 질'을 심각하게 생각하여 개선해주는 데 학교경영의 초점을 맞춰야 할 것이다. 학습에의 희열(yearning for learning)에 발동을 걸어줘야 한다.

다음은 학부모와 국민이라는 제2차적 교육소비자의 만족에 더 많이 주의를 기울여야 한다. 앞으로 교육소비자가 목소리를 내고, 목청을 높이기 시작하고, 노하게 되면 우리 교육은 걷잡을 수 없게 된다. 학부모가 등 돌리고, 심지어는 의무교육에서도 자녀를 학교에 안 보내고 집에서 더 잘 가르칠 수 있다고 하면 어떻게 되겠는가? 여기서 자연스럽게 학교경영에 교사·학부모·학생·지역사회의 참여가 절대적으로 요구된다.

셋째, 결과보다는 과정(process)지향을 해야 한다. 소유(having)가 아니라 존재(being), 되어가는(becoming) 것을 중시해야 한다. PDSA 사이클과 지각(인지, Perception)→개념화(Conceptualization)→사고(Thought)→행동(Action)→반응(Reaction)의 영원한 경험적 개선과정을 중시해야 한다. 그래서 Deming도 학생들의 수·우·미·양·가 성적을 매기지 말라고 권고한다. 성적을 매기면 학생들은 배우려 하지 않고 성적에만 신경을 쓰게 된다. 국가경쟁력은 키우되 아동을 과도하게 경쟁시키는 것은 교육적 손실과 낭비를 가져온다. 일본의 어떤 학교에서는 학생의 성적을 아예 매기지 않고 있는데 우리는 초등학교에서만 성적을 매기지 않고 기술식으로 표현한다. 교사와 학생 간의 상호작용의 질을 과정에서 중시할 필요가 있다. 앞으로의 세계에서는 상호작용 없는 교육은 상정하지도 말아야 한다.

넷째, 교장의 강력한 질관리 지도력이 요구된다. 교장은 모든 사람의 계속적인 발전을 위한 상호지원의 승리-승리(win-win)문화를 형성해야 한다. 효과적인 학교(effective school)에는 반드시 강력한 지도력(strong leadership)이 있다. 그리고 명백하고 야심적인 목표가 있고, 강력한 학술적 프로그램이 있고, 교사의 전문직주의가 있고, 상호영향력을 주는 다섯 가지 특징이 있다고 한다.

다섯째, 기초교육을 강조하고자 한다. 변화하는 미래사회에서는 깊이 들어간 전문교육보다는 변화적응력이 강한 기초교육이 강점을 갖는다. 굳어진 교육과정보다는 융통적인 교육과정, 실용적 교육안정을 적용하되 기초만큼은 '철저'해야 한다. 일본 교육의 강점은 '철저한 교육'에 있으면서 임교심 이후 '변화에의 대응', '개성교육', '평생·생애교육'을 강조한다. 우리는 동시에 평생·생애교육의 바탕을 다져야 한다. 우리는 지금 마치 학교에서 모든 것을 일시에 다 가르치려 하는 것같이 느껴진다. 최소량의 기초에 철저하고 최대한의 선택을 보장해 주는 방향이 되어야 할 것이다.

학교경영에서 목표설정, 목표정립을 먼저 학교장은 연구해야 한다. 목표도 분명하지 못한 채 열심히 가르치고 열심히 배우라고 하는 것은 의미를 상실하거나 약화시킨다. 단순한 학교력(Schooling)이 아니라 학습력(Learning)이 되도록 경영을 재검토해야 할 것이다.

2) 개성존중교육을 위한 학교경영

미래사회에 필요한 창의적 인간, 자주적 인간, 도덕적 인간을 교육하기 위해서는 개성을 존중하는 개별화 교육을 위해서 다양성, 선택의 자유를 보장하기 위한 학교경영이 되어야 한다. 학교선택권, 학년선택권, 학급선택권이 보장되어야 할 것이다. 말할 것도 없이 지금까지 많이 해 온 말이지만 이제야 정말 교사위주의 교육에서 학생 개개인 위주의 교육이 되어야 한다. 학생 주도적 교육방법을 모색해야 한다. 열린교육은 그 한 방법이 될 것이다. 돈이 들겠지만 다양한 프로그램, 선택과목의 폭을 넓히는 방안을 강구해야 할 것이다.

지금까지 우리는 너무나 많이 평균을 내었다. 일본 혼다 회사에서는 평균 성적을 보지 않고 무슨 과목에서 계속 우수했는가를 보고 사원을 뽑는다. 도대체 국어와 수학의 평균은 무엇인가? 앞으로의 사회에서는 한 가지만 잘해도 된다. 지금까지 교사도; 특히 초등학교 교사는 평균적으로 골고루 잘해야 했지만 앞으로는 이것도 재고할 시기가 되었다. 초등학교에서 교과전담제는 확대되어야 할 것이다. 4, 5, 6학년은 중등교육에서처럼 교과담임제를 하는 학교와 학급과 학급담임제를 하는 학교와 학급 중에서 학생이 선택할 수 있도록 하는 방안도 연구해야 한다. 한 학교 안에서도 학생에 따라 학급담임제, 교과담임제, 열린교육 등 다양한 프로그램 중에서도 선택할 수 있게 해주면 개성화 교육에 도움이 될 것이다. 다양하고 풍부한 특활 프로그램은 개성화 교육을 위해서 필요하다. 교과교육 못지않게 특별활동도 중요하고, 앞으로의 사회를 위해서는 '특별'활동이 '보통'활동으로 바뀌어야 할지 모른다.

지식정보사회에 맞게 컴퓨터 등 교육공학에 의한 학습은 빠르면 빠를수록 좋다. 교육공학을 활용하여 개별화 수업을 위해서 재택학습도 시도된다.

'국가 속의 나'에서 '세계 속의 나'를 위해서 국제(이해)교육 프로그램을 마련해야 할 것이다. 조기영어교육이 아니더라도 국제화에 대비한 프로그램은 여러 가지로 생각할 수 있을 것이다. 국어교육에 이상 없다는 전제 하에 영어 조기교육도 마지막 선택으로 고려될 수 있을 것이다. 이제 우리나라도 극동의 조그만 나라가 아니다. 벌써 10여 년 전에 우리나라는 인구는 23위, 국토는 150위, GNP 15위, 1인당 GNP 30위, 올림픽 4위, 삶의 질은 33위이다. 산업에서는 섬유 4위, 신발 3위, 철강 7위, 전자 7위, 조선 2위, 자동차 9위이다.

3) 미래사회를 위한 학교경영의 재구조화

미래사회, 21세기의 학교경영에서 특히 (1) 학교조직, (2) 시간구조, (3) 학교문화의 재구조화를 심각하게 고려할 필요가 있다.

(1) 학교조직과 경영

우선 분권과 책임경영제가 강조된다. 학교책임경영제로 권한이 학교(교장)로 내려오고, 교사와 학생에게로(teacher, student empowerment) 이양되고, 학부모와 가정의 참여가 필수적이다.

분권과 자율은 같은 맥락에서 강조된다. 또 자율과 책임도 같이 따라다닌다. (1) 학교자율책임경영제(School-based management), (2) 공동의 사결정(Shared decision making), (3) 학교 내 학교(Schools within Schools), (4) 학부모 참여(Parent involvement), (5) 확증적 평가(Authentic Assessment, 성적 매기지 말라는 것과 배치되지만), (6) 업적(성과)근거검사(Performance-based Testing, 결과지향 아닌 과정지향과 배치되지만)는 모두 분권·자율·책임과 관련된 경영상 고려사항이다.

학교조직적 측면에서 교수개선을 위해 의사소통이 안 되고 있다는 점이다. QC 같은 팀은 말할 것도 없고, 같은 학년, 같은 교과 교사 간에도 의사소통이 안 되므로 교사조직도 재구조화할 필요가 있다. 그리고 학교에서 지나치게 교장의존적이라는 지적도 있다. 이제 모든 직원이 각자 적극적 역할을 맡아 해야 하고, 조직변화와 개혁을 위해서는 외부변화대리인(external change agent)이 필요할 지도 모른다.

변화가 많은 사회·상황에 적응하기 위해서는 융통적인 임시조직, Task Force, 네트워크 조직이 경쟁력과 생존력을 갖는다. 굳은 조직이 아닌 작으나 강한 신축적 조직이 요구된다.

교사조직도 학생의 요구에 맞추기 위해 다양하게 해야 할 것이다. 팀의 구성이 필연적이고 팀워크가 중시된다.

학생조직도 개성화 교육에서 약간 언급된 것처럼 다양해야 한다. 학년, 반 편성 자체를 근본적으로 재고해야 한다. 지진아에게는 학급담임제를 생각하고 수준 높은 학생에게는 교과담임제가 가능할 수도 있다.

현장개혁, 민주적 결정, 밑으로부터의 혁명이 가능한 학교조직, 경영조직을 연구하여 경쟁력 갖는, 생존 가능한 조직으로 개혁되어야 한다.

(2) 시간구조

미래사회에서 시간은 더욱 중요한 자원이 된다. 교사와 학생이 협동할 수 있는 시간은 먼저 제공해 줘야 한다. QC, 개혁 팀, 학생수업의 질 개선을 위해서 협동할 수 있는 시간을 교장은 제공해 줘야 한다. 동료장학을 하고 싶어도 할 수 있는 시간이 있어야 한다. 교사들이 협동하는 시간에 학생을 지도할 수 있는 대치교사가 있어야 한다. 대치교사, 보조교사, 학부모 보조자로 하여금 학생을 지도하게 하는 방안도 고려할 수 있다.

교사가 협동하는 시간에 학생들도 협동할 수 있는 시간을 갖게 할 수 있다. 교사와 학생이 학교생활에서 열광하고 흥분할 수 있는 즐거운 시간을 어떻게 제공해 줄 것이냐도 삶의 질 측면에서 심각하게 연구해야 한다.

옛날에는 닭을 튀기는 데 1시간이 걸렸으나 이제는 마이크로오븐에 6분이면 된다. 정보사회는 시간싸움이다. 1등과 2등은 0.0001초이지만 금메달과 은메달의 차이이다. 생존과 패배의 차이이다. 학교와 교육에서 시간의 재구조화에 더 연구할 필요가 있다. 학교경영자의 시간관리(Time management)도 심각한 문제이다.

(3) 학교문화

미국이 일본에 질 관리를 가르쳐 주고 이제는 역으로 일본의 질 관리를 배우려고 하듯이 기업문화도 미국이 일본에 가르쳐 주고 다시 역수입하려다 실패하고 있는 것이다. 성공적인 기업에는 반드시 그 기업에 독특한 좋은 기업문화가 있다. 기업 지드자는 좋은 기업문화 형성에 노력할 뿐만 아니라 또 반대로 기업문화에 맞는 지도력, 즉 문화지도력을 발휘해야 한다.

첫째, 학교도 각 학교 독특한 학교문화를 형성해야 한다. 먼저 인간존중과 상호신뢰의 신뢰문화를 형성해야 한다. 의심과 분열, 대치, 양적인 감독만으로는 학교교육의 질적 전환을 꾀하기 어렵다. 행정가와 교사, 교사와 학생, 교사와 학부모, 또 동료상호 간에 먼저 신뢰의 문화가 형성돼야 이를 바탕으로 다른 노력을 기울일 수 있다.

둘째, 계속 개선하기 위하여 교사와 학생에게 권한을 위임해주는(empowerment) 자율의 문화를 형성하는 방안을 강구해야 한다. 기업체의 근로자들까지도 자율운동이 강조되는데 전문적인 교직에서 자율성이 없으면 다른 어떤 일을 시도하기는 어렵다. 학생에게도 자율성이 주어지는 문화에서 성장해야 미래사회에 적응할 수 있게 된다. 교장은 자율성을 보장해 주는 지도력을 발휘해야 한다. 한국의 문화 패러다임을 선비정신에서 찾는다면 학교에서 선비문화를 쉽게 찾아볼 수 있어야 한다. 나의 집, 나의 삶의 방식을 키워줘야 한다.

셋째, 학습사회문화를 형성해야 한다. 학생의 학습문화로 자발성에 기초한 학습에의 열망이 문화로 나타나야 한다. 점수보다도 과정, 학습하는 방법, 사고하는 방법을 배워야 한다. 학습사랑, 개인성장 사랑, 나아지는, 좋아지는 것에 대한 사랑의 문화를 배양하는 것이 점수보다 더 중요하다. 기업주는 결과에 관심을 더 두지만 종업원은 과정에 더 관심이 있듯이 교장과 교사는 결과에 관심을 둘지 모르지만 학생을 위해서는 과정을 중시해야 한다. 그래서 교수방법보다는 학습의 본질을 찾아야 한다.

초등학교 아동은 가정에 돌려줘야 한다. 학교와 열악한 학원이 아동을 가정으로부터 빼앗아 가서는 안 된다. 학교와 가정에 있는 동안을 위해서도 가정과 학부모의 참여와 협동이 요구된다.

학생의 학습문화 못지않게 교사의 학습문화가 중요하다. 교사는 가르치려고 하기 전에 먼저 배우려고 해야 한다. 특히 전문직의 특징은 성장을 위한 학습에 있다. 성장을 위한 부단한 연수를 열망하는 문화를 형성해야 한다. 동료장학, 동료 코치가 생활화되는 문화가 기대된다.

프라이드와 기쁨을 갖는 행정가문화가 학교 안에 형성되어야 한다. 지원해 주는 기쁨, 엉클어진 것을 풀어 주는 기쁨이 행정문화로 나타나기를 기대한다.

5. 요약·정리

지금까지 지난 반세기 동안의 우리 교육의 밝은 면을 조명해 보고, 21세기 고도산업·정보사회, 개방화·국제화 사회, 민주·복지사회에서 질을 요구한다는 말과, 그러므로 앞으로 교육행정에서 수월성과 선택의 자유의 가치를 추구해야 한다는 내용을 언급하였다. 이와 연결시켜 새로운 세기에는 질의 교육, 개성존중교육을 위한 학교경영을 강조하였다. 학교경영 개선을 위한 시사로 학교조직의 재구조화, 시간구조에 대한 고려, 신뢰·자율·학습사회의 학교문화형성을 강조하였다.

21세기를 5~6년 앞두고 있는 이 시점에서 무엇인가 달라지지 않으면 안되겠다. 부상과 성장이냐 아니면 좌초와 퇴조냐의 갈림길에서 우리는 변화와 변신, 탈바꿈, 개혁과 혁신을 위한 몸부림을 치지 않을 수 없다. 혼돈과 진통의 시기에 교육행정지도자 여러분의 지도력에 기대를 건다.

제9장 학교교육평가의 모형 탐색*

1. 서   론

오늘날 급격한 사회적 변화와 함께 학교체제의 관료화, 학교규모의 대형화, 그리고 학교 기능의 다양화 및 분화로 인하여 학교조직의 역할도 복잡해졌다. 이런 변화 속에서 어떻게 하면 학교교육의 효과를 극대화하느냐 하는 문제가 중요한 과제로 등장하게 되었다. 이는 바로 학교조직을 구성하고 있는 성원들에 대한 책무성(accountability)과 직결된 것으로 이를 해결하기 위한 노력의 하나가 바로 적절한 학교평가를 통한 학교조직의 효율성을 높이자는 것이다.

2. 학생평가에서 학교평가로

교육평가의 의미는 학생평가와 학교평가로 나누어 개념화될 수 있다. 학생

---

* 敎育振興, 제6권 제1호, 1993. 가을호, 중앙교육진흥연구소.

평가는 교육평가의 근간으로서 학생의 학업성취도 평가에 초점을 두는 것이다. 엄밀한 의미에서 학생의 학업성취도 평가가 개념적으로는 학교평가에 포함되는 것이기는 하지간, 실제적으로 이제까지의 평가관행은 대부분 학생의 성취도 평가를 학생평가로 보았다. 그래서 학생평가는 주로 교육목적에 따라서 대상학생들을 진단하고, 형성적 판단을 하고 총괄적 판단을 하게 된다. 그리고 학생평가와 구별되는 학교평가는 교육 프로그램의 개선이나 유지·종료를 통하여 학교경영이나 교육과정 운영의 효과 또는 장·단점에 대한 자료를 수집하고 이를 활용하는 일련의 체계적 활동이다. 그래서 평가자는 모든 교육요소를 대상으로 각 평가 단계를 거쳐서 평가기준에 의거하여 다양한 평가방법으로 결과뿐만 아니다 과정에 대한 정보를 수집하여 평가결과 이용자에게 정보를 제공해 준다. 평가결과는 교육의 질을 개선하기 위한 판단준거 자료로 활용되는 것이다. 즉 학교평가란 교육 프로그램의 질을 판단하기 위한 것이다.

학생평가에서 학교평가로 전환해야 할 필요성은 그동안 학생평가가 입시위주의 교육상황에서 수행된 교육평가를 재정립해야 하기 때문이다. 학생의 학업성취도에 기준을 두고 학생평가가 교육효과의 극대화 정도(학교교육의 효과성)를 판단하는 기준이 되었지만, 이런 방법은 학교 기능을 수행하는 데 어느 정도 한계가 있다. 왜냐하면 교육의 본질을 전인교육으로 볼 때, 한국 교육은 입시 위주의 교육으로 그 본연의 임무를 다하지 못하고 학교에서의 평가 역시 입시를 위한 준비에 치우쳐 있기 때문이다. 그래서 학생중심 교육평가에서 측정된 학생들의 성취도는 교사의 지도내용이나 방법을 개선하고 학생들의 잘못된 학습방식을 수정시킬 수 있는 교육자료로 활용되지 못하고 단지 학생의 성적확인과 이를 이용한 학생들의 분류에만 활용되어 왔다. 그러므로 단순히 '성취도 확인'에 중점을 두는 평가관으로 일관해 온 학생평가는 학교평가로 전환되어야 한다. 그래서 극단적으로 잘못된 학생평가관 때문에 평가활동이 교수과정에 있어서 보다 효과적인 학습이 이루어지도록 도와주지 못하고 있는 점을 개선해야 하는 것이다. 즉 학교평가를 통하여 학교의 내재적인 요인뿐만 아니라 학교를 둘러싸고 있는 모든 구성요소가 교육목적을 실현하기 위하여 일어나는 일련의 활동을 종합적·객관적으로 평가하고, 이를 학교교육의 질을 개선하기 위한 기초자료로 활용할 수 있게 되어야 한다.

3. 학교평가의 유형

학교평가의 접근도 일반적인 평가의 접근을 토대로 하여 학교 기능의 특성에 따라 이루어져야 하기 때문에, 우선적으로 일반적인 평가의 접근방법을 이해하고 나서, 학교평가의 유형에 따라 학교평가의 모형을 세워야 한다. 학교평가의 유형도 일반적 평가의 유형과 마찬가지로 (1) 목표평가 모형, (2) 가치판단 모형, (3) 의사결정 모형, (4) 참여자 만족 모형, (5) 체제적 접근 모형, (6) 통합적 접근 모형 등을 생각할 수 있다.

(1) 목표평가 모형

목표평가 모형은 교육목표의 달성 정도를 평가하는 것으로, 진술된 목표를 측정 가능한 목표로 전환시키고, 교수 프로그램이 끝났을 때 설정한 목표의 성취된 정도를 확인하는 접근방법이다. 즉 목표의 성취여부를 가지고 교수 프로그램의 성공여부를 결정짓게 된다. 그러나 조직구성원, 조직적 상황, 사회적 목적 등을 무시하고 단지 조직의 경영적 목적에만 치중하거나 목적의 다양성과 가치성을 무시하는 단점이 있다.

(2) 가치판단 모형

가치판단 모형에서는 교육 프로그램의 가치를 판단하는 일로 규정한다. 그래서 어떤 프로그램의 시행과 관련된 여러 가지 자료를 수집해서 이를 기초로 프로그램의 가치를 판단해야 하므로 평가는 교육과정, 교육 프로그램의 여러 가지 교육적 조치들을 수동적으로 받아들이기보다는 그것들의 가치를 판단하여 선택여부를 결정할 수 있어야 한다. 그러나 가치판단 준거를 결정하는 데 있어 그 준거영역을 설정하는 문제와 이를 구성원 공동의 가치로 합의해야 하는 어려운 점이 있다.

(3) 의사결정 모형

의사결정 모형은 의사결정자의 의사결정에 필요한 정보와 자료를 기술하고 수집해서 제공해 주는 접근방법이다. 그러므로 평가자는 정보와 자료의 수집과 제공의 역할만을 하여야 하고, 프로그램의 가치판단이나 선택, 지속, 폐기 등의 결정에 관여할 수 없어, 평가자료가 상황에 따라 사장되거나 변용될 소지가 있다는 단점이 있다.

(4) 참여자 만족 모형

참여자 만족 모형은 조직 참여자들의 욕구 만족을 강조하는 것으로, 참여자들의 욕구를 균형적으로 만족시켜 주는 정도를 확인하는 접근방법이다. 그러나 참여자들의 균형된 만족을 측정할 수 있는 구체적인 방법을 제시하고 있지 못하다. 즉 욕구의 다양성으로 인한 평가기준의 갈등으로 객관적인 평가를 하기 어렵다.

(5) 체제적 접근 모형

체제적 접근 모형은 환경과 상호작용하는 개방체제로서 투입-과정-산출의 활동을 통해 평가하는 것이다. 그래서 조직이 필요로 하는 자원 획득을 위하여 환경을 이용할 수 있는 조직의 능력을 평가기준으로 보고, 자원 획득을 위한 협상지위(bargaining position)의 극대화와 자원 획득의 적정화를 강조한다. 그러나 투입에 대한 지나친 강조는 산출에 악영향을 미치며, 자원 획득 자체가 조직이 추구하는 활동 목적이 아니기 때문에, 목적접근과 마찬가지로 한정된 결과만을 평가하는 단점을 가지고 있다.

(6) 통합적 접근 모형

통합적 접근 모형은 조직의 목적은 외적인 환경의 영향과 내적인 구성원의 특성, 그리고 조직이 갖는 제반 여건들을 고려하는 것이다. 그래서 투입-과정-산출의 세 가지 활동 영역 전체를 평가대상으로 보는 동시에, 환경적 특성도 포함시킨 상황 변인도 평가대상으로 고려하는 것이다. 그러나 상황의 파악 및 조직 전체 영역의 상태와 결과의 파악이 어렵고, 실제적으로 자료수집에 어려움이 있으며, 진단할 만한 지식과 능력이 요구되는 문제가 있다.

이상에서 분석한 바와 같이 학교평가를 위한 접근 모형은 통합적 접근 모형을 근간으로 하여 학교조직 구성요소들의 상호관계의 투입-과정-산출평가와 학교조직 외적인 환경과의 역동적 작용의 관계인 상황평가를 함께 파악하는 것이 합리적이라고 할 수 있다.

4. 학교평가의 영역

학교평가의 영역은 매우 포괄적이고 복합적이다. 왜냐하면 학교운영의 전체 과정을 평가해야 하기 때문이다. 그래서 학교평가를 보는 관점과 평가의

목적에 따라 평가의 영역과 항목은 다소 차이가 있을 수 있다. 대체로 학교
평가 영역은 크게 (1) 교육목표 및 교육계획 설정, (2) 교육과정 운영, (3)
교과외 학생지도, (4) 교직원 평가, (5) 시설·설비, (6) 행·재정, (7) 학
교풍토, (8) 수업지도성, (9) 대외관계 등으로 나누어진다. 이를 구체적으로
열거하면 다음과 같다.

① 교육목표 및 교육계획 설정: 교육목표의 설정, 목표달성의 방침, 교육계획
　편성의 기본방침.
② 교육과정 운영: 교과지도, 수업목표, 교과지도 계획, 교수―학습환경, 교
　수―학습자료, 고수―학습활동, 학습성과 평가.
③ 교과외 학생지도: 생활지도(행동발달상황, 건강 및 안전지도), 특별활동
　(클럽 활동), 상담활동, 진로지도, 학교규칙, 학교행사, 학생비행.
④ 교직원 평가: 교직원 연수(기회의 균등) 및 인사관리(인사평정의 공정
　성 및 과학성), 교직원의 개인특성, 직무수행특성, 전문적 자질.
⑤ 시설·설비: 시설 및 매체관리(확보율, 현대화, 효율적 활용), 교지의 정
　비 및 관리활용, 교사의 정비 및 관리활용, 교구의 정비 및 관리활용.
⑥ 행·재정: 교무분장, 직원회의, 사무관리(학교내규, 학생 전출입, 문서의
　수발), 재무관리(예산편성 및 집행, 결산의 공개성, 물품의 출납).
⑦ 학교풍토(학급풍트): 조직건강, 근무조건, 교사 및 학생의 복지후생, 사기
　및 응집력.
⑧ 수업지도성: 수업지도 기술, 교수지도성, 수업장학(교내장학).
⑨ 대외관계: 가정과의 유대, 학교와 지역사회의 관계, 학부모회 및 동창회,
　홍보활동 등.

　이상과 같은 평가영역을 설정하였지만 학교상황에 따라 다양한 요소들의
교육적 가치와 의미를 첨가하여 평가영역을 조정할 수 있을 것이다.

5. 학교평가의 단위

　학교평가의 단위는 크게 네 단계로 나누어 볼 수 있다. (1) 학급수준(개인수준), (2) 학년수준(소집단), (3) 학교수준(전체집단), (4) 지역단위수준(대규모 집단) 등을 들 수 있다. 학교평가는 기본적으로 학급단위평가를 기초로 학년평가, 학교전체평가 그리고 지역단위평가로 체계를 형성할 수 있다.

　먼저 학급평가는 단위 학급 중심으로 각 학급교사가 평가 주체가 되어 실시하는 학습지도, 생활지도, 학습태도, 학급분위기 및 환경 등에 관한 평가활동이다. 학년평가는 단위 학년을 중심으로 이루어지는 평가로서 학년 부장교사 등이 주체가 되어 학급평가 결과를 토대로 단위 학년에서의 학업성취, 학습태도, 교육과정 시간운영, 교사의 협력체제, 교사의 수업지도 등을 평가할 수 있다. 학교경영평가는 학급, 학년 단위에서 수행한 평가결과를 근거로 학교장이나 교감이 주체가 되어 실시하는 학교경영 전반에 걸친 평가활동을 말한다. 여기에서는 교육목표 및 교육계획 달성도, 학업성취도, 학교풍토, 수업지도성, 교육과정 운영, 시설·설비, 행·재정, 대외관계 등 학교경영의 제반 영역에 걸친 평가가 포함된다. 지역단위 수준에서의 평가는 교육(구)청 등 일정지역 단위를 중심으로 장학진 또는 외부평가 전문가 등이 주체가 되어 학교경영활동을 평가하는 방식이라고 할 수 있다.

6. 학교평가의 개념적 모형 설정

　학교평가 모형을 구체화하기 위해서는 먼저 학교평가에 대한 기본 입장을 규명하고, 이에 근거하여 학교교육 평가체제를 위한 포괄적인 방안을 구안하여야 한다. 그래서 학교평가의 모형 설정을 탐색함에 있어서 가장 기본이 되는 것은 어떤 입장에서 '평가'를 보아야 하는가의 문제와, 어떤 '접근 모형'과 '접근 방법'을 택할 것인가 하는 문제이다. 또한 '평가자'가 누구이며 어떤 역할을 할 것인가와 평가의 결과를 어디에 어떻게 활용할 것인가가 중요하다. 이런 점을 모두 포괄하여 평가 모형을 설정하는 데는 어려운 점이 있다. 그래서 지금까지 논의했던 평가유형, 평가영역, 평가단위를 중심으로 한 평가 모형을 제시하면 다음 〈그림 9-1〉과 같다.

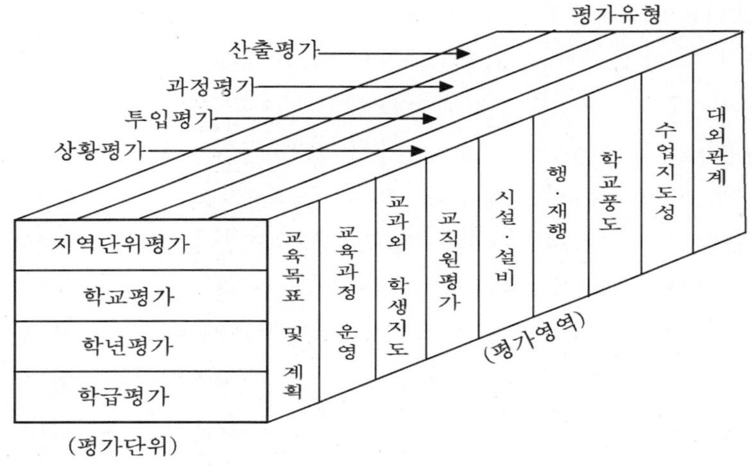

〈그림 9-1〉 평가 모형

위의 모형을 바탕으로 학교평가에 활용되는 평가표를 나타내면 다음 〈그림 9-2〉와 같다.

평가영역	측정변인	평가기준	평가 유형				평가 단위				자료 수집				자료분석		개선방안
			투입	과정	산출	상황	학급	학년	학교	지역	기록물	관찰	설문	면접	장점	단점	

〈그림 9-2〉 평가표

7. 학교평가의 절차와 방법

학교평가에 대한 올바른 인식과 학교평가에 대한 합의가 있어야 한다. 즉 학교평가는 평가 그 자체에 의미가 있는 것이 아니라 학교교육의 질을 높이기 위한 것이라는 점에 대해 모든 구성원들 간에 충분한 합의를 통해서 다음과 같은 절차와 방법을 따라야 한다.

학교평가의 절차와 방법은 학교평가 목적의 선정-평가영역 및 측정항목의 설정-평가기준의 설정-평가의 방법 모색-평가의 실시-평가결과의 활용으로 나누어 볼 수 있다.

(1) 학교평가의 목표설정

학교평가는 학교조직의 전 영역과 깊은 관련이 있다. 즉 학생의 선발이나 지도(학생평가)뿐만 아니라, 교육 프로그램을 통한 행·재정의 효과성까지 판단하기 위해서 필요한 것이다. 그래서 학교교육의 목적이 곧 평가의 목적이 되는 것이고 이를 구체적으로 명시하여 진술한 목표가 바로 평가활동의 지침이 되는 것이다.

(2) 평가영역 및 측정항목의 선정

평가목표를 설정한 후 평가해야 할 영역을 선정해야 한다. 학교평가는 크게 학교경영 측면과 교육과정 운영 측면으로 나누고 이를 세분하여 여러 가지로 나눌 수 있다. 그리고 학교의 상황에 따라 두 가지 측면 중에서 한 가지만을 다룰 수도 있다. 그리고 평가영역에 따라 해당영역의 가치판단을 위해 사용되는 하위차원인 측정항목을 선정해야 한다. 대략 학교경영 측면은 학교교육 목표 및 계획, 교직원 인사, 학교시설, 학교재정·사무, 학교와 지역사회의 관계 영역으로 구분되고, 교육과정 운영 측면은 교과지도와 교과외 지도 영역으로 구분된다.

그리고 더 구체적인 예를 들어보면 교직원의 결근율, 직무불만족 등이 존재할 수도 있고, 학교경영 측면에서 권력집중과 빈번한 회의 등도 있을 수 있다.

(3) 평가기준의 선정

평가목표에 따라 평가영역과 측정항목이 선정되면 이를 평가하는 기준을 설정해야 한다. 평가기준은 공식적이고 외부적인 연구자료를 도입해서 세울 수도 있고, 학교 자체의 준거체제를 선정하여 활용할 수도 있다. 이는 평가자 자신이 정할 수도 있고 외부 인사나 학교장이 선정할 수도 있다. 그래서 학교평가의 준거에 따라 학교평가의 방법이 달라질 수 있고, 자료수집이나 판단방법도 달라지게 된다. 즉 평가기준의 선정을 명확히 해야 한다. 특히 학교조직은 학교조직 본래의 특징인 '교육' 또는 '교수'라는 연속적이고 무형적인 개념과 밀접하게 관련을 맺고 있으므로 평가기준을 설정하는 일에는 전문성이 요구된다. 여기에서 학교교육 목표에 대해서만 예를 들어보겠다.

(1) 학교교육 목표

-상위의 목표와 일관성과 체계성을 유지해야 한다.

-학교 고유의 전통과 교풍, 설립자의 취지, 지역사회의 요구, 인적·물적 여건을 충분히 고려한 학교의 실정에 적합해야 한다.

-전교직원이 충분히 인지하고, 실질적인 여건과 활동계획을 제시할 수 있도록 진술되어야 한다.

-제반 교육활동의 기본지침으로 교육의 질 개선을 위한 자율성이 보장되어야 한다.

(4) 평가방법 결정

평가목적과 평가영역 및 기준이 구체화되면 어떤 평가장면에서 어떤 도구를 이용하여, 어떻게 평가자료를 수집하고 분석할 것인지를 정하는 단계로 진행된다. 평가영역을 선정하고 이에 따른 평가 변인을 선정하여 실제적으로 학교평가를 실시할 경우 학교평가는 저렴한 경비로 간편하고 정확하게 실시되도록 해야 한다. 그래서 학교평가를 실시하는 방법에는 기록물 조사(예산서류, 인적 자료 등), 관찰, 설문지 조사, 면접 등이 있다. 기록물과 같은 객관적인 자료는 다양한 정보를 제공하나, 자료의 출처에 대한 신뢰성, 기록자의 과오 등으로 자료의 신뢰성과 타당성에 대한 검토가 있어야 하고, 관찰은 관찰에 대한 직원의 거부감이나 비협조적인 태도가 야기되기 쉽고, 시간이 많이 걸린다. 그리고 면접은 교장 및 교감에게 주로 적용되지만 구체적인 기능 변인을 측정하기 어렵다. 그러므로 평가를 실시하는 방법이 어느 한 가지에 치우쳐서는 학교의 전반적인 기능을 측정할 수 없게 된다.

또한 평가자료를 어떤 형식으로 나타내느냐는 중요한 문제가 된다. 객관적인 양적 자료로 나타낼 것인가 주관적인 질적 자료로 나타낼 것인가에 대한 판단을 신중하게 해야 한다.

(5) 평가의 실시

이 단계에서는 평가 팀을 구성하고 평가목적과 기준을 검토하여 평가에 착수하며, 평가자료를 수집하고 이를 분석하여 평가결과를 도출해 내는 단계이다. 평가 팀의 구성은 평가자에 따라 달라질 수 있다. 일반적으로 학교평가는 평가의 주관자에 따라 관주도형 평가와 협의체주도형인 자체평가가 있다. 또한 이 관주도형과 협의체주도형 평가를 동시에 실시할 수도 있다.

(6) 평가결과의 활용

수집된 평가결과의 자료를 분석하고 그 결과를 판단하고 해석하여 이를 학교교육의 개선을 위한 자료로 활용하는 단계이다. 특히 학교평가는 학교교육의 개선을 위한 유용한 정보를 수집하기 위하여 고안된 예시적인 평가척도들이다. 그러므로 이런 평가척도는 사용하기에 따라 학교평가가 긍정적일 수도 있고 오히려 역기능을 불러일으켜 교직원들의 불화와 부정적인 갈등을 초래할 수 있다는 점도 유의해야 한다. 이상의 평가 절차를 순서대로 나타내면 다음 〈그림 9-3〉과 같다.

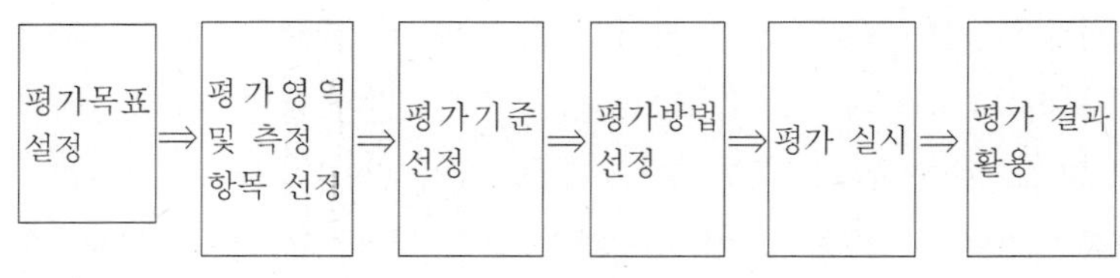

〈그림 9-3〉 평가 절차

8. 결론 및 제언

학교평가는 학교교육의 질을 개선할 수 있는 중요한 활동이다. 하지만 그동안 관주도형의 학사감사(학교평가의 일환으로)는 교사들의 긍지를 부정적으로 자극하고, 사기를 떨어뜨리게 하는 요인으로 생각해 왔다. 또한 장학직을 통한 전문성을 살려서 학교평가를 실시하고자 하려는 노력을 계속해 왔지만 아직도 인적·물적 자원의 부족과 평가에 대한 성숙도 미흡으로 본래의 목적을 성취하지 못하고 있는 실정이다. 왜냐하면 교육의 본질과 학교조직의 특성에 대한 충분한 이해가 없이 형식적으로 일반 행정기관에서처럼 올바른 '평가'가 아닌 '감사'의 형식으로 교육활동을 위축시키고 있기 때문이다. 그 이유는 학교평가가 외부의 책무성 압력에 대한 자기방어의 수단이나 구성원들의 성취수준을 확인하고 인사결정을 위한 수단 등으로 활용되기 때문이다. 그래서 '평가'에 대한 거부감과 평가의 장면에서 사실을 은폐하려는 태도를 유발하기 때문에 올바른 정보를 획득할 수 없게 된다. 결국, '평가'라는 부정적 의미에 대한 이미지 개선이나 '평가'의 긍정적인 측면에 대한 올바른 이해가 없이는 아무리 질 높은 평가도구를 개발하고 지원해 줘도 본래 취지에 부합되는 평가를 하기 어렵게 된다.

지금까지 논의한 학교평가가 그 본래의 실효를 거두기 위해서는 다음 몇 가지를 참고해야 한다.

첫째, 가장 훌륭한 평가자료는 단위학교의 필요와 실정에 따라 교직원들이 자체적으로 개발한 평가절차와 도구이다.

둘째, 학교수준에서 가능한 한 학교의 모든 구성요소와 활동을 평가하는 데 활용될 수 있어야 한다.

셋째, 학교평가가 주로 학교경영 활동이나 교육과정에 대한 학교행정가들의 진단 자료로서만 활용되었으나 실제적으로는 '수업'에 초점을 두고 '교사'를 도와주는 평가라야만 한다.

넷째, '평가'에 대한 부정적인 의미를 극복할 수 있는 인간적인 요소에 대한 관심과 배려가 있어야 한다. 그래야만 학교경영 및 교육과정 운영의 개선을 위한 정보를 획득할 수 있는 것이다.

다섯째, 평가의 실시에 따라 불가피하게 늘어나는 업무부담과 재정소요 등을 가급적 줄여 평가의 실용성을 높여야 한다.

제10장 학교환경의 문제와 개선[*]

1. 교육환경의 중요성

환경은 공기와 같은 것이다. 인간이 공기를 떠나서 살 수 없듯이 우리는 환경을 무시하고 살 수 없다. 그런데 인간이 잔꾀를 부려 문명과 문화생활을 한다고 하면서 환경을 오염시켜 살기 나쁜 환경, 살지 못할 환경을 만들어 놓고 후회를 하고 있다.

교육은 어떤 (1) 환경 속에서 (2) 교사와 (3) 학생 사이에 (4) 교육과정을 중심으로 하여 상호작용함으로써 이루어진다. 여기서 환경은 교사, 학생, 교육과정과 함께 교육의 4요소의 하나라고 할 수 있다. 환경은 교육의 4요소의 하나(1/4)로서 중요하다. 교육환경의 중요성을 가장 잘 나타내는 예가 '맹모삼천지교', '늑대소년'이야기일 것이다. 인간도 인간환경 속에서 살지 않으면 한낱 짐승의 존재로 떨어지게 되며, 또 인간환경 속에서 생활한다 하더라도 나쁜 환경에서 살게 되면 짐승만도 못한 못된 인간이 되고 만다.

환경을 교육 4요소의 하나라고 했듯이 환경을 더 넓은 의미로 보면 교육도 하나의 환경(4/4전체)이라고 할 수 있다. 학생을 중심에다 놓고 보면

____

[*] **學校經營**, 교육연구사. 1992. 4.

교사도 학생의 환경이며, 교육과정도 학생에게는 하나의 환경이 된다. 학생이 어떤 교사환경, 어떤 교육과정환경을 만나느냐에 따라 인생 전체가 달라질 수 있다.

인간도 다른 사람에게는 하나의 환경이 된다. 교사도 부모형제도 학생에게는 환경이 된다. 특히 이들은 의미 있는 타인(significant others)으로서 한 인간에게 심각하게 중요한 영향을 주는 인간환경이 된다. 교장도 학생에게는 중요한 의미 있는 타인으로서 환경이 될 수 있다. 교장의 철학, 방침에 따라 학생이 달라질 수 있기 때문이다. 교장이 학생에게 의미 있는 타인으로서 중요한 환경이 될 수 있을 때 교장이 된 보람과 재미를 가질 수 있는 것이다.

사람은 다른 사람에게 물리적 환경도 되고 심리적·정신적·사회적 환경도 된다. 앞에서 말한 것은 주로 후자에 대해서 언급된 셈이다. 교사의 신체·복장 등 외면적인 면은 학생들의 물리적 환경이 된다. 그래서 교사선발 시 외모도 고려했던 것이다. 그러나 자기 의지로 어찌할 수 없는 외모 때문에 불리하게 된다는 것은 인간의 기본적인 평등권을 침해하는 것으로 보아 더 이상 강조되어서는 안 된다. 그러나 자기 의지로 할 수 있는 두발이나 복장 등은 학생의 환경이란 의미에서 신중하게 고려하여 선택해야 한다.

학교에서 환경이라고 하면 흔히 시설만을 다루는 경향이 있기 때문에 인간환경이란 말을 먼저 꺼낸 것이다. 신학기가 되면 자기반 학생이 누구인가 하고 교사의 입장에서 자기가 생활해 나갈 환경을 조사하고 관심을 갖는 것처럼 학생들은 어떤 교사와 어떤 교육과정을 만나게 될 것인가 하고 자기의 환경에 깊은 관심을 갖게 된다. 내가 나의 환경을 잘 고르고 좋은 환경을 가지려고 하는 동시에 내가 남의 좋은 환경이 되어 주려고도 노력해야 한다. 시설환경은 잘해 주고 싶어도 돈이 없어 어쩔 수 없다고 하더라도 인간환경, 정신적·심리적 환경은 우리가 노력하기에 따라서는 학생들에게 좋은 환경을 만들어 줄 수 있다.

우선 학교가 학생들에게 즐거운 곳, 가고 싶은 곳, 있고 싶은 곳이 되어야 한다. 돈 드는 물리적 시설보다도 정신적, 심리적인 것이 더 중요한 비중을 차지한다. 학생이 교문에 들어서면 교장이 학생과 인사하면서, 머리를 쓰다듬어 주며 맞이하고, 교실문에 들어서면 담임교사가 껴안으면서 맞이하는 인간적 환경은 전연 불가능한 것인가? 교장이 학생을 교육한다고 하면서 학생들 이름을 몇 명이나 알고 개성을 얼마나 파악하고 있는가? 교문에 생활부 학생과 교사를 세워 놓고 복장 검사하는 대신 교장이 직접 학생들과 부닥쳐 웃는 얼굴로 인사하고 맞이하면서 학생을 파악하고 교육하는 전면에 나서는 학생의 1차적 환경이 되어 주면 어떨까? 학생이 많아서 너무 지겨운 일이 될 것인가? 교장의 입장에서 보면 많은 학생이지만 학생의 입장에서 보면 자기 자신은 하나이고 자기의 교장도 한 명인 것이다. 교장이 직접 학생의 환경이 되는 것은 돈 안 들이고 학교환경을 개선하는 방안의 하나이다.

2. 건전한 교육환경을 위한 교사의 소임

교사는 우선 학생들이 자기를 좋아하고 자기가 가르치는 과목을 좋아하게 만드는, 학생을 끌어들이는 힘을 가져야 한다. 교사를 싫어하게 만들어 놓고, 자기가 가르치는 교과목으로부터 학생들을 이탈하게 만들어 놓고는 아무리 열심히 가르쳐도 의미가 없다. 지금 많은 학생들이 영어, 수학, 과학 등 주요 과목을 일찌감치 포기해 놓고 수업시간에 딴전 피우고 있다.

조물주는 공부 못해 성적이 나쁜 학생도 이 세상에 필요하기 때문에 태어나게 했다. 이들 학생도 제발 살맛나게 해줘야겠다. 학교에서 공부 잘하는 것이 최고의 가치가 되겠지만 공부 못하는 사람도 다른 잘하는 일이 있으면 그것을 키워 주고 격려해 줄 수 있는 학교·학급풍토, 학교문화를 형성해 줘야 한다. 공부 못하는 학생도 똑같은 선생님의 귀중한 제자이며, 성적순으로 한 줄로 세우게 되면 어차피 꼴찌는 나오게 된다는 것을 왜 모르는가? 골고루 잘해야 하는 평균인간(Mr. Average)을 만들어 놓고, 일부러 성적불량자와 문제아를 만들어 내는 학교와 교사가 더 문제이다. 이런 환경에서는 성적불량자와 낙오자, 문제아가 안 나오려야 안 나올 수가 없다. 집 짓는 데는 대들보와 기둥만 필요한 게 아니라 석가래와 회초리 같은 나뭇가지도 필요하고, 주춧돌만 소용되는 게 아니라 자갈과 모래도 유용하게 쓰인다.

같은 반 같은 학교에서 친구로서 만난 것도 큰 인연인데 너무나 심한 경쟁적 환경을 만들어 놓음으로써 학생들 간에 끈끈한 인간관계를 형성할 수 없게 한다. 공부 못하는 학생에게는 공부 잘하는 학생을 미움의 대상, 타도의 대상으로 삼게 만들어 놓고 있다. 이러한 환경을 만들어 놓고 학생들에게 인위적으로 친구가 되라고 하면 진정한 친구가 될 수 있을 것인가? 인간적인 따뜻한 학급풍토, 학교풍토 형성을 위해서 노력해야 한다.

학교에서 역사와 전통, 자랑, 고유문화가 사라지고 있다. 모두가 획일과 유사의 틀로 학생들을 주조해 내고 있기 때문이다. 심지어는 공립과 사립학교 간에도 차이를 발견하기 어렵다. 설립된 지 수십 년 되는 학교나 엊그제 신설된 학교나 별로 다를 게 없다. 명문학교를 없애 놓고 입시명문학원(校)을 새로 만들려 하고 있다. 학생이 학교에 몇 년간 머물다 나가듯이 교사도 기계적으로 순환시켜야 한다.

조회와 개학식·종업식, 입학식·졸업식 등의 의식도 의식으로서의 가치를 잃어버린 지 오래되었다. 교장은 독특한 학교문화를 형성해 주어 학생은 그 문화를 배우고 그 문화에서 삶을 나눈 것을 자랑으로 여길 수 있도록 해줘야 한다. 이것이 최근에 강조되는 문화지도성(cultural leadership)이다.

학생들뿐만 아니라 교사들도 재미없는 교직생활을 하게 만들어 놓고 있다. 제자들과의 관계도 별게 아니고, 동료·상사와의 관계도 소원하게 되는 학교환경에서 근무하고 있다.

나이 먹은 교사들은 승진을 위해 소수점 몇째 자리까지 다투어야 한다. 또 유리한 근무지를 찾아 철새처럼 몰려다녀야 한다. 이렇게 해 놓고 교직의 보람, 스승의 보람, 삶의 의미를 찾을 수 있을 것인가? 학생들만 점수벌레가 되는 게 아니라 어느새 교사까지 점수벌레가 되고 있다. 이것은 교무실, 휴게실, 탈의실과 같은 둘리적 환경과 비교될 수 없는 심각한 무형의 정신적·심리적 환경 문제이다. 근본적으로 이러한 정신적 환경공해를 개선해놓지 못하고는 교육은 성과를 거두기 어렵다.

어떻게 평생을 교직에 몸 바쳐 온 노교장이 젊은 교사의 배척의 대상이 될 수 있는가? 이들을 배척하여 누가 이익을 보는가? 교직 내부에서 갈등하고 배척하면서 어떻게 학생을 가르칠 수 있는가? 내부에서 갈라지기 때문에 교직이 정치인들의 이용물, 일반직의 노리갯감이 되고 있다. 학생들에게 나쁜 것을 몸으로 행동으로 보여주고 나서 입으로 글자로 가르치려고 하니 교사의 교육력이 학생들에게 먹혀들지 않고 있다. 한 번밖에 주어지지 않는 인생 재미있게 살기 위해서라도 인간적인 교직문화, 교직환경을 형성해야 하며 교장은 이를 위해 교사와 함께 머리를 짜내야 할 것이다.

학교 안팎으로 교육은 보이지 않고 온통 입시 준비만 보인다. 입시 때문에 청소년들이 기를 펴지 못하고 질식상태에 있다. 실지로 자살하는 학생도 있다. 이러한 입시환경, 입시문화 속에서는 젊은이들이 올바르게 클 수 없다.

3. 학교환경의 문제와 개선방안

물리적 환경에 속하는 교육시설도 어려운 형편에 있다. 교육의 힘으로 경제 개발하여 조금 벌어들인 돈이 교육과 기술개발에 재투자되지 못하고 먹고 마시고 춤추는 향락산업과 사치와 낭비, 과소비, 부동산, 정치판으로 새고 있다. 흥청대는 돈이 용케도 학교와 교실, 교육현장만 비켜 가고 있는 느낌이 든다. 경제가 교육을 외면해 놓고 무슨 선진국과 노벨상이란 말을 감히

입에 담을 수 있는가?

학교 밖의 사무실 사무기기와 가정의 가구는 나날이 바뀌는데 교육이 이루어지고 있는 교실의 교구와 책걸상, 실험기구는 뒤떨어지고 낡은 상태로 있다.

보다 못해 1980년대에 '교육환경개선'을 내세우며 목적세로 교육세를 거두는 등 교육시설 개선에 노력했으나 기본시설 갖추기에도 미치지 못하고 있다. 1986년에는 당시 문교예산 중 20% 가까이 시설비로 투자되었으나 1990년에는 교육예산의 10%도 못 미치고 있다. 인건비 비중이 높아졌기 때문이다. 90년도 지방교육재정교부금 중 89%가 인건비로 충당되고 그 나머지를 가지고 시설비와 운영비로 쓰고 있으니 교육시설의 질적 고도화는 엄두도 못 내고 있다. 오죽하면 90, 91, 92년 3년간 '교육환경개선특별회계'를 설정하여 1조 1,100억 원을 투자한다고 했겠는가? 그래봐야 겨우 교무실 확충, 노후교실 개축과 증축, 화장실 개량에도 못 미치는 예산이다.

당시 아직도 8,345개 교실이 부족하고 7,969개 학급이 2부제 수업을 못 면하고 있다. 그러면서도 '콩나물 교실'이라고 한다. 아이들을 콩나물에 비유해 놓고도 정치하는 사람들, 경제하는 사람들은 죄책감도 없이 무감각하고 마음 편한가 보다.

이런 형편에 그래도 몸이 다는 것은 교육부인가 보다. 92년에 시한이 만료되는 교육환경개선특별회계를 영구화시키고 당해년도 교육예산의 15%를 이에 고정시키고, 지방교육재정교부금과 지방교육양여금의 20%를 교육시설비에 책정하도록 의무화하기 위해 '교육시설투자촉진법'의 제정을 추진하고 있다. 이 계획대로 추진돼야 96년에 초등학교 노후교실이 증·개축되고, 과학실험실 확보율이 90%에 이른다는 것이다. 이렇게 또 시설을 강조하다 보면 그나마 교사의 보수가 더 뒤떨어질 위험도 있다.

제일 현대화되고, 안전하고 안락해야 할 학교시설이 가장 낙후되고 위험하고 불편하다. 어른들이 근무하는 관공서나 은행은 냉·난방이 되고 있는데 어린이들이 생활하는 교실은 아직도 덥고 춥고 낡았으니 뒤집힌 세상이 아닌가?

공립학교에 비하여 사립학교의 사정은 더욱 어려운 실정이다. 근본적으로 국가적 차원에서 교육환경개선에 집중 투자하지 않으면 안 될 위기에 처해 있다.

학교수준에서는 주어진 시설만이라도 잘 유지하고 활용하는 관리에 초점을 맞출 수밖에 없다.

첫째, 건강과 안전의 측면에서 학교시설을 잘 관리해야 한다. 학교와 같이 인구가 집중된 건물도 없다. 화재 등 사고에 대비하여 소방훈련, 비상훈련, 민방위훈련을 정확하고 엄격하게 실시할 필요가 있다. 기왕에 수업을 팽개치고 하는 민방위날 행사도 사고에 대비하여 엄격하게 실시하여 소기의 성과를 거두어야 한다. 미국과 같이 안전한 학교에서도 엄격한 소방훈련(fire drill)을 하여 만일에 대비하는 것을 보고 놀라지 않을 수 없었다(2006. 2. 얼마 전에도 거급 어린이들이 타 죽었다.).

기타 조명, 통풍, 소음, 식수 등 학생 건강을 위한 시설 관리에 대하여도 더 세심한 주의를 기울여야 한다. 많은 학생들이 모르는 사이에 눈과 귀가 나빠지는 경험을 하고 있다. 어떤 학교는 주변과 운동장의 영향으로 먼지가 심한 것도 발견할 수 있었다. 어린아이들이 집중되어 있는 곳이라는 점을 항상 염두에 두고 건강과 안전에 최우선 순위를 두어야 한다. 우리나라 전체가 너무나 안전사고에 노출되고 무방비 상태라고 봐도 과언이 아니다. 너무나 많은 생명들이 안전사고로 희생되고 있다.

둘째, 학교시설을 다용도로 활용할 수 있는 방안을 강구해야 한다. 후진국일수록 낭비가 많고 돈 없는 나라일수록 헤픈 것을 많이 발견할 수 있다. 돈 없는 우리의 입장에서 강당 따로, 체육관 따로, 식당 따로 가질 수 없다. 의자를 늘어놓으면 강당, 회합장이 되고, 매트를 깔고, 배구·배드민턴 폴대를 뽑고, 농구 골대를 밀어 넣으면 다용도 체육관이 되고, 식탁을 늘어놓으면 식당으로 쓰이도록 설계되는 것이다. 교실도 이리저리 칸막이를 하여 다용도로 쓸 수 있도록 되어야 한다. 학교의 모든 시설과 물건을 다용도로 사용할 수 있는 방안을 강구하여 물자를 절약해야 한다. 기존시설이라도 창의적, 생산적, 대안적으로 활용하려는 태도가 요구된다.

또 기존시설의 활용률을 높이려는 노력도 필요하다. 비싼 돈을 들여서 설치한 시설을 1년에 한두 번 쓰고 만다면 낭비라고 하지 않을 수 없다. 학교 내부에서 활용하지 않으면 이웃학교, 다른 기관, 지역사회라도 사용할 수 있도록 개방되어야 한다. 학교시설은 공·사립을 막론하고 공공의 것이지 개인의 것으로 묶어 두거나 묻어 둘 성질의 것이 아니다. 복도를 전시장으로 쓰는 것은 일종의 대안적 활용이다. 아무리 좋은 시설이라도 활용하지 않으면 의미가 없게 된다. 활용하되 항상 교육 프로그램과 연계시켜야 한다.

셋째, 교육시설은 항상 미리 손질해야 한다. 우리 속담에 '호미로 막을 것을 가래로 막는다'는 말이 있다. 학교시설 대부분이 손질해야 할 시기를 놓쳐 위험하고 돈이 더 들어가는 경우를 많이 본다. 새로 시설을 할 때도 미래를 예측하여 앞질러 하지 않으면 항상 사회에 뒤떨어지게 된다. 컴퓨터 같은 기기가 나날이 발전하여 금방 못쓰게 되는 현상을 생각하면 이해가 갈 것이다.

넷째, 주기적인 시설평가를 권고한다. 학교시설의 여러 가지 기준, 즉 충분성, 적절성, 효율성, 경제성, 안전성, 건강성, 편의성, 확장·축소가능성, 융통성 등에 의하여 주기적·정기적으로 평가하여 대책을 강구할 것을 권고한다.

어쨌든 학교시설은 전적으로 학교장의 책임영역이다. 돈을 많이 들여 학생들에게 좋은 시설을 제공할 수 있으면 좋겠지만 그렇지 못하면 있는 시설이라도 잘 관리하여 교육적으로 최대한 활용하는 일에도 게을리 하지 말아야 한다.

4. 교육에 대한 근원적인 관심이 촉구돼야

이 글에서는 교육환경으로 인간적 환경을 먼저 강조하였다. 인간적 환경이란 말은 교사, 교장, 학생도 다른 학생의 환경이 된다는 의미에서도 사용했지만 이중적으로 인간적인 따뜻한 환경을 만들어 주어야 한다는 의미로도 사용하였다. 학교가 학교가 아니라 수용소가 되고 전투장으로 변하고 있기 때문에 인간적 환경을 강조하였다. 또 학교환경이라고 하면 시설을 먼저 생각하고 유해 업소 등만 먼저 떠올리기 때문에 돈과 덜 연결되면서도 세심하게 생각해야 할 점을 내세우기 위해서 이에 대하여 언급한 것이다.

학교시설의 측면에서는 국가적 차원에서는 더 투자를 해야 하고 학교의 수준에서는 있는 시설이라도 잘 관리하고 활용하기 위해서 노력해야 한다는 점에 초점을 맞추었다. 여기서는 중요한 학교환경공해까지는 언급하지 못했다. 별도로 다루어야 할 중요한 문제라고 보았기 때문이다.

우리가 교육자라고 해서 교육만 강조해 달라고 떼를 쓸 수는 없다. 다만 국가의 발전 정도에 맞게 향상되어 발전된 학교환경 속에서 우리의 장래를 보장하는 아이들을 교육하고 키우게 할 수 있도록 해 달라고 최소한의 요구를 하는 것이다. 교육은 정치·경제·사회·문화 모든 부분의 출발점이고 원인이다. 겉에 드러난 현상만 보고 대중요법에 급급해 가지고는 각 부문에 걸친 끝도 없는 '작전'과 '전쟁선포'를 해야 한다. 근원적인 교육에 대한 관심을 촉구한다.

제11장 Situational Leadership*

1. Introduction

The effective schools literature in America consistently identifies skills, values and areas of knowledge needed for effective administration(Hallinger & Murphy, 1986). Of these characterisitcs, several refer to the nurturing of positive human relationships with the teaching staff, students, parents and the community.(NAESP Proficiency for Principals, 1988). The effective principal knows how to help teachers plan and implement strategies and is able to lead his/her colleagues with vision, high expectations and lifelong learning processes(Shoemaker & Fraser).

In the study of the Principalship For The 21st Century, the American National Association of Elementary School Principals (NAESP, 1988) suggested that leaders need new skills in order

---

* "敎育發展論叢", Carl E. Edeburn과 공동 연구, Vol.14, No.1, 1993, pp.1~43.

to more effectively facilitate and empower teachers and other members of the school community.

They further state that effective principals will need to help shape and nurture the leadership capabilities of everyone with whom they are involved.

One of the key elements in American leadership theory focuses on the Situational Leadership Model delveloped by Hersey and Blanchard(1988). This model suggests that effective leaders need to be flexible in their responses to people in relation to directive and supportive behavior. Therefore, an understanding of the Situational Leadership Model(SLM) and function is an essential part of administrative leadership.

At South Dakota State University, educational administration graduate students are exposed to this model and its applications in three of their required courses. Later this understanding is validated in the written and oral examinations required of each student at program exit.

An important element in SLM training is a training instrument, *The Leadership Behavior Analysis*(LBA) which is used widely in the business, industry and public administration arenas. The LBA was delveloped by Blanchard Training and Development(BTD) in late 1979. One of the present investigators has been involved with validity and reliability studies of the LBA(working directly for BTD) since 1980(Zigarmi, Edeburn & Blanchard, 1991).

In 1987 in a contractual arrangement with the National Association of Elementary School Principals(NAESP) BTD developed/adapted a new training instrument, The Educator's LBA(Blanchard,

Hambleton and Zigarmi, 1987). One of the present researchers was involved in the redesign and adaptation of this instrument from the original LBA. *The Educator's LBA*(ELBA) has been used as a training instrument in the SDSU graduate program since that time.

As a SDSU exchange professor in Korea, this investigator was interested in introducing the SLM to Korean graduate students and practicing principals using the ELBA instrument. This study is a product of collaboration with the other investigator, a Korean educational leadership training specialist.

What the present authors proposed to do was adapt the existing ELBA instrument so that it could be used for Situational Leadership training and research in Korea.

Research Question

In consideration of the above, the follow research question was proposal.

How does leadership style, flexibility and effectiveness of a selected group and Korean elementary and secondary school principal as measured by the ELBA compare to the same responses of American principals and leaders?

2. Method

1) Population

The population consisted of 864 elementary and secondary school principals in the Taejon and Chungnam(Korea) school districts. In all a total of 200 instruments were mailed. One hundred seventeen completed instruments were returned establishing a response rate of 58.5%. One hundred thirteen among collected 117 were actually used in this study(rate of use 96.6%). Subjects were as following 〈Table 11-1〉.

〈Table 11-1〉 Numbers and rates of used, collected and distsibuted questionaires

School Level	School Districts	Distributed	Collected	Response Rate(%)	Used	Rate of Use(%)
Elementary	Taejon	50	28	56	28	100
	Chungnam	50	24	48	22	99
Secondary	Taejon	50	40	80	40	100
	Chungnam	50	24	48	23	99
Total		200	117	58.5	113	96.6

2) Instrument

The Educator's Leadership Behavior Assessment(ELBA) is a 20 item instrument that measures six dimensions of leadership behavior and style. Each item begins with a situation and is followed by four choices each of which is representative of a specific leadership style. The six derived scores consist of the following:

1. Flexibility
2. Effectiveness
3. Style 1. (directing)
4. Style 2. (coaching)
5. Style 3. (supporting)
6. Style 4. (delegating)

All of the scores are determined by the amount of directive and supportive behavior actions of the leader(principal) in choosing one of the style responses.

In order to establish a general understanding of the ELBA, the reader must conceptually understand what is meant by the terms directive and supportive behavior. The combination of directive and supportive leadership behavior is the basis for the four Situational Leadership Style(S1, S2, S3, S4) in the Situational Leadership Ⅱ Model as shown 〈Figure 11-1〉.

The roots of this instrument are based on the observable and verifiable managerial behavior of two types: Directive and Supportive behavior.

SITUATIONAL LEADERSHIP II
THE FOUR LEADERSHIP STYLES

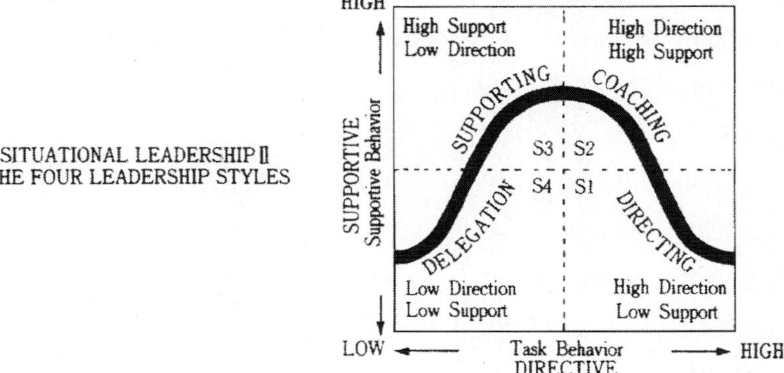

FOLLOWER DEVELOPMENT			
HIGH	MODERATE		LOW
D4	D3	D2	D1
High Comp.	High Comp.	Some Comp.	Low Comp.
	Variable		
High Comm.	Comm.	Low Comm.	High Comm.

Determining an Appropriate Leadership Style

〈Figure 11-1〉 Situational Leadership II

Blanchard, Zigarmi & Zigarmi(1985) define Directive and Supportive Leadership Behavior in the following way:

1. Directive Behavior-The extent to which the leader(principal) engages in one-way communication, spells out the follower(s') role and tells the follower(s) what to do, where to do it, when to do it and how to do it; and then closely supervises performance.

2. Supportive Behavior-The extent to which leader(principal) engages in two-way communication, listens, provides support and encouragement, facilitates interaction and involves the follower(s) in decision making.

There are several manifestations of these definitions in the daily actions and work routine of most principals. The following is a more specific list described by Zigarmi, Blanchard and Zigarmi(1988).

<table>
<tr><td>Directive Behaviors</td><td>Supportive Behaviors</td></tr>
<tr><td>1. Setting and Clarifying Goals</td><td>1. Listening to the Subordinate(job or non-job related)</td></tr>
<tr><td>2. Planning Work in Advance for Subordinates</td><td>2. Praising</td></tr>
<tr><td>3. Setting Timelines</td><td>3. Asking for Input</td></tr>
<tr><td>4. Defining Roles</td><td>4. Sharing Information about the Total Organizations Operation(Rationale)</td></tr>
<tr><td>5. Defining Methods of Evaluation</td><td>5. Sharing Information about Self</td></tr>
<tr><td>6. Showing or Telling how a task or goal is to be done</td><td>6. Team Building</td></tr>
<tr><td>7. Checking or Monitoring Work Progress</td><td>7. Mutual Problem Solving</td></tr>
</table>

This list in not meant to be exhaustive, but rather to illustrate what is meant by the terms Directive and Supportive behaviors. These behaviors and concepts are, of course, parallel to the classical definitions of Structure and Consideration or Tasks and Relationships found in the models of Halpin(1957) and Feilder(1965).

The four LBA Ⅱ Style scores are the extended logical combinations of Direction and Support as 〈Figure 11-1〉. Style 1=High Direction/Low Support, Style 2=High Direction/High Support, Style 3=High Support/Low Direction and Style 4=Low Direction / Low Support.

Development Level of followers is reflective of the situation level. Developmental levels are decided by combination of followers' Competence and Commitment.

D1 is defined as Low Competence and High Commitment.

D2 as Some Competence and Low Commitment.

D3 as High Competence and Variable Commitment, and

D4 as High Competence and High Commitment.

(1) Flexibility and Effectiveness Scores

Two additional scores generated by the ELBA are the Flexibility Score and the Effectiveness Score. The Flexibility Score is a numerical indicator of how often the responding principal uses a different style(S1, S2, S3 and S4) to solve each of the twenty situations in the ELBA. The more often the respondent chooses a single style in the 20 situations, the less Flexibility is evidenced. The more evenly the four choices appear over the 20 situations, the more Flexibility is revealed. The Flexibility Score is a scale ranging from 0-30 and can be subjected to traditional parametric statistical analyses.

Style Flexibility Score is calculated using the key in 〈Figure 11-2〉.

The Effectiveness Score is numerical representation of the respondent's appropriate use of the chosen style in light of the situation described in the ELBA. The Situational Leadership Model advocates that a certain style is more effective in certain situations. A value is assigned to excellent(4 points), good(3 points), fair(2 points) and poor(1 point) answers, respectively. If the respondent chooses all excellent answers, the score would be computed by multiplying 4×20 producing a score of 80 points. On the ELBA. the Effectiveness score is an indicator of the respondent's diagnostic skill in determining when S1, S2, S3 or S4 Style would be more effective, given the competence and commitment of the follower(teacher). The Effectiveness score is the most important score derived from the ELBA instrument. The Effectiveness score ranges from 20-80 and can be subjected to parametric statistical analysis. Style Effectiveness Score. is calculated using the key displayed in 〈Figure 11-3〉

(2) Style Score

The style scores of S1 to S4 are frequency counts of the number of times a respondent Chooses one particular style out of four within the twenty situations. Choosing one style from four excludes the other three in each situation answered. It should be remembered that the style score is an "extracted" subscore of Effectiveness or Flexibility and, therefore, does not reflect the concept of diagnosis or appropriate use. The cumulative style score does, however, reflect the amount of direction and support most frequently used by the respondent(principal) at the time the data was collected.

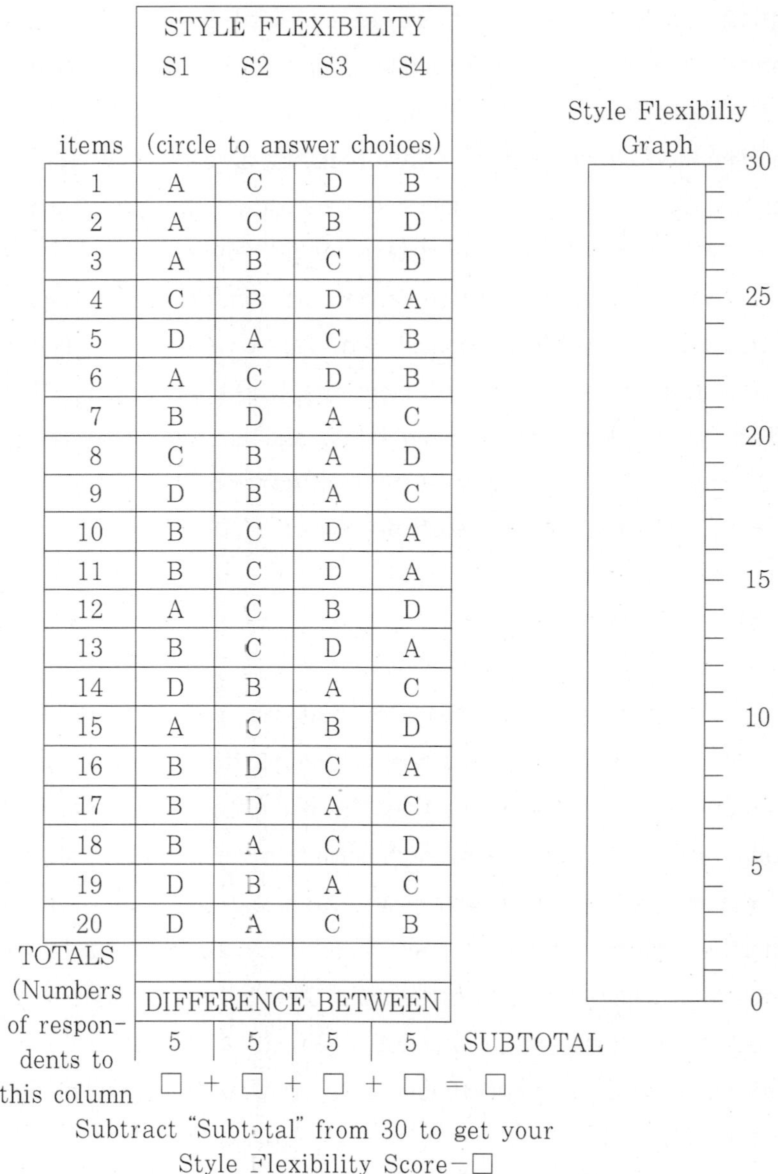

items	STYLE FLEXIBILITY S1	S2	S3	S4
	(circle to answer choioes)			
1	A	C	D	B
2	A	C	B	D
3	A	B	C	D
4	C	B	D	A
5	D	A	C	B
6	A	C	D	B
7	B	D	A	C
8	C	B	A	D
9	D	B	A	C
10	B	C	D	A
11	B	C	D	A
12	A	C	B	D
13	B	C	D	A
14	D	B	A	C
15	A	C	B	D
16	B	D	C	A
17	B	D	A	C
18	B	A	C	D
19	D	B	A	C
20	D	A	C	B
TOTALS (Numbers of respondents to this column				
DIFFERENCE BETWEEN				
	5	5	5	5

SUBTOTAL

□ + □ + □ + □ = □

Subtract "Subtotal" from 30 to get your
Style Flexibility Score—□

〈Figure 11-2〉 Style Flexibility Score Calculation

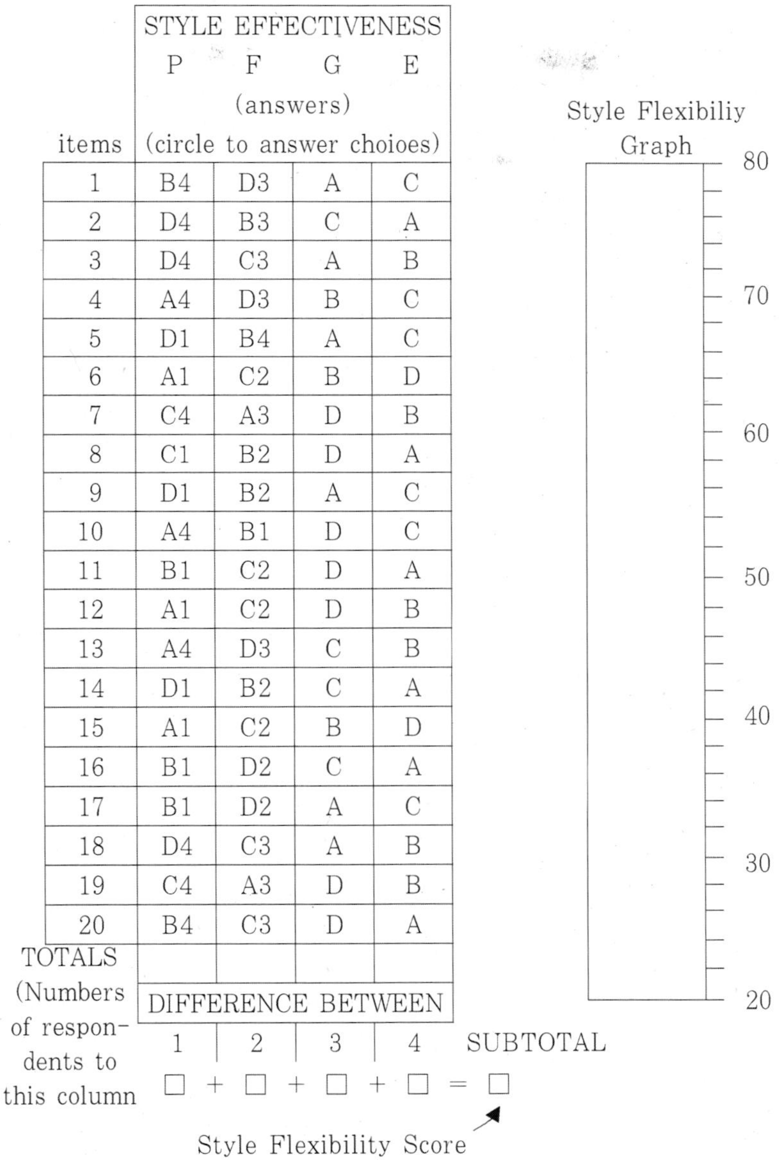

items	P	F	G	E
1	B4	D3	A	C
2	D4	B3	C	A
3	D4	C3	A	B
4	A4	D3	B	C
5	D1	B4	A	C
6	A1	C2	B	D
7	C4	A3	D	B
8	C1	B2	D	A
9	D1	B2	A	C
10	A4	B1	D	C
11	B1	C2	D	A
12	A1	C2	D	B
13	A4	D3	C	B
14	D1	B2	C	A
15	A1	C2	B	D
16	B1	D2	C	A
17	B1	D2	A	C
18	D4	C3	A	B
19	C4	A3	D	B
20	B4	C3	D	A

TOTALS (Numbers of respondents to this column)

DIFFERENCE BETWEEN

1	2	3	4	SUBTOTAL
☐ +	☐ +	☐ +	☐ =	☐

Style Flexibility Score

〈Figure 11-3〉 Style Flexibility Score Calculation

Primary Style is a style which respondents choose most frequently among four styles. Secondary Style is chosen as next more frequently, and Developing Style is least frequently chosen style and therefore which should be developed by principals.

In the present study, the ELBA was adapted to Korean educational leadership setting and translated into the Korean language. The instrument was piloted with doctoral students in a graduate research class, which was established face validity. After appropriate editing processes and adjustments were performed, the final version was administered to the principals.

3) Statistical Treatment

The data were retrieved from the instruments, and entered into a computerized data format. After establishing means and standard deviations, the student's t-test was applied to determine similarities and/or differences that were evidenced when the responses of the Korean elementary and secondary principals were compared to normative data from the Blanchard corporation(Zigarmi, Edeburn & Blanchard, 1991).

The students t can be expressed as follows:

$$ t = \frac{\overline{X} - M}{\dfrac{S}{\sqrt{N}}} $$

where $\overline{X}$=The mean of the sample group(Korean principals)

M=The mean of the normed group(American managers/
principals)

S=The standard deviation of the sample group

N=The number of respondents in the sample group

3. Results

The results were presented below and include total sample scores compared to American normed scores, and also several comparisons among subgroups of the Korean principals.

1) Korean Principals Situational Leadership Scores

Korean principals four leadership scores and flexibility and effectiveness scores were reported in ⟨Table 11-2⟩.

As shown ⟨Table 11-2⟩ Style 3(Supporting) was highest(7.18 among theoretical maximum Score 20) and next Style 2(5.56), Style 4(3.87) and Style(3.31) in order. Flexibility score was relatively high as 21.88 of theoretical maximum score 30. Effectiveness score also was high as 57.19 of 80 theoretical maximum score.

〈Table 11-2〉 Korean Principals Situational Leadership Scores

(N=113)

	Mean	S.D.	Minimum	Maximum
S1	3.31	1.77	0	8
S2	5.56	2.14	1	10
S3	7.18	2.42	2	13
S4	3.87	1.18	0	10
Flexibility	21.88	3.53	14	28
Effectiveness	57.19	6.51	19	69

2) Comparison to American Normed Data

When the six scores from Korean principal were compared to American normed means, it was noted that the primary leadership style order was the same in both groups as shown 〈Table 11-3〉. Second, on the one hand in regard to actual score comparisons, it can be seen that the Korean principals' S1 score was significantly higher than normed group(t=5.105, P<.05), and on the other hand the American norm group S4 score was significantly(t=8.918, P<.05) higher than Korean principals' S4 score.

In regard to Flexibility score, the Korean principals were signi ficantly more flexible($\bar{x}$=21.88) than were the Americans 〈$\bar{x}$= 16.36〉, with a t differance of 16.626. that, however American's Effectiveness score was significantly(t=5.143, P<.05) higher than Korean's.

⟨Table 11-3⟩ Comparison of Korean Principals Responses on the
ELBA to normed DATA from America*

ELBA Subscale	NORMED		KOREAN		t
	mean*	S.D.*	mean	S.D.	
Style 1	2.46	3.03	3.31	1.77	5.105*
Style 2	5.64	3.60	5.56	2.14	0.397
Style 3	6.94	3.81	7.18	2.42	1.054
Style 4	4.86	3.34	3.87	1.18	8.918*
Flexibility	16.36	3.51	21.88	3.53	16.626*
Effectiveness	60.34	4.63	57.19	6.51	5.143*

* Normed DATA from America, Zigarmi, Edeburn & Blanchard (1991).

3) Primary, Secondary and Developing Style

Korean Principals chose Primary, Secondary and Developing
style were responded in ⟨Table 11-4⟩. ⟨Table 11-3⟩ can be con-
verted as like ⟨Figure 11-4⟩.

As shown ⟨Table 11-2⟩, S1 strongly appeared as Developing
style, S2 as Secondary, S3 as Primary and S4 as Developing
style. Korean principals chose S3 and S2 as primary style, S2
and S3 as secondary, and S1 and S4 as Developing style.

<Table 11-4> Primary, Secondary and Developing Style

Styles		Primary	Secondary	Developing
S1	f	4	20	57
	(%)	(4.4)	(17.7)	(50.4)
S2	f	36	43	9
	(%)	(31.9)	(38.1)	(8.0)
S3	f	64	28	5
	(%)	(56.6)	(24.8)	(4.4)
S4	f	8	22	42
	(%)	(7.1)	(19.5)	(37.2)
Total	f	113	113	113
	(%)	(100)	(100)	(100)

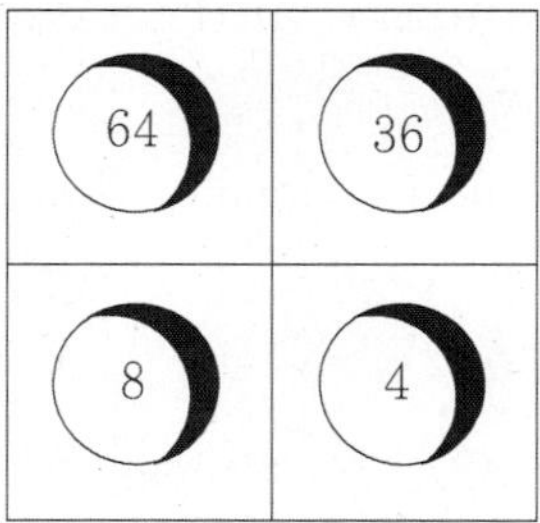

Secondary Style Matrix

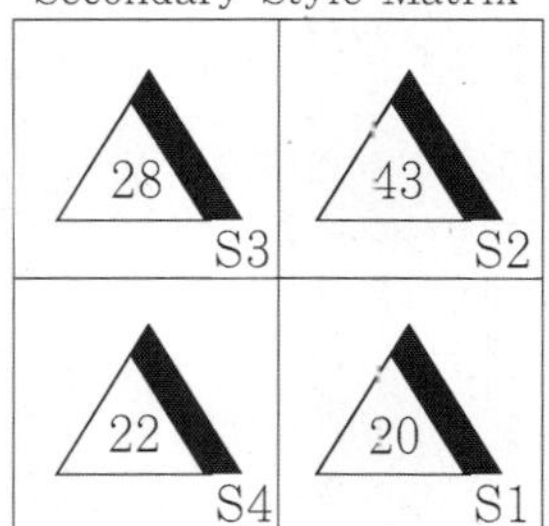

Developing Style Meatrix

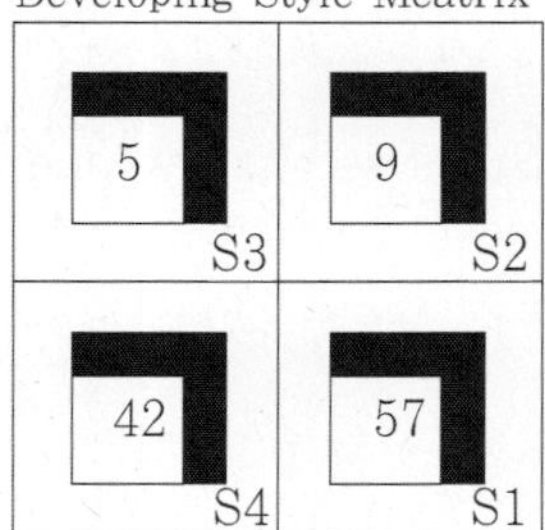

<Figure 11-4> Primary, Secondary and Developing Style

4) Differences among Subgroups

The researchers also tested whether there were any differences between Korean principals subgroups in four styles of Primary, Secondary and Developing styles. Subgroups were divided by teaching experience(less than 20 years, 20-24 years, and more than 25 years), by administrator's(vice principal and supervisor) experience(less than 10 years group, and more than 10 years group), by principalship experience(less than 1 years group, 2-3 years, 4-9 years, and more than 10 years), by school years(normal high school graduate group, junior college graduates, and 4 year college and university graduate and more), by school districts(Taejon, and Chungnam), by school sizes(less than 10 classes, 10-19, 20-29, 30-39, and more than 40 classes), and by school levels(Elementary school principals, and Secondary school principals).

As a result of FREQUENCIES and One-way Analysis of Variance, there were no significant difference between subgroups except two cases. Flexibility Scores of the Elementary School Principals(21.25) and Secondary School Principals(22.82) and Effectiveness Scores between Taejon Principals(55.50) and Chungnam Principals(58.52) were significantly different(See ⟨Table 11-12⟩ for the Elementary-Secondary comparison and ⟨Table 11-13⟩ for the Taejon-Chungnam comparison).

〈Table 11-5〉 Primary Styles dy Subgroups

sty les	Vice Principal and Supervisor Experiences		Principal Experiences				School Years			School Districts		School Levels		Sum
	Less than 10 years	more than 10 years	less than 1 year	2~3 years	4~9 years	more than 10 years	(nor-mal) high School	Jun-ior college	Four year ege	Tae-jon	Ch-ung nam	Ele-men-tary	Sec-ond-ary	
S1	2	3	2	3	—	—	1	3	1	3	2	3	2	5
	40.0	60.0	40.0	60.0			20.0	60.0	20.0	60.0	40.0	60.0	40.0	4.4
S2	16	20	8	10	10	8	14	8	14	17	19	19	17	36
	44.4	55.6	22.2	27.3	27.8	22.0	38.9	22.2	38.9	47.2	52.8	52.8	47.2	31.9
S3	26	38	15	20	18	11	31	13	20	26	38	40	24	64
	40.6	59.4	23.4	31.3	28.1	17.2	48.4	20.3	31.3	40.6	59.4	62.5	37.5	56.6
S4	4	4	—	4	3	1	2	2	4	4	4	6	2	8
	50.0	50.0		50.0	37.5	12.5	25.0	25.0	50.0	50.0	50.0	75.0	25.0	7.1
Sum	48	65	25	37	31	20	48	26	39	50	63	68	45	113
	42.5	57.5	22.1	32.7	27.4	17.7	42.5	23.0	34.5	44.2	55.8	60.2	39.8	100.0
x^2	3.447		7.836				6.272			1.080		1.700		

〈Table 11-6〉 Secondary Styles by Subgroups

(f and %)

sty-les	Vice Principal and Supervisor Experiences		Principal Experiences				School Years			School Districts		School Levels		Sum
	Less than 10 years	more than 10 years	less than 1 year	2~3 years	4~9 years	more than 10 years	(nor-mal) high Sch-ool	Junior college	Four year coll-ege	Tae-jon	Ch-ung-nam	Ele-men-tary	Sec-ond-ary	
S1	8	12	2	9	5	4	9	3	8	8	12	10	10	20
	40.0	60.0	10.0	45.0	20.0	20.0	45.0	15.0	40.0	40.0	60.0	50.0	50.0	17.7
S2	15	28	8	15	14	6	19	11	13	20	23	28	15	43
	34.9	65.1	18.6	34.9	32.6	14.0	44.2	25.6	30.2	46.5	53.5	65.1	34.9	38.1
S3	13	15	8	4	9	7	9	9	10	15	13	16	12	28
	46.4	53.6	28.6	14.3	32.1	25.0	8.0	8.0	8.8	53.6	46.4	47.1	42.9	24.8
S4	12	10	25	37	31	20	11	3	8	50	63	14	8	22
	54.5	45.4	22.1	32.7	28.6	17.7	50.0	13.6	36.4	44.2	55.6	63.6	36.4	19.5
Sum	48	65	7	9	3	3	48	26	39	7	15	68	45	113
	42.5	57.5	31.8	40.9	13.6	13.6	42.5	23.0	34.5	31.8	68.2	60.2	39.8	100.0
x^2	2.555		11.0260				4.029			2.600		1.5195		

〈Table 11-7〉 Delveloping Styles by Subgroups

(f and %)

sty-les	Vice Principal and Supervisor Experiences		Principal Experiences				School Years			School Districts		School Levels		Sum
	Less than 10 years	more than 10 years	less than 1 year	2~3 years	4~9 years	more than 10 years	(normal) high School	Junior college	Four year college	Tae jon	Chung-nam	Ele-men-tary	Sec-ond-ary	
S1	27	30	14	18	16	9	24	11	22	23	34	33	24	57
	47.4	52.6	24.6	31.6	28.1	15.8	42.1	19.3	38.6	40.4	59.6	57.9	42.1	50.4
S2	3	6	1	4	2	2	3	2	4	5	4	5	4	9
	33.3	66.7	11.1	44.4	22.2	22.2	33.3	22.2	44.4	55.6	44.4	55.6	44.4	8.0
S3	2	3	1	3	1	–	4	–	1	–	5	4	1	5
	40.0	60.0	20.0	60.0	20.0		80.0		20.0		100	80.0	20.0	4.4
S4	48	65	9	12	12	9	17	13	12	22	20	26	16	42
	42.5	57.5	21.4	28.6	28.6	21.4	40.5	31.0	28.6	52.4	47.6	61.9	38.1	37.2
Sum	16	26	25	37	31	20	48	26	39	50	63	68	45	113
	38.1	61.9	22.1	32.7	27.4	17.7	42.5	23.0	34.5	44.2	55.8	60.2	39.8	100.0
x^2	1.2087		4.0780				5.7890			5.9118		1.0763		

〈Table 11-8〉 S1 Style Score by Subgroups

	Subgroups	N	M	SD	F or t
Teaching Experiences	less 20	33	3.18	1.49	
	20~24 years	42	3.00	1.75	2.02
	more 25	38	3.76	1.95	
Vice Principal and Supervisor Experiences	less 10	48	3.3113	1.82	
	more 10	65	3.307	1.74	0.01
Principal Experiences	1 year	25	2.84	1.97	
	2~3 years	37	3.70	1.96	
	4~9 years	31	3.30	1.43	1.66
	more 10	20	3.60	1.50	
School Years	(normal) high school	48	3.19	1.77	
	Junior college	48	3.58	2.02	4.12
	Four years college	39	3.28	1.61	

	Subgroups	N	M	SD	F or t
School Districts	Taejon	50	3.420	1.80	0.59
	Chungnam	63	3.222	1.76	
Class Sizes	Less 10	38	2.95	1.82	0.64
	10~19 classes	22	3.55	1.92	
	20~29 classes	18	3.44	1.65	
	30~39 classes	20	3.30	1.72	
	more 40				
School Levels	Elementary	68	3.191	1.86	0.88
	Secondary	45	3.489	1.63	
Sum		113	3.31	1.77	

<Table 11-9> S2 Style Score by Subgroups

	Subgroups	N	M	SD	F or t
Teaching Experiences	less 20	33	5.39	2.30	.23
	20~24 years	42	5.52	2.13	
	more 25	38	5.74	2.04	
Vice Principal and Supervisor Experiences	less 10	48	5.21	1.89	-1.50
	more 10	65	5.82	2.84	
Principal Experiences	1 year	25	5.48	2.55	.43
	2~3 years	37	5.49	1.82	
	4~9 years	31	5.90	2.30	
	more 10	20	5.25	1.94	
School Years	(normal) high school	48	5.46	1.99	.17
	Junior college	48	5.50	1.90	
	Four years college	39	5.72	2.48	

	Subgroups	N	M	SD	F or t
School	Taejon	50	5.66	1.97	.45
Districts	Chungnam	63	5.48	2.28	
School Sizes	Less 10	38	5.39	2.35	.27
	10~19 classes	22	5.64	2.19	
	20~29 classes	18	5.72	2.27	
	30~39 classes	20	5.15	2.03	
School Levels	Elementary	68	5.57	2.20	.10
	Secondary	45	5.53	2.06	
Sum		113	5.56	2.14	

<Table 11-10> S3 Style Score by Subgroups

	Subgroups	N	M	SD	F or t
Teaching Experiences	less 20	33	6.91	2.13	2.03
	20~24 years	42	7.76	2.65	
	more 25	38	6.76	2.32	
Vice Principal and Su- pervisor Experiences	less 10	48	7.31	2.43	.51
	more 10	65	7.08	2.43	
Principal Experiences	year	25	7.72	2.54	.66
	2~3 year	37	6.86	2.58	
	4~9 years	31	7.23	2.29	
	more 10	20	7.00	2.18	
School Years	(normal) high school	48	7.40	2.49	.51
	Junior college	48	7.23	2.30	
	Four years college	39	6.87	2.43	

	Subgroups	N	M	SD	F or t
School Districts	Taejon	50	6.84	2.12	1.32
	Chungnam	63	7.44	2.61	
School Sizes	Less 10	38	7.68	2.68	.27
	10~19 classes	22	7.23	2.14	
	20~29 classes	18	6.89	2.32	
	30~39 classes	20	6.90	2.69	
School Levels	Elementary	68	7.34	2.57	.87
	Secondary	45	6.93	2.17	
Sum		113	7.18	2.42	

〈Table 11-11〉 S4 Style Score by Subgroups

	Subgroups	N	M	SD	F or t
Teaching Experiences	less 20	33	4.21	2.15	.85
	20~24 years	42	3.71	1.63	
	more 25	38	3.74	1.69	
Vice Principal and Supervisor Experiences	less 10	48	4.15	1.85	1.41
	more 10	65	3.66	1.77	
Principal Experiences	year	25	3.80	1.53	.35
	2~3 years	37	3.95	1.82	
	4~9 years	31	3.65	1.80	
	more 10	20	4.15	2.18	
School Years	(normal) high school	48	3.85	1.79	.22
	Junior college	26	3.69	1.76	
	Four years college	39	4.00	1.91	

	Subgroups	N	M	SD	F or t
School Districts	Taejon	50	4.00	1.77	.69
	Chungnam	63	3.76	1.85	
School Sizes	Less 10	38	3.87	1.49	1.70
	10~19 classes	22	3.36	1.89	
	20~29 classes	18	3.89	2.03	
	30~39 classes	20	4.65	2.25	
School Levels	Elementary	68	3.82	1.95	.31
	Secondary	45	3.93	1.59	
Sum		113	3.87	1.81	

〈Table 11-12〉 Flexibility Scores by Subgroups

	Subgroups	N	M	SD	F or t
Teaching Experiences	less 20	33	22.24	3.78	1.18
	20~24 years	42	21.21	3.81	
	more 25	38	22.29	2.93	
Vice Principal and Supervisor Experiences	less 10	48	22.08	3.58	.53
	more 10	65	21.72	3.52	
Principal Experiences	1 year	25	20.68	3.20	1.87
	2~3 years	37	22.27	3.24	
	4~9 years	31	21.65	3.71	
	more 10	20	23.00	3.93	
School Years	(normal) high school	48	21.75	3.87	.06
	Junior college	26	21.88	3.10	
	Four Years college	39	22.03	3.45	

	Subgroups	N	M	SD	F or t
School Districts	Taejon	50	22.60	3.56	1.96
	Chungnam	63	21.30	3.43	
School Sizes	Less 10	38	21.21	3.68	.57
	10~19 classes	22	21.36	2.85	
	20~29 chasses	18	22.44	4.22	
	30~39 classes	20	21.95	3.65	
School Levels	Elementary	68	21.25	3.43	2.36*
	Secondary	45	22.25	3.51	
Sum		113	21.88	3.53	

*p<.05

⟨Table 11-13⟩ Effectiveness Scores by Subgroups

	Subgroups	N	M	SD	F or t
Teaching Experiences	less 20	33	57.45	3.55	.41
	20~24 years	42	56.48	7.37	
	more 25	38	57.73	7.51	
Vice Principal and Supervisor Experiences	less 10	48	58.04	5.04	1.20
	more 10	65	56.55	7.39	
Principal Experiences	1 year	25	57.16	7.54	.73
	2~3 years	37	57.14	5.31	
	4~9 years	31	58.32	4.43	
	more 10	20	55.55	9.42	
School Years	(normal) high school	48	56.44	7.11	.55
	Junior college	26	57.81	5.00	
	Four years college	39	57.69	6.69	

	Subgroups	N	M	SD	F or t
School Districts	Taejon	50	55.50	7.97	2.51*
	Chungnam	63	58.52	4.73	
School Sizes	Less 10	38	58.45	3.70	1.45
	10~19 classes	22	58.55	8.45	
	20~29 classes	18	57.50	4.42	
	30~39 classes	20	54.95	9.52	
School Levels	Elementary	68	56.59	6.38	1.20
	Secondary	45	58.09	6.68	
Sum		113	57.19	6.51	

*$p < .05$

4. Discussion

The major purpose of this study was to develop Korean version of Educator's Leadership Behavior Analysis(ELBA) and to compare Korean principals' leadership style, and Flexibility and Effectiveness to a normed group American educational leaders.

Korean Principals used S3(7.18) most frequently and then S2(5.56), S4(3.87) and S1(3.31) in order. This order was same for the American's.

Korean Principals' S1 scores were significantly higher than American normed group's, however S4 scores were significantly lower than American's. Principals take middle roads in(S3 and S4) rather than extream roads(S1 and S4).

Korean Principals' Flexibility Scores were significantly higher than American normed group's, but their Effectiveness scores were significantly lower than the American group.

This probably means that Korean Principals' leadership style are changeable according. to situation, but that these leadership styles are not always appropriate for situations. Appropriate leadership styles would be developed by situational leadership training because Korean principals had never have enough leadership training. Also the fact that Korean principals had higher Flexibility Score causes the researchers to be very hopeful because of their potential to be adaptive to changing situations.

Distribution of Primary Style is revealed as S3(64) and S2(36), but Secondary Styles are almost evenly distributed(S2=43, S3=28, S4=22, and S1=20), Developing styles were also noted as S1(57) and S4(42). Therefore, Korean Principals needed to develop their S1 and S4 styles appropriate to D1 and D4 situations.

There were no significant differences in leadership styles between pricipals subgroups by personal and school characteristics. Therefore, Korean Principals tend to use similar leadership styles However, it should be recognized that there was statistical problem, because some subgroups contained small sample sizes. This needs to be retested using larger sample size.

The Korean version of Educator's Leadership Behavior Analysis would be useful. Even though it was not treated for strict validity and reliability measures it still had very similar results compared to the American normed group. We feel that further use in research would not establish serious problems when applied to Korean Principals. Howerver, the ELBA should be supplemented and revised continuously by further studies and tests.

References

Blanchard, K., Hambleton, R., Zigarmi, D. & Forsyth, D.,(1985). *Leadership Behavior Analysis II*. Escondido, CA: Blanchard Training and Development.

Blanchard, K., Hambleton, R., Zigarmi, D.(1987). *Educators LBA; Leaders Behavior Analysis*. Escondido, CA: Blanchard Training and Development Inc.

Blanchard, K., Zigarmi, P., & Zigarmi, D.(1985). *Leadership and the One-Minute Manager*. New York: William Morrow.

Edeburn, C.,(1990). *Validity and Reliability of the Situational Leadership II Leadership Skills Assessment*. Escondido. CA: Unpublished report, Blanchard Training and Development. Feilder, F. E.(1965). Engineering the job to fit the manager. *Harvard Business Review*.(51): 115-122.

Hallinger, P. & Murphy, J.,(1986). What's Effective for Whoom *planning and Changing*.(17) 152-160.

Halpin, A. W.(1957). *Manual for the Leader Behavior Description Questionnaire* Columbus, OH: Bureau of Business Research, Ohio State University.

Hersey, P. & Blanchard, K.,(1988) *Management of Organizational Behavior*(5th Ed.). Englewood Cliffs, NJ: Prentice Hall.

NAESP(1988). *Proficiencies for Principals*. Arlington, VA: National Association of Elementary School Principals.

Shoemaker, J. & Fraser, H.,(1981). What Principals Can Do: Some Implications from Studies of Effective Schooling. *Phi Delta Kappan*.(63) 178-182.

Zigarmi. D., Blanchard, K., & Zigarmi, P.(1988). *SLii Eacilitator's Guide and Appendices*. Escondido, CA: Blanchard Training and Development.

Zigarmi, D., Edeburn, C. & Blanchard, K.,(1991). *Validity and Reliability of the LBA II* Escondido, CA: Blanchard Training & Development.

Zigarmi, P., Blanchard, K., & Zigarmi, D.(1988). SL II *Facilitators guide and adpendices* Escondido, CA: Blanchard Training and Development.

Appendix Ⅰ. Korean Version of Principal's Leader-
ship Behavior Analsysis by Sam
Hwan Joo

교장의 지도자 행위 분석 질문지

이 질문지는 교장이 어떤 지도력을 발휘하는지 알아보기 위한 것입니다. 각 문항별로 주어진 가상 상황을 읽고 나서 그 상황에 맞는 어떤 지도적 행위를 취할 것인지 가, 나, 다, 라 네 답지 중 하나에 V표 하신 후 아래의 답안지에 옮겨서 합쳐 주시면 됩니다. 본 질문지는 연구목적 이외는 절대로 사용하지 않을 것이니 도와주시면 감사하겠습니다.

－고맙습니다－
충남대학교 교육학과 교수 주삼환 올림

1. 개인적 배경

1. 성별: 남______여______

2. 연령: ______세

3. 경력: 교사경력__년, 교감·장학사 경력__년, 교장경력__년, 계__년.

4. 학력: 고(사범)__, 초급대__, 4년제__, 석사 이상__, 박사.

5. 근무교 소재지: 직할(특별)시__, 구__, 읍·면__

6. 근무교학급수:___학급

7. 학교급별: 초등__, 중학__, 고등학교__

8. 현직위: 교장___. 교감___, 교사___

● 답안지

문항번호	1	2	3	4	5	6	7	8	9	10	11	12	13	14	15	16	17	18	19	20
답지 가																				
나																				
다																				
라																				

● 문항별 상황을 잘 읽고 귀하가 취할 지도적 행위(조치)를 가, 나, 다, 라 중 하나를 선택하여 <u>V</u>표 하고 앞 페이지 답안지 해당란에 옮겨 주십시오.

1. 학생 등하교 시간에 교통지도를 하도록 매주 4명씩의 교사를 배치하기 위해 당번표를 작성하여 교무실 게시판에 붙여 놓았다. 하지만 대부분의 교사가 좋아하지 않는다는 사실을 잘 알고 있었고, 어떤 교사들이 당번이 되어도 나가지 않았다는 것을 알게 되었다. 교통문제가 심각하다는 보고도 들어왔고, 이런 상황에서도 또 최근에 이 문제에 대해 학부모들의 불평이 증대되고 있다는 말도 들었다.

   가. 교사의 책임에 대하여 분명히 밝히고, 학생들이 지켜야 할 교통규칙을 요약해서 말해주고, 담당 지역에서의 교사의 당번활동을 엄격하게 감독할 것이다.

   나. 교사들에게 문제의 심각성을 자세히 설명해 주고 교사로 하여금 스스로 행동방향을 결정하도록 하겠다.

   다. 교사들과 이 문제에 대하여 협의하고, 교사들의 노력을 당부하며, 교사의 역할과 책임을 재강조하고, 교사의 임무수행을 확인할 것이다.

   라. 이 문제에 대하여 교사의 조언을 요청하고, 문제에 대한 해결책과 어떤 제안을 받아들이고 지원해 줄 것이다.

2. 교장은 졸업식을 준비해야 할 책임을 지고 있다. 개교 후 첫 졸업식을 갖게 된다. 졸업식 준비 계획의 첫 모임에 교사와 학부모들은 가장 멋있는 졸업식이 되게 하자고 관심과 열성을 보였다. 그렇지만 본교 직원들이 졸업식을 위해서 함께 일해본 적이 없고 또 아무도 졸업식을 주관해본 경험이 없다.

　가. 교사집단에게 졸업식이 어떻게 이루어지기를 교장이 원하고 있는지 말하고, 교장이 원하는 기본 활동과 시간적 스케줄의 대강을 정해주고, 주요 핵심 책임자를 정하여 일정을 짜라고 요청할 것이다.

　나. 졸업식이 어떻게 이루어지기를 원하는지 교사에게 물어보고, 여러 대안들을 탐색해 보며, 창의성을 살리라고 격려해 준다. 교사의 아이디어를 경청하고, 또 아이디어를 끄집어내도록 한다.

　다. 교장의 아이디어에 대하여 교사들과 협의하고, 교사들이 어떤 결과를 바라는지 물어보고, 교사들의 열성과 노력을 고무시킨다. 그러나 프로그램 활동에 대하여는 교장이 최종결정을 한다.

　라. 교장은 언제나 교사와 상의할 시간이 있다고 말하고, 서로 상의할 시간을 교사들에게 제공하고, 교사들이 의문점을 갖고 있는지 정기적으로 확인한다.

3. 교감선생이 병으로 인하여 출근하지 못하기 때문에 교감이 담당하던 학생대위원회에 참관하는 일을 교장이 떠맡기로 하였다. 이 회의에 두 번 참석하고 나서는 교감이 학생들에게 지나치게 지시적이었다는 사실을 알게 되었다. 이 문제에 대하여 교감과 협의해야 되겠다고 생각하여 계획을 세웠다. 그러나 교감과 만나기 전까지라도 이런 상황을 보다 더 효과적으로 만들어 학생들을 즐겁게 해주고 싶었다.

　가. 대위원회에 학생들의 참여를 계속 지시한다.

　나. 학생들을 의사결정에 참여시키지만 교감이 수용할 수 있는 범위 내에서 통제를 한다.

다. 학생들로 하여금 자신들의 의견이 중요하며 참여하였다는 느낌을
갖게 한다.

라. 회의에서 매우 수동적 역할을 담당하고 어떤 학생으로 하여금 지
도력을 발휘하게 해준다.

4. 소방훈련 중에 학생들을 잘 감독하지 못해서 미리 학교 운동장을 나
갔다는 사실을 알게 되었다. 과거에도 소방훈련 중에 문제가 있었다.
교사들이 학생들을 철저하게 지도하지 않는 것 같으며, 때로는 어떤
교사들은 교실 밖으로 나가 보지도 않는 것으로 생각된다. 과거에도
교사들로 하여금 책임감을 촉구해야겠다고 느꼈었다. 이제 어떤 조치
를 취하겠는가.

가. 소방훈련 중에 교사가 해야 할 책임을 친절한 방법으로 환기시키
지만 지시적으로는 하지 않는다.

나. 소방훈련에 관하여 교사들의 제안을 받아들이고 그 절차가 지켜
지는지 알아본다.

다. 교사들에게 소방훈련 절차를 재확인시켜 주고 교사의 책임을 다
해야 할 필요성을 강조한다.

라. 이번 문제로 교사와 직접 대치하는 것을 피하고 이번은 특별한
경우로 지나쳐 버린다.

5. 교과(학년)부장에게 새로운 성적평가 기준안을 제출하도록 요구하였
다. 학부모들의 압력 때문에 적어도 몇 개 교과라도 바꾸지 않을 수
없게 되었다. 교과(학년)부장으로 하여금 변화를 제안하도록 해야겠
다고 생각했지만 그들이 기준안을 만들 줄 모른다는 것을 알게 되었
다. 과거에 부장들에게 중요한 임무를 주었을 때 교장의 직접적 개입
없이 해결했었다.

가. 교과부장을 참여시켜 함께 새로운 성적평가 기준안의 초안을 만

들도록 한다.

나. 기준안의 초안을 만들도록 전적으로 교과(학년)부장에게 맡긴다.

다. 교과(학년)부장으로 하여금 성적평가 기준안을 개발하도록 격려
해 주고 협의할 수 있도록 해준다.

라. 교과(학년)부장에게 기준안을 제출하라고 단호하고 엄격하게 지
시를 내린다.

6. 교장은 통상적인 수업방식(강의식 수업) 대신에 새로운 수업방식(토
론식 수업)으로 바꿔주려고 한다. 교사들도 이런 변화의 필요성에 대
하여 제안을 하였다. 이 학교 대부분의 교사들은 다른 학교에서 이미
토론식 수업을 해본 경험이 있다. 교사들은 대체로 능력이 있고 과거
에도 새로운 수업방식에 우호적인 것으로 밝혀졌다.

가. 새로운 수업방식을 소개하고 치밀한 감독을 하여 이를 실현한다.

나. 교사로 하여금 이에 관해 교과회의를 열어 변화에 대하여 고려해
보도록 하고 또 권장도 한다. 또한 이 교과회의가 받아들인 제안
을 실천할 수 있도록 조직한다.

다. 교사로 하여금 변화에 대한 제안을 변화에 포함시키고 그 변화를
실천하도록 교장 자신이 지시한다.

라. 변화의 골격을 만드는 데 교사를 참여하도록 격려하고 실천전략
을 제안하도록 한다.

7. 교장은 교육청 내 교사연수제도를 바꾸기 위한 제안서를 작성해야 할
특수 임무조직의 책임자 자리를 맡아 달라는 요청을 받았다. 전임책
임자에게 지도력이 부족했었기 때문에 보고서 작성의 일정이 늦어지
고 있다. 특수임무조직구성원들은 그 임무에 열중이었지만 대부분 무
엇을 어떻게 해야 할지 모르고 있다.

가. 특수임무 집단으로 하여금 목표설정에 참여하도록 하고 이 시점

에서 교장의 지도적 역할을 하지 않는다.

나. 특수임무 집단의 목표를 재정립하고 이 집단의 일을 직접적으로 그리고 조심스럽게 감독한다.

다. 교장이 학교 내에서 개인들에 대하여 비공식적으로 잘 알게 되기까지 그전처럼 계속 운영해 나가게 한다.

라. 특수임무 집단을 어떻게 운영해 나가는 것이 좋은지 집단의 제안을 만들어 내게 해보지만 교장 자신이 지시하고 지도력을 발휘한다.

8. 지방신문이 지역 내 학교의 학업성취도에 대한 기사를 실었다. 지난 5년간 실시한 시험 성적을 학교별로 등위를 발표하였다. 당신 학교가 꼴찌에서 두 번째라는 사실을 알게 되었다. 교장은 학생들을 위한 수업방식을 바꾸기 위한 가능한 방법을 조사하도록 위원회를 구성하고 교장의 참여 없이 위원회가 기능을 발휘하도록 하였다. 그런데 학부모의 압력과 제출기한을 넘겼기 때문에 교장이 참여하지 않으면 안 되겠다고 느낀다.

가. 위원회의 작업에 대하여 더 알아보고 교장이 생각하기에 잘되었다고 생각되는 점을 칭찬한다.

나. 위원회의 활동에 대하여 더 알아보기 위하여 위원들과 회의를 하고 나서 앞으로의 운영절차에 대하여 권고안을 제시한다.

다. 교장이 승인한 절차를 위원회가 따르고 있는지 확인하기 위한 조치를 취한다.

라. 위원회로 하여금 나름대로 계속 일해 나가도록 하지만 이 위원회의 활동에 대하여 잘 알기 위하여 회의에 참석한다.

9. 교장은 지난 2년 동안 학부모회 설립에 적극적으로 노력해 왔다. 이제는 교장의 개입을 줄여야 할 시기라고 느낀다. 학부모위원들은 교장이 많은 책임을 다했다는 것을 알고 교장의 헌신적인 노력과 시간에

대하여 존경한다. 학부모회는 활동계획을 성공적으로 수행하고 몇몇
회원을 제외하고는 학부모회는 적극적이다.

가. 학부모회를 격려하고 지원하면서 앞으로의 방향을 계획하도록 한다.

나. 앞으로의 방향계획에 있어서 학부모회에 참여하지만 당신 자신이
변화를 이끈다.

다. 더 이상의 교장의 도움이나 지원 없이 학부모회의 방향을 설정하
도록 한다.

라. 교장의 역할을 바꿔야 한다는 점을 발표하고 새로운 구조의 실천
을 제안하고 지시한다.

10. 교육위원회로부터의 책무성 요구에 대한 반응으로 교장은 모든 교사
로 하여금 매주 금요일까지 교과(학년)부장에게 학습지도안을 제출하
도록 결정하였다. 과거에는 초임교사들만 제출하도록 하였었다. 그런
데 교장의 지시에 따라야 할 몇몇 교사들이 이러한 요청에 대하여 반
응을 나타내지 않는다는 사실을 알았다. 이 지시를 꼭 지키도록 해야
겠다는 것을 절실히 느끼고 있다.

가. 교사들에게 새로운 방침을 알려주고 얼마간 더 기다려 본다.

나. 새로운 지시를 명백히 다시 밝히고 나서 모든 교사가 이를 지키
는지 개별적으로 확인한다.

다. 이 결정의 근본 이유를 설명하고, 이와 관련된 교사들의 제안을 해
달라고 요구하고 나서 새로운 기준이 지켜지고 있는지 알아본다.

라. 교사로 하여금 새로운 기준을 따르도록 격려해 주고 또 교사들의
반응과 논평을 받는다.

11. 당신이 지역교육과정세미나의 기획위원회에 조정자로서 참석하게 되
었다. 기획위원회 위원은 세미나 계획에 매우 고무되고 많은 우수한
아이디어가 논의되었다. 당신은 이 위원회에서 많은 지도력을 발휘할

필요가 없다. 모든 사람들이 즐겁게 서로 의견을 나누는 것 같고 많은 중요한 문제가 해결되는 것같이 보인다. 모든 회의가 잘 진행되기 때문에 앞으로의 회의에서 조정자로서의 역할을 어떻게 해야 할지 확실히 알 수 없다.

가. 종전과 같이 지시를 안 하고 일을 계속해 나가게 한다.

나. 위원들과 함께 지도적 역할을 떠맡으려고 한다.

다. 위원들과 함께 상황에 대하여 협의한 후 필요하다고 생각되는 역할을 수행한다.

라. 정보를 교환하며 문제해결을 촉진하고 위원회의 진척사항을 칭찬함으로써 그들의 노력을 지원해 준다.

12. 최근에 어느 교사에게 몇 개의 상품화된 교재에 대하여 검토하고 나서 각각의 장·단점에 대하여 보고하라는 책임을 받았다. 이 교사는 이 일에 대하여 정력과 열정이 부족한 것 같다. 과거에는 이 교사가 매우 믿을 수 있었다. 알고 보니 그는 이 일을 수행하는 데 어려움을 겪고 있으며 또 별로 달가워하지 않는 것같이 보였다.

가. 그로 하여금 새로운 책임을 수행할 수 있도록 구체적인 지시를 한다.

나. 그와 함께 상황에 대하여 논의하되 이러한 책임을 어떻게 수행해 나갈 것인가는 전적으로 이 교사에게 맡긴다.

다. 지원하고 격려하는 동시에 교사와 상호작용하는 과정에서 훨씬 더 지시적으로 대한다.

라. 어떻게 일을 할 것인지 그 방법을 알 수 있도록 그에게 시간을 더 준다.

13. 마침내 여섯 대의 개인용 컴퓨터를 구입하는 데 필요한 자금을 교육청에서 보내왔다. 많은 교사들이 컴퓨터 사용법을 배우고자 열심이고

아이들로 하여금 컴퓨터를 배우게 하는 데 열심이다. 그러나 대부분의 교사들이 개인용 컴퓨터에 경험이 없거나 훈련을 받지 못했다. 교장은 여러 종류의 컴퓨터에 많은 경험을 가지고 있고 학교에서 구입하기로 선정된 종류의 컴퓨터 중 하나는 이미 집에 가지고 있다. 이때, 교장은 개인적으로 어떻게 할 것인가?

가. 교직원들로 하여금 소프트웨어와 함께 딸려온 컴퓨터 안내서를 읽도록 하고 그래도 질문이 있으면 전화하거나 찾아오라고 한다.

나. 컴퓨터 전문가를 고용하여 연수할 기회를 주고 컴퓨터 수업에 참여하는 사람이 무엇을 해야 하는지 알 수 있도록 한다.

다. 교사들로 하여금 어떻게 해 나갔으면 좋은지 말해 주도록 요구하고, 노력을 하게 하고 나서 해야 할 일을 알 수 있도록 연수에 참여하도록 분명히 한다.

라. 교사들로 하여금 상호간에 도와주도록 하고, 상호 문제해결을 하도록 격려하고 진척에 대해 칭찬한다.

14. 교사들은 교육위원회가 제기한 문제를 해결하라는 압력을 받고 있다. 과거에도 교장은 교사들에게 이 문제를 설명해 준 적이 있는데 그때마다 교사들은 교장의 지시나 지원 없이도 항상 적절한 해결책을 강구했었다. 그러나 이번에도 교사들이 이 문제에 관심이 없는 것같이 보인다.

가. 교사들과 이 문제에 대하여 더 논의하고 해결책을 강구하도록 격려한다.

나. 교사들과 함께 일하고 함께 문제를 해결한다.

다. 교장이 개입하기 전에 교사들 스스로 문제에 대하여 일할 수 있는 시간을 더 준다.

라. 교장 자신이 문제를 해결한다.

15. 학교의 용인들 사이에 내부적인 문제가 있다는 것을 최근에 알게 되었
다. 과거에는 이들은 화목하게 학교일을 잘해 왔다. 모든 용인들이 자
신이 하는 일에는 모두 자질을 갖추고 있다. 사실상 이들 용인들은 지
금까지 학교에서 보아 온 사람들 중에서 제일 우수한 사람들이다.

가. 문제를 바로잡기 위하여 신속하고 단호하게 대처한다.

나. 그들에게 가능한 해결책을 강구하도록 몰아붙이지 않도록 조심하
며, 교장과 이 문제에 대하여 논의할 수 있는 시간을 준다.

다. 이들과 만나서 함께 논의하지만 회의가 끝나기 전까지는 해결 방
안을 확실히 제시한다.

라. 용인들로 하여금 그들 스스로 내부적인 문제를 처리하도록 하지
만 어떻게 되어가는지 계속해서 청취 확인한다.

16. 지난 두 번의 교직원회의는 학교문제를 논의하는 데 있어서 교사가
주도해 나가는 방향으로 전환하였다. 교장은 이번 교직원회의가 매우
생산적이라고 느끼고 있다. 이번 학기 간에 교사의 직무수행에는 문
제가 없었다. 교사들이 직원회의 시와 근무 중에도 상호간에 자주 의
사소통이 이루어지기 시작하였다. 앞으로의 교직원회의에서 교장은
어떠한 역할을 해야 할지 결정하지 못하고 있다.

가. 교사로 하여금 교직원회의를 계속해 나가게 하고 교장은 가능한
한 많이 개입하지 않는다.

나. 교직원회의의 일정과 의제를 결정하고 교장 자신이 의장으로서
행동한다.

다. 교직원회의에서 함께 토의하고 교사의 행위를 감독하지만 토의를
주도해 나가지 않도록 조심한다.

라. 교직원회의를 어떻게 운영할 것인가에 대하여 교사들과 협의하고
나서 필요한 변화를 주도한다.

17. 교장은 최근에 수학과(산수)에 대한 연구에 책임을 맡아달라는 부탁을 받았다. 수학과(산수)의 과거 기록을 보면 매우 우수하였다. 수학(산수)과 모든 교사들은 좋은 교육과 훈련을 받고 배출되었고 자신들의 직무에 헌신적이다. 이런 상황에서 교장은 어떤 역할을 해야 할지 확신이 서지 않는다.

가. 교사들과 함께 수학(산수)과에 대하여 토의하고 이 교사들의 권고에 근거하여 변화시켜 나간다.

나. 수학(산수)과에 대하여 개입하고 즉시 지시를 내린다.

다. 수학(산수)과 교사들에게 지시를 최소화하고 지원에 중점을 둔다.

라. 교사들과 함께 수학(산수)과에 대하여 토의하고 나서 교장이 필요하다고 느끼는 어떤 변화를 주도한다.

18. 과거에 교사들은 교장의 개입이 없이도 교육과정과 교수방법의 변화를 수행할 수 있었다. 이제 교사들은 목표 수업 프로그램을 실행하고자 하지만 이를 쉽게 실천하기 어렵다는 것이 밝혀졌다. 교사들은 새 프로그램에 대하여 열정과 흥미를 갖고 변화시키기 위하여 많은 시간을 보냈지만 추진하지 못하므로 실망하기 시작한다는 증거가 나타나고 있다. 목표중심 수업 프로그램은 교육청이 제안하고 지지하는 것이므로 곧 실시해야 할 필요가 있다.

가. 새 프로그램의 실행에 대하여 주의 깊게 개입하고 감독한다.

나. 교사들로부터 제안이나 권고사항을 받아들이지만 새 프로그램의 실천에 노력하도록 지시한다.

다. 토의 시간에 교사를 참여시키고 교사의 어떤 제안에도 지원적인 자세를 취한다.

라. 새 프로그램 실행이 지연되지 않는 한 개입하지 않는다.

19. 학업성적이 뒤진 학생을 방과 후 보충수업을 실시하던 과거의 학교

방침이 실패했다. 최근에 교장은 교사들에게 보충수업을 다시 실시하도록 결정하고 모든 교사들이 방과 후 순번제로 보충수업을 실시했다. 그리고 방과 후 보충수업에 대한 학교 방침에 대하여 각 교사가 확실히 인지할 수 있도록 하였지만 이에 관한 교사의 행동을 엄격하게 감독하지는 않았다. 학교의 이 방침이 좋은 계획이라는 데는 교사들의 의견이 일치되는 것 같음에도 불구하고 이 계획이 더 이상 실천되지 못하고 있기 때문에 교장은 걱정하고 있다.

가. 보충수업 문제에 대하여 계속 관심을 갖고 이 방침을 유지하도록 격려하고 교사의 협조에 대하여 칭찬을 한다.

나. 새 방침이 실현되지 않는다는 사실과 그 이유를 교사들에게 말하고 새로운 절차를 재강조하고 나서 이 절차가 지켜지고 있는지 알아본다.

다. 새 방침이 실천되지 않는다는 사실과 그 이유를 설명하고 교사들이 함께 이 문제를 해결하라고 한다. 그리고 그래도 어떤 문제가 있으면 교장을 부르라고 말한다.

라. 이 문제와 관련하여 교사들로부터 제안을 받아들이지만 모든 교사로 하여금 이에 관한 책임과 역할을 인지하도록 계속해서 확실히 한다.

20. 지난 2개월 이상 점심시간 바로 다음 시간에 지금까지 참관하지 않았던 몇 개의 수업을 참관하였다. 교사들이 점심시간 후 제시간에 수업에 들어오지 않는다는 사실을 알게 되었다. 교장은 교무위원회로 하여금 이 사실에 대하여 주의를 기울이도록 알렸다. 이 교무위원회는 즉시 이 문제를 다룰 마음이 내키지 않는 것 같다. 교무위원들은 누가 수업시간을 지키지 않고 그 숫자가 얼마나 되는지에 대하여 더 자세히 알고자 한다.

가. 교무위원회에 필요한 자료를 제공해 주고 건의안을 받은 후 필요

한 조치를 취한다.

나. 교무위원회에 필요한 정보를 제공해 주고 그 해결방법을 강구하
도록 한다.

다. 필요한 정보를 제공하고 나서 교무위원회와 더 이 문제에 대하여
토의하고 문제에 대한 해결 방안에 이르도록 그들의 노력을 지원
하고 격려한다.

라. 이 문제에 교장이 책임을 지고, 모든 교사로 하여금 정해진 시간
에 수업을 시작하도록 시간관념과 책임감을 강조하는 지시를 한
다. 그리고 그렇게 하고 있는지 확인한다.

(고맙습니다.)

Appendix Ⅱ. Educator's Leader Behavior Analysis by Kenneth Blanchard, Ron Hamilton, and Drea Zigarmi

1. You have assigned four teachers per week the responsibility of supervising the arrival and departure of the buses. The duty roster is posted in the mail room. You know that most teachers don't like this task very much. You have noticed that some teachers do not get out on duty on time. There have been reports from the bus drivers that there are problems and recently there has been and increase in the number of parent complaints about student behavior on the buses. You would……

   a. Clearly redefine what the teachers' responsibilities are, outline required student conduct, and closely supervise teacher performance in the area.

   b. Describe the problem to the teachers and let them determine a course of action.

   c. Discuss the problem with the teachers, ask for teacher input, reemphasizing the teachers' roles responsibilities and monitor their performance.

   d. Ask the teachers for their advice on the problem, support their suggestions and solutions to the problem.

2. As principal, you have the responsibility of coordinating the year-end recognition ceremonies. Because the district has combined two middle schools into one, this year's ceremonies will be the first with the schools combined. At the first planning meeting most teachers and parents seem enthused and interested in creating a first rate recognition ceremony, yet they have not worked together and no one has any experience with the recognition ceremonies. You would……

a. Tell the group how you want the ceremonies to be conducted. lay out the basic activities you want, the timeliness, and then ask for an agenda with the key responsible people designated.

b. Ask the group how they want the ceremonies to be conducted. explore the alternatives, and encourage their creativity. Listen to their ideas and draw them out.

c. Discuss your ideas with the group. ask them what they want to see, encourage their enthusiasm and efforts, but make the final decisions on the program activities.

d. Tell the group you are available to them at any time, give them time to get acquainted, and check in periodically in case they have questions.

3. Due to illness of the assistant principal, you have decided to take over supervision of the assistant principal-student planning board until he recovers. After two meetings, you are aware that the assistant principal was much too direc-

tive with the students. You plan on discussing the matter with him, but in the interim you want to begin to make the situation more productive and enjoyable for the students. You would……

a. Continue to direct the participation of the students on the planning board.

b. Involve students in decision making, but maintain control over the areas in which their assistance will be accepted.

c. Do what you can to make the students feel important and involved.

d. Take a very passive role at the meeting and allow some student leadership to emerge.

4. Last week the local police found a group of students hanging out on a street comer a few blocks from the school. You now know that they left the school grounds during a fire drill because they were not adequately supervised. You have had problems with fore drills in the past Teachers don't seem to take them seriously and you think that, on occasion, certain teachers are not even leaving the building. You have felt it necessary in the past to remind them of their responsibilities. When you have done so it has helped. You would……

a. Remind teachers in a friendly manner of their responsibilities during fire drills but do not be directive.

b. Get suggestions from teachers about the fire drills, but

see that procedures are followed.

c. Redefine fire drill procedures to teachers and emphasize the necessity for them to meet their responsibilities.

d. Avoid confrontation with teachers: let this particular situation pass.

5. You have asked the department heads to come up with a new grading policy. Parental pressure has dictated a change, at least for some subjects. You feel that department heads should suggest the change. You now find that they are unable to come up with a proposal. In the past, You have given the group important assignments and they have solved them without any direct intervention from you. You would……

a. Involve the department heads and together draft a new grading policy.

b. Leave it to the department heads to draft a proposal.

c. Encourage the department heads to work on a grading policy and be available for discussion.

d. Act quickly and firmly to direct the department heads to propose a plan.

6. As pricipal of the school, you are considering changing to a team teaching approach rather than usual single teacher, single subject approach. Member of the teaching staff have made suggestions about this needed change. Most teachers have worked in team teaching settings in other schools.

The teachers have generally proven to be competent and open to change in the past. You would……

a. Announce the changes and then implement them by providing close supervision.

b. Allow a committee of teachers to consider changes and make recommendations. Also, allow the committee to organize the implementation of recommendations that they approve.

c. Incorporate teacher recommendations in the change, but direct the implementation of the change yourself.

d. Encourage teacher involvement in developing the change in structure and let them suggest implementation strategies.

7. You have been asked to take over the chairpersonship of a task force responsible for making recommendations for changing the inservice teacher training in the school system. Because of a lack of leadership on the part of the previous chairperson, the task force is way behind in the generation of its report. Task force members are enthused about the job of the task force, but most of work members know little about what needs to be done. You would……

a. Try to work for group involvement in setting goals and do not push your leadership role at this time.

b. Redefine the goals of the task force and direct and carefully supervise their work.

c. Let the task force continue to operate as it has while

you begin to informally get to know the individuals in the group.

d. Incorporate suggestions from the group on how to run the task force, but assume direction and leadership of the group yourself.

8. A recent article published in the local newspaper discussed the academic achievement of schools, in your area. The results of test scores for the past five years were used to rank order the schools. It was found that your school ranked next to last. You have formed a committee to investigate possible changes in curriculum for your students, and have allowed the committee to function without your involvement. You now feel it necessary that you become involved due to parental pressure and a deadline which has been missed. You would……

a. Learn more about the committee's work and be sure to praise that which you think has been done well.

b. Meet with the committee to learn more about their activities and then recommend future operating procedures to them.

c. Take steps to ensure that the committee follows a set of procedures which you approve of.

d. Continue to let the committee work on its own but attend their meetings to become familiar with their activities.

9. For the past two years, you have taken an active part in establishing a PTA. You feel it is now time to reduce your involvement. PTA members are aware of your many responsibilities and respect your time commitments. The PTA has been productive in planning activities, and except for a few members, the group has been flexible. You would⋯⋯

a. Provide encouragement and support to the group but let the PTA plan future directions.

b. Involve the PTA in planning future directions but implement the changes yourself.

c. Allow the PTA to formulate its own direction without any further assistance or support from you.

d. Announce the change in your role and then propose and direct the implementation of a new structure.

10. In response to a plea for accountability from the school board, you have decided that all teachers, both tenured and non-tenured, must submit lesson-plan blocks to department heads each Friday. In the past, you have that some of the teachers, who usually respond to your directions, are not responding to this redefinition of standards. You feel strongly that this directive should be followed. You would⋯⋯

a. Send the staff a memo describing the new procedure and allow time for a period of adjustment.

b. Clearly redefine the directive and then personally follow up to see that all teaches are following it.

   c. Explain your rationale for the decision, ask the teachers for suggestions in this area, but see that new standards are met.

   d. Encourage teachers to meet the new standards and solicit their reactions and comments.

11. In your capacity as a coordinator you have just attended a meeting of the planing committee for a Regional Curriculum Conference. Committee members were excited about planning the conference and many excellent ideas were discussed. You did not need to exert much leadership with the committee. Everybody seemed to enjoy the interaction and to think that many important matters were settled. Because the meeting went so well, you now feel unsure about what your role should be in future meetings. You would……

   a. Let the committee continue to work as it has been, with little direction from you.

   b. Try to assume a leadership role with the committee.

   c. Discuss the situation with the committee and then take whatever role you feel is necessary.

   d. Support their efforts when you can by sharing information, facilitating problem solving and praising their progress.

12. Recently you given on of your teachers the responsibility of reviewing several commercial curriculum with the mandate to make recommendation to the department as to the rela-

tive merits of these programs. She lacks energy and enthusiasm for this assignment. In the past she has been very dependable. However, she is experiencing difficulties in performing this task and seems discouraged. You would……

a. Provide substantial direction to enable her to carry out her new responsibilities.

b. Discuss the situation with the teacher, but allow her to decide how she will proceed with these new responsibilities.

c. Provide support and encouragement and, at the same time, be far more directive in your interactions.

d. Give the teacher more time to learn how to do the work.

13. The district has finally granted you the funds needed to purchase 6small computers for your building. Most of the teachers are anxious to learn how to use the computers and get the children working on the computers, but most have had no experience or training with PC's. You have had a great deal of experience with all types of computers and even own one of the type selected for your building. You would…… personally……

a. Ask your staff to read the computer manuals that came with the software and call you if they have any questions.

b. Hire a computer expert, tell them when the inservice will start, and make sure those who participate in the classes know what is expected of them.

   c. Ask the teachers how they want to proceed and after incorporation their input, make sure that those teachers participating in the inservice know what is expected of them.

   d. Ask them to help each other, try to encourage their mutual problem solving and praise their progress.

14. Your teachers are being pressured to solve a problem raised by the school board. In the past you have explained a problem to the teachers and they have always managed to find a suitable solution, and without your direction or support. This time, however, they do not seem to be interested. You would……

   a. Discuss the problem further with the teachers and encourage them to develop a solution.

   b. Work with the teachers and together solve the problem.

   c. Give the teachers more time to work on the problem by themselves before intervening.

   d. Solve the problem yourself.

15. Recently you learned that there may be some internal difficulties among the janitorial staff. The group has an excellent work record and has worked in harmony the past year. All members of the staff are qualified for their respective tasks. In fact, it is the best group of janitors you have ever seen in a school. You would……

   a. Act quickly and firmly to correct the problem.

b. Make yourself available to the janitors for discussion, but be careful that you do not push possible solutions on them.

c. Meet with them to discuss the problem but be sure to provide a solution before the meeting is over.

d. Allow janitors to work out any internal difficulties themselves but continue to monitor what's going on.

16. The least two faculty meeting have turned into teacher-led discussions of school problems. Usually the teacher who introduces a particular problem has acted as a coordinator of the discussion. You feel these meetings have been very productive. There has been no problem with teacher performance during this period and you have noticed that teachers are beginning to talk more with each other, both at the meetings and during the regular school day. You are now wondering what your role should be at future faculty meetings. You would……

a. Let the teachers continue to run the faculty meetings and participate as little as possible in the meetings.

b. Set a definite agenda for faculty meetings and act as chairman yourself.

c. Join in the discussions at faculty meetings and supervise the teachers' behavior, but be careful not to lead the discussions.

d. Discuss how the meetings will be run with the teachers and then initiate necessary changes.

17. You have recently been put in charge of a mathematics department. The past record of the department has been excellent. All the teachers are well trained and are committed to their jobs. You are not sure what your role in this situation should be. You would……

    a. Discuss the department with the teachers, and base any changes on their recommendations.
    b. Step in and establish quickly your direction of the department.
    c. Provide minimal direction and support to teachers in the department.
    d. Discuss the department with the teachers and then initiate any changes that you feel are necessary.

18. In the past, your teachers have been able to implement curriculum changes without any intervention on your part. Now they want to implement an objectives-based instructional program, but it appears that they are unable to implement it smoothly. The teachers were excited about the program and have spent a great deal of time on the change, but it is evident that they are becoming discouraged. An objectives-based instructional program has been endorsed by the school board and needs to be implemented soon. You would……

    a. Intervene and supervise the new program's implementation carefully.
    b. Incorporate any recommendations from the teachers,

but direct their efforts to implement the program.

c. Involve the teachers in a discussion session and be supportive of any of their suggestions.

d. Do not intervene except to postpone the date of implementation.

19. The past detention policy was a failure. All teachers would send the students to a central location and then a few teachers would supervise the detention hall on a rotating basis. Recently you decided to allow teachers to be responsible for their own detention policies. You have made sure each teacher is aware of the school policy regarding detention, but you have <u>not</u> watched their behavior in this area closely. You are concerned now because this plan does <u>not</u> seem to be working either, even though the teachers seem to agree it is a better plan. You would...

a. Encourage the teachers to keep after detention problems and praise them for their cooperation.

b. Tell them the new policy is not working and why, reemphasize the new procedures and follow up to see if these procedures are followed.

c. Explain to them that the new policy is not working and why, then ask them to work together to solve the problem. Tell them to call you if there are any problems.

d. Be more open now to suggestions from the teachers in this area, but continue to make sure that all teachers are aware of their roles and responsibilities.

20. Over the last two months, you have observed several unsupervised classes immediately after the lunch period. You believe that teachers are not returning from their lunch period in time for afternoon classes. You have brought this fact to the attention of your Advisory Council. The Council seems reluctant to move quickly on this issue. They want more information abut who the offenders are and the number of occurrences. You would······

   a. Give the needed information to the Council and after getting their recommendations, you decide what needs to be done.

   b. Give the needed information to the Council and let them work on the solution.

   c. Discuss the problem further with the Council after providing them with the needed information, and support their efforts to reach a solution to the problem.

   d. Assume responsibility for the issue and send a directive to all teachers emphasizing punctuality and responsibility to start classes on time. Follow up and make sure this is done.

3
교육정책

제12장 교육자치제의 성패*

1. 교육자치제란?

우리는 흔히 근본적인 것을 잃어버리고 표면적인 것, 작은 것에 집착하는 경우를 많이 본다. 그리고 같은 현상을 놓고도 자기편에서, 자기에게 유리하게만 해석하고 또 그렇게 기대하기를 좋아한다. 1991년도부터 새로이 시작된 교육자치제에 대해서도 많은 사람들이 근본적인 것을 잃어버리거나 생각지 않고 표면적인 것, 미세한 것에 매달리는 경향이 있다. 또 교육자치제에 대해서도 각각 다른 편에서 다르게 해석하고 다르게 기대하고 있는 것 같다.

즉 교사들은 교육자치가 실시되면 자신들 마음대로 하는 세상이 올 것처럼 오해하고, 기대하며 또 학부모들은 학부모들대로 교육자치제를 실시하면 자신들의 목청이 높아질 것으로 기대했던 것 같다. 이런 현상들이 일종의 오해인 것 같다. 지방자치제를 하고, 교육자치제를 하면 마치 천지개벽이라도 할 것처럼 요란을 떨고 시끄럽게 난장판을 벌이기도 하였으나 변한 것이라곤 별게 없다. 몇 사람이 지방의회 의원과 교육위원 자리를 차지했을 뿐이고 직제개편으로 직급과 직위가 한 등급 정도 인플레되었을 뿐이다.

---

* 月刊 學父母, 1992. 4.

학생과 학부모, 교사에게 와 닿는 것은 옛날 그대로이다. 교육자치제에 대하여 근본적인 몇 가지를 짚어보면 지금까지 가졌던 오해들이 풀리고 교육자치제의 본 모습을 이해할 수 있을 것이다.

1) 교육자치제란 무엇인가?

교육의 자주성, 전문성, 특수성 때문에 정치와 일반행정으로부터 분리·독립하여 교육을 자율적으로 행정해 나가는 제도라고 할 수 있다. 그런데 재미있는 사실은 선진국에서나 학술서적에서 교육자치제란 용어 자체를 별로 찾아볼 수 없다는 점이다.

교육자치제란 말을 영어로 번역해보면 알 수 있다. 한국에서 어떤 사람이 논문 제목에서 교육자치제를 'Educational Autonomy System'이라고 번역한 것을 보았다. 그러나 필자는 아직 교육자치제에 대하여 공부를 덜 해서인지 모르지만 이런 용어를 외국에서나 책에서 아직 찾아보지 못했다. 그러면 교육자치제란 용어 자체가 없으니 선진국에서는 교육자치제를 안 한다는 말인가? 그렇지는 않다. 교육자치는 너무나 당연한 말이고 너무나 당연한 것으로 받아들이기 때문에 일부러 교육자치란 말을 만들어 쓰거나 내세울 필요조차 없기 때문에 용어 자체가 없는 것이다.

'자유와 평등'이란 말을 많이 쓰는 나라에 자유가 없고 평등이 이루어지지 않았다는 증명이 되고, '민주주의'란 말을 많이 하는 나라일수록 독재의 나라이고, 거리에 경찰이 많이 눈에 띨수록 치안이 불안한 나라라는 것을 알 수 있듯이, 교육자치가 안 되고 있는 나라에서 교육자치란 말을 만들어 많이 주장하고 있다는 증명이 된다.

교육은 백년대계이기 때문에 대통령이 바뀌고 정권이 바뀌어도 교육부 장관은 바뀌지 않고 꾸준히 교육정책을 추진해 나가는 것이 바로 선진국에서처럼 교육자치란 말이 없는 속에서의 교육자치인 것이다.

한때 3권분립에 교육을 더 하여 4권분립이 주장된 것도 이런 교육자치의 정신을 살리자는 것이었다. 입법, 사법, 행정, 교육이 각각 독립해야 교육의 원리와 원칙에 의하여 흔들림 없이 교육해 나갈 수 있다는 주장이다. 그러나 지구 상에 실지로 이렇게 4권분립을 실시하고 있는 나라는 없다. 다만 이러한 정신을 살려 교육을 정치와 일반행정으로부터 독립하여 자치적으로 운영해 나가도록 보장하고 있는 것이다.

2) 왜 교육자치를 해야 하는가?

크게 두 가지 이유 때문이다. 앞에서 말한 것처럼 첫째, 교육의 자주성과 전문성 때문에 또 이를 살리기 위해서이다. 둘째는 지방교육의 특수성 때문에 또 이를 살리기 위해서 교육자치를 해야 하는 것이다. 이 두 가지가 교육자치를 해야 하는 근본이유인 동시에 교육자치를 해야 하는 목적인 것이다.

첫째 이유로 교육이 자주적, 독립적이지 못하면 정치적으로 이용당하여 국민교육을 망치기 쉽기 때문에 교육자치를 한다는 것이다. 우리나라 교육의 역사를 보면 바로 교육이 정치의 시녀가 되고 희생물이 되었다는 사실을 증명으로 알 수 있다. 체제유지를 위해서 교육을 이용하다 보니 교육내용과 방법, 행정이 일관성을 잃고 뒤죽박죽이 되어 교육은 바로 조령모개란 말이 대표하게 되었다.

또 교육에 대한 전문성 없는 사람들이 교육과 교육행정을 주물러 온 결과 국민과 학부모가 교육을 신뢰하고 자녀를 맡길 수 없게 만들어 놓은 것이다. 교육을 실제로 담당하는 교사들을 전문가로 길러 내지도 못했고, 교사들을 지원해 주는 교육행정가들도 전문성을 길러 주기는커녕 소위 '일반직'이란 사람들이 일반행정하듯이 교육행정을 다루어 우리나라 교육을 망쳐 놓은 것이다.

교육자치를 한다고 하는 지금도 대학에 근무해 본 경험도 없는 사람이 교육부의 대학정책실에서 대학행정을 담당하고, 초·중·고등학교가 어떻게 생겼는지도 제대로 모르는 일반직이 보통 교육국에서 일하고, 교직에 몸담아본 적이 없는 사람이 교직국에서 중요한 결정을 하고, 과학교육이 무엇인지 모르는 사람들이 과학교육행정을 하고 있는 실정이다.

이런 근본적인 것을 그대로 놔두고 형식적으로만 교육자치제를 한다고 해봐야 무의미하다. 어쨌든 교육의 자주성, 전문성 때문에 교육자치제를 한다는 이유와 목적은 정치와 일반행정으로부터 교육행정을 분리·독립하자는 것이다. 이것을 그림으로 나타내면 〈그림 12-1〉과 같다.

두 번째는 지방교육의 특수성 때문에 교육자치를 해야 한다는 것이다. 각 지방마다 사정이 다르고 특수성이 있기 때문에 중앙에서 한 가지로 획일적으로 교육을 해 가지고는 교육의 효과를 거둘 수 없기 때문에 중앙으로부터 지방을 분리·독립하여 자치를 해야 한다는 논리이다. 이것은 일반행정에서도 중앙에만 맡겨두지 않고 지방자치를 해야 하는 이유 또는 목적과 마찬가지이다.

또 국민, 주민, 학부모와 멀리 떨어진 곳에서 행정을 해 가지고는 효과도 없을 뿐만 아니라 민주주의 정신에도 어긋나기 때문에 지방자치를 하듯이 교육도 지방교육자치를 해야 한다는 것이다. 그래서 지방자치와 동시에 지방교육자치를 실시했는데 우리가 흔히 교육자치라고 하면 앞에서 말한 4권분립과 같은 광의의 중앙교육자치를 의미하는 것이 아니라 협의의 지방교육자치를 일컫는 것이다.

즉 지방교육의 특수성 때문에 교육자치를 해야 한다는 이유는 중앙교육행정으로부터 지방교육행정의 분리·독립을 의미한다. 이것을 그림으로 나타내면 〈그림 12-2〉와 같이 된다.

교육자치를 해야 하는 이유 둘을 합쳐 놓은 것이 우리가 흔히 말하는 명확한 의미의 교육자치가 되는데 〈그림 12-1〉과 〈그림 12-2〉를 합쳐 놓은 〈그림 12-3〉과 같이 된다.

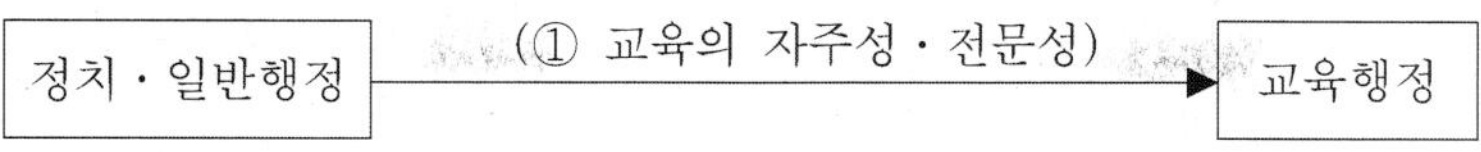

〈그림 12-1〉 교육자치의 이 유 1

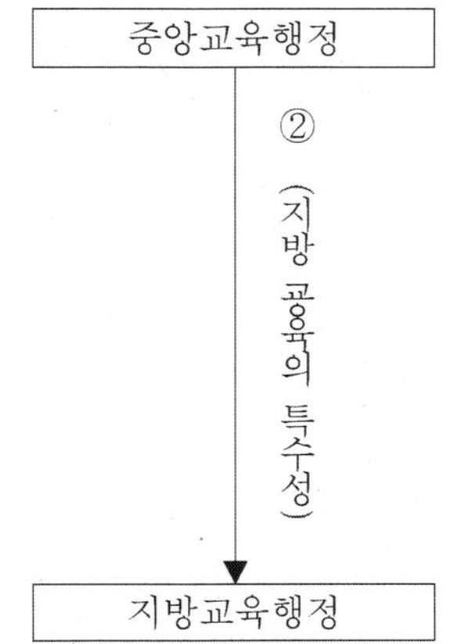

〈그림 12-2〉 교육자치의 이유 2

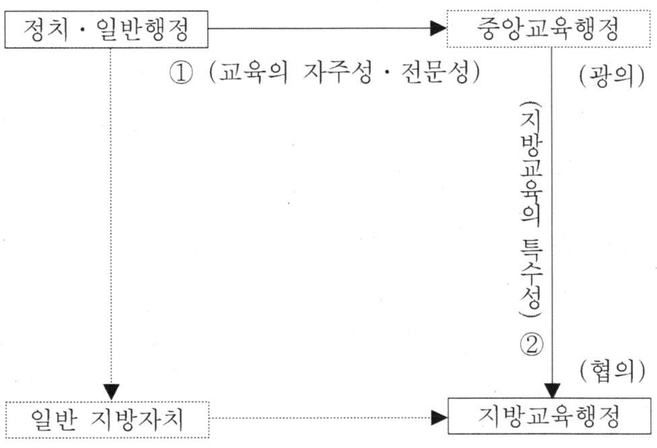

〈그림 12-3〉 지방교육자치의 의미와 이유·목적

여기서 교육자치의 기본원리가 도출된다. 첫째, 자주성의 원리, 둘째, 전문적 관리의 원리, 셋째, 지방분권의 원리, 넷째, 주민통제의 원리이다.

교육이 정치나 일반행정에서 벗어나 자주적·독립적으로 운영되어야 한다는 것이 자주성의 원리인데 이미 충분히 설명되었다고 본다. 그러나 실지로 교육이 정치의 영향을 받지 않을 수도 없고, 또 교육이 정치에 영향을 주는 것도 사실이다.

둘째, 교육은 전문가에 의해 관리되어야 한다는 것이 전문적 관리의 원리이다. 여기서 중요한 점은 중요한 결정과 통제는 다음에 나오는 주민통제의 원리에 의하여 주민이 하고 그보다 낮은 수준인 관리는 교육전문가들이 한다는 점이다. 그리고 이 전문적 관리의 원리는 자주성의 원리나 마찬가지의 정신에서 나온 것으로 같이 묶을 수 있다. 즉 정치나 일반행정으로부터 떼어내야 한다는 점에서 자주성의 원리를 전문적 관리의 원리로 합쳐도 좋을 것이다.

셋째, 지방분권의 원리는 지방교육의 특수성 때문에 또 주민참여를 위해서 지방교육자치를 하도록 하는 것이다. 지방의 사정에 맞는 교육을 해야 하는 것은 너무나 당연한 논리이다.

넷째, 주민통제의 원리는 보다 근본적이고 원초적인 원리이다. 근본적으로 교육은 국민의 것이고 주민의 것이기 때문에 교육을 주민이 통제해야 한다는 원리이다. 국민통제라고 안 하고 특별히 주민통제라고 한 것은 지방분권의 원리를 합쳐 그 지방의 주민이 교육에 관한 주요 결정과 통제를 하게 해야 한다는 의미가 들어 있기 때문이다. 그래서 첫째 원리를 둘째 원리에 합쳐 전문적 관리라고 했던 것처럼 셋째의 지방분권의 원리를 넷째의 주민통제의 원리에 합쳐도 큰 무리는 없다.

결국 〈그림 12-3〉 속에 교육자치의 원리가 다 들어 있는 셈이다. 좀 더 쉽게 이해할 수 있도록 〈그림 12-4〉로 나타냈다.

그래서 필자는 교육자치의 원리를 주민통제(People Control)와 전문적 관리(Professional Management)로 요약하고자 한다. 여기서 주민통제를 앞에 놓고 전문적 관리를 뒤에 놓은 이유를 알아야 한다.

　교육은 근본적으로 주민의 것이고 주민을 위한 것이기 때문에 앞에다 또 위에다 놓은 것이다.

　통제를 하고 나서 관리(Management)가 뒤따르는 것이 순서이다. 그래서 교육자치는 주민자치가 우선이지 '교육자의 자치'가 아니다. 교육자치를 한다고 해도 기껏해야 교육자에게 차례 가는 것은 전문적 관리인 것이다.

　교육자는 어디까지나 주민, 국민의 종이고 봉사자의 위치라는 것을 여기서 분명히 알아야 한다. 교육자는 교육자치를 해도 전문적 봉사자의 신분이라는 점을 알면 흔히 교육자치제에 관하여 가졌던 오해가 풀릴 것이다. 그렇다고 주민이 교육을 마음대로 휘둘러(統制)도 되는 것으로 생각하는 것도 또 하나의 중요한 오해의 하나이다.

　주민이 원하는 것을 대표자(교육위원)를 통해서 요구하고 그 요구가 정당할 때 정책으로 형성하여 정책결정을 해서(주민통제) 그 나머지 관리는 교육전문가(일반직이 아닌)에게 맡기도록 하는 것이(전문적 관리) 교육자치제이다. 즉 교육자치제는 주민통제와 전문적 관리의 균형과 조화이다.

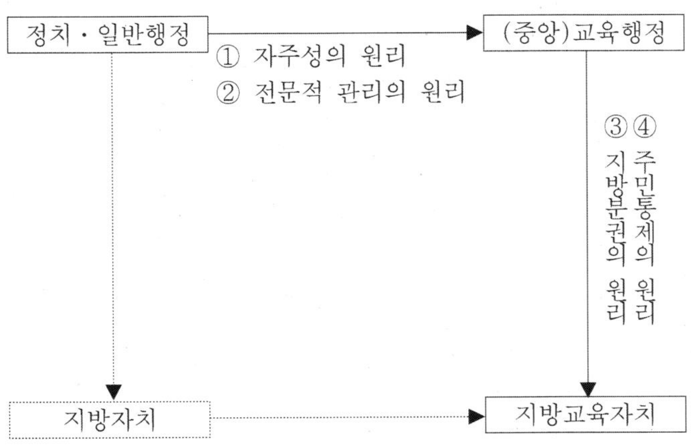

〈그림 12-4〉 교육자치의 원리

2. 교육자치의 기본구조

지금까지의 설명에 의하여 우리는 교육자치제가 무엇이며(의미, 개념), 왜 무엇 때문에 교육자치를 해야 하며, 그 원리가 무엇인지에 대하여 알게 되었다. 그러면 교육자치를 하는 기본구조, 골격(structure)이 어떻게 되었는지 알아볼 필요가 있다.

지방교육자치를 해 나가는 구조는 교육자치의 원리로부터 찾아보면 좋다. 주민통제와 전문적 관리의 두 원리를 살리도록 구조가 되어 있는 것이다. 주민이 교육에 대하여 근본적인 것을 자치적으로 결정해서 전문가인 교육자에게 넘겨주면 전문교육자들이(일반직이 아니고) 기본정책을 받아 전문적 관리를 하게 되어 있다.

주민이 모두 정책결정에 참여하여 교육을 통제할 수 없기 때문에 대의민주제의 정신에 의하여 대표자인 교육위원에게 교육통제권을 준 것이다. 주민의 대표인 교육위원의 모임체인 교육위원회가 교육의 최고 통제기관이 된다. 그래서 교육위원회를 의결기관이라고 한다. 교육위원회는 기본적인 교육정책을 의결·통제하고, 예산·결산, 시설·자원·재정을 통제·의결하고, 사람·인사를 통제하게 되어 있다.

우리나라에서는 현재 교육전문관리자의 대표인 교육감의 인사권만 통제하게 되어 있는데 외국(예, 미국)에서는 형식상으로는 모든 교육직원들이 교육위원회의(교육감이 아니라) 임명을 받게 되어 있다.

주민의 대표인 교육위원회가 기본적 정책결정을 해 놓으면 교육전문가의 대표인 교육감이 이를 넘겨받아 전문적 관리·집행을 한다. 물론 교육감 혼자서 하는 게 아니라 부교육감과 보조기관, 학교, 교사를 임용하여 관리를 한다. 교육감은 집행기관이 된다.

그래서 교육자치의 기본구조는 교육위원회와 교육감이라고 할 수 있다. 이 것을 그림으로 나타내면 〈그림 12-5〉와 같이 된다.

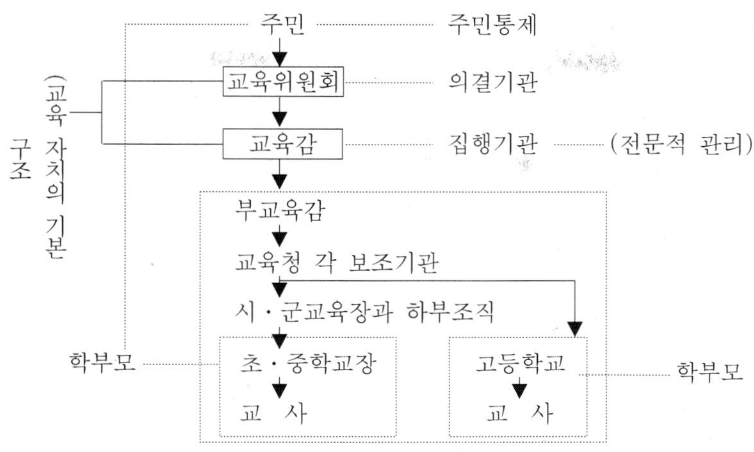

〈그림 12-5〉 원리에 의한 교육자치의 기본구조

그런데 현재 우리나라에서 실시하고 있는 교육자치의 기본구조는 원리와 다르게 되어 있다. 즉 주민이 지방의회 의원(기초와 광역)을 뽑고 이 지방의회 의원의 추천에 의하여 (기초의회)지방 의회(광역)에서 교육위원을 뽑고, 교육위원이 교육감을 선출하기는 하나 인사 이외의 모든 면에서 교육위원회와 교육감을 대등한 수평적인 수준으로 놓고 교직원의 인사권도 교육감이 독립적으로 하게 되어 있다(2006 현재는 주로 학교운영위원이 교육위원과 교육감을 선출하고 있다.). 그림으로 나타내면 〈그림 12-6〉과 같이 된다.

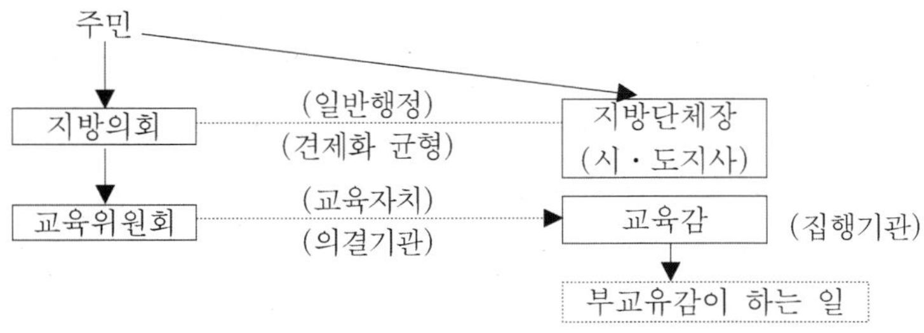

〈그림 12-6〉 현행 우리나라 교육자치 기본구조

현행 교육자치제의 기본구조에 문제가 있는 것을 발견할 수 있다. 첫째, 교육의 자주성 때문에 정치와 일반행정으로부터 교육행정을 분리·독립하여 교육자치를 해야 한다는 근본적 이유·목적·원리에 어긋나게 교육행정이 일반행정의 지배를 받고 있으며, 교육이 일반행정에 예속·종속되어 근본적으로 교육자치를 할 수 없게 되어 있다는 점이다. 〈그림 12-6〉에서 보는 것처럼 교육위원회가 일반행정인 지방의회의 하나의 특별분과위원회처럼 되어 있고 실지로 인사 면에서 교육위원회의 목줄을 일반행정에 매달아 놓고 있고, 또 재정 면에서도 일반행정인 지방의회가 최종적 예산·결산권을 가지고 있고, 교육자치 운영의 법을 제정하는 조례제정권도 지방의회가 가지고 있다.

인사·재정·법(규칙)제정권이 없이는 자치를 도저히 할 수 없는 것이다. 그래서 근본적으로 교육자치를 할 수 없을 것을 가지고 억지로 교육자치라고 이름만 붙이고 있는 것이다. 실지로 교육위원 선출과정에서 있었던 물의와 추태를 우리가 직접 눈으로 확인할 수 있었고 또 재정 면에서도 교육감이 예산을 편성하여 교육위원회의 심의·의결을 거쳐 지방의회 교육·청소년분과위원회를 거쳐 지방의회 총회를 거쳐야 한다고 하여 말썽을 부리고 지방의회 의원들이 목청을 높이는 사례가 발생하고 있다.

교육에 관한 한 교육위원회에 위임 의결하도록 법정신(法精神)이 되어 있다면 지방의회는 형식적인 고무도장을 찍어야 하는 것이 원칙인데 저질의 일반행정의 지방의회가 이를 악용하지 않는다는 보장이 없어 문제이다.

둘째는 주민통제의 끈이 약하다는 것을 알 수 있다. 교육위원이 주민과 멀리 떨어져 있고(간선) 더구나 전문적 관리자인 교육감과는 더 멀리 떨어져 있다(간선의 간선). 그리고 교육위원회와 교육감이 대등한 관계로 되어 있어 주민통제가 약하게 되어 있다는 점이 지적된다. 이렇게 되면 전문적 관리는 강화될지 모르나 상대적으로 주민통제가 우선된다는 점을 바로 인식해야 한다.

주민이 원하는 교육을 하게 하려면(주민통제 강화) 교육감까지도 주민이 직선을 하거나 주민이 선출하는 시·도지사로 하여금 임명하게 하거나, 교육위원회 하부기관으로 둘 수도 있을 것이다. 현재의 기본구조는 두 개의 독립된 교육자치 기관을(교육위원회와 교육감) 두고 있는 셈인데 원리면에서 보면 교육자치 정부를 하나로 하여(교육감을 교육위원회의 사무장으로 하여) 교육감을 교육위원회에 통합할 수도 있을 것이다.

이 두 가지 문제 이외에도 이 기본구조 속에서 많은 문제를 찾을 수 있다. 우선 부교육감을 중앙에서 임명하게 되어 있어 지방분권의 원리에도 어긋나고, 앞에서 말한 것처럼 교육재정이 일반행정으로부터 분리·독립되어 있지 않을 뿐만 아니라 교육재정의 대부분(85%)이 중앙으로부터 내려오게 되어 있어서 지방분권이 안 되고 있어 교육자치를 할 수 없게 되어 있어 문제이다. 더 재미있는 현상은 중앙 교육부의 돈을 교육청이 타다가 일반행정인 시·도의회의 승인을 받아서 써야 한다는 2중의 모순을 낳고 있다.

지방분권도 교육분권도 안 된 것이다. 또 현재의 교육청 직제를 보면 아직도 일반직 중심으로 되어 있어 전문적 관리를 할 수 없게 되어 있다는 점이 문제이다.

교육의 전문성 때문에 교육을 일반행정으로부터 분리·독립하여 정치자치를 해야 한다고 하는 판에 아직도 교육행정을 일반직이란 사람들이 하는 자체가 그야말로 웃기는 일이다.

교육자치제에서 일반직은 자리가 없다. 이것은 결코 일반직을 비난하기 위한 말이 아니다. 현재의 일반직을 교육행정 전문가로 양성·훈련·전문화시켜야 한다는 점을 강조하기 위해서 지적하는 것이다. 그리고 앞으로 교육행정을 담당하는 일반직도 교육행정대학원을 만들어 여기서 교육행정 전문가를 배출해야 교육자치를 제대로 할 수 있게 될 것으로 본다.

현재 교육자치의 기본구조는 교육자치의 원리면에서도 문제가 많고 인사·재정·조례제정의 근본적인 면에서 교육자치를 실현하기 어렵게 되어 있다는 점을 지적하고 다음으로 넘어가고자 한다.

3. 교육자치와 학부모의 교육 참여

교육자치제에 있어서 최대기둥이라 할 수 있고 성패를 가늠한다고 볼 수 있는 학부모의 교육에의 참여는 두 가지로 나누어 생각할 수 있다. 첫째는 간접적 참여이고, 둘째는 직접적 참여 방식이다. 첫째, 간접적 교육 참여는 교육위원회를 통한 방법이다. 학부모도 주민이기 때문에 교육위원은 학부모를 대표하기도 한다. 교육위원이 교육을 통제하고 정책결정을 하기 때문에 학부모는 교육위원을 통해서 간접적으로 교육에 관한 주요 결정에 참여하게 되는 셈이다. 그런데 학부모와 주민이 지방의회 의원을 뽑고(직선) 다시 지방의회 의원(2006 현재는 학교운영위원)이 교육위원을 뽑기 때문에 간접의 간접으로 교육결정에 참여하는 셈이고 정책이 교육감에 의하여 집행되기까지는 3중 간접의 참여가 되어 학부모와 주민의 의사가 교육에 반영되기 어렵게 되어 있다.

둘째는 학부모의 학교교육에 대한 직접적 참여를 생각할 수 있다. 학부모가 주민의 입장에서 대표자인 지방의회 의원과 교육위원을 통하여 교육감→교육장→교장→교사를 거쳐 학생교육에 참여하려면 학부모의 의사가 제대로 반영되고 참여가 이루어지기 어렵다. 그래서 학부모가 자녀가 다니는 학교에 직접 참여하는 방식을 생각할 수 있다. 그 방법이 사친회(PTA), 학교운영위원회 등이 있다.

우리나라에서 그동안 사친회, 후원회, 기성회, 육성회, 어머니회 등의 명칭으로 학교교육에 참여할 수 있는 기회가 있었으나 이는 모두가 부족되는 교육재정을 보완하기 위한 수단이었지 진정한 의미의 학부모의 학교교육 참여라고 할 수는 없다. 학부모가 학교교육에 대하여 어떤 요구를 하거나 참여하기 위한 것이기보다는 오히려 학교가 학부모에게 재정적 후원을 요구하기 위한 것이었다. 주객이 뒤바뀐 형태였다.

최근에 외국에서는 학부모와 주민이 직접적으로 참여하는 과격한 개혁이 일어나고 있다. 그 하나는 학교선택권이다. 정해진 학구에 상관없이 학부모가 좋아하는 원하는 학교에 자녀를 등록시키게 하는 제도이다. 주민·학부모가 세금을 내고 교육을 사는(소비하는) 것인데 왜 소비자 마음에 드는 교육(학교)을 선택하지(사지) 못할 이유가 어디 있느냐는 것이다. 여기에는 기본적으로 학교가 각기 다르고 다양하다는 것이 전제된다.

공립학교라도 각각 독창성이 있고, 다양하고, 각기 다른 프로그램이 운영되기 때문에 선택의 여지가 있는 것이다. 학부모가 학교를 마음대로 선택하여 자녀를 원하는 학교에 보내게 되면 학부모의 의견은 학교에 충분히 반영될 수 있는 것이다. 그러나 이것은 어디까지나 소극적 참여이다. 학교운영에 참여하는 것이 아니라 소극적으로 선택만 하기 때문이다.

학부모가 많이 선택하는 학교는 번창하고 선택받지 못하는 학교는 망하게 될 것이다. 더구나 학생 수에 의하여 교육재정이 배분되기 때문에 학생 수가 적은 학교는 문을 닫아걸지 않을 수 없다. 부익부빈익빈의 원리가 적용된다. 학부모가 지방정부에 냈던 교육세가 자녀가 등록한 학교에 자동적으로 떨어지게 제도화시켜 놓고 있다. 망하는 학교에 근무하던 교장과 교사들은 자동적으로 실직자가 된다.

교직원은 살아남기 위해서라도 학교교육의 질 개선을 위해서 노력하지 않을 수 없다. 여기엔 교사들의 순환근무제나 전근이란 것도 있을 수 없다. 흥하는 학교에서 교사가 더 필요하면 공개경쟁 채용을 하는 것이지 망하는 학교의 교사를 친절하게 모자라는 학교에 전근시켜 주지는 않는다. 이것이 교육의 자유시장체제이다.

학부모가 대표자를 통하여 정책결정을 안 해도 충분히 교육에 참여하고 의사가 반영된다.

다른 하나는 학부모 대표가 교육위원회가 아니라 학교운영회에 직접 참여하는 방식이다. 교장, 교사 대표, 학부모 대표, 교육위원회가 지명한 지역사회 대표자로 학교운영위원회(school council, school board)를 구성하게 하여 여기서 학교운영의 모든 결정을 하게 하는 제도이다. 다시 말하면 교육위원회가 하던 인사·재정·정책결정을 학부모가 직접 참여하는 학교운영회에서 직접 하게 하는 것이다. 즉 학교운영회가 그들이 원하는 교장과 교사도 초빙해 오고(인사), 교육위원회에서 학생 수에 비례하여 도급으로 배분된 재정을 마음대로 필요한 곳에 쓰게 한다.

소극적으로 학교를 선택만 하는 게 아니라 학교운영에 직접 참여하기 때문에 적극적 참여라고 할 수 있다. 그렇다고 교사가 하는 가르치는 일까지 참견하게 하는 것은 물론 있을 수 없는 일이다. 가르치는 전문적인 일은 전문가에게 맡기는(전문적 관리) 원칙은 철저히 지켜지고 있다. 공립학교를 사립학교 운영하듯이 학교단위에서 자율적으로 운영하기 때문에 이것을 공립학교의 사립학교화라고 하는 것이다. 이렇게 되면 학부모의 교육 참여는 최대한 보장되리라고 본다.

학부모, 주민의 학교교육 참여 방식을 그림으로 나타내면 〈그림 12-7〉과 같이 된다.

자유시장경제에 의한 학부모의 학교선택권보장과 뒤에 설명한 학교운영위원회에 의한 학교단위자율경영제는 과격한 학교개혁의 실례이다. 문화와 전통·풍토가 다른 한국에 이를 소개하는 일 자체가 필자로서는 겁나는 일이다. 그러나 교육자치제가 국민과 주민·학부모를 위한 것이고, 중앙집권으로부터 지방분권, 학교분권, 학부모 선택권으로 발전되어 나가고 있다는 그 정신은 이해가 되리라고 본다.

교육자치제는 근본적으로 주민통제, 주민참여, 주민자치의 정신에 의하여 철저히 교육소비자인 주민과 학부모, 학생을 위한 교육을 해야 하고, 또 그렇게 하기 위해서는 교육과 교육행정을 철저히 교육전문가에 의하여 행해지고 관리될 수 있도록 되어야 한다. 그러기 위해서 교육과 교육행정의 전문성을 높여야 한다.

교육소비자도 교육자도 똑같이 보호되어야 한다. 교육자치제에 대한 오해를 풀고 교육자치제의 근본정신을 살려 모든 교육 관련자들이 교육을 위해서 하나가 되어야 교육의 목표를 달성할 수 있다.

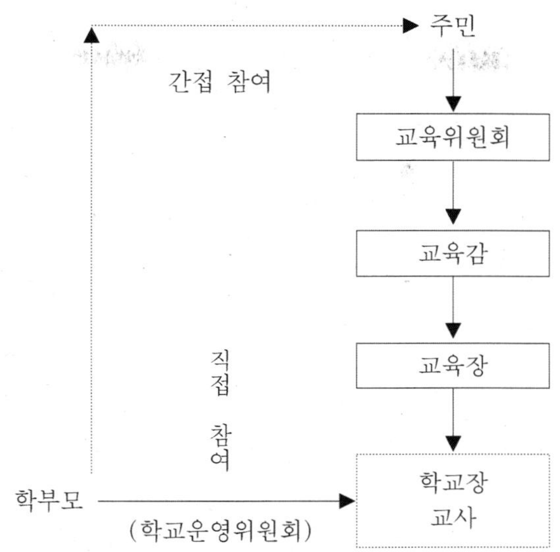

〈그림 12-7〉 주민 학부모의 교육 참여

제13장 지방교육자치와 장학의 발전과제*

이제 새로운 시작을 해야 할 때이다. 88서울 올림픽이 도약대가 되어 우리나라를 한 차원 높은 선진국으로 끌어올릴 줄 알았는데, 우리는 이 세기적인 일을 멋있게 해 놓고도 사력을 다하여 진이 빠져서인지 그 후로 기울기 시작하였다. 여기서 주저앉고 만다면 너무나 억울한 노릇이다. 고난의 5천 년 역사가 아깝고, 그동안 많은 희생을 감수하면서 민주화를 외쳐 온 사람들에게도 너무나 미안한 노릇이다. 또 그동안 학생들을 무자비하게 다그치며 공부하라고 가르친 것도 무의미하게 된다.

한 나라의 지도자라는 사람들이 인류나 국가를 생각하지 못하고(human interest, extra-organizational interest), 자신이 속한 조직이나 기관에도 관심을 두지(organizational interest) 않고, 기껏해야 자기 자신이나 가족을 챙기고(self-interest) 있었으니 그들이 돈은 벌었을지 모르지만 최소한 국민의 존경은 받지 못했을 것임에 틀림없다. 이것도 결국 밑바탕은 교육이 제 기능을 제대로 해내지 못했기 때문이다. 해방 후 우리 손으로 우리 교육을 하면서 유치원 교육, 초등학교 1, 2학년 교육만이라도 철저히 해냈어도 이런 부정한 엉터리 지도자를 길러 내지는 않았을 것이며, 설사 길러졌더라도 최소한 이 땅에 이들이 발을 붙이지는 못했을 것이다.

---

* 敎育月報, 1993. 5. 교육부.

이제 교육도 다시 시작해야 한다. 밑바닥에서부터 원칙에 철저해야 한다. 지방교육자치제도 하나의 시작에 불과하다. 시작부터 철저해야 한다. 장학도 새로운 시작을 해야 한다. 그것은 바로 본질로 돌아가서 원칙대로 다시 시작하는 것이다. 여기서는 지방교육자치제하에서 장학이 어떻게 변해야 하는가에 대하여 생각해 보기로 한다.

1. 왜 지방교육자치를 해야 하나?

교육의 자주성과 전문성, 지방교육의 특수성을 살리기 위해서 지방교육자치를 해야 한다는 것이다. 그러면 이것이 궁극적인 목적인가? 그렇지는 않다. 교육의 자주성과 전문성을 살리고, 지방교육의 특수성을 살리면 교육을 더 잘할 수 있기 때문에 지방교육자치제를 채택한 것이다. 바꿔 말하면 지방교육자치제를 통하여 학생교육을 잘하자는 목적이다.

교육의 자주성과 정치적 중립성, 전문성 때문에 교육을 정치가나 일반 행정자에게 맡기지 말고, 정치나 일반행정으로부터 분리·독립하여 교육 전문가들로 하여금 교육을 관리하게 하자는 생각이 교육자치의 하나의 기둥이다. 이를 전문적 관리(professional management)라고 한다. 둘째의 기둥은 지방교육의 특수성을 살리기 위해서 중앙교육행정으로부터 지방교육행정을 아주 떼어내지는 않더라도 최소한 자치를 하게 하자는 것이다. 지방 주민들로 하여금 자기들이 원하는 교육을 하게 하자는 생각이다. 이것을 주민통제(people control)라고 한다.

그러면 전자(前者) 전문적 관리와 후자 주민통제 중 무엇이 우선인가? 말할 것도 없이 후자, 주민통제가 우선이다. 교육은 근본적으로 주민의 것이지 교육자의 것이 아니다. 교육자치는 교육자의 자치가 아니라 교육에 관한 주민자치가 우선이고, 주민들이 요구하고 결정한 것을 전문가인 교육자가 관리하게 하자는 것이 교육자치제의 기본원리이다.

교육자치의 핵심 기관은 교육위원회와 교육감인데 주민통제를 위한 주민의 대표 기관이 교육위원회이고, 전문적 관리를 위한 교육자의 대표 기관이 교육감이 된다. 교육위원회는 정책결정과 의사결정을 위한 의결기관이고, 교육감은 교육위원회가 의결해 준 것을 교육전문가의 입장에서 전문적으로 집행하고 관리하는 집행기관이다.

2. 장학이란 무엇인가?

장학은 이 중에서 전문적 관리에 속하는 교육감의 몫이다. 장학은 교사의 수업기술을 향상시키고 전문직성을 높이며, 교육과정을 개발·수정·보완하고, 교수·학습 환경과 자료를 잘 마련, 학생의 학업성취를 극대화하여 학생교육을 잘하기 위한 것이다.

그런데 지금까지 우리의 장학이 너무나 행정적이고, 그것도 형식적인 것에 그쳐서 장학의 효과성을 의심스럽게 해 왔다. 장학도 본질로 돌아가 수업개선에 직접적으로 기여할 수 있도록 다시 시작해야 한다는 움직임이 강하게 일어나고 있다. 지금까지 장학의 핵심과 본질을 제쳐 두고, 그 주변만 맴돌고 있었던 셈이다.

또 지금까지의 장학이 본질에서 어긋났을 뿐만 아니라 민주적이지 못했다는 지적이 있다. 민주적이지 못해서 장학을 필요로 해야 할 교사들의 협조를 얻어내지 못하고, 오히려 거부반응과 기피 현상을 불러일으켰다. 이런 상황에서 장학을 하자니 장학이 겉돌고, 다시 더 형식적으로 되었다. 눈덩이 불어나듯 악순환을 거듭하면서 교사들은 장학에 대하여 적대감까지 갖게 되고, 장학자와 교육 행정자가 교사들의 타도의 대상으로까지 비치게 되었다.

이렇게 되면서 최근에는 장학력의 무력화 또는 부재 현상이 나타나고 있다. 무장학적 자유방임과 방종이 난무하고 있다. 협의만 하는 것이 장학은 아니다. 감독할 것은 감독해야 하고, 지시할 것은 지시도 해야 한다. 그러면서 교사에게 공감을 주고, 협조를 받아 내 장학 본래의 목적을 달성해야 한다. 장학에 있어서 강력한 지도력이 요구되는 시점이다.

3. 지방교육의 특수성을 살릴 수 있는 여건 조성

새로 시작한 지방교육자치제에서 '지방교육의 특수성'을 살리기 위해서는 그럴 만한 여건이 먼저 갖춰져야 한다. 지방교육의 특수성을 살리기 위해서는 지방마다 다른 교육이 가능하다는 전제에서부터 출발한다. 그런데 우리의 전통이 중앙집권에 뿌리를 깊이 두고 있어서인지 아직은 여러 면에서 지방마다 다른 교육을 하기에 어려운 여건이다.

예를 들면 심각한 대학 입시문제 때문에 창의적이고 색다른 교육에 눈을 돌릴 여지가 없다. 전국 획일의 교육과정과 교과서를 가지고, 지방교육의 특수성을 살리기 어렵게 되어 있다. 전국적으로 비슷한 교사 양성제, 교원 인사, 교육 재정하에서 특수성을 찾기는 어려울 것이다.

특히, 지방교육의 특수성을 살리기 위하여 만들어진 '지방교육자치에 관한 법률' 자체가 모든 것을 획일로 꽁꽁 묶어 놓는 일을 하고 있다. 예를 들면 교육위원의 수, 회의 날짜, 심지어는 회의 방식까지, 또 지방교육행정 조직과 기구까지도 모두 획일로 묶어 놓고 지방교육자치를 하라는 것이다. 지방의 특수성을 살리기는 고사하고, 오히려 특수성을 살리지 못하게 법률로 막아 놓고 있는 셈이다. 지방마다 교육이 달라지고 어느 정도 지방 간에 경쟁의 분위기가 일어날 수 있도록 법률은 대강만 정해주고 지방마다 다르게 하려면 현재의 국가 공무원이 지방교육 공무원으로 바뀌어야 할 것이다.

지방이 인사, 재정, 조례 제정, 교육과정에서 자치권을 가질 때 그 지방교육의 특수성을 살려 지방교육자치를 할 수 있을 텐데 현재는 그렇지 못하다. 앞으로 중앙 공통 60%, 지방의 자율과 자치, 특수성 부분 40% 정도의 비율로라도 자치의 허용 범위가 넓혀져야 한다. 지방마다 다른 법과 제도를 정하여 자치할 수 있는 여건부터 조성해 줘야 한다.

4. 지방교육의 특수성을 살리기 위한 장학의 방향

이제 장학도 분권화되고 전문화되며, 지방교육의 특수성을 살릴 수 있도록 변화해야 된다. 지방 주민의 요구와 지방교육 여건에 맞춰 나갈 수 있는 적응력을 가져야 한다. 그런 방향에서 몇 가지 예시를 해 보고자 한다.

첫째, 지방교육의 특수성을 살리는 장학을 하기 위해서는 먼저 지역 주민과 학부모, 학생, 교사의 다양한 필요(요구) 조사를 할 필요가 있다. 먼저 교육목표, 교육과정, 특별활동, 생활지도, 진로와 직업, 학교운영 등 종합적인 필요 조사에 기초한 장학계획을 수립해야 한다. 이러한 요구 조사에 더하여 학생 수, 출생자 수, 진학률, 인구 이동, 주택 건설 등 교육행정과 장학의 기초가 되는 기초 조사를 과거와 달리 철저히 할 것을 권고한다.

둘째, 이런 요구 조사와 기초 조사에 더하여 지방, 또는 지역 교육목표를 설정해야 한다. 이제 지방교육청별로 각각 다른 철학이 정립되어야 한다. 국가 전체의 철학과 교육목표와 상치되지 않는 범위 내에서 지방 고유의 목표와 철학을 정립할 필요가 있다. 다음에 이어질 모든 교육활동은 이 교육목표와 철학으로부터 나오게 된다. 과거에는 교육감이나 교육장을 중심으로 몇몇 사람이 추상적인 용어와 미사여구를 동원하여 형식적으로 표현해 놓은 경우가 많았는데, 이제는 가능한 한 많은 사람들의 참여와 합의에 의하여 지방교육목표를 설정해야 한다. 이 목표를 구현하기 위한 구체적인 방침도 제시해야 한다. 이제 이 목표를 각 학교, 각 개인별로 나누어 맡아 모든 사람들이 이 목표달성을 위해서 노력하게 하고, 근무 평정도 지방별로 다른 이 목표에 근거해야 할 것이다. 교원 근무 평정의 기준과 평가 요소도 지방별로 달라져야 정상이다. 목표 없는 특수성은 보장될 수 없다.

셋째, 일정 비율과 범위 내에서 지방에 따라 교육과정과 교과서가 달라져야 한다. 이제는 각 교육청별로 교육과정과 교과서를 개발하는 노력을 해야 할 것이다. 각각 다른 교육과정과 교과서 없이 지방 특성에 맞는 교육을 하기는 어렵다. 교육과정과 교과서를 개발할 수 있는 조직과 기구, 인력, 재정이 따라붙어야 한다. 예를 들면 바다, 산림, 환경, 관광, 통일에 관한 교육과정과 교과서를 각 교육청이 개발하여 특색을 살릴 수 있을 것이다.

넷째, 교사양성기관(교대, 사대)과 연수 기관(연수원), 학교, 지방교육행정 기관인 교육청의 3각 협조 체제를 위해서도 노력해야 할 것이다. 그 지방에서 유용한 교사를 양성하고, 실습을 하고, 유치하기 위한 협조 관계가 지금까지 등한시되어 왔는데, 이제는 세 기관이 따로 놀아서는 안 된다. 지방의 우수 교육을 위해서는 우수 교사의 확보가 선결 요건이 된다.

다섯째, 장학 인력의 선발·양성·연수 체제도 각 지방교육청별로 독특하게 고안할 필요가 있다. 우수 장학 인력 없이 앞서가는 장학을 하여 특수성을 살리기는 어렵기 때문이다. 현재는 공개 채용을 하는 교육청과 그렇지 않은 교육청이 있고, 선발 기준과 자격 기준이 약간씩 다른 정도이다. 이런 차이가 발전하면 선발·양성·연수 등까지도 달라질 것이다.

현재도 어떤 시교육청은 교감·부장 교사 중에서 선발하여 장학 요원을 연수시키기도 한다. 복수 교감 중 1명을 완전히 장학사로 돌리는 방법도 생각할 수 있다. 증치 교사를 장학을 위한 지원 교사로 지정할 수도 있을 것이다.

여섯째, 독특하고 독립된 장학활동과 방법이 전개될 것으로 기대된다. 임상장학, 동료장학, 선택적 장학체제, 지역장학협력회, 집단장학과 개별장학, 교내장학 등 여러 가지 장학활동과 방법 중 지방에 따라 강조점이 달라질 수 있다. 현재도 교내장학 연구학교를 지정하여 연구하는 군교육청이 있다.

일곱째, 교사 센터(teacher center)를 설치하거나 교사 서클 조직, 연구집단(study group), 수업연구 교사제, 현장연구 교사제 등을 생각해 볼 수도 있다. 교사들 스스로가 일정한 장소(교육청이나 학교)에 모여 협의나 세미나도 갖고, 교재도 연구하거나 개발하는 제도를 교사 센터라고 한다. 영국에서 처음 시작되어 세계적으로 널리 퍼져 나간 제도이다. 교사 서클은 일종의 동호인집단이다. 같은 교과나 같은 관심을 가진 사람들끼리 모여 문제해결과 전문성 발전을 위하여 공동 노력하게 하는 모임체이다.

연구집단도 마음 맞는 사람들끼리 모여 공부하고 연구하는 집단이다. 수업연구 교사제도 몇몇 교육청에서 현재도 실시하고 있다. 교사들의 자발성에 터하여 이러한 여러 모임을 잘 활용하면 특수성을 살리면서 지방교육 발전을 도모할 수 있을 것이다.

여덟째, 연구학교와 실험학교 운영도 필요할 것이다. 형식적이 아닌 실질적인 연구학교와 실험학교 운영을 장학적 측면에서 권장한다. 예를 들면 자율책임경영제를 실험학교로 운영하여 그 효과성을 검증해 볼 수 있을 것이다. 도급으로 교육재정을 학교에 배정해 주고, 인사와 재정, 교육과정 운영을 학교가 자유롭게 하고 대신 책임을 지게 하는 방안이다. 또 학부모의 학교운영 참여 방안을 실험학교, 또는 연구학교로 운영하여 교육의 질 향상 여부를 알아볼 수도 있을 것이다. 낙도 벽지 학교 학생을 위한 원격 교육과정 운영도 연구해 볼 만하다. 방송통신 교육과정, 패키지에 의한 교육과정 등도 지방에 따라 고려할 수 있을 것이다.

아홉째, 지역의 사회·문화 환경과 여건에 따라 특수성을 살릴 수 있는 학교를 설립하거나 운영할 수도 있다. 초등학교와 중학교를 합쳐 운영하거나 중학교와 고등학교를 합쳐서 운영하는 방안, 유치원과 초등학교 저학년을 합쳐서 한 학교로 운영할 수도 있을 것이고, 초등학교 일부와 중학교 일부 학년을 합쳐 운영하는 방안도 있다. 초등학교 고학년을 교과 담임제로 하고, 저학년에서 열린교육을 운영할 수도 있다.

열째, 교육청의 조직을 장학 중심으로 개정하여 조직할 수 있어야 한다. 일선 학교와 맞닿는 시·군 교육청에는 장학 인력이 극히 부족한 형편인데, 이를 확충할 수 있도록 되어야 한다. 또 시·도 교육청과 시·군 교육청 사이에 장학의 기능이 분화될 수 있도록 해야 한다. 예를 들면 시·도 교육청은 철학적·행정적인 일을 하고, 시·군 교육청은 수업이나 교사 발전과 직접 관련된 구체적인 장학적 기능을 하도록 분담·분화시키는 방안도 생각해 볼 수 있다.

지금까지 예시한 열 가지는 지방교육의 특수성을 살리기 위한 장학의 방향 또는 강조점이었다.

5. 우리나라 장학의 과제

이제 좀 더 일반적인 것으로 앞으로 우리나라의 장학이 풀어 나가야 할 과제의 몇 가지를 생각해 보기로 한다.

첫째, 장학의 전문화와 장학 인력 양성의 과제이다. 지금처럼 교원 중에서 장학 인력을 발탁하여 쓰고, 또 교원으로 자유롭게 전직하는 방법도 장점을 갖고 있으나 이보다 한 수준 더 높은 장학을 위해서는 장학사를 별도로 선발하여 대학원의 석사 과정이나 석사와 박사 사이의 중간 학위에 해당하는 전문직 자격 과정에서 양성하도록 해야 할 것이다. 그래서 장학직도 수업개선에 초점을 둔 교육과정 장학사 또는 교과(수업) 장학사와 교육청의 계장·과장·국장·교육장 등 교육행정을 전문으로 하는 장학사, 특수교육, 상담 등 특수 영역을 담당하는 특수 장학사 등으로 전문화시키고, 따로 자격증을 요구하는 전문화의 과제가 있다. 이렇게 되면 장학의 기술과 방법도 한 수준 더 높이 끌어올릴 수 있을 것이다.

둘째, 장학의 풍토와 문화, 또는 이미지의 개선이 중요한 과제의 하나이다. 지금과 같이 장학에 대하여 거부하고 기피하여 상호 불신 속에서 숨바꼭질하는 상황에서는 장학 본래의 효과를 거두기는 어렵다. 교사의 요구와 필요에 의하여 교사발전과 수업개선에 직결되는 장학이 될 수 있도록 장학이 장학 본래의 자리로 돌아가도록 하는 일이 선결되어야 한다. 장학의 이미지 개선에 모두가 최선의 노력을 경주해야 한다. 교사의 장학에 대한 동기유발이 중요한 과제이다.

셋째, 역시 교내장학의 활성화가 중요한 과제이다. 교장·교감의 장학기술과 능력을 길러 주어, 임상장학을 활발하게 하고, 부장교사와 동료교사들끼리 하는 동료장학을 발전시키고, 또 교사 스스로도 독립적으로 수업개선과 전문적 발전에 노력하게 하는 자기장학을 개발해 나가야 한다. 교육청의 장학은 교내장학을 지원하고 제도화시키고 활성화시키는 데 주력해야 할 것이다.

이제 지방교육자치나 장학도 과거의 형식과 비능률을 깨고 새로운 시작을 해야 한다. 사고의 개방과 전환이 요구된다.

제14장 교원정책 수립의 방향*

1. 서 론

우리나라는 전통적으로 교육을 중시해 왔다. 유교 문화의 바탕으로 본래 교육을 중시해온 데다가 일제의 시달림의 영향으로 자식 교육에 대한 열망은 더욱 상승되었다. 그래도 이러한 뜨거운 교육열 덕분에 6·25의 잿더미를 딛고 일어나 불과 20~30년 만에 세계의 중진국 대열에 서게 된 것이다.

우리가 교육을 잘하거나 질 높은 교육을 해서가 아니라 순전히 '뜨거운 열(熱)' 덕분이라고 봐야 할 것이다. 그러나 앞으로는 단순한 열만으로는 국제경쟁에 견디기 어렵고 국민의 기대에도 충족될 수 없다.

교육에 대한 뜨거운 열만큼이나 우리의 교육에 대한 문제점도 많다. 교육의 여러 문제 중에서도 가장 중요한 것이 교원의 문제이다. 교육은 결국 교사와 학생 사이에서 교육과정을 놓고 교육환경 속에서 상호작용하는 것이라고 할 수 있다.

그런데 교육과정과 교육환경을 활용하는 것은 바로 교사이기 때문에 교육

---

* 새교육, 1993. 2. 한국교원단체연합회.

의 여러 변(요)인 중에서 교원 변인이 가장 중요하다고 하는 것이다. 실제로 한국 전쟁 중과 직후 교육과정과 교육환경은 황무지와 같았어도 열성 어린 교사가 있었기 때문에 우리의 교육은 가능했다.

전쟁 통에도 초등학교 교사만큼은 군대에 끌어가지 않았고 아니면 단기 복무를 시켜 아이들 있는 곳으로 되돌려 보냈던 것이다. 그런데 지금의 교원 정책은 교사들로부터 그런 열성을 기대할 수 없게 하고 있다. 교사의 열성이 교육의 전부는 아니라 하더라도 최소한 교육의 기본이거나 전제이다.

교육의 문제는 곧 교원의 문제이다. 그런데 이렇게 중요한 교원을 우습게 안 결과 이제는 돌이키기 어려운 시점에 와 있다. 교원의 질이 떨어지고 있으며 열도 식은 지 오래고 또 배우는 학생과 학부모, 사회가 교원을 존경하지도 않게 되어 교원의 학생지도 능력은 고사하고 학생을 통제할 능력조차 잃어버렸다. 청소년들이 제멋대로이고 탈선학생을 바로잡을 통제력의 한계점에 와 있다.

지금도 늦었지만 더 늦기 전에 하루빨리 교원정책의 올바른 방향을 잡아 이를 실천하지 않으면 안 된다. 여기서는 일반적인 정책 수립의 방향 몇 가지를 제시하고 나서, 구체적인 교원정책의 방향에 대한 의견을 제시하기로 한다.

2. 일반적인 정책 수립의 방향

교원정책 수립의 일반적인 방향을 제시하는 것은 곧 정책 수립의 기본 전제와도 같은 것이다. 교원정책의 중요성 인식, 그러고 나서 방향감과 일관성 유지, 마지막으로 교직단체와 교원의 의견 수렴의 세 측면에서 논의하고자 한다.

1) 교원정책의 중요성 인식

정부는 아직도 교원정책의 중요성을 느끼지 못하고 있는 것 같다. 단순하게 교실이 있고, 학생이 있고, 교사만 있으면 교육이 이루어지는 것으로 착각하고 있는 것 같다. 한 발짝 더 깊이 들어가 어떤 교사가 어떻게 가르쳐야 하느냐도 따져 보지 않는 것 같다.

앞으로 경기가 좋아지면 교사 희망자의 질이 계속 떨어져 왔고 앞으로도 계속 떨어질 것으로 예견되는데도, 이에 대하여 별로 걱정하지 않는 것 같은 눈치이다. 아직도 취직 못해서 안달하는 사람의 숫자가 많은 것만 믿고 있는지 모른다. 교사의 사기가 계속 떨어지고 자부심과 애착이 떨어져 교육의 질이 떨어지고 있는데도 이직률이 높지 않다고 안이하게 생각하는 것 같다.

전교조가 그렇게 소용돌이쳐도 그 원인과 뿌리를 밝히고 이에 따라 근본적인 처방을 할 생각은 않고 임기응변식으로 안이하게 대처하고, 잠잠하면 또 손을 놓는 것 같다.

한국 교원 전체의 문제를 관장하는 교직국(2006 현재는 국 자체도 없어졌지만)에는 교직 경험이 없어 교원의 생리도 모르고 학교현장 상황을 모른 일반직(一般職)이란 사람들이 책임자와 담당직원의 자리를 차지하고 있다. 그것도 2~3년마다 전문성도 없이 자리바꿈을 한다. 그러니 교원이 그렇게 동요하고 있는데도 무감각할 수밖에 없지 않나 싶다.

우선 정부는 교원의 중요성을 인식해야 한다. 교원이 우수하지 못하면 아무리 교육과정이 좋고, 교육시설과 환경이 뛰어나고, 교사 1인당 학생 수가 적어도 모두 허탕이다. 교직국이나 교육부 사람들이 교원의 중요성을 안다고 해도 재정경제부나 행정자치부를 설득하지 못하면 또 의미가 없다. 이 사람들은 더 일반직 중의 일반직이어서, 돈의 중요성은 알아도 교원의 중요성은 모르는 사람들이다.

교원정책의 중요성을 모르면 다음에 아무리 방향을 제시해도 별 의미가 없게 된다.

2) 정책의 방향감과 일관성 유지

우리나라의 다른 정책도 마찬가지이지만, 교원정책도 방향감을 알 수가 없다. 한 나라의 교원정책이 어느 방향으로, 어떻게 가고 있는지 알 수 있도록 하여야 하는데, 한 치 앞을 내다볼 수 없다. 교원의 지위 향상과 우대책을 위해서 어떻게 노력하겠다는 의지도 없고, 또 이를 책임지는 사람도 없다.

그런 결과 교원의 지위와 보수는 상대적으로 계속 떨어지고 있다. 아마 군인들의 보수와 비교해 봐도 과거에 비하여 교원의 지위는 계속 떨어져 온 것을 알 수 있다. 우수 교사를 확보하려는 노력도 엿보이지 않는다. 과거에는 사범학교를 특차로 하여 최우수 학생을 우선적으로 확보하였는데, 그 후로 교사 희망 학생들의 질이 계속 떨어져 왔다.

특히 최근에 임용고시제를 도입하면서 학력고사 성적은 현격하게 떨어졌다. 남학생의 경우는 교직에 더욱 매력을 잃어 간다. 우수 교사를 확보하려는 국가의 정책의 방향이 설정되었는지 의심스럽다.

몇 년 전에 국립의 한국교원대학을 설립하여 국가가 교원을 양성하려는 의지와 방향을 보이더니 불과 얼마 되지 않아 국·사립의 구분을 없애려는 방향을 제시하고 있다. 국립대학 입학 정원은 계속 줄여대고 사립대학의 정원은 그대로 두고 있으니 앞으로 사립대학에서 교사를 전부 양성하겠다는 것인지 감이 잡히지 않는다.

지금까지 교사양성과 자격증 발급도 일관성 없이 단기적 안목으로 즉흥적 처리를 하여 갈피를 잡을 수 없다. 국가의 방향감이 없는 약점을 이용하여 사립대학에서는 무책임하게 교원양성의 인가를 받아놓아 교사양성기관의 난립상을 연출해 놨다.

교사양성 과정에 막대한 사도장학금을 투자해 놓고 임용고시에 합격하지 못하면 국가가 투자한 돈은 어디로 갈 것인가? 학생과 학부모의 입장에서도 많은 돈을 투자하여 교사가 되겠다고 자격증을 따놓고 임용고시에 합격하지 못하여 다른 직업을 택해야 한다면 그 낭비를 누가 책임질 것인가?

이 모두가 교원정책에 방향감과 일관성이 없었기 때문에 일어난 문제들이다. 앞으로의 정책은 과거의 과오를 정리하고 나서 빨리 앞으로의 확고한 방향을 제시해야 한다. 그러려면 교원정책은 공개적·개방적으로 이루어져야 한다.

3) 교원단체와 교원의 의견 수렴

교원에 관한 정책을 수립하면서 교원의 의견을 들어보기는커녕 교원도 모르는 사이에 결정되는 일이 많았다. 물론 교원정책을 수립하면서 교원이 좋아하는 대로만 결정할 수는 없다. 그렇더라도 최소한 교원들에게 의견을 제시할 수 있는 기회는 주어져야 한다. 특히 교원들의 의견을 대변한다 할 수 있는 교원단체의 의견을 듣는 일이 필요하고도 중요하다.

교원단체는 회원 교원의 권익 옹호와 신장, 지위 향상을 위해서 정책 자문을 하고 정책안을 형성해서 제안하는 일을 해야 할 것이다. 이것이 교원단체의 존재 이유의 하나이다. 정책안에 대하여 찬성·반대의 의견을 제시하는 일을 소극적 대처라고 한다면, 교원을 위한 정책 대안이나 의안을 제출하는 일은 적극적 대처라고 할 수 있다.

또 하나 교원단체가 교원정책과 관련하여 해야 할 중요한 일은, 회원의 연수와 연구를 통하여 교육의 질을 향상시키기 위하여 노력하는 일이다.

흔히 보면 교원단체가 교원의 이익만을 주장하는 데 그치고 마는 경향이 있는데, 회원의 질을 높이고 질 높은 교육을 하기 위한 교원정책을 위해서도 똑같은 비중을 둬야 한다. 교육의 질을 높이기 위해서는 회원들이 어렵고, 괴롭고, 힘들더라도 할 일을 해야 한다.

이를 위하여 교원단체는 회원의 질을 높이기 위하여 연수에 많은 비중을 둬야 한다. 학술적인 발표와 세미나, 교육자료 개발, 혁신적 우수사례의 보급 등을 위해서도 교원단체는 더 노력해야 할 것이다.

또 중요한 것은, 교원단체가 좋은 교원정책 대안을 제안하기 위해서 연구의 기능을 강화해야 한다는 점이다. 선진 외국, 특히 영국 같은 나라에서는 모든 정책이 훌륭한 연구 보고서에 근거를 두고 있다. 한국교원단체가 최소한 회원과 직접 관련된 교원정책에 관한 꾸준한 연구를 하여 교원정책에 반영되도록 적극 대처하기를 기대한다.

일반적인 정책 수립의 방향 제시를 요약컨대, 먼저 교원정책의 중요성과 절박성을 인식하고, 다음으로는 정책의 방향감을 설정·공개하고 일관성을 유지한다. 마지막으로는 교원단체와 교원의 의견을 수렴해야 하는데, 이를 위해서 교원단체는 자문에 응하고 의견 제시도 해야 하지만 적극적으로 연수와 연구를 해야 한다.

3. 구체적인 교원정책의 방향

이제 좀 더 구체적으로 교원정책의 방향을 제시하기로 한다. 여기서는 장래의 우수 교사 유치, 선발, 양성, 자격 부여, 임용, 유지와 발전, 평가라는 인사의 과정을 염두에 두고 기본적인 몇 가지를 제시한다. 〈그림 14-1〉은 교원 인사의 과정이다.

1) 교원 우대 정책의 방향

교육의 문제는 곧 교원의 문제라고 한 것처럼, 교원정책은 한마디로 말하여 바로 교원 우대책이라고 할 수 있다. 교원 우대책이 되지 않는 상태에서는 백약무효이다. 현재 교원을 우대해 주지 않는 상태로 교사 지원자 선발 시 학교장 추천을 받고 인성·적성·면접시험을 부과하고, 학점을 150학점으로 올리고, 교사자격증 부여 시 국가고시를 치르게 할 생각을 하고, 교사 채용 시 임용고시를 필기고사와 면접으로 이중 치르게 하는 정책을 시도하고 있는데, 이는 아무런 의미를 갖지 못하고 있다.

교원정책은 근본적으로 교원을 우대해 줘서 우수한 인력으로 하여금 교원이 되겠다고 모여들 수 있게 되어야 한다. 교원 우대책은 물질과 정신의 두 측면에서 동시에 이루어져야 한다. 교원의 보수를 최고수준으로 해줘야 최고수준의 우수 인력이 꾀어들게 마련이다.

이렇게 되면 교원이 어느 정도 저절로 정신적인 존경의 대상도 되지만, 동시에 적극적으로 스승으로 대접해 주는 정신적 우대책도 병행해야 한다. 교원을 단순한 공무원으로 생각하는 데 문제가 있고 또 숫자가 많다는 핑계를 대는 데 문제가 있다. 이런 발상을 가지고는 근본적인 해결이 안 된다.

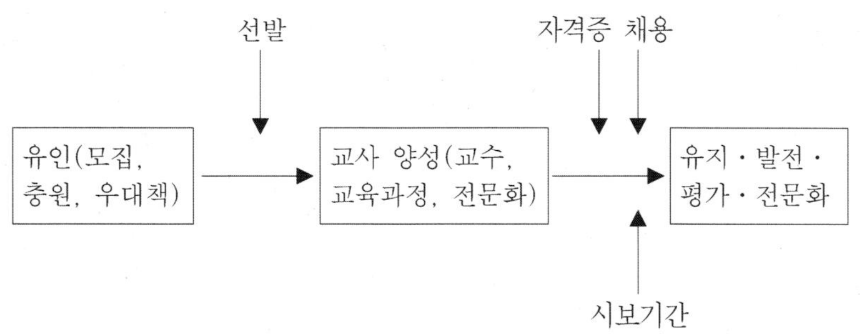

〈그림 14-1〉 교원 인사의 과정

교원의 처우를 이대로 놔두고 과학기술이 뒤떨어졌다, 노동자의 태도가 어떻다, 정치인들이 거짓을 한다, 범죄가 늘어난다고 응급처방을 하려고 하면 그 일이 되지 않을 뿐만 아니라 돈과 시간, 정력을 더 소모하게 만든다. 교육은 모든 것의 출발이다. 우수한 교사로 하여금 철저한 학생교육을 하게 하는 것이 근본적인 출발이 된다.

교원을 단순히 4년제 대학을 나온 사람, 공무원의 하나, 숫자가 많은 집단으로만 생각하는 재정경제부나 예산청 사람들과 일반직들의 사고방식으로는 교원정책을 출발부터 망쳐놓게 된다. 활시위가 조준 단계에서 잘못되면 과녁과는 거리가 더 멀어지게 된다.

우수 인력이 모여들지 않게 만들어 놓고 아무리 '사도장학금'을 퍼부어도 쓸모없게 된다. 또 사도장학금을 퍼부어 놓고 교사로 임용을 안 해 주면 그 장학금이 무슨 효력을 갖게 되는가? 장학금을 가지고 우수 인력을 유인하려는 교원정책은 이미 효력을 잃은 지 오래다.

남학생으로 하여금 교직에 매력을 잃게 만들어 놓고 인위적으로 남·여성 차별하여 교대에서 신입생을 모집하는 것은 헌법의 평등 정신에도 어긋난다. 그래서 이제는 남녀 구별 없이 교사 지망생을 선발하고 있다. 그 결과 여교사 비율은 더욱 높아지고 있다. 남학생의 군 면제나 단기 복무 제도도 없애놓았다. 현장에 남교사가 많이 필요하다면 우수한 남학생이 자연스럽게 교직에 많이 몰려들 수 있도록 하는 교원정책을 써야 한다.

우수 인력으로 하여금 교직에 동참하도록 교원과 교원단체가 노력해야 한다. 가장 우수한 제자로 하여금 교사가 되도록 설득하여 미리 제쳐놓고 나머지를 의대나 법대, 첨단과학 분야로 보냈어야 한다.

교사들이 자신이 하고 있는 교직을 비하시켜 놓고 우수 학생이 교사가 되겠다고 할 때 이들을 바보 취급한다면 교직은 더욱 황량하게 된다. 교원단체, 교장회, 교육감회도 지금까지 우수 교사 유치를 위해서 노력한 흔적이 없다. 외국의 교원단체들은 우수 학생, 교육자 자녀를 다시 교직에 유인하기 위하여 갖은 노력을 하는 예가 많다.

교원 우대책과 유인책은 교원정책의 핵심이고 우선이며 전제이다. 이것을 교원을 위한 것으로 백안시하거나 얄팍하게 생각해서는 안 된다. 학생을 위해서, 국민교육을 위해서, 출발부터 바르게 하기 위한 것이라고 인식해야 한다.

2) 교사양성교육의 질 관리 정책의 방향

교직에 우수 인력이 모여들기만 한다면 선발의 문제는 잘 풀려 나갈 수 있다고 본다. 사범계 입시에서 고등학교 교장의 추천제도 좋고, 인성과 적성, 면접시험도 좋은 방안이 될 수 있다. 그러나 앞에서 말한 것처럼 우수 인력이 모여들지 않는 상태에서는 모두가 먹혀들지 않는 얘기다.

교사양성교육의 질을 향상시키기 위해서, 첫째, 교사양성기관(교대, 사대, 교직과정 대학)의 교수 요원을 먼저 정선할 수 있는 장치가 있어야 한다. 먼저 교사양성교육에 애착이 없는 사람들, 즉 인문대나 자연대, 공대, 예술대 등에 가지 못하는 교수들이 교대나 사대에 남아서 애착 없이 제2세 국민을 교육할 장래 교사를 가르친다는 데 근본적인 문제가 있다.

학교현장을 외면한 채로, 주입식 강의를 가르쳐 놓고 너희들은 나가서 이렇게 가르치라고 입으로만 가르치는 데 문제가 있다. 나는 '바담풍'할 테니 너는 '바람풍'하라는 격이다. 영국에서 교사양성기관의 교수는 반드시 현장 교사의 경험을 가지고 있어야 하고 또 매 5년마다 한 학기씩 현장 교사로 근무하도록 하는 제도를 참고할 필요가 있다.

둘째, 교육과정과 교육실습을 현장에 맞게 구성하고 엄격하게 관리해야 한다. 교양 과목＋전공과목＋교직과목＋실습의 형식으로는 일반 대학의 과정과 별로 다를 바 없다. 이들 과목이 혼합되어 교사양성으로 한 덩어리가 되고 과외활동을 비롯한 생활 전체가 교사수업이 되어야 한다.

셋째, 교사양성기관을 주기적(5년 또는 7년)으로 평가하여 교사양성교육의 질을 잘 관리하는 기관에 대하서만 인정해 주는 평가인증제(評價認證制, Accreditation)를 적용해야 한다. 장기적으로 무책임하게 졸업생만 양산하는 기관을 정리해 나가 마침내 교사양성기관이야말로 소수정예주의라는 원칙을 채택해야 한다. 특히 중등교사양성기관은 하루바삐 정리해 나가는 방향을 잡아야 한다.

3) 교원 자격증의 수준 향상

초등교사양성기관과 중등교사양성기관을 합쳐 종합대학으로 하여 유기적인 관계를 갖고 협동하여 교수 인력과 시설을 활용하면 낭비를 막고 효율을 기할 수 있다.

또 대학원을 두어 교사의 질을 계속 향상시키고, 동시에 장학사와 교육행정가를 별도로 양성(연수가 아닌)해 나가야 할 것이다. 그리하여 교직에서 일반직이란 말 자체를 없애야 한다. 교육행정대학원에서 교장 코스, 장학사 코스, 교육행정가 코스를 전문화해 양성하고 전문자격증을 부여한 다음 공개 채용하는 형식을 구상할 수 있다.

교원 우대책만 강구될 수 있다면 교사양성을 5년제나 6년제의 대학원 수준으로 높이는 정책도 고려할 시기가 되었다고 본다.

교육실습도 강화하고 현장과 밀착되는 교사양성교육이 되도록 노력해야 한다. 교사양성대학과, 현장 초·중등학교와, 교육행정기관(교육부와 교육청)의 3박자 호흡을 맞춰 한 덩어리가 되도록 하는 방향으로 개선되어야 한다.

교원이 전문직의 대우를 제대로 받으려면 교사자격증의 수준을 판·검사나, 의사, 성직자의 수준으로 올리고 이 수준에서 질 관리를 해야 한다. 이것도 꿈만 같은 생각은 아니라고 본다. 실현 가능한 일이다.

그래야만 전문직으로 권위를 누릴 수 있고 전문직의 권위가 서야 모든 것의 출발인 국민교육이 제대로 된다. 그리고 자격증은 일정 기간 동안만 효력을 갖게 하고 주기적으로 갱신하도록 해야겠다. 이런 정책을 세웠다가 쉽게 포기한 것은 안타까운 일이다.

4) 공개 채용과 시보제의 채택

교육계도 이제 안일에서 벗어나야 한다. 사대나 교대에서 교사자격증을 따면 자동적으로 친절히 발령을 보장해 주고, 한번 교직에 발을 디디면 자동적으로 62세까지 정년을 즐기던 안일에서 벗어나 자유시장의 경제원리가 교육계에도 적용이 되어야 한다. 일단 공개경쟁제가 도입되기 시작한 이상 공정하고 공개적인 경쟁제가 되어야 한다.

1, 2년 또는 2, 3년 시보 기간을 두어 교사로서 성공할 가능성이 있는 사람만 정선하여 정년을 보장해 주는 제도도 도입해야 한다. 교사로서 성공 가능성이 없다고 평가되면 조기에 다른 길을 찾아가게 하는 것이 본인 개인을 위해서도 좋고, 교육계나 국가를 위해서도 좋은 일이다. 그러나 부려먹을 대로 부려먹은 다음 말기에 가서 교장임기제 등으로 잘라 내는 것은 너무 가혹하다.

5) 유지와 발전을 위한 정책 방향

우수한 인력을 유인하고 양성하여 확보했었어도 왕성한 사기와 근무 의욕을 갖고 근무할 수 있도록 하지 않으면 안 된다. 나아가서 우수 인력을 계속 유지할 뿐만 아니라 더욱 발전할 수 있도록 정책은 보장해 줘야 한다. 충분한 보수와 복지를 보장하고 근무 부담을 적정 수준에서 유지해야 한다.

자발적으로 연수에 참여하여 자격증도 갱신하고 발전하는 길을 열어 줘야 한다. 연수 학점이나 자격 갱신, 학력 갱신, 근무 경력과 자아혁신에 따라 보수와 권위가 이에 상응하여 향상되도록 해야 한다. 잘 가르치는 사람이 보수와 권위를 더 받는 체제로 전환시켜야 한다. 노력하는 사람이 대우받도록 하는 정책의 방향이다.

교사에 대한 공정한 평가는 본인에게 개방되어 약점을 보완하고 개선할 수 있는 기회를 주어야 한다.

과거에는 우수 인력이 사범학교에 입학 후에 안일과 안주로 정체되고, 교단에 서면서 더 정체되고 녹슬게 하는 정책이었다고 본다면, 앞으로의 정책은 교원들로 하여금 교직 내에서 계속 발전하면서도 교직에 남아 있게 하는 정책이어야 한다.

최소한의 교사 경력을 갖고 계속 교사로 남아 있을 사람은 2급→1급→부장 교사→수석 교사로 발전하게 한다.

장학직이나 교육행정직으로 나아갈 사람은 교육행정대학원의 해당 전공을 하고 인턴·레지던트의 과정을 거쳐 2급→1급→교감→교장→, 2급→1급→장학사→장학관, 2급→1급→행정사(가칭, 서무, 일반직)→행정관의 길로 전문화시켜 발전하게 하는 길을 터줘야 한다. 일반직도 2급, 1급 교사를 거쳐 해당 전문행정을 하게 하자는 안이다.

이렇게 되어야 전문직과 일반직의 갈등을 넘어서 더 높은 수준의 전문직과 전문화가 된다. 이것을 그림으로 나타내면 〈그림 14-2〉와 같다.

교사직렬	학교행정직렬	장학직렬	교육행정직렬
수석교사	교 장	장학관	행정관
부장교사	교 감	장학사	행정사
교육대학원	교육행정대학원(석사, 전문자격)		
교사1급 ↑ 2급			

〈그림 14-2〉 교원의 전문직렬분화 발전

4. 최고의 우대, 최고의 자기 속박

짧은 글에서 한국 교원정책의 모든 방향을 다 제시할 수는 없다. 지금까지 말한 것을 종합하여 한마디로 말하면 교원에 대한 '최고의 우대와 최고의 자기 속박'이라고 할 수 있다.

지금까지의 교원정책은 대우는 안 해 주고 자꾸 얽어매고 여러 개의 걸름 장치, 밸브 장치, 외부 속박만을 가하려고 해서 실패하였다. 이러한 외부 속박에 앞서 교원에 대하여 최고수준으로 대우를 먼저 전제적으로 해주고 교원들은 스스로 최고수준의 능력 발휘를 위하여 자기 구속과 속박, 자유경쟁의 틀 속으로 들어가야 한다.

교원들의 이러한 피나는 노력 없이 대우만 받으려고 한다거나 우대해 달라고 주장만 해봐야 한 나라의 정책으로서 먹혀들 수 없다.

교원을 위한 교원정책에 교원의 의사가 반영돼야 함은 너무나 당연한 일이지만 교원 스스로가 자기 통제·자기 관리를 잘해서 우대도 받고 교육의 질 향상도 가져오는 방향으로 나아가야 한다. 필자의 논리(교원정책의 방향)는 교원 우대→자기 속박(노력)→교육의 질 향상으로 압축된다. 한국 교원의 전문직의 수준을 한 단계 높이기 위한 몸부림이다.

제15장 70년대 중등교육 평준화 정책 추진*

1. 배 경

광복 후 우리 손으로 교육을 실시하게 되면서부터 역점을 두어 온 것은 초등교육의 완전개학(完全皆學)이었다. 그래서 1950년대 초반, 의무교육의 법적인 기반을 조성하였고, 또 1960년대에도 계속 모든 국민에게 6년간의 최소한의 의무교육을 보장해 주기 위해 초등학교 수용 능력의 확대에 노력하는 한편, 의무교육의 무상화와 교육 여건의 개선에 치중하여 왔다. 이와 같이 한국 교육의 기초를 다지는 의무교육 정책은 국가 대계를 위해서 바람직한 정책이었다고 할 수 있다. 당시 산업 건설과 국가 건설이 시급하다고 하여 고등교육이나 중등교육에 역점을 둘 수도 있었을 것이지만, 이보다 초등교육의 국민개학(國民皆學)에 힘을 쓴 것은 20년 후 1970년대 경제 개발에 기여한바 크다는 평가를 받고 있다. 당장의 인력이 급하다고 고등교육이나 중등교육에 우선 투자했던 신생국치고 경제발전이 잘된 나라는 없었다.

이렇게 해서 자연스럽게 증가된 초등학생들이 중등교육의 문을 두드렸지만,

---

* 文敎 40年史, 교육부, 1988 중 본인 집필 부분. 지나간 정책이지만 남기고자 함.

중등교육은 이들을 수용할 태세를 갖추지 못하였다. 이에 따라 나타난 것인 입시지옥 현상이었고, 이를 해결하는 정책으로 나온 것이 1969학년도부터 실시한 중학교 무시험 진학제였다. 당시 무시험 진학제가 의도한 목표는 초등학생의 정상적 발달 촉진, 초등학교 교육의 정상화, 중학교의 극심한 학교차 해소, 학부모의 교육비 부담 감소와 일류 중학교 관념의 불식이었지만, 이 목표에 못지않은 중요한 효과는 중학교의 증가와 평준화의 촉진이었다. 중학교 진학 희망자는 많은데, 중학교 수용 능력은 제한되어 있어 입시지옥의 현상이 초래되었던 것인데, 무시험 전형으로 희망하는 모든 학생을 다 받아들이게 되었으니 중학교 수용 능력을 확대하지 않으면 안 되게 되었다.

또 입학시험 없이 추첨에 의하여 중학교를 배정받게 되니, 중학교에 학교차가 있어서는 이 무시험 추첨제 정책이 성공할 수 없었다. 무시험 진학제라는 이름에 가려서 중학교 평준화 시책이 부각되지 못했으나, 세칭 일류 중학교를 폐교시키면서까지 추진했던 이 시책은 과감한 것이었고 원칙에는 어긋나는 정책이었지만 또 성공적이었다고 할 수 있다.

중학교 무시험 진학제로 증대된 중학생의 파고는 고등학교 입시의 지옥으로 연결되었다. 그동안의 고등학교 입학이 쉬웠던 것은 아니었지만, 중학교는 팽창하고 고등학교의 수용 능력은 크게 늘어나지 않았으므로 치열한 고입 경쟁을 미루어 생각할 수 있다. 중학교 무시험 진학제에서 성공을 경험한 정부가 이와 비슷한 방법으로 늘어난 중학생을 수용하기 위한 선행작업으로 착수한 것이 고교 평준화 시책의 추진이었다. 그리고 이어서 1974학년도부터 시·도별 연합고사 선발 후 학군 내 추첨 배정의 고입제도를 채택하였다. 이 입시 제도의 성공 여부는 전적으로 고등학교의 평준화에 있었기 때문에, 관심의 초점은 바뀌는 입시 제도보다 고교 평준화에 있었다. 따라서 1970년대는 중등교육 평준화 정책의 시대라고도 할 수 있었다.

늘어나는 고등학생과 함께 대학 입시도 계속되는 문제 중의 하나로 남아 있었다. 그리고 누적되는 재수생 문제도 심각하였다. 그래서 1969년도 중학교 무시험제와 함께 도입된 대학 입학 예비고사제에 대한 보완이 1974학년도 고교 입시제도 변경과 함께 실시되었다. 이것이 이른바 대학 입시 제도의 보완이었다. 중학교 무시험제는 초등학교 재수생을 해소시켰으나 중학교 재수생을 양산했었고, 이를 해결하려는 고교 평준화 시책과 고입 연합고사 추첨제는 중학교 재수생을 해소하는 데는 성공적이었으나, 다시 고교 재수생 문제를 극심하게 만들었다. 이를 해결하려는 재수생 대책이 1977년 7월 21일에 대통령에게 보고된 후 7월 23일 확정 발표되었다.

결국 초등학교의 문제가 급박하여 무시험제와 중학교 평준화로 해결하고 나니 다시 중학교 재수생이 문제가 되었고, 이를 다시 고교 평준화 시책과 연합고사 추첨제로 해결하고 나니, 이어서 대학 입시와 고등학교 재수생이 문제가 되었다. 이에 대한 대책이 대학 입시 제도의 보완책과 재수생 대책으로 연결되어 나타났던 것이다. 그러나 이 문제는 한국 교육이 풀어야 할 계속적인 숙제로 남아 있었다.

이들 일련의 정책은 평준화 시책의 추진이란 제목 아래, (1) 중학교 무시험 입학제도, (2) 고교 평준화 제도의 실시, (3) 대학 입시 제도의 보완, (4) 재수생 대책의 강구로 나누어 살펴볼 수 있다.

2. 중학교 무시험 입학제도

대체로 유교적 전통을 가진 나라에서는 높은 교육열을 가지고 있으며, 고학력 지향의 경향을 보이고 있다. 그런데 유교적 바탕을 가진 여러 나라 중에서도 특히 우리나라는 교육열과 고학력 지향이 두드러졌다.

또 식민지를 경험한 나라는 대체로 고학력 지향의 경향을 나타내고 있다. 우리나라도 일제의 식민지 통치를 받으면서 배우고 가르쳐야 살 수 있다는 절박성을 경험했던 것이다. 그래서 굶으면서라도 자식만은 가르쳐야겠다는 생각들을 가졌던 것이다.

결국 유교적 바탕과 식민지 경험은 상승 작용을 하면서 우리나라 국민의 교육열을 더욱 뜨겁게 하였다. 이 같은 국민들의 뜨거운 교육열을 꾸짖는 사람도 있으나 이 교육열 때문에 그래도 우리나라가 여러 가지 어려운 여건 속에서도 오늘날과 같이 발전할 수 있었던 것이다.

국민의 뜨거운 교육열이 우리나라 발전의 원동력이 되었지만, 한편으로는 이것이 상급 학교 입시지옥, 과열 과외, 재수생 문제, 콩나물시루 교실, 고등실업자와 같은 수많은 교육 문제와 사회 문제를 낳기도 하였다. 그리고 광복 후 초등교육의 의무화와 국민개학의 정책으로 초등학생은 늘어났는데, 중학교의 수용 능력은 이에 맞춰 확대하지 못하여 중학 입시의 지옥이 되었던 것이다. 어쨌든 입시 문제는 우리나라 교육에 있어 많은 문제를 낳았고, 또 우리나라 교육의 중심 문제가 되기도 하였다.

더구나 치열한 입시 경쟁과 함께 중요한 것은 일류지향성이었다. 이른바 이 일류병 때문에 재수생이 늘어나 사회 문제화되기까지 하였다. 어린 국민학생이 일류 중학에 입학하기 위해 심신의 발육에 지장을 줄 정도까지 과외 공부를 하면서 입시 준비로 시달리고, 또 초등학교 교육 자체가 입시 준비를 위하여 비정상적으로 운영되고 있어, 마침내 1968년 7월 15일 권오병 당시 문교부 장관은 교육혁명이라고까지 하는 중학교 무시험제를 발표하기에 이르렀다.

이 무시험 진학제에 대하여 언급하기 전에, 이전까지의 중학교 입시 제도를 간단히 살펴보고, 무시험제의 적용과 그 성과에 대하여 기술하기로 한다.

무시험 진학제가 있기까지의 중학 입시 제도의 변천을 시대적으로 구분해 보면 다음과 같다.

① 1945~1950년은 학교관리제 시기로, 초등학교 내신서(內申書)와 중학교 입학시험 성적에 의하여 전·후기로 학교장 책임 아래 선발하였다.

② 1951~1953년은 국가연합고시제를 택한 시기로, 전쟁 중에 개별 학교의

    관리가 어렵게 되자 국가가 실시하는 연합고사로 선발하였으나 학교차, 학
교장 입학 허가권의 논쟁이 일어났다.

③ 1954~1957년은 유시험과 무시험 병행기로, 학생 선발권은 학교장에게
로 넘어가고, 치열한 입시 경쟁을 완화시키기 위해 무시험제를 권장하여
처음에는 많은 학교가 이에 따랐는데, 내신서의 신뢰성과 공정성의 문제가
강력히 제기되어 다시 시험을 치르는 방향으로 나갔다.

④ 1958~1961년은 연합출제의 시기라 할 수 있었다. 즉 학교에 따라 전
유시험, 일부유시험, 전무시험제를 택하고 있었는데, 유시험제를 택하는
학교끼리 공동 출제하는 연합 출제를 권장했던 것이다.

⑤ 1962년 한 해는 국가고시제의 시기로, 5·16에 의한 혁명 정부가 국가
고시와 체능 검사로 학생을 선발하게 하였는데, 결과적으로 국가고시로 인
해 학교차가 뚜렷이 나타나 각 학교가 입시 준비로 더 치열한 경쟁을 하
게 되자 1년 만에 바꾸게 되었다.

⑥ 1963~1965년은 다시 시·도별 공동출제제로 바뀌어 시·도별로 국어,
산수 과목으로 제한하여, 그것도 교과서 내용에만 국한하여 출제하여 선발
하게 했다. 2개 과목의 교과서 내용으로 제한했어도 입시 경쟁의 불은 꺼
지지 않고 오히려 전인교육을 저해하게 되어 1965년에는 다시 전과목으
로 늘어났다.

⑦ 1966~1968년은 공동·단독 출제 병행기로, 학교장 책임하에 단독 출제
하는 학교와 공동 출제를 택하는 학교로 나누어졌다가 1967년부터 시·도
교육감 책임하에 전과목 공동 출제로 바뀌었다.

    이와 같이 3, 4년마다 중학교 입시 제도가 바뀌어 왔으니, 당시 얼마나
입시 문제가 심각했는지를 짐작할 수 있다. 특히 1965년도의 '무즙 파동'은
법정 소송으로까지 번져 재판의 판결에 의하여 학생의 당락이 결정되기까지
하였다.

    이렇게 3, 4년 간격으로 중학교 입시 제도가 수없이 바뀌었어도 입시 문
제는 여전히 계속되었다. 이에 문교부는 근본적인 문제해결을 위하여 1968
년 7월 15일 중학교 무시험 진학제를 발표하기에 이르렀다. 이때 공식적으

로 내세운 무시험 진학제와 목표는, (1) 아동의 정상적 발달 촉진, (2) 초등학교 교육의 정상화, (3) 과열된 과외 공부의 해소, (4) 극단적인 학교차 해소, (5) 가정의 교육비 부담 감소와 일류 중학교 관념 불식이었다.

무시험제의 방법으로는, (1) 1969학년도부터 중학교 입학시험제를 폐지하고, (2) 중학군을 설치하여, (3) 그 학군 내에서 추첨으로 입학 학교를 배정한다. 그리고 입시지옥의 원인을 제거하기 위해 세칭 일류 중학교 14개교를 연차적으로 폐교시켜 그 시설을 고등학교로 전용한다는 것이었다.

1969학년도에는 서울, 1970학년도에는 서울, 부산, 대구, 광주, 인천, 춘천, 전주, 청주, 대전, 제주의 10개 도시, 1971학년도에는 전국적으로 확대하여 실시한다는 것이었다.

중학교 무시험제의 기본 전제는 중학교의 평준화와 확충이었다. 그래서 평준화 시책의 하나로 1차 연도인 1969년에 서울의 일류 학교라 불리던 5개 중학교, 즉 경기중, 경복중, 서울중, 경기 여중, 이화 여중을 폐쇄하고, 이어서 1970년도에는 서울의 경동중, 용산중, 서울 사대 부중, 창덕 여중, 수도 여중, 인천의 인천 중, 광주의 광주 서중, 광주중, 광주 동중, 전남 여중, 전주의 전주 북중, 전주 여중 등을 폐교하는 동시에 33개교를 신설하였다. 또 경남중, 부산중, 경남 여중, 부산 여중, 경북중, 경북 여중, 광주 북중, 광주 남중, 광주 여중, 대전 중 등 10개 지방의 세칭 일류 학교는 학교명만 바꾸어 학생을 배정하였다.

또 평준화 작업의 중요한 요소는 교원, 시설, 재정이라 할 수 있다. 1차 연도에 이를 위하여 당시 서울 시내 134개 공·사립 중학교 50개교를 평준화 대상으로 삼고, 1968년 9월 1일부터 1969년 2월 말까지 평준화시키기로 하였다. 당시의 실태 조사에 의하면 사범계 출신 교사가 15~20%였었는데, 이 기간 동안 이것을 사범계와 비사범계 비율을 1:3으로 올리기도 하고, 농촌 교원의 부가점을 높이고 도·농 간 순환 근무제를 철저히 준수하도록 하였다. 또 시설도 3개년 계획으로 시설기준령 수준으로 확보하기로 하였다. 그리고 10대 도시를 시험 배정하던 1970학년도에는 10대 도시에서 73개교 150개 학급의 학생 배정을 시설 미비 등 평준화 미비로 중지하거나 감축하는 일도 있었다.

중학교의 확대를 위하여 53억 원을 투자하여 377개교를 신설하고 8,579개 교실을 신축하였고, 11,517명의 교원을 증원하는 등 중학교 확대에 138억이 투자되었다. 첫 해인 1969학년도의 서울에서는 학생들이 직접 추첨 통을 돌려 그 자리에서 배정될 학교의 번호를 알게 하였던바, 비교육적이라는 비난이 있어서 그 다음 해부터는 컴퓨터를 사용하여 배정하였다.

중학교 무시험 진학제는 대체로 성공적이었다는 평을 받았다. 그러니 비교육적 측면도 없지 않았고, 계속하여 보완 개선해야 할 요소들이 남아 있었다. 무시험 진학제의 성과와 문제점은 다음과 같다.

첫째, 초등학교 교육의 정상화를 가져왔다. 입시 준비를 위해서 교육과정이 비정상적으로 운영되고, 수업 방식도 암기식, 주입식이었는데, 무시험 진학제 실시 이후 초등학교 교육은 제자리를 찾아가고 있다.

둘째, 초등학교 아동의 정상적인 정신적, 신체적 발달을 가져왔다. 체위도 향상되고, 예·체능 교육도 제대로 할 수 있어 정서적으로도 정상적인 발달을 하고 있다.

셋째, 초등학생의 과외 공부를 해소하였다. 과외의 해소로 아동들은 정상적인 발달을 하고, 과외비 부담이 없어졌으며, 일류 중학 입학을 위한 초등학생의 도시 전입 현상도 없어졌다.

넷째, 대체로 중학교의 평준화가 이루어졌다. 교원, 시설, 학생, 공·사립 간의 학교차가 줄어들고, 일류 학교 의식은 사라졌다.

다섯째, 중학교 수용 능력을 확대시켜 준의무교육화했으며, 전면 중학 의무화의 바탕을 다졌다. 말할 것도 없이 중학 입시를 위한 재수생 문제도 해소되었다.

그러나 중학 무시험제가 전혀 문제점이 없는 것은 아니며, 계속 해결해야 할 과제도 남아 있었다.

첫째, 중학교 평준화의 문제이다. 정부의 꾸준한 노력으로 시설, 교육 내용, 교원 등에 있어서 어느 정도 평준화를 이루었으나, 지역별, 학군별, 공·사립별로 학교의 전통, 규모, 재정 등에서 학교 간에 격차를 보였고, 이의 해소에는 상당한 기간이 필요했다.

둘째, 학생이나 학부모에게 전혀 선택의 자유가 없다는 점이다. 특히 종교 계통 학교의 배정에 많은 문제가 제기되었다. 세계적으로 선택에 의한 교육이 강조되고 있는 추세와는 달리 사립학교의 종교 계통 학교에까지 개인의 의사에 반하여 배정된다면 문제가 아닐 수 없다는 것이다. 지방 도시에서는 학생의 집 가까운 곳에 있는 희망하는 학교를 제쳐놓고 먼 거리로 통학하게 되는 경우도 없지 않았다. 또 중간에 가족이 이사를 했을 경우도 해당 학생이 곧 전학이 안 되는 경우가 있어 가족과 학생에게 큰 지장을 주기도 하였다.

셋째, 중학교에서의 학습지도상에 문제가 제기되었다. 무시험으로 야기된, 능력차가 심한 학생집단을 지도해야 하는 문제가 나타나고 있었다.

넷째, 이미 언급한 바와 같이 중학교 입시 문제의 해결은 고등학교 입시의 문제를 낳고, 결국은 고교 평준화 시책으로 넘어갈 수밖에 없었던 바와 같이 교육 문제의 파급 현상을 초래하였다.

당시에는, 물론 이후에도 중학교 무시험 진학제는 대체로 환영을 받았고 성공적인 정책으로 평가되고 있었다. 당시의 극심하고 비참했던 입시준비교육과 과열 과외의 상황 아래에서 그 같은 현안 문제의 해결은 무엇보다 시급한 것이었을 뿐 아니라, 향후 중학교 의무교육에 대비한 선제 조치 또한 필요한 시점에 있었던 것이다. 즉 당시에 중학교에 의무교육을 앞당기는 기반을 닦아 놓은 것이다.

다만 아쉬웠던 것은, 교육정책의 변경에 있어서 더욱 공개적인 가운데 국민의 폭넓은 여론 수렴과 지지 기반 위에서 정책이 수립되지 못한 점이었다.

3. 고등학교 평준화 제도의 실시

한국 교육에 있어 1970년대는 중등교육 평준화 시대라고 할 수 있다. 1969학년도부터 중학교 무시험제로 양적으로 증가하기 시작한 중학생들이 고등학교의 문을 두드리기 시작했던 1972학년도에는 고등학교 입시가 더욱 심각하게 되었다. 이것은 중학교 무시험제를 택하면서 이미 예견된 사실이었다. 더구나 일류 고등학교로 들어가려는 경쟁으로 인한 과열 과외와 재수생 문제는 결국 심각한 사회 문제가 되었다. 당시의 일류병, 과외, 재수로 인한 병폐는, 교육계에서는 물론 가정과 사회에 커다란 부담을 주고 파행을 빚었다.

마침내 1973년 2월 28일 민관식 당시 문교부 장관은 기자 회견을 통하여 인문고는 학군제, 과정별 지원, 추첨 배경으로 선발한다는 고교 입시 제도 개선 방안을 발표하였다. 이어서 문교부는 같은 해 3월 13일, 확정된 이 제도의 세부 계획을 발표하였다. 당시 입시 제도를 개선해야 할 이유와 병폐는 다음과 같이 지적되었다.

첫째, 교육적 측면

① 과중한 학습 부담으로 인하여 학생들의 신체 발달이 저해되고 있다.
② 합격에 대한 강박 관념으로 학생들은 정서적 불안감이 조성되고 있다.
③ 입시 위주의 주입식 교육으로 교육과정이 비정상적으로 운영되고 있다.
④ 입시 경쟁으로 인하여 학생들은 이기적이며 비협동적인 성격이 형성되고 있다.
⑤ 학교 간의 격차가 더욱 조성되어 입시 경쟁을 부채질하고 있다.

둘째, 사회 경제적 측면

① 과중한 교육외적 교육비(과외비) 부담 등으로 인하여 가정 경제에 큰 영향을 끼치고 있다.
② 학교교육에 대한 불신풍조가 조성되어 교외 과외수업이 더 성행되고 있다.
③ 출신 학교 기준(간판 위주)의 인간 평가 풍조로 이른바 일류병이 더 만연되어 가고 있다.
④ 수험 준비 학원의 발호와 학원 출입으로 인하여 학생들의 불량화 경향이

심각한 현상을 빚고 있다.

이는 입시 경쟁이 있는 한 항상 존재해 온 문제라고 할 수 있으며, 이는 대학 입시나 고교 입시 어디에나 해당하는 문제였다. 이와 같은 문제를 해결하기 위한 고교 입시와 대학 입시의 개선을 위한 기본 방향은 여섯 가지로 제시되었다.

① 중3병, 고3병을 치료해서 교육의 정상화를 촉진한다.
② 학생, 교원, 시설 등에 있어서 고교의 완전한 평준화를 이룩한다.
③ 제도적, 행정적인 조치로 과학기술 및 실업교육의 진흥을 이룩한다.
④ 지방학교 육성으로 교육의 균등한 발전을 도모한다.
⑤ 입시 준비 해소로 국민의 교육비 부담을 경감시킨다.
⑥ 학생의 대도시 집중을 억제하고, 농촌 경제를 안정시키는 데 기여한다.

이러한 기본 방향에 의한 새로운 고교 입시를 위한 선행 조치로, (1) 고교 평준화를 위한 조치, (2) 고교 비진학자 및 탈락자에 대한 교육기회 확장, (3) 교육 부조리 현상의 일소 등을 강력히 추진하기로 하였다. 이 중에서도 특히 고교 평준화 시책에 역점을 두었는데, 새 고교 입시제의 성공여부는 평준화에 달려 있기 때문이었다.

당시 문교부는 고교 입시 제도를 개선하기 위하여 1972년 12월 8일에 입시제도연구협의회(3명의 전문 위원을 포함한 15명의 위원으로 구성)를 구성하여 입시 제도의 연구에 착수했으며, 이어 12월부터 1973년 2월 말까지 연구, 협의를 거쳐 1973년 2월 28일에 새 고교 입시 제도를 확정 발표하였다. 그러나 발표에 대하여, (1) 인문고교의 인문·자연 과정별 모집과, (2) 특수 목적 고교에 대한 추첨 배정의 불합리성이 제기되었다. 이 문제를 해결하기 위해 문교부는 교육정책심의회 안에 입학제도연구위원회를 설치하여 연구하게 했는데, 인문고교의 인문·자연 과정별 모집을 보류하고 학군별로 단일 사정하기로 하고, 특수 목적 고교는 전국 범위 모집을 허용하기로 고쳐, 1973년 6월 28일에 새 입시 제도의 확정안을 공포하였다.

새 고교 입시 제도의 주요 내용은 다음과 같았다.

① 인문고등학교: 공·사립을 포함한 고교 학군을 설정하고, 선발고사에 의해 입학 자격자를 선발한 후 학군별 추첨으로 학생을 학교에 배정하되 후기에 실시한다.

② 실업 및 2부 고등학교: 시를 하나의 단위로 하여 희망 학교에 임의 지원하게 하고, 선발고사 성적으로 학교별로 선발하되 전기에 실시한다. 그리고 합격자는 인문고 지원을 불허한다.

③ 특기자 전형: 선발고사 합격자 중 체육 특기자만 인정하되, 모집 정원의 3% 이내로 한다. 인문고교는 학군 내 선배정 원칙이, 실업고교는 학교별로 전형한다.

④ 특수 목적 고등학교: 선발고사에 합격한 자는 전국의 특수 목적 고교(三育, 聖心, 中京, 國藥, 서울 藝術, 體育, 鐵道, 釜山海洋)에 임의 지원할 수 있으며, 학교별로 선발하되 전기이다. 또 특수 목적 고등학교 지원자 중 불합격자는 출신 시·도별로 후기 고교에 추첨 배정을 받을 수 있다.

이러한 새 고교 입시 제도에 의한 고교 입시가 1974학년도부터 서울과 부산에서 실시되고, 2차 연도인 1975학년도에는 인천, 광주, 대구의 3대 도시로 확대 실시되었으며, 계속하여 확대 실시할 계획이었다. 그러나 1975년 10월 한국 사학 재단 연합회와 대한 사립 중·고등학교장 회의가 새 입시 제도 전면 폐지 또는 사립학교만의 과거 방식에로의 복귀 허용건의와, 1977년 1월 대한 교련의 학군 내 고교별 지원. 전형제 건의, 1977년 5월과 6월 한국 사학 재단 연합회와 전국 사대 연합회, 대한 교련의 고교별 지원 입학제 건의 등 강력한 건의와 반대에 부딪쳐 계속 확대가 보류되었다.

1978년 4월, 한국교육개발원의 '고등학교 평준화 정책의 평가연구'에 의하여 이 제도가 일단 긍정적으로 평가되자 1978년 3월에, 1979학년도부터 수원, 춘천, 청주, 대전, 전주, 마산, 제주 등 7개 도시까지 추가 적용한다는 시안이 마련되었고, 같은 해 5월 22일 확정 발표하여 실제 실시되었다. 그리고 1986년까지 전국적으로 실시한다는 계획이었다. 1980학년도부터 성남, 원주, 천안, 군산, 이리, 목표, 안동, 진주를 추가하여 전국 20개 도시에서 선발고사에 의한 학생 추첨 배정제가 적용되고는 1981학년도부터 보류되었다. 20개 도시 이외의 지역은 경쟁 입학시험을 적용하게 되어, 이원화된 상태에서 1980년 8월 10일 평준화 정책 보완 계획을 발표하였으나 확대 실시하지 않고 있다. 이어 정부의 평준화를 위한 노력에 대하여 살펴보면 다음과 같다.

　1974학년도부터 실시된 새 고교 입시 제도는 전적으로 고등학교의 평준화를 전제로 한 것이었다. 그래서 문교 당국은 1973년도부터 고교 평준화에 박차를 가하였다. 시설, 교원, 재정 등에 있어서 학교차가 없어야 하기 때문이다.

<표 15-1> 부실학교 정리 현황

(1974~1975학년도)

구　　　분	서울·부산	대구·인천·광주	계
폐　　교	2	1	3
학생 모집(배정) 중지	11	－	11
조건부 학생 배정	2	3	5
학급 감축	7	2	9
과밀 학교 조치	10	－	10

　첫째, 학교시설 평가를 하여 부실학교를 정리하고, 1973년 3월 당시 문교부는 서울과 부산의 170개 대상교의 시설, 교원, 법인에 대한 종합 실태 조사를 실시하고, 또 해당 교육위원회에 학교평가 위원회를 두어 평준화 시책 추진 상황을 평가하여, 매월 1회 문교부 평준화 추진 위원회에 보고 하였다.

이러한 평가에 의하여 부실학교를 정리했는데, 그 결과는 〈표 15-1〉과 같다.

한편으로는 학교시설의 확충을 위해서도 노력하였다. 학교와 학급을 신설, 증설하고, 공립학교 공납금을 인상하여 사립학교 평준화 보조금과 실업학교 장학금을 지급하였다. 또 학교 시설·설비 기준령을 개정하여 현실에 맞게 조정하였다.

둘째, 교원의 자질 향상과 처우 개선을 통한 교원의 질적 평준화를 위해 노력하였다. 고교 교원 전원을 단기 연수시키고, 무자격 과목 상치 교사를 정리하여 교원 채용 순위고사를 실시하고, 공립학교 교원의 학교 간, 지역 간 순환전보제를 실시하며, 교직 수당 신설, 잡무 경감, 교장·교감 연수회 등 노력한 바가 컸다.

셋째, 사립학교 육성과 지원을 위해서도 노력하였다. 사립 중·고등학교의 인건비와 운영비와 재정 결손액을 국고에서 보조해 주고, 영세 사학에 학급을 우선 배정하며, 사립학교 교원 연금을 재정하여 $\frac{200}{1000}$ 을 국고에서 보조해 주고, 여러 가지 세금 혜택을 주는 한편, 공·사립 간 교원의 전·출입의 길을 텄다. 이러한 평준화 노력에도 불구하고 고교 입시 제도가 이원제로 머무르고 있었는데, 여기에서 새 고교 입시 제도와 평준화의 성과와 문제점의 양면을 동시에 생각해 볼 수 있다.

이 평준화 시책의 긍정적 측면으로서, 첫째, 중학교 교육과정 운영의 정상화를 우선적으로 지적할 수 있다. 이것은 무시험제에서 거둔 성과와 비슷하다. 최소한 일류 고등학교에 가기 위해 치열한 과외와 재수를 하는 일은 거의 없어졌다. 따라서 중학생들을 정상적인 학교생활에 정상적인 정신적, 신체적 발달을 할 수 있게 되었다. 그러나 좋은 학군으로 이사 가려는 또 다른 부작용이 발생하였다.

둘째, 고등학교의 교육기회가 확대되고, 학교 간 교육 격차가 완화되었다. 초등학교에서 중학교 진학률이 거의 100%인 것을 고려해 보면 오늘날 고등학교 교육은 완전히 보편화되었다고 할 수 있다. 고교 평준화 시책을 발표하던 1973년도 고등학교 진학률은 65.3%(467,665명 중학 졸업자 중 305,545

명 진학)에 머무르고 있었다. 물론, 이러한 확대가 대학 입시와 대입 재수생 문제의 일부 원인이 되는 측면도 있었다. 또 고등학교가 어느 정도 평준화된 것은 사실이었다. 그러나 이상적인 상위 수준으로의 평준화라고 말하기는 어렵고, 또 소위 신흥 명문교의 대두 현상을 보면 엄격한 의미에서 완전 평준화라고는 할 수 없었다. 이는 평준화 지역의 학생이 좋은 학교를 찾아 인근 비평준화 지역으로 역류하던 현상만 보아도 알 수 있다.

셋째, 과열 입시 경쟁의 사회적 병폐를 해결하였다. 고입 재수생이나 재수 학원은 찾아보기 어렵게 되었다.

넷째, 지방 학생의 대도시 집중 현상을 막아, 대도시 인구 집중을 막는 데 기여하였다는 것이다.

다섯째, 실업교육 진흥의 성과를 가져왔다. 실업계 고교는 자유경쟁으로 전기에 선발함으로써 우수 학생을 유치할 수 있었다. 과거와는 달리 실업계 탈락자가 오히려 후기 인문계 고교에 합격 배정되는 경우가 생겼다.

이러한 고교 평준화 시책의 성과에도 불구하고 각계에서는 다음과 같은 문제점과 과제를 지적하기도 하였다.

첫째, 개인차에 따른 학습지도와 교육의 질적 저하 문제, 둘째, 사립 고등학교의 특수성 상실과 재정난의 문제, 셋째, 교육 당사자인 학생들의 교육선택권 문제와 학교의 학생선발권 등의 민주적 이념에 관한 문제 등이다.

새 고교 입시 제도는 여러 가지 긍정적인 효과가 있었으나, 중학교 무시험 진학제처럼 강력히 추진되지 못하고 전국 확대가 어려웠던 것은 여러 가지 여건이 중학교의 경우와는 달랐기 때문이었다.

중학교의 경우 명문교를 폐교시키면서까지 강력하게 추진할 수 있었던 것은 상응하는 재정 투자를 할 수 있었기 때문이었다. 즉 고등학교는 사립학교의 비중이 높아 많은 재정 투자가 필요했고, 또 중학교 때는 중학교까지의 의무교육을 전제로 진학 희망 초등학생 전원을 수용했지만, 고등학교의 경우는 그렇지 못했기 때문이었다.

4. 대학 입시 제도의 보완

우리나라에서의 대학 입시 제도는 교육의 중심 문제 중의 하나가 되어 왔다. 대학 입시는 개인의 성공과 실패를 좌우하는 관문이었으며, 가문과 출신 학교의 명예를 좌우하는 척도가 되었고, 하급학교 교육의 모습을 좌우하고, 국가 사회에 영향을 크게 끼치는 문제로 부각되어 왔다. 따라서 입시 제도는 광복 이후 오늘에 이르기까지 줄곧 계속되는 쟁점이 되어 왔다.

대학 입시 제도는, (1) 대학 입학 적격자를 선발하는 기능은 물론이고, (2) 중등학교 교육의 방향을 결정하고, (3) 입학자의 사회·경제적 지위를 형성해 주며, (4) 사회의 가치 체계를 형성해 주는 기능을 한다고 할 수 있다. 그래서 대학 입시는 단순한 한 개인의 당락 이상의 중요한 문제이다. 그런 만큼 대학 입시 제도는 그간 거의 10여 차례에 걸쳐 변경되었어도 아직도 완전히 정착하지 못하고 계속 보완되고 있는 것이 사실이다. 1970년대의 대학 입시 제도의 보완에 대하여 자세히 살펴보기 전에 우선 그동안의 변천 과정을 살펴보기로 한다.

① 1945~1953년은 대학별 단독시험의 시기로서, 대학 자율로 단독 출제하여 신입생을 선발하였다. 전·후기로 나누어 국어, 영어, 수학, 사회 등의 기본 교과를 중심으로 시험을 치르게 했는데, 지원자가 정원에 미달되는 형편이었으므로 지금과 같이 예민하고 심각한 문제는 없었다.

② 1945년 한 해는 국가연합고사와 본고사의 병행제를 채택했는데, 이 해를 별도로 독립시켜 보는 경우도 있고 1945~1961년 속에 묶어서 보는 경우도 있다. 당시 일부 사립대학에서 재정 확보를 위하여 무자격 학생까지 정원을 초과하여 모집하는 부조리가 있어 이를 견제하기 위하여 대학 간 협의를 통하여 대학 입학 연합고사로 대학 신입생 총 정원의 1.4배를 합격시키고, 합격자에 한하여 대학별 본고사로 필답고사(필수 과목 국어, 영어, 수학과 선택 1과목)와 구두시험, 신체검사를 받게 하여 선발하도

록 하였다. 전형 시기는 전·후기와 미달교의 추가 모집 3기로 나누었다. 그러나 연합고사와 본고사가 이중부담을 주고, 여학생과 제대자에게 특혜를 주었다는 등의 이유로 효력을 보지 못하고 원점으로 되돌아갔다.

③ 1955~1961년은 대학별 단독시험제로 다시 되돌아간 시기이다. 다만 고교 내신제를 권장하여 입학 정원의 일부 또는 전부를 내신성적만으로 선발하거나, 또는 내신성적과 대학별 시험 성적을 합산하여 선발하였다. 1958년 이후는 국·공립대의 경우 10%는 고교 내신성적으로 선발하고, 90%는 대학별 본고사와 고교 내신성적(30% 반영)으로 선발하였다. 본고사 과목은 필수 4과목 이상과 선택 1과목 이상으로 하다가 전과목으로 확대하는 방향이었다.

④ 1962~1963년은 대학 입학 자격 국가 고시제를 택했던 시기인데, 대학 본고사를 자격고사 겸 선발고사 성격의 국가고사로 바꾸고, 각 대학은 이에 실기고사와 신체검사, 면접만 하여 선발하였다. 국가고시 합격자는 전국 대학 남녀별, 학과별 정원의 110%로 했는데, 필수 6과목(국어 Ⅰ, 사회, 수학 Ⅰ, 과학, 실업 가정, 영어)과 선택 1과목으로 하였다. 1963년에는 국가고사를 자격고사로만 돌리고 대학별 본고사(필수 6과목)로 선발하게 하였다. 그러나 자격고사로 돌림으로써 각 대학에서 미달 사태가 나오기도 하였다.

⑤ 1964~1968년은 다시 대학별 단독 시험제로 되돌아갔다. 시험은 고교 교육 과정시간 배당 기준령에 의하고, 예·체능과 과학 특기자는 총장이 정한 기준에 의하여 특별 전형하게 하고, 실업계와 예·체능계의 동계 진학자에게 특혜를 주었다.

⑥ 1969~1980년은 대학 입학 예비고사와 본고사를 병행하던 시기로, 가장 장기간 사용된 제도이다. 이는 중학교 무시험제와 동시에 실시되었는데, 1969년 '대학 입학 예비고사령'을 공포하여 국가에서 대학 입시를 관장하게 되었다. 처음 대학 입학 예비고사는 자격고사의 성격을 띠었으나 이후 그 성적이 본고사에 반영되고, 1979~1980년에는 본고사에 예비성적과 함께 내신성적도 반영하기 시작하였다. 시험 과목은 국어, 사회, 수학, 과학, 영어, 실업의 6개 과목으로 했다가 1972년에 국사가 추가되었고,

합격자는 1971년까지 입학 정원의 150%에서 1972년부터 180~
200%로 늘어났다. 물론 중간에 시험 과목, 적용 대학, 반영 비율 등에
서 약간씩 수정이 있었다.

이와 같이 수차에 걸쳐 변천해 오는 과정에 몇 가지 경향성을 찾아볼 수
있다. 첫째, 대학 단독출제에서 국가관장 쪽으로 바뀌어 왔다. 여기에는 여
러 원인이 있겠지만, 그중의 하나는 학생과 학부모, 사회가 촉각을 날카롭게
세우고 있는 입시 문제를 각 학교가 제대로 관리하지 못했다는 점이다. 둘
째, 시험 과목 수가 늘고, 주관식 출제에서 객관식의 방향으로 변해 왔다.
이는 평가의 신뢰성과 객관성을 높이려는 의도와 함께 고등학교 교육을 정
상화시킨다는 목적이 들어 있었다.

1970년대 대학 입시 제도의 보완에 대하여 살펴보면 다음과 같다. 1968
년 7월 15일 당시 권오병 문교부 장관은 중학교 무시험제를 발표하고, 이어
10월 14일에는 대학입학예비고사제로 바뀐다고 발표하였다. 그 내용은
1962~1963년에 실시하였던 국가고시제와 비슷한 것이었다. 처음에 이 제
도는 자격고사의 성격을 띠어 전국 총 입학 정원의 150%를 합격시켰는데,
고등학교 간에 합격률에 엄청난 차이가 있어 크게 문제가 되었다. 한 명도
합격자를 내지 못한 학교가 141개교, 1~10%의 합격자를 낸 학교가 33개
교, 90% 이상의 합격자를 낸 학교가 31개교라는 차이가 나타난 것이다. 나
중에는 그 성적을 본고사에 반영하게 되었다.

이 제도에 대하여 1970년대에 계속적인 보완과정을 거쳐 비교적 장기간
활용되었다. 대학 입학 예비고사 종합평가교수단은 1971년 6월 15일 이 제
도가 고교 및 대학교육에 좋은 영향을 주었다고 평가하고 다음 7개 항을 건
의하였다.

① 예비고사 성적의 지역별, 학교별 발표를 금지하고,
② 출제 내용과 출제 기술은 계속 연구, 발전시켜야 하며,

③ 대학 입학 정원의 150%로 한정된 예비고사 합격률을 180%로 증가시키며,

④ 예비고사 합격증에 성적을 표시하여 대학 당국이 입학시험에 활용할 수 있
도록 하고,

⑤ 고등학교 상위 성적 3% 이내의 학생은 예비고사를 면제시켜 주며,

⑥ 시험 관리의 철저를 위하여 고사장 수용 인원의 감축 또는 답안지를 두 가
지 종류로 할 것.

⑦ 대학 입학 예비고사 제도의 연구 및 개선을 위해 대학 입학 예비고사 연구
위원회를 설치한다.

이어서 1973년 2월 28일 당시 민관식 문교부 장관은 고등학교 및 대학
입시 제도의 개선 방안을 발표하고, 3월 13일 시행 계획을 발표하여 1974
학년도부터 시행하였다. 보완된 내용은 (1) 예비고사 결과를 시·도 단위로
선정하고, (2) 대학별로 본고사를 실시하여, (3) 예비고사 성적과 본고사 성
적(체력 검사 포함)을 종합하여 (4) 입학자를 선발한다는 것이었다.

시·도 단위 대입 예비고사에서는 (1) 지원하고자 하는 대학이 있는 시·도
에 가서 응시하고(2개 시·도 명시), (2) 전형 내용은 고교 3개년 전과정을
전국적으로 동일시기에 실시하여 시·도 단위 소재 대학 모집 정원의 200%
를 선발하였다.

대학별 본고사에서는 (1) 예비고사에 응시해서 합격한 시·도 내에 있는
대학 중에서 임의로 선택 지원하고, (2) 전형 내용은 계열별로 요구되는 교
과와 면접(교과목 수는 각 대학 자율이나 제한 권장)으로 전형 방법은 각
대학별로 고사를 실시했다. 선택 기준은 예비고사 성적(20% 이상), 내신
성적(점차 반영), 본고사 성적, 면접, 체력장 성적(10%)을 종합하여 전형하
게 하였다.

당시 문교부는 1976년 8월 실업계 고교 졸업자에게 대학 진학의 혜택을 넓
혀 주는 제도를 보완하여 1977학년도부터 적용하였다. 공업, 농업, 수산 해양,
상업의 4계열의 출신학교 성적 상위 30% 이내자와 공업계의 국가 기술 자격

검정 합격자, 기능사 2급 이상 취득자는 별도로 사정하여 본고사의 필답고사를 면제하여 예시 성적과 고교 내신 성적, 면접만으로 특별 전형하게 했다.

그리고 1979년도부터는 제3지망 시·도까지 허용하기로 하고 3수 감점제를 적용하기로 했는데, 이는 1980년까지 실시되었고, 1980년 7·30 교육개혁으로 본고사가 폐지되었다. 1970년대의 대학 입시 제도는 대학 입학 예비고사와 대학 본고사 병행제를 다듬어 1969학년도부터 1980학년도까지 비교적 장기간 사용했다고 할 수 있다.

5. 재수생 대책의 강구

교육에 대한 수요는 많은데 학생 정원은 엄격하게 지켜지고 있었으므로, 필연적으로 재수생이 생기게 마련이었다. 재수생 문제의 원인은 1969학년도부터 실시된 중학교 무시험 진학제로 거슬러 올라간다. 그 전까지는 중·고·대 입시를 위한 재수생이 골고루 흩어져 있었으나, 대학 입시를 위한 재수생으로 온통 몰리게 된 것이다. 중학교 무시험제가 실시되자, 중학교 입시를 위한 재수생은 없어졌으나, 중학생 수가 갑자기 늘어나는 반면 고등학교 학생 정원은 이에 비례하여 확대되지 못하였으므로, 고입 재수생이 늘어나게 되었다. 이 문제를 해결하기 위하여 1974학년도부터 고교 연합고사 학군별 추첨제를 도입하였다. 그러자 고등학생은 늘어나고 고입 재수생은 거의 사라졌으나, 대학 진학 수요가 급증하는 등의 문제로 대입 재수생은 증가하고 적체되어 커다란 교육적·사회적 문제가 되었다.

이에 마침내 박 전 대통령은 1976년 1월 27일 당시 문교부 연두 순시에서, 재수생 문제 해결 방안을 연구하라는 지시를 내리게 되었다. 당시 문교부는 한국교육개발원에 재수생 대책을 연구하도록 위촉하여 1976년 2월 5

일 연구 추진반을 구성하여 같은 해 6월 29일 재수생 대책 시안을 발표하고, 7월 24일 공청회, 12월 11일 당시 문교부 장관 보고, 12월 17일 국무총리 보고, 1977년 7월 21일 청와대 보고를 거쳐 1977년 7월 23일 재수생 종합 대책을 발표하기에 이르렀다. 이 재수생 대책 연구가 발표되자 사회의 많은 이목이 집중되었고, 언론에서도 이 대책을 크게 다루었다.

이 종합 대책의 내용은 다음과 같다.

재수생으로 인한 문제로는, 첫째, 재수생이 계속 누증되고 있다는 점을 들 수 있다. 1970년 45,655명(응시자의 37.86%), 1971년 45,955명(32.16%), 1972년 55,955명(34.36%), 1973년 64,545명(35.33%), 1974년 64,182명(32.93%), 1975년 66,674명(29.88%), 1976년 76,211명(30.04%), 1977년 93,498명(32.21%), 1978년에 117,184명(36.64%), 1979년 140,486명(35.12%), 1980년 189,802명(37.85%)으로 재수생이 계속 증가되고 있었으며, 계속 증가될 것으로 추정되었다. 둘째, 재수생들이 정신질환에 시달리고 있었다. 셋째, 재수 학원의 교육환경의 불량과 생활지도 미흡이 문제가 되고 있었다. 재수생의 누적 원인은 여러 각도에서 생각해 볼 수 있겠지만, 연구 보고서에서는 근본적으로 대학 진학 수요의 증가와 대학교육 기회 공급의 상대적 제약 사이의 차이 때문에 생기는 것으로 보았다.

관련 요인으로서 교육 내적 요인과 교육 외적 요인으로 나누고, 교육 내적 요인을 교육인구의 측면과 입시 제도의 측면, 교육과정의 측면 등으로 나누어 보았으며, 교육 외적 요인을 취업 구조의 측면과 인사 제도의 측면, 국민 의식 구조의 측면으로 나누어 분석하였다.

교육인구의 측면에서는, 첫째, 학령인구가 계속 증가한다는 데서 근본적 원인을 찾아볼 수 있다. 둘째, 무시험 진학제, 연합고사 추첨제로 중등학교 학생 수가 증가했다는 데 원인이 있다. 셋째, 대학 진학 희망 인구는 팽창하는데 대학 입학 정원은 이에 맞춰 늘어나지 못한다는 데 원인이 있다. 이러한 고등교육 기회의 부족은 지역에 따라, 대학의 유형에 따라 차이가 있다는 데 또한 원인이 있다. 대학이 서울에 몰려 있고, 단기 대학이나 기타 대학은

10% 미만에 그치고, 나머지는 모두가 4년제 대학뿐이라는 것이었다.

교육 내적 원인 중 입시 제도의 측면에서는, 첫째, 우리나라에서는 일단 취업을 하면 대학에 진학하기가 사실상 어렵다는 점이 재수생 발생의 한 원인이 된다. 둘째, 전문학교의 유인체제의 불비도 한 원인이 된다. 셋째, 근소한 점수 차가 진학 여부를 판가름하기 때문에 근소한 차의 불합격자가 재수생으로 남을 가능성이 많다.

교육과정 측면에서는, 첫째, 인문계 고등학교의 진학 편중 교육과 취업 지도의 불비에 원인이 있다. 둘째, 반대로 실업계 고등학교의 취업 지도 및 산학 협동의 취약에서 원인을 찾을 수 있다. 셋째, 중·고등학교에서의 진로 지도가 소홀한 데도 원인이 있다.

교육 외적 원인 중 취업 구조 측면에서는, 첫째, 근본적으로 취업 기회의 부족과 둘째, 고학력 중심의 채용 조건을 들 수 있다.

임금 구조면에서는 대졸자와 고졸자 간의 임금 격차가 심하다는 원인을 생각해 볼 수 있다.

국민 의식 구조면에서는 학벌 중시 사상과 일류 중시의 교육관과 직업관이 재수생 발생의 원인으로 분석되었다.

이런 문제와 원인 분석을 바탕으로 하여, (1) 3수 이상에 감점제를 적용하여 계속 재수자를 막고, (2) 고등교육의 기회를 점차 확대하고, (3) 전문학교 교육 제도를 개선해 나간다는 세 가지 재수생 대책의 기본 방향을 설정하였다.

이러한 세 가지 기본 방향에서 종합 대책이 세워졌는데, 첫째, 1979학년도부터 예비고사 3회 이상 응시자를 감점하기로 하였다. 예비고사에서 5% 감점만 해도, 340점을 만점으로 할 때 17점이 되어 1개 교과에 해당하는 점수이고, 본고사에 50% 반영한다면 8.5점으로 삼수 이상자는 치명적인 타격을 받게 되므로, 삼수 이상은 포기할 것이라는 것이었다.

둘째, 1980학년도부터 고교 성적을 반영한다. 그리고 고교 성적 70% 밖의 학생은 진학을 포기하도록 지도한다는 것이었다.

셋째, 서울에 밀집되어 있는 인문계 재수 학원을 정비, 분산시킨다.

넷째, 고등교육 기회의 균형적 확대를 위하여 졸업 정원제를 지향해 나가고, 1981년까지 대학은 연 12.5%씩, 전문대학은 연 18%씩, 방송통신대학은 당시 12,000명에서 20,000명으로 늘려 간다.

다섯째, 전문학교 제도를 개선하여 1979학년도부터 전문대학으로 승격시키고, 대학 입학 예비고사 합격자를 선발하도록 한다.

여섯째, 기업체가 추천한 취업자의 야간대학 진학은 대학 예비고사와 상관없이 우선 전형한다.

일곱째, 일류 대학에 야간 과정을 개설한다. 그러나 이 방안은 서울시 인구 억제책으로 허가되지 못했다.

여덟째, 1980학년도까지 방송통신대학에 학사 과정을 설치한다.

아홉째, 고졸자의 고용 조건을 개선하여 임금 격차도 축소시키며, 당시의 5급 공무원과 국영기업체 직원은 당해 연도 졸업자를 시범적으로 채용한다.

열째, 고등학교의 진로 지도를 강화하고, 진로 정보 센터를 설치하며, 인문 학교에도 직업반을 둔다.

이러한 재수생에 대한 종합 대책은 대통령의 재가까지 받았던 의욕적인 대책이었음에도 불구하고, 현실적으로 대책의 추진에는 많은 애로가 있었고 재수생은 줄지 않고 있었다. 그러나 대책 가운데에는 현실화된 것도 많았다. 예를 들면 취업자의 대학 진학을 위한 제도적 보장, 고등교육 기회의 균형적 확대, 전문학교의 전문대학으로의 승격과 그 제도 개선, 방송통신대학의 입학정원 확대, 실업계 동계 진학 특별 전형제도, 대학 입학 예비고사에 실업계열을 추가하여 전문대학 지원자를 예비고사 합격자로 제한하는 방안, 삼수 감점제, 재수 학원의 강남 이전 등이다.

이와 같은 대책 외의 것은 미결로 남아 있거나 졸업 정원제 등과 같이 이후 7·30 교육개혁 조치에 반영된 것도 있었다. 또 유명무실한 것도 없지 않았는데, 즉 5급 공무원과 국영기업체의 직원 채용 시 학력을 제한하고 당해연도 고졸자 채용, 고등학교의 진로 교육 강화 등이 그 예이다. 또 삼수 감점제와 같이 소극적 적용으로 그러한 효력이 약화된 것도 있었다.

이러한 종합 대책으로도 재수생 문제를 근본적으로 해결할 수 없었던 요인으로서 다음과 같은 점들이 지적되었다.

첫째, 재수생 문제가 교육 제도만의 문제가 아닌데, 재수생 대책은 주로 교육 제도에만 집중되었기 때문이다. 근본적인 사회 구조, 임금 격차, 숭문 사상 등을 바꿔 놓지 못하였다. 둘째, 대학에 대한 국민의 교육관을 올바르게 바꾸기에는 국민 의식이 너무나 뿌리 깊었다는 점이다. 셋째, 강력한 의욕을 담고는 있었으나, 그 추진과 실천을 위한 준비와 여건이 성숙되지 못했다는 점이다. 넷째, 각계의 호응과 협조를 얻지 못했다는 점이다. 예를 들면 5급 공무원과 국영기업체 직원 채용 등은 문교부 차원을 벗어나 범정부 또는 범사회적 문제였으나, 각계의 소극적 태도로 성공을 거두지 못했다. 다섯째, 사회·경제적 상황이 변화되었다는 점이다. 예를 들면 경기가 좋아져 기업체가 일류 대학 출신을 유치한다든지, 수입이 높아져 진학 희망자가 늘어난다든지 하는 상황의 변화이다. 여섯째, 삼수 감점제와 같은 무리한 방안을 포함시켰다는 점이다. 재수생 대책은 재수의 필요성 자체를 없애야 한다. 그러나 그것은 오랜 전통과 사상 때문에 극히 어려운 일이며, 또 다소의 재수생까지를 모두 없애 버려야 하는지, 또 없앨 수 있는지에 대해서도 고려해 보아야 했던 것이다. 대학 정원과 대학 진학 희망자 수가 똑같다고 해도, 일류 대학 유망 학과를 위한 재수는 여전히 남아 있게 될 것이기 때문이었다.

이상으로, 중학교 무시험제, 고교 평준화 제도, 대학 입시 제도의 보완, 재수생 대책에 관하여 살펴보았다. 이러한 시책들은 결과적으로 긍정적 측면과 동시에 부정적 측면을 내포하고 있었다. 중학교 무시험제는 비교적 성공적이고 또 정착도 되었으나, 그 밖의 시책들은 정착하지 못하고 유동적인 상태에 있거나 계속적인 보완을 요구하고, 논란의 여지를 남겨 두고 있다.

평등에는 허용적, 과정적, 보장적, 결과적 평등의 발전 단계가 있다고 볼 때, 우리나라 1970년대의 평준화 정책은 법조문상의 허용적 평등에서 교육의 과정을 평등하게 해 주려는 과정적 평등의 시도로는 발전적 정책이었다고 할 수 있다. 그러나 우리나라 모든 학생들이 교육의 과정과 질을 평등하게 받기 위해서는 엄청난 투자가 요구된다. 교육 시설, 교원, 교육내용과 프로그램의 불평등적 교육을 받고 있는 학생들이 있어서는 안 될 것이다. 또 이러한 과정적 평등이 이루어진다고 해도 보장적 평등과 결과적 평등의 길로 계속 발전해 나가야 할 여정이 남아 있는 것이다.

색 인

● 저 자 소 개 ●

주삼환(朱三煥)

●약력●

서울교육대학 교육학과 졸업
서울대학교 교육대학원 교육행정 전공(교육학석사)
미국 미네소타 대학교 대학원 교육행정 전공(철학박사)
前 서울 시내 초등학교 교사 약 15년
　　한국교육학회 회원, 한국교육행정학회 회장(1999)
　　미국 오하이오 주립대학교 객원교수(2003~2004)
現 충남대학교 인문대학 교육학과 교수

●저서 및 역서●

『사회과학이론입문』(공역, 한국학술정보(주), 2005)
『한국교육행정강론』(한국학술정보(주), 2005)
『질의 교육과 교육행정』(한국학술정보(주), 2005)
『수업분석과 수업연구』(공저, 한국학술정보(주), 2005)
『교육행정철학』(역, 한국학술정보(주), 2005)
『미국교육행정』(역, 한국학술정보(주), 2005)
『입문 비교교육학』(역, 한국학술정보(주), 2005)
『임상장학』(역, 한국학술정보(주), 2005)
『교육행정사상의 변화』(한국학술정보(주), 2005)
『위기의 한국교육』(한국학술정보(주), 2005)
『교양 인간관계론』(공역, 한국학술정보(주), 2005)
『우리의 교육, 몸으로 가르치자』(한국학술정보(주), 2005)
『전환시대의 전환적 교육』(한국학술정보(주), 2006)
『장학: 장학자와 교사의 상호관계성』(역, 한국학술정보(주), 2006)
『허즈버그의 직무동기이론』(역, 한국학술정보(주), 2006)

『대안적 교육행정학』(공역, 한국학술정보(주), 2006)
『전환적 장학과 학교경영』(한국학술정보(주), 2006)
『교육행정 특강』(한국학술정보(주), 2006)
『올바른 교육행정을 지향하여』(한국학술정보(주), 2006)
『교장의 리더십과 장학』(한국학술정보(주), 2006)
『교장의 질 관리장학』(한국학술정보(주), 2006)
『지방 교육자치와 대학자치』(한국학술정보(주), 2006)
『장학의 이론과 기법』(한국학술정보(주), 2006)
『전환기의 교육행정과 학교경영』(한국학술정보(주), 2006)
『고등교육연구』(한국학술정보(주), 2006)
『교육개혁과 교장의 리더십』(한국학술정보(주), 2006)
『교육조직연구』(한국학술정보(주), 2006)
『선택적 장학』(한국학술정보(주), 2006)
『리더십의 철학』(공역, 한국학술정보(주), 2006)
『교육행정 및 교육경영』(공저, 학지사, 2003, 개

정판)
『미국의 교장』(학지사, 2005)
『교육이 바로 서야』(원미사, 2002)
『교육행정 및 교육경영』(공저, 삼광출판사, 1995)
『장학론』(공저, 한국교육행정학회, 1995)
『장학론』(공저, 한국방송통신대학, 1991)
『인간자원장학론』(공역, 배영사, 1987)
『장학론: 선택적 장학체제』(역, 문음사, 1986)
『장학론』(공역, 학문사, 1984)
『교육정책의 새로운 방향』(역, 교육과학사, 1983)
『교육학개론』(공저, 정민사, 1983)
『장학론』(갑을출판사, 1982)
『신장학론』(역, 교육출판사, 1979)

전환기의 교육행정과 학교경영

• 초판 인쇄	2006년 3월 2일
• 초판 발행	2006년 3월 2일
• 지 은 이	주삼환
• 펴 낸 이	채종준
• 펴 낸 곳	한국학술정보㈜
	경기도 파주시 교하읍 문발리 526-2
	파주출판문화정보산업단지
	전화 031) 908-3181(대표)ㆍ팩스 031) 908-3189
	홈페이지 http://www.kstudy.com
	e-mail(e-Book사업부) ebook@kstudy.com
• 등 록	제일산-115호(2000. 6. 19)
• 가 격	45,000원

ISBN   89-534-4830-1 93370 (Paper Book)
        89-534-4831-x 98370 (e-Book)